南方语言学

NANFANG YUYANXUE

广东省普通高校人文社会科学重点研究基地暨南大学汉语方言研究中心

本书出版获得广东省高水平大学建设经费资助

甘于恩 主编

第十六辑

世界图书出版公司

广州·上海·西安·北京

图书在版编目（CIP）数据

南方语言学. 第十六辑 / 甘于恩主编. —广州：世界图书出版广东有限公司，2020.8
ISBN 978-7-5192-7728-4

Ⅰ. ①南… Ⅱ. ①甘… Ⅲ. ①汉语方言—方言研究—丛刊 Ⅳ. ①H17-55

中国版本图书馆CIP数据核字（2020）第156970号

书　　名	南方语言学（第十六辑） NANFANG YUYANXUE（DI SHILIU JI）
主　　编	甘于恩
责任编辑	魏志华　李　婷
装帧设计	林穗晓
责任技编	刘上锦
出版发行	世界图书出版广东有限公司
地　　址	广州市新港西路大江冲25号
邮　　编	510300
电　　话	020-84451969　84453623　84184026　84459579
网　　址	http://www.gdst.com.cn
邮　　箱	wpc_gdst@163.com
经　　销	各地新华书店
印　　刷	广州市怡升印刷有限公司
开　　本	889mm×1194mm　1/16
印　　张	15.75
字　　数	467千
版　　次	2020年8月第1版　2020年8月第1次印刷
国际书号	ISBN 978-7-5192-7728-4
定　　价	42.00元

版权所有　侵权必究
（如有印装错误，请与出版社联系）
咨询、投稿：020-34201910　weilai21@126.com

汉语方言研究中心
学术委员会名单

学术顾问

詹伯慧　李如龙　张振兴　许宝华　邢福义　邵敬敏　潘悟云　张双庆
鲍厚星　张洪年　单周尧　刘村汉　林立芳　钱曾怡　温端政　平山久雄
陆镜光

主任委员
麦　耘

委　员
（按姓氏音序排列）

曹志耘　甘于恩　李　蓝　林伦伦　麦　耘　邵慧君　万　波　汪国胜
伍　巍　张　敏　张屏生　庄初升

《南方语言学》编辑组

名誉主编
詹伯慧

主　编
甘于恩

编　委
（按姓氏音序排列）

陈晓锦　范俊军　甘于恩　高　然　刘新中　彭小川　邵　宜　伍　巍

编　辑
侯兴泉　曾建生　赵　越　李　菲　焦　磊　李林欣

目 录

特 稿
新型客家话、旧型客家话与早期南方高地汉语方言 ……………… 柯蔚南著　刘镇发译　（1）
关于语体修辞教学的思考 ………………………………………………………… 孟建安　（34）

汉语方言研究
湖北贺胜桥镇方言韵母特点探究——基于老中青三代方言的调查 ……… 但　锐　刘海波　（42）
"X在"式复合词的词汇化和主观化——兼谈其在安顺汉语方言中的用法 …… 叶晓芬　侯兴泉　（53）
清远连山话浊上的今读及演变 …………………………………………………… 易惠媚　（62）

地理语言学
グロットグラム（Glottogram）的原理及其应用 ……………………………… 李仲民　（67）

方言与少数民族语言
浙江景宁畲话的声调 ……………………………………………………………… 章　策　（77）

海外汉语方言研究
美国华人有关牲畜表述的研究 …………………………………………… 陈晓锦　李颖慧　（89）
印尼棉兰美达村客家话中的新增词 ……………………………………………… 吴忠伟　（101）
马来西亚亚庇客家华人语言生活调查报告 ……………………………………… 陈嘉乐　（107）

词汇学研究
粤方言词源理据考释——以"鬼马""盏鬼"等词为例 ………………………… 柯雅婷　（117）

语法学与方言语法
"根本"的句法分布与词类组合研究 ……………………………………………… 吴梦荃　（122）
和平（彭寨）客家方言中的"咩" ……………………………………… 陈洲钰　王茂林　（132）

汉语史研究
清末民国几种粤方言韵图述略 …………………………………………………… 周赛华　（141）
《汉语语法：漳州话语言艺术》的音系与语法

————兼与近现代西班牙传教士闽方言汉语教材比较 ······ 金　美（153）
颜师古《汉书注》古今字注释方式探析 ······ 何玉兰（169）
《蜀语》方言词词外理据研究 ······ 傅湘云（176）
秦观词用韵考 ······ 杨咏雅（184）
《诗经》"中+名词"结构浅析 ······ 张星星（192）
八十年来的汉字谐声与古音学述评及研究方法探索 ······ 董国华（198）

语言应用研究

粤语水平测试的应用需求暨纲要及等级标准制定研究 ······ 彭咏梅　甘于恩（203）
来宾普通话卷舌元音的实验研究 ······ 邓宏丽　陈　梅　罗荣昌　党雯凤（210）
目的论视角下店名广告语语音转喻的翻译研究 ······ 郑　伟（227）

方言与文学

从方言剧本《抓壮丁》看四川方言疑问句 ······ 周　炜（232）

动　态

《汉语方言学大词典》《东南亚华人社区汉语方言概要》获教育部嘉奖 ······ 燕　辉（242）

资　料

《南方语言学》（第十五辑）目录 ······ 晓　珊（243）

Table of Content

Special Articles

Commen Neo-Hakka: A Comparative Reconstruction W. South Coblin ..... (*Translated by Lau Chan Fat*) （1）

On the Teaching of Stylistic Rhetoric .... *Meng Jian'an* （34）

Chinese Dialects

The Research of Characteristics of Syallables in He Sheng Qiao Dialect—Based on the Field Investigation of the Dialects Used By Three Generations .... *Dan Rui & Liu Haibo* （42）

Lexicalization and Subjectification of Compound Words in the Form of "X +Zai (在)" —On its usage in Anshun Chinese Dialect .... *Ye Xiaofen & Hou Xingquan* （53）

Pronunciations and Evolution of MC Shangsheng Tone with Voiced and Sonorant Initials in Lianshan Dialect in Qingyuan .... *Yi Huimei* （62）

Geolinguistics

Principles of Glottogram and its Application in Geolinguistics .... *Li Zhongmin* （67）

Chinese Dialects & Minority Languages

The Tones of Jingning She Dialect, Zhejiang Province .... *Zhang Ce* （77）

Studies of Oversea Chinese Dialects

A Study on the Expression of Livestock by Chinese Americans .... *Chen Xiaojin & Li Yinghui* （89）

New Words in Hakka Dialect of Meida Village, Medan City, Indonesia .... *Wu Zhongwei* （101）

The Investigation Report on Language Situation of Hakka in Kota Kinabalu, Malaysia .... *Chen Jiale* （107）

Lexics and Lexicology

A Study of Etymological Motivation of Yue Dialect: With Guima (鬼马) and Zhan-gui (盏鬼) as Examples
.... *Ke Yating* （117）

Syntax and Dialectal Grammar

A Study on Syntactic Distribution and Word Combination of "Genben" (根本) .... *Wu Mengquan* （122）

On the function of "mɛ" in Pengzhai Heping Hakka dialect .... *Chen Zhouyu & Wang Maolin* （132）

Linguistic History

A Summary of Some Kinds of Rhyme Chart of Cantonese Dialect .... *Zhou Saihua* (141)

The Analysis of the Phonological System and Grammars in the *Book of Chinese Grammar: The Art of Zhangzhou Dialect*—Comparing to the Chinese Textbooks of Min Dialect in the Modern Spanish Missionary Literatures .... *Jin Mei* (153)

The Analysis on the Annotation Methods of Ancient and Modern Characters in Yan Shigu's "Han Shu Note" (汉书注) .... *He Yulan* (169)

Research on the Extra-lexical Etymology of the Vocabulary of *Shu Yu* (蜀语) ....*Fu Xiangyun* (176)

The Study of Rrhymes of Qin Guan (秦观)'s Poetries .... *Yang yongya* (184)

Brief Analysis on the Structure of "Middle + Noun" in the Book of *Shi Jing* (诗经) .... *Zhang Xingxing* (192)

A Review of the Research on Chinese Homophonic and Ancient Phonetics in 80 Years and Exploration of Research Methods .... *Dong Guohua* (198)

Studies of Applied Linguistics

Research on the Application Demands, Outline and Grading Criteria Establishment of Cantonese Proficiency Test ....*Peng Yongmei & Gan Yu'en* (203)

Experimental Study on the Vowel [ɚ] of Laibin Putonghua Accent ....*Deng Hongli, Chen Mei, Luo Rongchang & Dang Wenfeng* (210)

A Study of Phonetic Metonymy Translation of Store Advertisements from the Perspective of Skopos Theory ....*Zheng Wei* (227)

Dialect and Literature

Discussion on the Interrogative Sentence of Sichuan Dialect on the Basis of the Dialect Script *zhua zhuang ding* (抓壮丁) .... *Zhou Wei* (232)

Information

Dictionary of Chinese dialectology and *Summary of Chinese Dialects in Chinese Communities in Southeast Asia* Aawarded by the Ministry of Education ....*Yanhui* (242)

Index

Total Contents of *South China Linguistics* vol. 15 .... *Xiaoshan* (243)

> 特　稿

新型客家话、旧型客家话与早期南方高地汉语方言

柯蔚南 著　刘镇发 译

（厦门大学中文系　福建厦门　361005）

【提　要】作者通过历史比较法，比较多点客家话、畲语等方言，并结合中国千余年来的历史演变，对客家话的形成提出一全新看法。作者认为在华南首先存在过一种早期南方汉语方言，后来由于逐渐有北方移民到来，低地的南方汉语被大面积取代，早期南方汉语只能在高地得到传承，成为早期南方高地汉语。由于早期南来的汉人与畲族关系良好，这种高地汉语也逐渐为畲族所接受，最后被大部分畲族人口使用而逐步替代了其母语。这种高地南方汉语是畲族和客家人的共同祖语。由于生活方式有别，汉人拥有土地而认同新统治者，他们参加科举，语言中掺进了大量近代北方话，成为今天各地客家话的始祖。而畲族则保持他们的刀耕火种生活，并逐渐趋向封闭，和汉人互不认同，反而保留了较古老形式的早期高地汉语。由于他们曾在明代企图叛乱，被汉人政府打败后，散居到闽西和浙南，保留的语言并非畲语而是一种属于汉语方言的畲话。但没有迁出高地的汉人，也保留一种比较原始的客家话，作者称为"旧型客家话"，有别于在明末清初迁出高地的"新型客家话"。后者是现代汉语方言学中的典型客家话，亦即一般被广泛认识的"客家话"。由于旧型客家话跟新型客家话有一定差异，当它们被发现时，在分类和命名上也遇到了一定困难。

【关键词】新型客家话　旧型客家话　早期南方汉语方言

在20世纪，客家语言研究领域是颇为稳重而单一的。大多数汉语语言学学家都同意"客家"这个术语，标志着一个方言区的一般特征。但到了今天，客家研究领域出现了新的发展，在很大程度上改变了我们的一贯看法，虽然熟悉这些变化的人只是少数专家。本文的目的是介绍这些新进展，特别是关于历史和比较语音学的部分。

一、背景资料

广东嘉应州的客家方言，是19世纪西方传教士所熟知的，尤其是瑞士巴色教会的人员。他们汇编了这些语言的词典和其他语文资料。他们编纂的词典的杰作，有MacIver 1926年编的客家词典，而其早期的1905年版本，多年来，在高本汉的一些中国历史音韵学作品中经常引用，例如，高本汉1915—1926

年、1954年的作品里。①

嘉应州就是今天的梅州，包含被称作梅县的行政区。来自该地区的大量移民使其语言成为散布各地、密不可分的方言变体，其分布在中国的台湾到四川等地，在国外则从婆罗洲分布到曼谷。事实上，这些移植的语言品种在很大程度上不但彼此之间能相互听懂，也与其历史原型梅县客语类似，增强了客家方言高度统一和同质的看法。

因此，现代方言手册通常将今天的梅县话，作为客家方言的标准和标志性典范。而这种语言的结构可以告知客家话的一般情况，特别是客家音韵的构造。在本文中，我们称这些"梅县谱系"的客家话为"主流客家话"。

通过20世纪七八十年代许多方言学家的工作，实现了识别客家方言客观标准的精确和完善化。例如Hashimoto1973年的专著、丁邦新1982年的文章、黄雪贞1988和1989年的文章、Norman1989年的文章等。罗杰瑞在其1989年的文章《什么是客家方言》中。提出了以下用于识别这种方言的方法："为了确定一个方言是否客家，人们应该检查具有通音（鼻音或侧音）首字母的上声调词。如果方言真的是客家，那么这些词将分为两组，一组在阴平类别，另一组在阴上类别；一个音调或另一个音调的发生率将在词汇上确定……"

重要的是要理解本段中的"发生率"和"词汇决定"的意思。"发生率"基本上表示"发生"，即是否发生所需的音调配置。"词汇确定"表示所讨论的属性，在这种情况下是两个相关音调中的一个或另一个，属于天赋和任意的音节。也就是说，它们不能通过任何外部标准来确定，例如，在切韵QYS中的特定初始，最终或音调类的成员资格等。实际上，它们是不可预测的并且是单词的固有成分。它们发生在哪里，并无其他概括可以解释。现在，为了在方言分类中使用这个选择标准的原则，自然必须有一个属于QYS低调域上声音节，两个现代方言类别的列表，即阴平和阴上。在Norman、Jerry L. 1989年的论文中提到，事实上，罗杰瑞为读者提供了这样的断定清单。

同样要注意的是，他将断定标准限制为次浊声母音节，并且事实上排除全浊音节。最后必须留意到，具体的方言不需要包含罗杰瑞列表中的所有断定音节，才被认定是客家话。②其原因在于，具体方言中的这种音节的清单，可以通过来自其他方言或官话的借贷而被侵蚀。那么，人们所寻找的是在测定方言的大量案例中与测试库存达成一致，即一种"临界数量"的案例。③掌握这种水平的断定精准度后，就有可能确定一种具有相当大可能性，但不是绝对符合预期的客家方言。

20世纪70年代后，新的客家调查数据开始涌现。这包括对个别方言的大量研究，以及专门的方言专著——Sagart Laurent的 *Les Dialects Gan* 和两本主要的概要性巨著——李如龙、张双庆的《客赣方言调查报告》和刘纶鑫《客赣方言比较研究》。这些作品研究的一些方言，并且按照上述标准被充分证实为客家话的，与主流客家的方言有很大差别，展示出了客家话这个家族在音韵上比想象的更多样化。这些新发现的方言许多都是在江西省（或福建的毗邻地区）。学者们很快就发现，这些地区的人都缺乏侨民的传统，或从梅县地区迁移出来的口述历史记忆。他们与主流客家在文化或种族上没有相关的自我认同，只认为自己来自现居地。今天这种类型的方言有时被专家称为本地客家话，因此，我们将其称为"本地

---

① 有趣的是，在高本汉著名的《中国音韵学研究》(*Phonologie Chinoise*)（1915—1926）中，他使用的客家话资料，最初的来源不是MacIver的客家词典本身，而是稍早一点，今天同一作者鲜为人知的作品，即中英文的客家索引，H. A. Giles的《词典》和S. W. Williams的《音节词典》，上海，1904年。

② 评估他标准的人总是不完全理解这个事实。

③ 显然，在这种情况下，什么数量构成"临界质量"的问题在这里引入了主观性因素。不幸的是，这是现实世界对我们造成的不确定性。

客家"，将它们与主流客家区别开。①

从20世纪80年代开始，客家研究发生了另一个重大发展。1983年，易家乐（S. Egerod）发表了一篇关于广东北部南雄方言简短而重要的报告。这种类型的语言在那时通常仍然被称为地方土话（local patois），并且被视为与中国主要方言群体在分类上未有定论。易家乐关于南雄的初步结论是，它基本上与闽或闽相关。2001年，沙加尔（L. Sagart）在一篇名为《南雄和客家》的开创性论文中，发表了来源于他自己实地调查的新的南雄数据。在那份报告中，他对易家乐关于这种方言可能为闽方言归属的理论提出了异议。首先，他注意到南雄方言中各种重要的"非闽"特征。然后，他继续指出方言中的各种客家式词汇项目。最后，他观察到尽管南雄的表层音韵结构，在各方面与客家表面不同，但它在更深层次上与相应的客家特征有系统的相似之处，包括与上述一些客观断定标准的微妙对比。换句话说，南雄不是一种纯粹而简单的客家方言，而是以独特和亲密的方式与客家话有关。因此，两者所出现的对应关系不能是偶然的，也不仅仅因为南雄是汉语方言的事实。因此，沙加尔的观点是，南雄和客家是密切相关的姐妹分支，源自一种常见的近源语言。

沙加尔关于南雄方言的结论，对客家研究具有的重要意义，不仅因为其特别关注这种方言，还因为这些结论对被梁肇庭在1997和2013年的专著中称为"客家核心地带"或在其附近地区分类学上未分类的方言，在未来的研究方面有更广泛的指示。现在让我们总结一下这些含义：

与客家语言区域接近或毗邻的非分类方言，即使缺乏典型的客家式语音轮廓并且未能显示出公认的客观特征，仍应受到关注，以确定其是否具有与客家一般的系统对应音韵，特别是具有上述断定特征。换句话说，应该确定它是否拥有与客家方言的"隐蔽"语音联系。

如果事实上发现了这种系统性的联系，那么必须考虑所讨论的方言，是客家群体的平行或姊妹方言的可能性，即它们是否从近似的共同来源发展而来的。

不需要或者要求我们发现方言间可能的系统对应，如与沙加尔在南雄发现的相同。实际上，这也不大可能。我们关注的是，是否存在任何直接平行和相似。这是因为如果可以识别这样的姐妹方言，它们可能已经从推定的共同来源发展为彼此独立地演化。我们应客观地探寻这种类型的所有可能性。

从20世纪末到现在，在广东北部、江西南部和湖南东南部方言的研究方面，取得了显著进展。这在很大程度上，得益于庄初升等语言学家的不懈努力。这项工作的持续发展，产生了稳定增加的新田野数据，并采用了类似于上述南雄研究中开发的方法，以确定新的客家相关土话品种。

在其对南雄和客家方言的讨论中，沙加尔指出在客家话中，传统的QYS全浊系列的塞音和塞擦音（学者们普遍认为其在汉语早期阶段为浊音）清化为送气。在南雄，同一系列清化为不送气。如果根据沙加尔的观点，假设它们属于一个较早期的共同来源的前提下，再来比较南雄和客家话，那么我们必须假设该来源还有一个"第三系列"。非单纯清音或送气的塞音和塞擦音。此第三系列无论其实际的语音状况如何，都应直接与QYS全浊系列相对应。沙加尔同时指出，南雄在属于QYS阳上调一些字的发音特点，暗示他推测的祖源语言确实存在过阳上调，而此声调曾经是早期共同方言的一部分，尽管这个声调没有以独立声调的形式，存在于现代形式的客家。这点非常有意思，因为随后在广东北部和赣南发现的土话品种，其中一些方言具有完整无缺的阳上调，如沙加尔发现的南雄的情况，有间接证据指向这声调曾经存在，例如庄初升2004和2012年的论文中，以及张倩2014年的两篇论文；② 或者类似的比较发现，证实有整个全浊塞音和塞擦音系列，存在于假设的早期的源语言（如郭必之2005年的文章，庄初升

---

① 值得注意的是，一些赣南客家方言确实具有移民传统，并且似乎反映了后来从主流区域的回迁。这种类型的语言明显地通常称为广东话或其他类似的名称，而不是本地话。
② 应该指出，易家乐研究的南雄品种实际上确实保留了完整的阳上调类，不像沙加尔、庄初升和其他人研究发现的品种。

2004、2007、2008年的文章，以及张倩2014年的学位论文中皆有提及），即在共同汉语方言阳上调，至少在某些音节类存在，尽管在现代形式的客家话不存在这样的独立声调。

这些类型的发现清楚地表明，所讨论的土话品种要么保留实际古老的客家特征，要么为这些特征的早期存在提供间接证据（如全浊初始类型的情况）。一些客家专家对这种古老方言类型的命名，即"老客家话"。而且，作为对此用词的补充，迄今为止的习惯用语"客家"（包括主流和本地）则称为"新客家话"。

笔者建议的英语词汇分别是Paleo-Hakka（旧型客家话）和Neo-Hakka（新型客家话）。笔者在这里避免使用"Old（古/老）"这个词，因为在英语中"古/老"作为语言名称的限定符，指的是最古老的书面或文本证明形式的语言。例如，古英语、古挪威语、古高地德语，旧型客家方言是现代口语而不是古代方言。我们使用"neo-"与"paleo"相配，因为与希腊语前缀"paleo"相关的英语用词也应该是希腊语"neo-"。总而言之，以前我们只谈过"客家"，我们现在应该把汉语方言学家称呼的客家话称为"新型客家话"，而无可争辩地跟客家相关的土话品种，则使用"旧型客家话"这个称谓。

这里必须解决客家研究中的另一个问题，是少数民族畲（旧称畬）话方言在汉语方言的分类。畲话是一种客家话的观点，至少可以追溯到20世纪80年代，如Norman 1986年的文章中有提及，但这种观点尚未被普遍接受，如游文良2002年的专著中有提及。最近，中西裕树（Nakanishi）在2010年的文章中证明了畲话与客家话有着共同的创新。他将畲话与更广泛的客家方言家族（即新型客家话，Neo-Hakka）结合起来，还发现了畲话方言拥有独特的共享创新，这些创新在新型客家话中找不到。这表明它们跟"传统的"新型客家群体，在分类定义上有整体的不同。最后，需要注意的是，如果把重建的共同或原始畲话（如邓晓玲2013年的论文及Coblin的论文手稿2）与共同新型客家话比较（如Coblin的论文手稿1和手稿2所提及），很明显后者不可能是前者的祖先。原因是共同畲话拥有现今新型客家方言中所缺乏的语音特征，而其也无法从共同新型客家语①中预测出来。这说明现在称呼的畲话和新型客家话，应该被视为一个较早的近端共同祖先所生的，两个非常相似的女儿。中西裕树将这个共同实体，视为他新提出的共同客家话。笔者的观点是，目前所称的畲话和新型客家话，来自一个较早的共同客家—畲话原始语。我们与中西裕树的立场差异，主要是命名而非实质。共同客家话—畲话，中西裕树可能会称为共同客家或原始客家话，这对他来说必须分成两个分散且有凝聚力的分支，其名称为畲话和（也许是）"非畲话"。这些"非畲话"将直接对应于我们现在称为新型客家话的语言。但在以上的分析中，我们与中西裕树均应将这些语言的研究视为比较问题。也就是说，中西裕树在畲话方言确定的独特创新，应该首先相互比较来找出一个共同畲话。而新型客家话（或"非畲话"）方言必须以相似的方式进行相互比较。然后可以将两个重建的分支系统，相互比较以得到两者的共同祖先。我们赋予该祖先的名称最终是个人偏好的问题，从方言系统发生学和比较语言本身的角度来看，这是次要的。在本文中，笔者将称之为共同客家话—畲话。

"畲"一词源于汉人的他称。99%的畲族人在自我介绍中使用的最常见的自称，是[san¹haʔ⁷]或[san¹haʔ⁷ŋin²]的一些变体，相当于现代标准中文"山客"或"山客人"，简单地说是"山区的陌生人或外人"的意思。②在本文中笔者关注的是这些人的语言。

其余1%官方指定的畲族人口，自称名为[ho³³ nte⁴²]（中文：活聂），意为"山人"。他们讲一种苗语语言，住在广州以东山区的九个村庄里。笔者选择在这里称他们为"活聂"。官方认为活聂属于畲族，

---

① 柯蔚南（Coblin）已经系统地证明了这一点（可参见其2号手稿，第6章，第6.3节）。
② 当然，在特定领域还有其他的地名。例如，仅在广东，我们就会发现以下几个："山子"、"登山者"、山地人、"山人"、住在山里面的人，以及"讲畲话的人"。

尽管两者都没有任何本土传统文化让这种联系合理化。中国学者的论文通常互相支持这种联系，或者声称他们是基于1956—1958年的民族普查结果。但是，相关文献中没有给出该实体产生的，任何严格民族志报告的准确参考。笔者至今仍未看到这些声称畲族与活聂相关的种族论述。换句话说，在撰写本文时，关于山客/活聂的真实证据的文字记载也付之厥如。虽然偶尔有反对声音，但官方立场在中国很少受到质疑（如雷先根2003年的著作、邓晓华2005年的论文以及刘婷玉的毕业论文有提及。在中国以外，对这个问题的普遍认识甚少（如Niederer、Ratliff、Jerry Norman、Coblin等的论文有提及，特别是Nakanishi and Kwok的文章）。笔者的观点是，这些关系在民族学和语言学上都很难得到证实，应该持怀疑态度。如果确实存在直接的活聂/山客文化联系，那么它仍然需要在中肯和令人信服的情况下得到证实。

二、历史模式

在第一部分笔者鉴定了新型客家、畲话及旧型客家是语言学上相关的实体，新型客家和畲话被认为非常接近，而旧型客家话则相对疏远。所有这些实体都与沙加尔的假设一致，来自一个较早期的祖语，而笔者目前没有给它正式名称。新型客家和畲话都是有效的系统发展类群，由通过独特共享创新相连接的方言组成，因此构成了更高分类群下的节点，笔者称之为客家—畲话。另一方面，旧型客家方言必须被视为一个副系群的个别分支，而不是一个有效的分类群。换句话说，就目前所知，没有单一的共同创新所描绘的单一的旧型客家分类群。

为了将上述假设提升到更具体的水平，我们需要一个历史框架。也就是说，一个人口统计和迁移历史模型，将我们迄今为止抽象的类型学表述，与所接收的文本内容相协调。要在此详细开发这个框架，需要进行一个特殊的研究。在这方面，笔者将利用先前提出的框架，准备了两篇文章，即柯蔚南2015年的文章及其的一份手稿。① 在准备这些作品的相关部分时所参考的许多来源中，有三个特别有用，即葛剑雄、曹树基、吴松弟在1993和1997年的专著以及梁肇庭在1997和2013年的专著中有提及。笔者将以历史叙事的形式，勾画出发展模型的预示版本。任何这样的历史模型当然都是假设的，可能会被修改，甚至完全被否定。但是，如果要将语言数据和历史证据，合并成一个令人信服的语言历史图景，那么这种类型的假设是必要的。

（一）初始时期

华南地区的大规模汉人渗入，可能始于公元前221年由秦始皇（前259—前210）发起的五军50万人远征。笔者特别关注的是一支10万人的力量，他们从赣江流域向上移动到最南端，占据了现代的赣州和南康所在的交叉支流山谷的区域。他们从那里夺取了横浦通道的控制权，并越过了该范围以南的区域。在随后的几年中，他们占领现在的江西、福建及广东和某些毗邻地区，并且在山区内部驻军。我们称之为"南部高地"。这些前哨不仅有常规的军衔部队，而且还有军事农业殖民者（屯兵）。在随后的西汉和东汉时期（前202—220），一个非常相似的驻军系统得以维持。此外，赣江流域和南部高地，也被平民移民以缓慢但稳定的速度开发。这些新移民普遍喜欢在盆地肥沃的平原上定居，我们称之为"中南部低地"。后来，由于这些地区最好的土地已被占用，新移民进一步向上游进入南部高地。人口历史学家认为，参与这些运动的中国移民的绝对数量并不多，但那些到达高地的人仍然在那里构成了一个汉人的多

---

① 目前，这两件作品中只有第一件正在印刷中。但是，第二个是作者以电子形式提供的。

数，超过了已经居住在该地区的原住民。

李默《论客家的形成及民族的融合》一文认为，各种证据表明新来的汉族高地人与土著人民生活在一起，并与他们和平相处。然后谁组成了这个土著人口呢？首先，很明显它们在文化和语言上都是非汉族的。我们知道这一点，因为在中国的资料来源中，会使用越和蛮等术语来表示他们，这些术语是因为汉人视他们为非我族类而使用的。其次，从我们对它们的描述中可以清楚地看出，它们是多样的，由汉人认为不同的群体，而不是单一的语言或种族实体组成。第三，他们据说包括部落或扩展的氏族群体，而不是汉人的中央统治、高度结构化的政体。第四，他们至少部分是迁徙而不是在中国模式上固定不动。而且，最后他们依靠混合的轮歇耕种、狩猎和采集，而不是中国式的劳动密集型农业家。这些人我们称之为南部高地的"原住民（Indigenes）"。

公元316年西晋朝代的沦陷，引发了传统历史学家称的"永嘉之乱"。这场动荡对人口和语言产生的后果持续了大约150年，并且显著影响了长江以南的东部地区。然而，它们对中部或江西地区的影响似乎很小，因为这里的迁徙只影响了最北端，沿着长江南岸的边缘移动，实际涉及的移民人数相对较少。在南部大部分地区发生的事情，似乎只是长期、稳定、涓滴的渗透，延续到最佳可耕种的平原地区，并且从那里又有可能继续进入高地

笔者认为，在迄今处理的时期内，高地汉人和土著之间的关系是共生的，总的来说是友好的。这种推断源于后来的畲族人的后续语言和文化特征，他们被认为是土著的后裔（如李默1993年的论文，施联朱1987年收集的许多类似研究等都有所提及。①这里设想的共生的本质是什么呢？首先，我们应该记得，进入高地的汉人移民到达时，他们不是"真正的"高地人，而是移民的低地人，习惯于耕种肥沃且易于灌溉的平原，并在那里种植低地栽培品种的农民。南部高地与这些人熟悉的地方截然不同。这些新土地森林茂密，气候比平地更干燥、更凉爽。

此外，高地的土壤与移民以前耕种的土壤根本不同。另一方面，高地是土著的主场。他们在高地森林清除方面拥有多年的经验，并且对土壤类型、最佳种植时间，以及在高地地区茁壮成长的栽培品种具有深入的了解。土著的监护对这些新邻居来说是非常宝贵的。对他们来说，高地汉人从北方的土地带来了比迄今已知的、比土著更高水平的文化，包括物质和非物质文化。那么，双方都可以学到很多东西。我们特别感兴趣的是大量土著从他们自己的非汉语言，转变为高地汉人所说的汉语形式的可能性。

这是什么样的语言呢？当然，它必须是某种"中古前"的汉语，正如大多数在相关时期移居长江以南的农民所说的一般。一开始时它就有可能形成一种连续体，从赣南盆地向南延伸到南部高地。正如下文所示，它几乎肯定具有与华东发现的，即现今南部的江苏浙江和福建的旧方言不同的特征。它与西部湘江流域的西部汉语类型有何关系，这更是一个问题。无论如何，在目前的工作中，我们暂时称之为"早期中南汉语（Early South Central Chinese，ESCC）"。在这个早期阶段，它从北到南的多样性是一个有趣但令人困惑的问题。无论如何，在地理和地形上，我们可以设想一个北部低地或平原品种，和一个南部高地类型，即我们的早期南部高地语言。低地品种后来大部分灭绝，并通过连续的北方移民浪潮取代，详情如下所述。高地类型表现较佳。从第一个秦时期的军事农业殖民者到六朝和六朝时代，后来相继和语音更发展的语言类型，必定已经到达高地，并被聚集到那里正在发展的语言熔炉中。除非我们能够找到更好的区分和分级的明确证据，但实际上其可能性极低，我们别无选择，只能将南方高地人民的早期形式视为单一实体。那么，这将是南方高地汉人和六世时期的土著居民所说的汉语。

---

① 在这方面，另见Leong Sow-Theng的*Migration and Ethnicity in Chinese History — Hakkas, Pengmin, and their Neighbors*的介绍，以及第31—34页的内容。

（二）中古时期

从唐（618—907）的后半期开始，一直延伸到宋朝（960—1279），中国人口历史上发生了两件巨大的事件，这些事件一方面永远改变了赣江流域的人口结构，另一方面也改变了南部高地的社会和民族构成。

第一次剧变是一次大规模的南部迁徙浪潮，始于安史之乱（755—763）。这次灾难导致中国北方人南迁的大规模人口混乱，持续了近两个世纪。在葛剑雄等人确定的迁移流中，我们在这里需要直接关注的，是一个广泛的东南流动的难民，穿越下游的长江流入南部的江苏、浙江北部和安徽南部。当时许多移民留在这些地方，但更多人继续向西进入鄱阳平原。他们要么在那里的不同地方定居，要么在赣江以南更远的地方进入吉州（即现代的吉安）区域，以及继续走到流域的南端。这条主要河流的一部分也是较小的一条，直接从长江中央江淮地区穿过长江流入平原，当他们向南推进时便加入主流的移民。这些进入江西的行动被认为是相当沉重的，必然会对该地区的人口构成产生重大影响（葛剑雄、曹树基、吴松弟1993和1997的专著有提及）。而且，对于我们来说最重要的是，由于下游流域的最佳地区被占领，相当数量的移民将更进一步进入南部高地。

第二次的大型南部移民浪潮，始于1126年北宋朝（960—1127）亡于女真族（金）入侵者，引发了"靖康之难"，并显著影响了江西和邻近地区。这些事件导致大规模人口迁移出中国北方，从入侵初时开始，并在随后的南宋时期持续，在女真人入侵期间和之后，都有大量的北方人迁移到江西（葛剑雄、曹树基、吴松弟1993和1997的专著有提及）。从某种意义上说，这是安史之乱时期广泛的人口流动的再现，并再次将新的北方移民投入南部高地。

安史和靖康之乱的迁徙浪潮，导致了赣江盆地的早期人口被淹没，使北方早期中南地区的移民语言，几乎完全取代了低地早期中南汉语，侵蚀后汇聚成一种新的方言类型。在笔者看来，这些事件是称为"共同赣语"的主要起源，是演变为现代赣方言的祖语（Coblin，2015）。[①] 来自北方的同样移民浪潮，最终导致南部高地出现了前所未有的人口增加和压力，现在我们必须考量其社会和语言效应。

事实上，谢重光在他的文章《畲族与客家的早期关系史述略》对这些问题进行了详细研究，笔者据此得出以下总结。在九世纪中期，即在安史迁徙时期的后半期，中国历史开始报告越来越多"野蛮人"（即夷僚，后来称僚或者蛮僚，稍后还有山僚和峒僚）的叛乱和抢掠。这些都是当时对非汉人的传统术语，而谢更引用了进一步的证据，例如统领的姓氏，表明有关群体部分，甚至大部分是可以鉴定为畲族祖先的人，即现代畲人的祖先。

随后，从南宋时期（1127—1279）开始，历史资料证明了种族间冲突，和社会不和谐事件数量的另一次飙升（尤其见谢重光2007年的文章中有提及），并一直持续到元代初期（1271—1368）。这直接对应于靖康迁徙的时期。有趣的是，与福建南部的宋代有关扰动，则在历史上首次用"畲"这个词作非汉反叛分子的名称。

我们认为，理解上述事实的关键，是土地所有权问题和对此的态度。对畲族而言，他们是半迁徙的适应刀耕火种的农民，对土地的使用方式是清理土地后耕种数年，然后再将其放弃、回归自然。最终这当然会恢复土地的肥沃和实用性。但他们并无个人合法土地所有权的历史或习惯概念，因此不可能将他们登记为土地所有者，并根据中国惯例对他们进行税收评估。

南方高地汉人在这些方面完全不同，因为他们最初来自长期稳定的农民社会。笔者认为，当他们清

[①] 正如我们下文第二部分中再次注意到的那样，这些方言确实保留了少量残留的底层元素，形成低地早期中南汉语，特别在是赣南地区。

理土地，准备种植土壤，并选择最适合他们新的高地田地的特殊高地作物的经验，受益于畲族祖先的监护。但同时他们会与这些非汉人导师分道扬镳。对于高地人来说，一旦他们清理了一块土地，就会永久停留不走。由于他们在培育耕地和通过添加肥料来维持其生产力方面，拥有数千年的经验，因此他们田地产量纵然会不可避免地降低，也不会令他们感到担忧。他们会快速且多样化轮换他们的品种，来保持其田地的最大产量。因此，当他们在一片土地上定居时，他们认为这是他们的土地，而不是别人的。但不可避免地，官方迟早会来登记土地，并开始以具有悠久历史且传统的方式征税。

因此，纵使土著使用和占有土地的观念和汉人的截然相反，畲族祖先和高地汉人仍然能够和平共处。因为在唐前和唐初时期的高地人口密度低，据我们所知，它们的共生关系是稳固的。然而，由于安史和靖康迁移潮，导致的大规模移民涌入扰乱了这种均衡状态。来自中原的低地汉人大量涌入，也会导致这些新移民与现有的中国南方高地汉人之间发生摩擦。原因是可耕地的竞争激烈导致，也由于新移民和南方高地汉人间，在语言文化上彼此不同而加剧。这可能导致摩擦，最终是两个汉人群体之间发生武装冲突。随着利益和敌意的减弱，联盟发生了变化和演变，导致传统历史资料中出现了"叛乱"和"山匪"的复杂情景。

（三）高原过渡期

南部高地竞争团体之间的紧张和冲突持续到明朝（1368—1644）。在此期间，他们演变为华南地区各种晚期前现代和现代文化与语言结构。

从特定的汉语群体开始，梁肇庭在书中指出，高地的敌对对抗一直持续到15世纪，而政府直至1485年仍采取积极镇压暴力措施。但这并非全部如是。在元代和明代早期，即梁肇庭界定为"潜伏期"的期间，较早到来的南方高地汉人和较晚的迁来的汉人移民也进行了磨合。随着敌对行动平息，旧的怨恨首先被新兴的容忍所取代。最后，通过友好、通婚和积极的语言融合而消除。因此，梁肇庭提到的部分"潜伏期"，涉及操南部高地汉语、早期开发南方高地的汉人，与后来具有后来北方型语言形式的新移民融合。由此产生的共同语言有一个古老的底层，在其上覆盖了连续的后来的词汇层，这些词汇层与安史、靖康时期移民的语言具有共同的特征。结果是所有高地的汉人都使用了一个层次上非常复杂的共同语。除语言外，还有物质和非物质文化的融合。来自高地人的一些元素，反而是在他们来高地之前，最早的汉人定居者的生活中已经出现的。其他的元素则是为了应对新的高地环境而产生的。许多研究，如在施联朱等学者的作品中[①]也有人提出：在这个早期阶段，肯定会有从畲族祖先借来的某些非汉文化元素。另一方面，后来的、来自长江以北的晚唐和南宋时期移民，也带来不少文化特质。最后的结果是一种完全崭新的南方高地汉文化，其个性大致源于其独特的形成过程。

现在转去看畲族祖先。我们能够辨别出两个独立的，在某种意义上对当时经济和社会压力的互补反应。一方面，与高地汉人一起时，许多畲族祖先转为内向，远离汉人。他们尽可能自己抱团，继续讲自己的早期南方高地汉语的古老形式，很少受到新迁来的汉族移民的语言影响，并尽可能与所有外来者保持距离。但是，在接触是必要或权宜之计的地方，他们坚持接触，在任何必要的程度上掌握南方高地人不断演变的汉语方言作为第二语言，并在必须与他们的汉人邻居沟通时使用这种语言。另一方面，梁肇庭认为，在接触激烈的地方，他们比以前更加猛烈地反击，以致畲族与汉人之间的暴力变得更加激烈。

---

① 邓晓华：《论客家话的来源》，《云南民族大学学报》，2005年第23卷第4期，第143—146页。
李默：《论客家的形成及民族融合》，《中国史研究》，1993年第4期，第117—129页。

总之，过渡期的特点在汉人的一面是"潜伏"，其中形成了一种独特的汉文化类型，伴随着一种随之而来，新形式的多层次高地汉语语言。在畲族祖先一侧，则排斥和避免与汉人的接触，并继续使用自己的、相对保守的高地方言。这是一种在许多代祖先以前，以早期南部高地汉语的形式，替换了他们原来的非汉语语言。正是南部高地人口动态的这两个截然不同的发展，引起了曾经是中国高地汉人和畲族祖先所说的古代南方汉语的基本分化。

（四）迁移和散居的晚期

对这一时期的详细研究及其所包含的迁徙运动，实际上是梁肇庭开创性著作《中国历史上的移民与种族》的主要内容。笔者已经多次提及这本书。对它的关注主要是因为它对方言发展的影响，笔者将以简短而有限的方式讨论它。从汉人南方高地开始，大致上1530年已经标志着华南经济开始上升，直到明末清初的新下降周期（1644—1911）。在经济改善期间，南部高地汉人开始离开家园，往河流流经的东部沿海和岭南地区的流域迁移。他们希望在那里发现和利用新的经济机会和资源。在向下移民到较低的地区时，他们倾向于停留在地形上更高的区域，而不太愿意去已经人口稠密的平原地区。在这些山麓地区，他们充分利用了在高地得到的土地清理和耕作方面的专业知识，以及其他同样获得的高地技能，如采矿、采石、伐木和采药。他们定居的土地，如果仍然是无主的，可以简单地占有；或者，如果已经被拥有的话，则需从低地地主那里廉价租用，因为他们认为这种耕地，不可能进行湿地种植而具有很小的经济价值。

正如我们已经指出，高地汉人拥有独特的，在他们的南部高地家园已经发展了许多代的文化和语言。这一点立即被低地人注意到，他们称他们为"陌生人"或"外人"，即客家人、客人或客民。因此，严格地说，在这个时期才开始我们可以合法地谈论"客家文化"或"客家语言"。[①]此外，我们应该注意到，在这个时期，一个独特的"客家人"的概念只存在于低地人。没有证据表明，高地汉人移民这样认为自己。换句话说，使用梁肇庭的指导方针，他们已被确定为拥有一个可识别的族群。最后，我们必须注意到，没有移民的高地人在前现代时代，从未被认为是"客家人"。他们很自然地认为自己，就像他们今天一样，只是本地人，"这个地方的原居民"。相反，现代语言学家和方言分类学家，通过比较方言学研究，选择称呼他们和他们的方言是"客家人""客家话"而已。

当华南经济再次下降，并最终在1700年左右达到谷底时（如梁肇庭1997年的专著有提及），为了竞争正在减少的资源，客家人与低地人之间的摩擦不断。客家人的高地农业和伐木活动造成的环境退化，进一步加剧了这种情况，导致了下面平原的灾难性洪水和其他破坏。这些因素的结合最终引发了客家人和低地人之间的冲突。一个全面的客家民族意识出现了。从这一点开始，我们终于完全有理由在其现代意义和应用中使用"客家"一词。

如上所述，为了避开与中南部高地的汉人的冲突，畲族祖先退出与他们的对手的接触。后来，他们从高地大规模外流。这种人口分散是我们所说的"畲族散居"。笔者认为，它标志着从南部高地的"畲族祖先"阶段，向现代或"今日畲族"阶段的过渡，其轨迹转移到其他地方并且仍然存在。散居者沿着两条相当不同的路线离开高地。也许最大数量的畲族向东南移动到广东东北部。从这里，许多人向北迁徙到沿海的福建。然后一些继续前进到浙江南部，在某些情况下甚至更远到北部和西北部。他们在这些地区的汉族人之间进行了交流，但他们总是呆在自己的村庄或小村子里，在那里他们成为汉人模式的定

[①] 李默《论客家的形成及民族融合》第129页对这一点进行了出色的讨论。

居农民。虽然他们仍然在社会上深居简出，但他们为了经济自由的目的离开他们的村庄，出售他们的农产品和手工艺品，并在他们的汉人邻居中当日工。因此，他们中的大多数人成为双语或多语言，他们说自己传统的汉语畲族方言和他们的汉族邻居的当地方言。另一组畲族沿着一条完全不同的道路前进，主要是将它们带到闽西。在那里，他们有时会继续与汉人分开居住，但有时也开始与他们混在一起，导致今天在该地区的种族混合极其复杂。其中一些人实际上已经失去了他们的汉语畲方言和他们大部分的独立文化，所以从一个村庄到另一个村庄，很难确定谁是"真正的畲族"而谁不是。①

在这发展的历史大纲中，笔者对旧型客家方言说得很少。这是因为可靠的迁移历史证据很少。但是，以下材料可能会对这个问题有所了解。根据庄初升在《粤北土话音韵研究》中研究的说法，粤北旧型客家话人口的历史传统大多声称，他们的祖先在两宋期间来自江西和湖南。这相当于靖康迁徙浪潮期间和之前的时期。在这个更广泛的群体中，李冬香和庄初升《韶关土话》中对韶关的人口历史提供了更加详细地处理。旧型客家话不仅包括口头传统，还包括族谱的摘录。他们对这种材料的分析，产生了类似于庄初升在《粤北土话音韵研究》中所研究的一般结果。但是由于存在某些显著差异，这些作者对族谱的时间顺序，和区域细节的完全可靠性表示怀疑。具体来说，他们质疑所有移到韶关地区的移民是否在宋代之前到达那里。他们也认为移民的地区起源可能比传统的移民更加多样化。这些要点中的第一点具有特别重要的意义，因为正如下文所示，内部证据表明，旧型客家方言的内部多样性太多，不会来自单一的迁移浪潮。相反，它们中的许多或大部分更可能代表离散的迁移事件，即从北部地区到不同地区的不同移民潮。对于这些要点，我们仍需从历史音韵学，而非人口统计学历史中加入最终推论。也就是说，如上所述，将客家—畲话共性（包括新型客家话和畲话）与旧型客家话的数据进行比较，指出后者无论是音调还是辅音声母系统方面，语言阶段比任何一个都要古老。这一点必然意味着，旧型客家话，无论其绝对的分期结果如何，都必须与客家话分开，并在古老的早期南部高地汉语音系仍然完好的时候离开南部高地。换句话说，这种移民多元化，无论在哪个发生阶段，都必须早于普通客家—畲话复合体的分解。但从绝对意义上说，这种情况发生的问题仍然是一个令人困惑的问题。最后，笔者或许可以假设它不晚于宋代时期发生，但至少在此之前可能已经开始了。②而且应该注意的是，它不仅影响了粤北，而且还影响到了高地的北部和西部。

最后，在本节结束时，笔者注意到南部高原历史上的客家移民时代和畲族是一个历史时期，它导致主流客家话和畲族方言群的结晶。另一方面，没有移民的南方高地人成为今天的本地客家方言的发言人。继梁肇庭在专著中所提出的观点之后，笔者怀疑"客家"实际上是一个相当晚的，主要是民族学的术语；严格来说，它所指的群体所操的口语，才是唯一应该被称为"客家话"的方言。理论上，我们应该避免在其他背景和场所使用"客家话"一词。但是，我们并非活在一个理想的世界里；因此，我们在这里不会尝试对方言命名法进行彻底修改。

三、历史模型的方法论意义

笔者在开发前一部分概述的历史模型的最终目标，是计划使用新型客家话、旧型客家话和畲话等名词，来进行现代方言的比较历史研究。笔者对这个问题的一般看法是，进行这种研究方法的最有效方法，是将经典的比较方法应用于现代数据。然而在此操作中，笔者必须认识到并且特别考虑在所讨论的方言中，广泛出现的词汇层次。笔者在下面的第二部分中引用的示例，将反覆出现此问题。

---

① 有关整个问题的详细处理，请现在参阅刘婷玉的《谁人为畲——家族文书与"畲"的族群变迁》一文。
② 笔者将在本文末尾的第三部分中，对这个问题进行进一步和更详细地观察。

首先，我们应注意到，主流的客家方言已经被奥康纳（O'Connor）比较研究过。他称其重构系统为"原始客家系统"。这项工作非常成功，是客家语言研究发展的一个重要里程碑。然而，由于它早于完全理解汉语方言中的分层的时期之前，它偶尔会通过交叉比较研究的方言中，不同词汇层的材料而有误，而不是将这些层串联起来并将其内容串联起来比较。尽管如此，这对客家重建工作来说，是一个非常有用和重要的贡献。

主流客家话当然只是我们现在称之为新型客家话的两个组成部分之一，另一个是本地客家话。自从奥康纳的早期工作以来，已经积累了大量关于这两种类型的新数据，[①]很明显地笔者现在需要对新型客家进行全面的比较研究。事实上，这种类型的工作已成为笔者未发表的手稿《共同的新客家：比较重建》（手稿1）的对象。笔者称之为重建系统"共同新型客家话"，以区别于奥康纳的"原始客家话"。这个术语现在已经很成熟。与他的原始客家话不同的是，笔者的共同新型客家话是一个多层次的系统，只要数据允许笔者识别材料中的多个层次。笔者称之为"原始新型客家"材料中最古老或最早的可识别层。当跨越方言的并行示例中，证明了整个系统的多个发音（即异读）时，系统中的不同层级会出现。这将在下面的第二部分中进一步注意和逐步讨论。

在笔者的历史模型中，笔者提出新型客家话和畲话，曾是密切相关的共同实体的姐妹分支。如果这是正确的，那么显然需要两个进一步的步骤。第一个是为畲方言重建一个共同或原始系统，第二个是将这个系统与共同的客家话进行比较，以达到更高阶的沟通客家话—畲话系统。事实上，这项任务已经成为另一项未发表的著作，题为 The Reconstruction of Common Shē and Common Hakka shē（《重建共同的畲话和共同的客家话—畲话》）。

最后，笔者应该将"共同客家—畲话"系统与"旧型客家话"的语音系统进行比较。然后，这一步将产生一个古老的原始系统，该原始系统在各种旧型客家话品种从中央高地方言共性出发之前就存在，其中最古老的层次可能主要对应于原始的早期中部高地汉语。事实上，笔者目前的研究恰恰涉及这项工作，现在整个重建系统已经很有规模。笔者将在本文第二部分的举例中使用这个系统。

四、南方早期高地汉语的特征

（一）简介

在本部分中，笔者将研究早期南部高地汉语系统中的某些特征，这些特征是在上述方法的基础上重建的。

在所引用的实施例中采用了以下惯例。每个同源集的第一行以相关音节的拼音拼写开头，然后是常规的中文书写形式。接下来是高本汉（Karlgren Bernhard）在1954年的文章中提出的转录系统中的QYS形式，由李芳桂在《上古音研究》中修订。这些形式是为了便于参考传统的语言系统而给出的，并不被认为是语音重建的，所以他们没有加星标。接下来是罗杰瑞（Norman）的普通方言汉语（CDC）和早期汉语（EC）形式。这些系统由罗杰瑞开发，专门用于方言学研究，可见罗杰瑞2006和2014年的文章。他们被罗杰瑞认为是音韵重建，因此加星号。接下来的行是旧型客家话数据行。这两行中的前两行包括广东方言点。第三个包括一个江西点（铁石口）和一个湖南点（汝城）。语音转录是原始来源中使用的。音调名称是数字的，遵循习惯的方言系统，如下：

[①] 奥康纳自然对本地客家话一无所知，因为这些方言的数据在1970年代早期还没有出现。

阴平（1）　阴上（3）　阴去（5）　阴入（7）

阳平（2）　阳上（4）　阳去（6）　阳入（8）

作为惯例，如果某方言不区分某QYS音调类别的上下调值，则使用该音调的奇数数字，来表示所讨论的音调。因此，如果一个方言只有一个去声，而非对立的阴去和阳去声调，那么这个常见的去声类将被分配音调编号5，依此类推。在重建形式中将遵循相同的音调指示，除了在所有情况下共同的舒去音调，将被指定为该系统中的音调6而不是音调5。这是因为它直接对应于其他方言音调系统中的阳去调（第6调），而传统的第5调则在畲方言中丢失。在许多旧型客家方言中，某些名词得到形态修饰的声调，取代音节的基础或词源声调。不幸的是，这严重损害了用于比较重建音调类别的例子。在笔者引用的数据中，形态修改的音调（其实际音调总是与方言中的任何基本或规范声调不同）将由"(M)"表示。在资料中标识为文读的形式标记为"w"，而那些被称为白读的形式标记为"b"。重建形式之间的斜线标记分开重构变体，由数据中的并行变体对支持。现代数据中的这些变体对由波浪纹"~"分隔。

各种旧型客家话方言点的名字缩写，以及它们的来源如下（参见地图V）：

广东方言点

（1）大村（Dàcūn, DC），李冬香、庄初升《韶关土话》。

（2）向阳（Xiàngyáng, XY），下同。

（3）石陂（Shíbēi, SB），下同。

（4）周田（Zhōutián, ZT），下同。

（5）石塘（Shítáng, ST），下同。

（6）桂头（Guìtóu, GT），下同。

（7）梅村（Méicūn, MC），庄初升《粤北土话音韵研究》。

（8）皈塘（Guītáng, Gtng），下同。

（9）连州（Liánzhōu, LZ），下同。

（10）南雄（Nánxióng, NX），庄初升《粤北土话音韵研究》，Egerod Søren的 *The Nan-xiong Dialect*，Sagart Laurent的 *Nanciong and Hokka*，谢自立的《南雄县志》。笔者使用庄初升《粤北土话音韵研究》作为主要数据来源，并在权宜之计时借鉴其余的工作。

（11）龙川（Lóngchuān, LC），侯小英《广东龙川县佗城方言音系》。

（12）惠州（Huìzhōu, HZ），刘若云《惠州方言志》。

江西方言点

铁石口（Tiěshíkǒu, TSK），张倩《江南信丰（铁石口）客家方言同音字汇》与《江西信丰铁石口客家方言古浊上字今读的类型与层次》。

湖南方言点

汝城（Rǔchéng, RC），曾献飞《汝城方言研究》。

每组的下一行包括共同新型客家话（CNH）形式，共同畲话（Common Shē, CS）和共同客家话—畲话（Common Hakka-Shē, CHS）形式。

最后一行是早期南部高地汉语（ESHC）形式，目前正在进行重建工作。

笔者早期对CHS、CS和CHS形式的比较重建，是严格按照经典比较方法进行的。但是，在这里提出ESHC形式时，笔者在一个方面偏离了规范程序。也就是说，历史上古老的形式只发生在客家话—畲话一方，或者相反只发生在旧型客家方面，笔者在可能的地方为有关的词源，提出了暂定的古老ESHC变体形式。其原因在于ESHC材料的方言早期层，已经被后来的借贷形式广泛替换，并且有时完全消除了早期材料的一面或另一面。由于笔者在这项研究中的目的，是尽可能地挽救早期或原始层材料，笔者试图利用所有证据来获得这种早期材料，即使在无法进行真正比较的情况下也是如此。

（二）选定的重建特征

1. ESHC 第4调（阳上）

CNH和CS都不具有独立的第4调。然而，CHS第4调可以为有限数量的，常见塞音声母的音节重建。表示该音调的对应模式是：CNH第1调与CS第6调，该对应关系在数据中是唯一的，并且需要新的音调类别来解释它，因为它不能被重建为CHS中的第1调或第6调系统。显示该模式的所有音节都属于CDC第4调（即，在较低调中的QYS上声），因此我们将其指定为CHS系统中的第4调。然而，这个CHS第4调在两个方面存在两个缺陷：一是结构；二是历史。首先，它不会出现在通音声母中。其次，它不能重构词典中所有CDC第4调阻塞音声母。另一方面，对于ESHC，我们可以为CDC中的所有音节声母类型，和绝大多数实际CDC第4调音节重建第4调。换句话说，它在ESHC中基本上没有缺陷。不幸的是，这个景象被CDC第4调音节，在ESCH中采用第6调的情况所掩盖。在这些情况下，第6调读音似乎来自外部，可能是北方的来源，这些来源经历了所谓的浊上变去或浊上归去的变化（即CDC第4调 > 后来的第6调）。这种变化影响了许多北方官话类方言，以及与之接触的南方方言。令人高兴的是，许多这些都读第6调，很容易被识别为文读借词。事实上，这些资料经常将它们标记为文读及/或异读。以下为一些例子：

（1）塞音声母字，CHS and ESHC 均为第四调

hàn 旱 QYS ɣân：CDC *hon4/EC *'ganx

DC［heŋ5］；XY［hoŋ5］；SB［hun5］；ZT［hoŋ5］；ST［hoŋ5］；GT［hoen4］

MC［—］；Gtng［—］；LZ［—］；NX［hon1］†；LC［hon5］；HZ［hon5］；

TSK［xm̩3］；RC［xua6］

CNH *hon1/ *hon6：CS *hon6：CHS *hon4

† NXXZ.

ESHC *hon4

jiù 舅 QYS gjəu：CDC *gieu4/EC *gux

DC［k'iu5 ~ k'iʔu(M)］；XY［k'iu5 ~ k'iʔu(M)］；SB［k'iau5 ~ k'iau(M)］；ZT［k'iu5 ~k'iu(M)］；ST［k'iu5 ~ k'iu(M)］；GT［k'iu4 ~ k'iu(M)］21

MC［k'iu4 ~ k'iu6］；Gtng［—］；LZ［k'iu6］；NX［tɕiɤ6］；LC［k'iu1］；HZ［k'iu5］；

TSK［tɕhiə2］；RC［tɕ'iəu1b］

CNH *k'ieu1/ *k'ieu6：CS *k'ieu6：CHS *k'ieu4/ *k'ieu6

ESHC *gieu4/ *gieu6

此ESHC形式显示了一种第6调变体形式，它与本地第4调读音竞争，可能是后来起源的借词。

shàng 上 QYS źjang："ascend" CDC *zhiong4/EC *dangx

DC［sɔŋ5］；XY［sɔŋ5］；SB［ʃɔŋ5］；ZT［sɔŋ5］；ST［siɔŋ5］；GT［sɔen4］

MC［—］；Gtng［—］；LZ［—］；NX［sɔŋ1］；LC［ʃɔŋ5］；HZ［siɔŋ5］；

TSK［sɔŋ3］；RC［saŋ1］

CNH *šioŋ1/L *šioŋ6：CS *ʃioŋ6/ *sioŋ6：CHS *šioŋ4

ESHC *šioŋ4

zhù 苎 QYS ḍjwo：CDC *jie4(～*jiu4)/EC *drax

DC［ts'ʉ5］；XY［ts'ɿ5］；SB［tʃ'i5］；ZT［ts'u5］；ST［ts'y5］；GT［t'au(M)］；

MC［t'yʔ(M)］；Gtng［—］；LZ［—］；NX［tɕy(M)］；LC［tɕ'y1］；HZ［ts'y1］；

TSK［tshu3］；RC［t'y1b］

CNH *tš'iu1/ *tš'ie1：CS *tʃ'y6 / *t'u6：CHS *tš'iu4

ESHC *džiu4/ *diu4/ *du4

（2）塞音声母字，显示CHS第1调而非预期的CHS第4调

bèi 被 QYS bje：3 "blanket, coverlet" CDC *bi4/EC *bayh

DC［p'oe5］；XY［p'ai5］；SB［p'ɐi5］；ZT［p'ai5］；ST［p'ai5］；GT［p'ai4］；

MC［p'i4］；Gtng［pi3］；LZ［pai4］；NX［pi2］；LC［p'i5］；HZ［p'i5］；

TSK［phi6］；RC［p'uɛi1b～pi6］†

CNH *p'i1：CS *p'i1：CHS *p'i1

†第二种形式仅用作被动标记。

ESHC *bi4

汝城形式的最后一个，意思是"床罩"，在这里出人意料。第二种形式，其决定是有规律的，显然是后来的形式，如其语气所示。

zhòng 重 QYS ḍjwong：CDC *jiung4/EC *drongx

DC［ts'ɐn5］；XY［ts'aŋ5］；SB［tʃ'ɛŋ5］；ZT［ts'ɛŋ6］；ST［ts'iẽ5］；GT［ts'oŋ4］；

MC［ts'ɔŋ4］；Gtng［tʃ'ɛu3］；LZ［ts'e4］；NX［tsʌŋ2］；LC［tʃ'uŋ5］；HZ［ts'əŋ5～ts'əŋ6］；†

TSK［tshəŋ3］；RC［t'ioŋ1b～ts'oŋ6w］

CNH *tš'iuŋ1/L *tš'iuŋ6：CS *tʃ'iuŋ1：CHS *tš'iuŋ1

†第二种形式有."注重"之义。

ESHC *džiuŋ4/ *džiuŋ6

zuò 坐 QYS dzuâ：, dzuâ- CDC *dzo4/EC *dzoyx

DC［ts'ɔ5］；XY［ts'ɔu5］；SB［ts'ɔu5］；ZT［ts'ɛu5］；ST［ts'o5］；GT［ts'ɔu4］；

MC［ts'ou4］；Gtng［tʃ'ɔu3］；LZ［ts'ʌu4］；NX［tsɔ2］；LC［ts'ɔ5］；HZ［ts'ɔ5］；

TSK［tshʉ3］；RC［ts'u6w～ts'ɔ1］

CNH *ts'o1/ *ts'o6：CS *ts'o1 (/ *tsoŋ3)：CHS *ts'o1

ESHC *dzo4

第二个列表中类型的音节，必须用CHS第1调而不是第4调重建。这是因为CS形式有第1调而不是第6调。但是，在每种情况下，ESHC形式都明确指向较旧的第4调。这表明畬话方面发生了一些奇怪的事情，扰乱了CHS第4调历史上预期的通信模式。笔者怀疑畬话形式在新型客家话和畬话分离后的某个时间，与CNH的借贷联系受到干扰。也就是说，在第1调中的客家形式。已被借入畬话方言中。此仍需进一步研究来提供信息。

一如上述，许多这些字均有第6调的另类文读音。笔者认为这些读音是后来入侵的。ESHC第4调在桂头、梅村、连州，以及易家乐的南雄亚类型中完好无损地保留。在其他地方，它以各种方式改变；但总的来说，它在这些其他方言中的相应发音，通常会产生"对应轮廓"，相比之下，它可以用较早的第4调来识别。以下是一个例子：

dì 弟 QYS diei：CDC *diai4/EC *'diyx

DC［t'ʌʔʌ(M)~t'ʌʔi(M)］；XY［t'ai6~taʔi(M)］；SB［t'εi1~t'εi1］；ZT［t'a(M)~t'ai(M)］；ST［t'ai1~t'a(M)］；GT［t'ie(M)~tie(M)］

MC［t'aʔ(M)b~tiʔ(M)~ti6w］；Gtng［ti5］；LZ［tʌi6］；NX［ti6w~te6b~te(M)］；LC［t'εi6b~t'εi1w］；HZ［t'iε6］；

TSK［the3b~thi6w］；RC［ti6w~t'εi1b］

CNH *t'iai1/L *t'i6：CS *t'ai6：CHS *t'iai4

ESHC *diai4/ *diai6 / *di6

这个亲属关系词的CHS音调是第4调。因为这个词是个名词，许多旧型客家方言有一个形态变化的语调，它在词源音调类别上是不影响的。在那些具有完整音调形式的方言中，音调通常是或倾向第6调。然而，铁石口和汝城白读形成对应关系，即铁石口第3调d对汝城第1调，是ESHC第4调音节的典型对应局面；这与CHS形式直接一致。这一结论得到了这两种方言的白读形式韵尾的证实，这两种方言也直接对应CHS *-iai，也必须来自ESHC *-iai[①]。

（3）通音声母音节

lěng 冷 QYS lɒng：CDC *lang4/EC—

DC［lʌŋ5］；XY［liε5］；SB［laŋ5］；ZT［liaŋ5］；ST［laŋ5］；GT［lin4］

MC［lɤŋ3］；Gtng［lia3］；LZ［lʌ4］；NX［laŋ2］；LC［laŋ5］；HZ［laŋ5］；

TSK［laŋ3］；RC［lεn1b~lεn3w］

CNH *laŋ1/L *laŋ3/ *leŋ1：CS *laŋ1：CHS *laŋ1

ESHC *laŋ4

liǎng 两 QYS ljang："two" CDC *ʰliong4/EC *langx

DC［lin5］；XY［lεŋ5］；SB［liɔŋ5］；ZT［liɔŋ5］；ST［liɔŋ5］；GT［lεn4］

MC［—］；Gtng［—］；LZ［—］；NX［ljoŋ3］；LC［liɔŋ3］；HZ［liɔŋ3］；

TSK［tiɔŋ3］；RC［liaŋ3］

CNH *lioŋ3：CS *lioŋ3/ *ioŋ3：CHS *lioŋ3

†Sagart.

ESHC *li̯oŋ4

nuǎn 暖 QYS nuân：CDC *non4/EC *'nonx

DC［lɵŋ5］；XY［lɔŋ5］；SB［nun5］；ZT［nɔŋ5］；ST［luan5］；GT［loen4］

MC［lɔŋ4］；Gtng［nuə3］；LZ［nɔŋ4］；NX［nɔŋ2］；LC［nɔn5］；HZ［nɔn5］；

TSK［nm̩3］；RC［nua3w~nua1b］

CNH *nuon1/ *nuon3：CS *nuon1/ *nuon3：CHS *nuon1/ *nuon3

ESHC *nuon4

wěi 尾 QYS mjwei：CDC *mvui4/EC *muyx

DC［moʔe(M)］；XY［bai2~baʔi(M)］；SB［mɔi(M)］；ZT［mai(M)］；ST［mai(M)］；GT［bei4~bei(M)］

MC［biʔ(M)］；Gtng［bi6~m3］；LZ［mʌi4］；NX［mɤ(M)］；†LC［mui5］；HZ［mi5］；

---

① 这些方言中的文读形式可能是来自北方话的晚期借词，在这种情况下采用ESHC韵尾 *-i。这是像弟这样的音节的最后一个韵尾层次。

TSK [me3b ~ me1w]; RC [uɛi3w ~ muɛi1b]

CNH *mui1：CS *mui1 / mui3：CHS *mui1

†Sagart：[mɯi1].

ESHC *mui4

在这种类型的例子中，第4调形式不能在CHS阶段重建。但是基于旧型客家话的数据，它们很容易被假定用于ESHC。这表明在CHS期间，具有与CDC几乎相同分布的ESHC，第4调在通音声母音节中丢失。随后，客家和畲方言分支完全失去了第4调。一些旧型客家方言则保留完整。这在其他方言也丢失，但其方式与客家—畲方言方式不同。

2. ESHC全浊声母系列—塞音与塞擦音

笔者所关注的现代方言群体中，没有一个具有与QYS全浊类相对应的独立声母系列。CNH和CS的QYS全浊塞音与塞擦音声母字，在这些现代方言大都化作送气阻塞音，①显示CHS也在这些字送气。旧型客家方言往往在这类声母中，显示出比较大的差异性。值得注意的是，在这些情况下，南雄在清声母塞音字的表现非常一致，即与CHS中完全相反的格局。在沙加尔2011年的专著中提及，这一事实构成了沙加尔的重要观察的基础，除了不送气清音和送气清音的类别之外，客家和南雄都必须从一个具有第三种声母类型的共同始祖语言中发展而来。在笔者看来，这种共同的始祖语言，实际上是新假设的ESHC。我们现在将检查所讨论的不同假设浊声母的例子，这些次序是按照声母母的发音类别排列的。与通常的做法一致，我们用浊辅音的IPA字母代表浊音，尽管我们对于它们是浊音，低音还是其他相关的发音类型没有任何立场。

唇音

bái 白 QYS bɒk CDC *bak8/EC *brak

DC [p'ʌ8]; XY [p'ɛ8]; SB [p'ɛi8]; ZT [p'ɔ8]; ST [p'ou7]; GT [p'i2]

MC [p'ie5]; Gtng [pia3]; LZ [pʌ1]; NX [pa6]; †LC [p'ak8]; HZ [p'ak8];

TSK [pha6]; RC [pɔ6]

CNH *p'ak8：CS *p'aʔ8：CHS *p'ak8

† Egerod：paʔ8.

ESHC *bak8

bèi 被 QYS bje：3 "blanket, coverlet" CDC *bi4/EC *bayh

DC [p'oe5]; XY [p'ai5]; SB [p'ɐi5]; ZT [p'ai5]; ST [p'ai5]; GT [p'ai4]

MC [p'i4]; Gtng [pi3]; LZ [pai4]; NX [pi2]; LC [p'i5]; HZ [p'i5];

TSK [phi6]; RC [p'uɛi1b ~ pi6] †

CNH *p'i1：CS *p'i1：CHS *p'i1

† 第二形式仅为被动标记

ESHC *bi4

píng 平 QYS bjwɒng CDC *biang2/EC *beng

DC [p'iʌŋ2 ~ p'ʌn2]; XY [p'ie2 ~ p'an2]; SB [p'iaŋ2 ~ p'ɛn2]; ZT [p'iaŋ2]; ST [p'iaŋ2 ~ p'aŋ2]; GT [pin2 ~ paŋ2]

MC [paŋ2w ~ piẽ2b]; Gtng [pai2]; LZ [pʌ2]; NX [pin2w ~ piaŋ2b]; LC [p'in2w ~ p'iaŋ2b]; HZ

---

① 由于擦音不参与本节讨论的过程，因此笔者不在此处理。

[p'ən2];
　　TSK[phiaŋ2b～phiŋ2w]; RC[pin2]
　　CNH p'iaŋ2/L p'iŋ2：CS *p'iaŋ2：CHS *p'iaŋ2
　　ESHC *biaŋ2/ *biŋ2

píng 瓶 QYS bieng CDC *biang2/EC *'beng
　　DC[p'ʌn2]; XY[p'an2]; SB[p'ɛn2]; ZT[p'iaŋ2]; ST[p'ɛŋ2]^: GT[paŋ2]
　　MC[paŋ2]; Gtng[pɛŋ2]; LZ[pʌ2]; NX[pin2]; LC[p'in2]; HZ[piaŋ2];
　　TSK[phiŋ2]; RC[pin2]
　　CNH *p'iaŋ2/L *p'iŋ2：CS *p'eŋ2/ *p'in2：CHS *?

畲话和客家话之间的韵尾对应不规律。一般期望CS形式中的韵尾 *-iŋ 与 CNH *-iŋ 的有效对应。
　　ESHC *biaŋ2/ *biŋ2

畈塘2形式可能对应于CS形式 *p'eŋ2。但笔者的畈塘数据太少，无法澄清此事。

从这些例子可以看出，除了南雄之外，桂头、畈塘、连州和汝城，也经常表现出这些字缺乏送气的现象。梅村倾向于在仄声调送气而不是在平声。惠州在送气与否方面摇摆不定，偶尔会出现不送气而非送气的形式，这种变化有时也存在于其余的旧型客家方言。笔者的理解是，这种变异是由于借用其他方言，无论是新型客家话、旧型客家话，还是其他一些方言类型。在具有较高文读类型的单词中尤其如此。笔者在本文中引用的例子，为了尽可能避免这种干扰，是特别从常用的口语中选出的。

齿音

dà 大 QYS dâ-, dâi- CDC *do6～*dai6/EC *dayh
　　DC[t'o6]; XY[t'uə6]; SB[t'ai1]; ZT[t'a6]; ST[t'ou1]^: GT[tu6]
　　MC[tuɤ6]; Gtng[ta5]; LZ[tou6]; NX[tɔɑ6]†: LC[t'ai1]; HZ[t'ai6];
　　TSK[thæ6]; RC[tai6]
　　CNH *t'ai6：CS *t'ɐi6：CHS *t'ɐi6
　　† Cf. NXXZ:[toai6].
　　ESHC *dɐi6

dòng 洞 QYS dung- CDC *dung6/EC *'dongh
　　DC[t'ɐn6]; XY[t'aŋ6]; SB[t'ɐŋ1]; ZT[t'ɛŋ6]; ST[t'iẽ1]; GT[toŋ6]
　　MC[toŋ6]; Gtng[tɛu5]; LZ[te6]; NX[tʌŋ6]; LC[t'uŋ1]; HZ[t'əŋ6];
　　TSK[thəŋ6]; RC[toŋ6]
　　CNH *t'uŋ6：CS *t'uŋ6：CHS *t'uŋ6
　　ESHC *duŋ6

tián 甜 QYS diem CDC *diam2/EC *'dem
　　DC[t'ie2]; XY[t'ɛn2]; SB[t'in2]; ZT[t'iŋ2]; ST[t'iŋ2]; GT[tiẽ2]
　　MC[tɤŋ2]; Gtng[tie2]; LZ[teŋ2]; NX[tan2]; LC[t'iɛm2]; HZ[t'iɛm2];
　　TSK[thĩ2]; RC[tia2]
　　CNH *t'iam2：CS *t'am2：CHS *t'iam2
　　ESHC *diam2

tiáo 条 QYS dieu CDC *diau2/EC *'diw
　　DC[t'iʌu2～tiʌʔu(M)]; XY[t'iu2～t'iu3]^: SB[t'iu2～t'iu(M)]; ZT[t'iau2～t'iau(M)]; ST[t'iau2

~ t'iau(M)]; GT[tɛi2 ~ tɛi(M)]

MC[tɛu2]; Gtng[tiu2]; LZ[tiʌu2]; NX[tai2]; LC[t'iɛu2]; HZ[t'iɛu2];

TSK[thiɔ2]; RC[tiau2]

CNH *t'iau2：CS *t'au2：CHS *t'iau2

ESHC *diau2

这些例子中的对应概况与唇音的对应概况基本相同，但在这个声母类别中，梅村始终显示不送气的形式。

舌叶音或"嘘声"辅音

chá 茶 QYS ḍa CDC *ja2/EC *dra(dray?)

DC[ts'o2]; XY[ts'a2]; SB[ts'a2]; ZT[ts'ɔ2]; ST[ts'ou2]; GT[ts'ɔu2]

MC[ts'ɔ2]; Gtng[tʃ'ɔ2]; LZ[ts'ʌu2]; NX[tsa2]; LC[ts'a2]; HZ[ts'a2];

TSK[tsha2]; RC[ts'ɔ2]

CNH *ts'a2：CS *tʃ'ɒ2：CHS *tš'a2

ESHC *dža2

. chóu 绸 QYS ḍjəu CDC *jieu2/EC *driw

DC[ts'iu2]; XY[ts'iu2]; SB[tʃ'au2]; ZT[ts'iu2]; ST[ts'iu2]; GT[ts'iu2]

MC[ts'iuʔ(M)]; Gtng[tʃ'i2]; LZ[ts'iu2]; NX[tɕiɤ2]; LC[tʃ'iu2]; HZ[ts'iu2];

TSK[tɕhiə2]; RC[ts'əu2]

CNH *tš'ieu2：CS *t'iu2 / *tʃ'iu2：CHS *tš'ieu2

ESHC *džieu2

zhòng 重 QYS ḍjwong：CDC *jiung4/EC *drongx

DC[ts'ɐn5]; XY[ts'aŋ5]; SB[tʃ'ɐŋ5]; ZT[ts'ɛŋ6]; ST[ts'iẽ5]; GT[ts'oŋ4]

MC[ts'ɔŋ4]; Gtng[tʃ'ɛu3]; LZ[ts'e4]; NX[tsʌŋ2]; LC[tʃ'uŋ5]; HZ[ts'əŋ5 ~ts'əŋ6]; †

TSK[tshəŋ3]; RC[t'ioŋ1b ~ ts'oŋ6w]

CNH *tš'iuŋ1/L *tš'iuŋ6：CS *tʃ'iuŋ1：CHS *tš'iuŋ1

†第二个形式有"强调"的意思

ESHC *džiuŋ4/ *džiuŋ6

这种声母类型的对应模式与上面看到的完全不同，因为在这里只有南雄才真正形成表现为缺乏送气，从而确立了一种早期全浊系列的存在。因此，在缺乏南雄形式的情况下，我们无法在直接比较的基础上重建这样的系列。但是，我们仍然可以使用间接技术。因为我们会注意到上面引用的字集中，所有旧型客家话形式都表现为较低音调，而这种模式在系统中是如此规则，允许我们假设在即使在直接证据不足情况下，曾经存在早期的浊声母字母。以下例子代表了这一点：

chú 厨 QYS ḍju CDC *jiu2/EC *dro

DC[ts'ʉ2]; XY[ts'ʮ2]; SB[tʃ'i3]; ZT[ts'u2]; ST[ts'y2]; GT[ts'y2]

MC[—]; Gtng[—]; LZ[—]; NX[—]; LC[tʃ'y2]; HZ[ts'y2];

TSK[tshu2]; RC[tɕ'y2]

CNH *tš'iu2

ESHC *džiu2

在这里，我们几乎可肯定地把ESHC在处理为 *dž-声母，甚至虽然我们没有确定的南雄形式作为证据。

喉音

jiàn 件 QYS gjän：CD *gian4/EC *ganx

DC［k'ie6 ~ k'ie3］/^：XY［k'ɛn6 ~ k'ɛn3］/^：SB［k'in1 ~ k'in3］；ZT［k'iŋ6 ~k'iŋ3］/^：ST［k'iŋ1 ~ k'iŋ3/^］；GT［k'ɛn6 ~ k'ɛn3］/^

MC［—］；Gtng［—］；LZ［—］；NX［tɕjẽ6］；†LC［k'iɛn1］；HZ［k'iɛn6］；TSK［tshĩ6］；RC［tɕ'ia6］

CNH *k'ian6：CS *k'ien6 / *kien6：CHS *k'ien6

†Sagart.

ESHC *gien6

qiáo 桥 QYS gjäu CDC *giau2/EC *gaw

DC［k'iʌu2］；XY［k'iu2］；SB［k'iu2］；ZT［k'iau2］；ST［k'iau］；GT［k'ɛi2］

MC［k'ɛu2］；Gtng［k'iu2］；LZ［k'iʌu2］；NX［tɕiau2］；LC［k'iɛu2］；HZ［k'iɛu2］；TSK［tɕhiɔ2］；RC［tɕ'iau2］

CNH *k'iau2：CS *k'ieu2：CHS *k'iau2

ESHC *giau2

qún 裙 QYS gjuən CDC *giun2/EC *gun

DC［k'un2］；XY［k'uan2］；SB［k'ɔn2］；ZT［k'uɔn2］；ST［k'ɛŋ2］；GT［k'vaŋ2］

MC［—］；Gtng［—］；LZ［—］；NX［kvɤŋ(M)］†：LC［k'un2］；HZ［k'un2］；TSK［tɕhiŋ2］；RC［k'uɛn2b ~ tɕ'yn2w］

CNH *k'iun2：CS *k'un2：CHS *k'iun2

†Cf. NXXZ：［tɕiɯn1w ~kuɯn1b］.

ESHC *giun2

在这里，笔者也看到只有南雄形式，才能提供早期全浊声母的直接证据，尽管音调调域也允许笔者间接地假设它存在。以下是典型案例，笔者只能使用此作为权宜：

qiú 球 QYS gjəu CDC *gieu2/EC *gu

DC［k'iu2］；XY［k'iu2］；SB［k'iau2］；ZT［k'iu2］；ST［k'iu2］；GT［k'iu2］

MC［—］；Gtng［—］；LZ［—］；NX［—］；LC［k'iu2］；HZ［k'iu2］；TSK［tɕhiə2］；RC［tɕ'iəu2］

CNH *k'ieu2：CS *k'iu2：CHS *k'ieu2

ESHC *gieu2

上面的例子和讨论完全涉及塞音和塞擦音，我们可能想知道ESHC系统中是否还有全浊擦音。不幸的是，如果有的话，根据目前可用的数据，根本没有办法根据经验建立。缺乏其他迹象，仅仅存在较低的调域不是一个适当的衡量标准，因为从结构上来说，在这个一般地理区域，有和没有浊擦音的浊塞音的声母系统都是可能的。例如，在Coblin 2011年和2015年的文章中提及，共同中部湘语是一个具有全套浊塞音/塞擦和擦音的系统，但是几乎相邻的共同赣语，却只有浊塞音和塞擦音，但没有重建的浊擦音。

3. 不区分CDC与QYS的 *kh-（溪母）及 *h-（晓母）

在前两节中，笔者讨论了通常被视为早期汉语发音系统的典型特征，例如罗杰瑞的CDC，并且也是QYS的象征。在本节和后面的章节中，笔者将继续介绍几种非典型配置格局。ESHC的一个特别有趣的特征，是系统中的清声母送气硬腭塞音发音，很可能是派生的而不是原始的。即是说，它们可能是属于词汇中后来传入层的借贷形式。另一方面，在源自最古老的词汇层的口头词中，笔者发现声母*h-而不是词源学上预期的*k'-。现在考虑以下例子：

kāi 开 QYS khâi CDC *khoi1/EC *'khuy

DC［hʉ3］; XY［hui3］; SB［hui3］; ZT［hoi3］; ST［ha3］; GT［hu3］

MC［huɤ1］; Gtng［hua1］; LZ［huɨ］; NX［hɤ1］; LC［hɔi1］; HZ［hɔi1］;

TSK［xə1］; RC［k'ai1w ~ xuai1b］

CNH *hoi1/ *k'oi1: CS *hoi1 / *huoi1: CHS *hoi1

ESHC *hoi1/ *k'oi1

kāng 糠 QYS khâng CDC *khong1/EC *'khang

DC［hɔŋ1］; XY［hɔŋ1］; SB［hɔŋ1］; ZT［hoŋ1］; ST［hoŋ1］; GT［hoŋ1］

MC［hoŋ1］; Gtng［hou1］; LZ［ho1］; NX［hɔŋ1］; LC［hɔŋ1］; HZ［hɔŋ1b ~ k'ɔŋ1w］;

TSK［xɔŋ1］; RC［k'aŋ1w ~ xaŋ1b］

CNH *hoŋ1/L *k'oŋ1: CS *hoŋ2: CHS *hoŋ（Tone uncertain）

ESHC *hoŋ1/ *k'oŋ1

旧型客家话数据强烈支持这个字根的第1调读音。CS的第2调读音是异常的。

ké 壳 QYS khåk CDC *kh(i)ok7/EC *khrok

DC［k'ɔ7 ~ k'ɔʔɔ(M)］; XY［k'ou7 ~ k'ɔʔu(M)］; SB［k'ɔu8］; ZT［k'ɛu(M)］; ST［k'o7］; GT［k'ou4 ~ k'ou(M)］

MC［—］; Gtng［—］; LZ［—］; NX［k'ɔʔ7］†: LC［hok7］; HZ［hɔk7］;

TSK［khʉ6］; RC［k'u5］

CNH *hok7/ *k'ok7: CS *hoʔ7: CHS *hok7

† NXXZ.

ESHC *hok7/ *k'ok7

kè 客 QYS khɒk CDC *khak7/EC *khrak

DC［k'ʌ7］; XY［k'ɛ7］; SB［k'ɛi7］; ZT［k'ɔ7］; ST［k'ou7］; GT［k'i4］

MC［k'ie4］; Gtng［k'ia7］; LZ［k'ʌ4］; NX［k'aʔ7］; LC［hak7］; HZ［hak7］;

TSK［kha6］; RC［k'ɔ5］

CNH *hak7/L *k'ak7/ *k'ek7?: CS *haʔ7: CHS *hak7

ESHC *hak7/ *k'ak7

ESHC *hak7 显然是原始语言中最古老的形式。*k'ak7 是 CNH 和旧型客家话中的后来形式，因此应该包含在多层共同系统中。CNH *k'ek7 是客家独有的，几乎可以肯定是非常晚期的入侵，不能重建到 ESHC 阶段。

kěn 肯 QYS khəng: CDC *kheng3/EC *khingx

DC［hʌn3］; XY［han3］; SB［hɛn3 ~ k'ɛn3］; ZT［hiaŋ3］; ST［haŋ3 ~ k'aŋ3］; GT［k'aŋ3］

MC［haŋ3］; Gtng［—］; LZ［hei3］; NX［k'in3 ~ hin3］; LC［hɛn3b ~ k'ɛn3w］; HZ［hiaŋ3］;

TSK［xĩ3］; RC［xɛn3b ~ k'ɛn3w］

CNH *heŋ3/L *k'eŋ3: CS *heŋ3: CHS *heŋ3

ESHC *heŋ3/ *k'eŋ3

kū 窟 QYS khuət CDC *khut7/EC *'khut

DC［fʉʔʉ(M)］; XY［fuʔu(M)］; SB［kʼui7～fui(M)］; ZT［fu(M)］; ST［fu(M)］; GT［fu(M)］

MC［—］; Gtng［—］; LZ［—］; NX［uɯh7］; †LC［fut7b～kʼut7w］; HZ［hut7b～kʼut7w］;

TSK［—］; RC［—］

CNH *fut7/L *kʼut7：CS *hut7：CHS *hut7

†Egerod.

ESHC *hut7/ *kʼut7

kǔ 苦 QYS khuo: CDC *khu3/EC *khax

DC［fʉ3～kʼʉ3］; XY［fu3～kʼu3］; SB［kʼu3］; ZT［fu3～kʼu3］; ST［fu3～kʼu3］;

GT［fu3～kʼu3］

MC［—］; Gtng［—］; LZ［—］; NX［khu3］; †LC［fu3b～kʼu3w］; HZ［hu3］;

TSK［fu3b～khu3w］; RC［kʼu3w～xu3b］

CNH *fu3/L *kʼu3：CS *hu3 / *kʼu3：CHS *hu3

†Egerod.

ESHC *hu3/ *kʼu3

kù 裤 QYS khuo- CDC *khu5/EC *ˈkhah

DC［kʼʉ5］; XY［kʼu5］; SB［kʼu5］; ZT［kʼu5］; ST［kʼu5］; GT［kʼvu5］

MC［—］; Gtng［—］; LZ［fu5］; NX［fu(M)］; †LC［fu5］; HZ［hu5］;

TSK［fu5］; RC［kʼu5w～xu5b］

CNH *fu5/L *kʼu5：CS *hu1：CHS *hu5

†在来源地到处都记录为fu2

ESHC *hu5/L *kʼu5

kuài 快 QYS khwai- CDC *khuai5/EC *khwrath

DC［kʼʌ5］; XY［kʼuə5］; SB［kʼai5］; ZT［kʼoi5］; ST［kʼua5］; GT［kʼvie5］

MC［—］; Gtng［—］; LZ［—］; NX［khoa5］; †LC［kʼai5］; HZ［fai5］;

TSK［khuæ5］; RC［kʼuai5］

CNH *kʼuai5/ *fai5：CS *hiai1：CHS *huai5

†Egerod.

ESHC *huai5/ *kʼuai5

这里有必要提出几点意见。首先，在有关文白读信息齐全的情况下，CNH中 *h- 的形式总是被认为是流行和白话的，而 *kʼ 中的那些被认为是文言的。其次，CS很少有双重，只显示或主要是 *h- 声母形式。因此，笔者通常能够仅在这些组别中重构CHS *h-。最后，旧型客家话方言显示出相当大的多样性，其中有 *h- 和 *kʼ 形式。这种状况的历史影响需要在此进行一些简短的考虑。正如笔者在第一部分的历史总结中所见，畲族人受到安史和靖康的大规模迁徙波的影响相对较小。因此，*h- 中的CS形式可能反映了畲族，从他们自己的语言转换为汉语时学到的ESHC形式。而显而易见的是，正好是 *h- 形式反映在CNH中相应的纯粹流行词中。另一方面，与CDC和QYS中的平行配置一致的 *kʼ 形式，更有可能属于北方移民带来的层次。在中世纪时期迁移浪潮过程中，华南高地汉人与之有接触。这就是为什么CHS形式，反映了在分裂成CNH和CS之前的早期阶段，在这些情况下几乎总是采用初始 *h-。

从总体上看，旧型客家话在 *h- 和 *kʼ 中表现形式是非常有趣的，并清楚展示这些方言的形成，笔者在第一部分概述的历史模型中没有预料到这一点。笔者将在下文的第三部分中回到这个问题。

共同赣语最古老的层次中，也偶然发现了 *h-替代预期的 *k'-，其中除南部外，实际上甚至还有一些现代北部的。在 Coblin 2015 年的文章提及，赣语证明了这很可能是早期中南部汉语的一般特征，但在使用这种语言的地区的北部平原地区几乎完全消失，而在 ESHC 中幸存下来。有趣的是，它也是粤语方言最古老层次的一个特征。这是因为从高地早期迁移到岭南低地，还是以某种其他方式从其他方向传入岭南？目前笔者对这些问题没有满意的答案。

4. ESHC 的传统舌上塞音声母

由于所谓的舌上声母组是 QYS 中的分类类别而非语音类型，笔者将根据本类别的传统成员在本节中安排例子。

知声母

zhāng 张 QYS tjang CDC *ciong1/EC *trang

DC[tsin1]；XY[tsɛŋ1]；SB[tʃɔŋ1]；ZT[tsɔŋ1]；ST[tioŋ1~tsoŋ1]；GT[oen1~tsoen1]

MC[—]；Gtng[tiu1]；LZ[—]；NX[tsɔŋ1]†：LC[tʃɔŋ1]；HZ[tsiɔŋ1]；

TSK[tsɔŋ1]；RC[tsaŋ1]

CNH *tšioŋ1：CS *tʃioŋ1 / *tioŋ1：CHS

† NXXZ.

ESHC *tšioŋ1/ *tioŋ1

zhī 知 QYS tje CDC *ci1/EC *tre

DC[təe1]；XY[tai1]；SB[tɐi1]；ZT[tai1]；ST[tsʅ1]；GT[tsi1]

MC[—]；Gtng[—]；LZ[tʌi1~tsi1]；NX[tsʅ1]；† LC[ti1b~tʃi1w]；HZ[ti1]；

TSK[tsʅ1]；RC[tsʅ1]

CNH *ti1/L *tši1 CS *tʃi1/ *te1 CHS *te1/ *tši1

† Egerod.

ESHC *te1/ *tši1/ *tsʅ1

第一种形式是口语客家词"知道"，也用于一些畲族方言。① 第二种形式是这两个分支中的文读形式。所有三种重建形式都在旧型客家话中有所体现。

zhū 猪 QYS tjwo CDC *cie1（~ *ciu1）/EC *tra

DC[tsʉ1]；XY[təe1]；SB[tʃi1]；ZT[tsu1]；ST[tsy1]；GT[au1]

MC[ty1]；Gtng[tu1]；LZ[tɔi1]；NX[tɕy1]；† LC[tʃy1]；HZ[tsy1]；

TSK[tse1~tsu1]；RC[tɕy1w~y1b]

CNH *tšiu1/ *tšie1：CS *tʃy1 / *tsy1：CHS *tšiu1

† Egerod.

ESHC *tšiu1/ *tiu1

桂头早期 *t-的丢失是规则的。此示例和以下例子中的汝城丢失，笔者认为是涉及的特定音节类型中的链移现象。笔者将在其他地方的未来研究中，处理这种甚为复杂的现象。在这个字组，以及在下面的许多其他字组中，只有旧型客家话方面，保留了 ESHC 塞音声母形式的发音。在客家话—畲话中，它已被完全取代。

zhú 竹 QYS tjuk CDC *ciuk7/EC *truk

---

① 在畲话口语"知道"有三个词，即 CS *hai1sia?[解 O]/ *te1[知]/ *hieu3 *ta?7~*ti?7[晓得]。

DC［tsɐu7～tsɐʔu（M）］；XY［tsɔʔɔ（M）］；SB［tʃø8～tʃø（M）］；ZT［tsɛi7］；ST［tie7～tsie7］；GT［a（M）］^

MC［taiʔ（M）～tsɔuʔ（M）］；Gtng［tɐu7］；LZ［—］；NX［tsɯh7］；† LC［tʃuk7］；HZ［tsək7］；

TSK［tsu6］；RC［tsu5w～iəu5b］

CNH *tšiuk7：CS *tʃiuʔ7：† CHS *tšiuk7

† Egerod.

ESHC *tšiuk7/ *tiuk7

zhuō 桌 QYS（ṭåk）CDC ---/EC ---

DC［tsɔʔɔ（M）］；XY［tsɔʔu（M）］；SB［tsou（M）］；ZT［tsɛu（M）］；ST［tso（M）］；GT［tsou（M）］

MC［tsouʔ（M）］；Gtng［tʃou7］；LZ［tso4］；NX［tsɔ6］；LC［tsɔk7］；HZ［tsək7］；

TSK［tso3］；RC［tsu1］

CNH *tsok7：CS *toʔ7/ *tʃɔʔ7 CHS *tok7/ *tšok7

ESHC *tok7/ *tšok7

彻（ṭh-）声母

chāi 拆 QYS ṭhɒk CDC *chiak7/EC *thrak

DC［ts'o7］；XY［ts'ɛ7］；SB［ts'ɛi7］；ZT［ts'ɔ7］；ST［ts'ou7］；GT［ts'i4］

MC［—］；Gtng［—］；LZ［—］；NX［—］；LC［ts'ak7］；HZ［ts'ak7］；

TSK［tsha6］；RC［ts'ɔ5］

CNH *ts'ak7：CS *tʃ'aʔ7 / *t'iaʔ7：CHS *tš'ak7

ESHC *tš'ak7/ *t'iak7

澄（ḍ-）声母

cháng 长 QYS ḍjang CDC *jiong2/EC *drang

DC［ts'in2］；XY［ts'ɛŋ2］；SB［tʃ'ɔŋ2］；ZT［ts'ɔŋ2］；ST［ts'oŋ2］；GT［toen2］

MC［toen2］；Gtng［—］；LZ［—］；NX［tsɔŋ2］†：LC［tʃ'ɔŋ2］；HZ［ts'iɔŋ2］；

TSK［tshɔŋ2］；RC［ts'aŋ2w～tiaŋ2b］

CNH *tš'ioŋ2：CS *tʃ'ioŋ2：CHS *tš'ioŋ2

† NXXZ.

ESHC *džioŋ2/ *dioŋ2

chén 陈 QYS ḍjen CDC *jin2/EC *drin

DC［ts'in2］；XY［ts'an2］；SB［tʃ'ɛn2］；ZT［ts'an2］；ST［ts'ɛŋ2］；GT［ts'aŋ2］

MC［—］；Gtng［tʃ'ai2］；LZ［—］；NX［—］；LC［tʃ'in2］；HZ［ts'in2］；

TSK［tshən2］；RC［ts'ɛn2］

CNH *tš'in2：CS *tʃ'in2 / *tin2 / *tan2：CHS *tš'in2

ESHC džin2 /（*din2）

在畲话材料中，第二和第三个CS重建形式似乎都是来自闽方言的借贷。然而，在景宁畲话的一个品种中，这个词有两个读音，即［t'in2~tin2］，其中第一个显示愿望，因此不能是闽语起源。在笔者看来，这可能是真正的原生古代形式，源自CS *t'in2。如果这是正确的，那么这种形式可能反映了较老的ESHC *din2，而这种语音形式在其他地方不再存在。

chóng 虫 QYS ḍjung CDC *jiung2/EC *drung

DC［ts'ɐn(M)］; XY［ts'aŋ2 ~ ts'aʔŋ(M)］; SB［tʃ'ɐŋ(M)］; ZT［ts'ɛŋ2］; ST［ts'iẽ2］;
GT［ts'oŋ2 ~ ts'oŋ(m)］

MC［—］; Gtng［—］; LZ［—］; NX［—］; LC［tʃ'uŋ2］; HZ［ts'əŋ2］;

TSK［tshəŋ2］; RC［ts'oŋ2w ~ tioŋ2b］

CNH *tš'iuŋ2: CS *tʃ'iuŋ2: CHS *tš'iuŋ2

ESHC *džiuŋ2 / *diuŋ2

汝城形式确认了第二次重建的初始阶段，包括塞音和浊音。

chuán 传 QYS ḍjwän CDC *jion2/EC *dron

DC［ts'ɵ2］; XY［ts'ɔn2］; SB［tʃ'un2］; ZT［ts'iŋ2］; ST［ts'yẽ2］; GT［ts'yẽ2］

MC［—］; Gtng［—］; LZ［—］; NX［—］; LC［tʃ'ɔn2］; HZ［ts'yɛn2］;

TSK［tshm̩2］; RC［tɕ'ya2］

CNH *tš'uon2: CS *tʃ'ion2 / *t'uon2: CHS *tš'ion2

ESHC *džion2 / *dion2

第二个ESHC形式仅在共同畲话中受支持。

chuí 槌，锤 QYS ḍjwi CDC *jui2/EC *druy

DC［t'oe2 ~ t'oʔe(M)］; XY［ts'ɔe2 ~ ts'ɔʔe(M)］; SB［tʃ'ɔi2 ~ tʃ'ɔi(M)］; ZT［ts'uoi2 ~ ts'uoi(M)］; ST［t'uai2 ~ t'uai(M)］; GT［tau(M)］

MC［tyʔ(M)］; Gtng［—］; LZ［—］; NX［tɕy(M)］; LC［tʃ'ui2］; HZ［ts'ui2］;

TSK［tshe2］; RC［ts'uɛi2w ~ ty2b］

CNH *tš'iui2: CS *t'ui2 / *tʃ'yi: CHS *tš'iui2

ESHC *džiui2 / *dui2

zhòng 重 QYS ḍjwong: CDC *jiung4/EC *drongx

DC［ts'ɐn5］; XY［ts'aŋ5］; SB［tʃ'ɐŋ5］; ZT［ts'ɛŋ6］; ST［ts'iẽ5］; GT［ts'oŋ4］

MC［ts'ɔŋ4］; Gtng［tʃ'ɛu3］; LZ［ts'e4］; NX［tsʌŋ2］; LC［tʃ'uŋ5］; HZ［ts'əŋ5 ~ ts'əŋ6］; †

TSK［tshəŋ3］; RC［t'ioŋ1b ~ ts'oŋ6w］

CNH *tš'iuŋ1/L *tš'iuŋ6: CS *tʃ'iuŋ1: CHS *tš'iuŋ1

†第二个形式有"强调"的意思

ESHC *džiuŋ4/ *džiuŋ6/ *diuŋ4

zhù 苎 QYS ḍjwo: CDC *jie4(~ *jiu4)/EC *drax

DC［ts'ʉ5］; XY［ts'ɥ5］; SB［tʃ'i5］; ZT［ts'u5］; ST［ts'y5］; GT［t'au(M)］

MC［t'yʔ(M)］; Gtng［—］; LZ［—］; NX［tɕy(M)］; LC［tɕ'y1］; HZ［ts'y1］;

TSK［tshu3］; RC［t'y1b］

CNH *tš'iu1/ *tš'ie1: CS *tʃ'y6 / *t'u6: CHS *tš'iu4

ESHC *džiu4/ *diu4/ *du4

QYS上声声母字的通常的ESHC相关性是舌叶或"嘘声"声母，笔者将其转录为*tš-，*tš' - 和*dž-。然而，在方言中纯粹流行的词语中，对于一种方言或另一种方言中的这些词语，几乎总是存在"古老的"齿音声母形式的幸存者。在笔者看来，这些最初是一系列此类塞音的残留，后来从入侵的北方方言中借用了一种形式，从根本上侵蚀了它们。这种保留有时发生在客家话—畲话和旧型客家话中，有时只出现在其中的一方。就这些保留的发生率和程度而言，个别组合是特殊的。

这里特别重要的是，这些保留的齿音声母，在语音上与完整ESHC齿音系列的齿音塞音相同，即具有ESHC *t-，*t'- 和*d-。在这方面，ESHC就像原始闽语一样，也类似于汉语早期阶段的假设音系（例如罗杰瑞的EC形式所代表者），并且与QYS不同。在QYS中，舌上声母虽然被所有权威人士视为某种类型的塞音，但仍然与所谓的舌头系列不同，即端（t-），透（th-）和定（d-），在该系统中，被认为是牙齿或舌叶塞音。在两个QYS系列中用于音节反切的一些功能重叠，确实发生在QYS类型词汇中。但是这些按照定义被归类为"例外"（即，作为例外反切），并且在各种特殊情况下被视为如此。在文献中专门有针对它们的研究（例如龙宇纯1965年的文章）。因此，QYS作为一个系统，清楚地区分了舌头和舌上声母系列。ESHC与原始闽语在这些古老类型声母的语音实现方面完全相同，但与闽语的不同之处，在于它在方言历史中遭受了更为广泛的替代。

5. 清通音

在他的原始客家话研究中，奥康纳在1976年的文章 *Proto-Hakka* 中特别注意了客家话属于高调域的通声声母。并指出这些音节本预期为在较低的调域中出现。然后他假设在一些前客家阶段，所讨论的音节声母实际上是清音而非浊音。[①]在比较CNH和CS时，笔者发现大多数情况下CS反映了客家话的情况，所以没有这样的清同音可以重建CHS。例外的是QYS的入声调，相关的CS形式出现在CDC第8调而不是第7调。这意味着奥康纳提出的清通音可以，而且确实应该在CHS入声字系统中重构。换句话说，至少在某种程度上，CHS是奥康纳所设想的原始客家语言类型的一个例子。当笔者进一步回到ESHC阶段时，这种有点偏斜的原始声母分布变得完全按比例化，因为必须在所有音调下都应假定清音通音，就像奥康纳提出的那样。各种相关通音类型的实例如下：

ESHC *m̥-

máo 毛 QYS mâu CDC *ʰmou2/EC *'maw

DC[mʌu2 ~ mʌʔu(M)]; XY[bau2 ~ baʔu(M)]; SB[mau2 ~ mau1 ~ mau(M)]; ZT[mau2 ~ mau1 ~ mau(M)]; ST[mau2 ~ mau(M)]; GT[bo2 ~ bo(M)]

MC[—]; Gtng[—]; LZ[—]; NX[—]; LC[mau1w ~ mɔ1w]; HZ[mau2];

TSK[mɔ1]; RC[mau2]

CNH *mou1/mou2：CS *mou1/ *mou2：CHS *mou1/ *mou2

ESHC *m̥ou2

mǎn 满 QYS muân：CDC *ʰmon4 ~ *mon4/EC *'monx

DC[məŋ5]; XY[bɔŋ5]; SB[mun5]; ZT[mɔŋ5]; ST[mɔŋ5]; GT[boen4]

MC[—]; Gtng[—]; LZ[—]; NX[moan3]; LC[mɔn3]; HZ[mun5b ~ mɔn5w];

TSK[m̩3]; RC[mua3]

CNH *man1/ *mon1/ *man3/ *mon3：CS *muon3：CHS *muon3

ESHC *m̥uon4

mèi 妹 QYS muâi- CDC *ʰmuoi6/EC *---

DC[mʉ2 ~ mʉʔʉ(M)~ mʉ3]//^: XY[bui6 ~ buʔi(M)]; SB[mui(M)]; ZT[moi6 ~ moi(M)]; ST[mua1 ~ mua(M)]; GT[bu(M)]

[①] 文献中有时会有人说奥康纳在他的原始客家话系统中重建了清通音。但这是毫无疑问的错误。他的原始客家话重建没有任何清通音。这是用于比原始客家话更早的前客家时期，他提出了早期存在的清通音。具体参见O'Connor 1976年的文章第55页，第6.6节，第二行及之后）。

MC [—]; Gtng [—]; LZ [—]; NX [mɤ(M)]; † LC [mɔi5]; HZ [mɔi5];
TSK [mə5]; RC [muɛi5]

CNH *moi5：CS *muoi1/ *muoi6：CHS *muoi5

† Egerod：[mɯi3].

ESHC *m̥uoi6

mù 木 QYS muk CDC *ʰmuk8/EC *'mok

DC [mɐu8 ~ mɐʔu(M)]; XY [bɔ8]; SB [mø(M)]; ZT [mɛi8]; ST [mie7]; GT [bou(M)]

MC [bou(M)]; Gtng [mɛu3]; LZ [mɛ1]; NX [mɤʔ7]; LC [muk7]; HZ [muk8];
TSK [mo3]; RC [mu5]

CNH *muk7：CS *muʔ8：CHS *m̥uk8

ESHC *m̥uk8

ESHC *l̥-

lóng 聾 QYS lung CDC *ʰlung2/EC *'long

DC [lɐn2]; XY [laŋ2)]; SB [lɛŋ1]^：ZT [lɛŋ1]^：ST [liẽ2]; GT [loŋ2]

MC [—]; Gtng [—]; LZ [—]; NX [—]; LC [luŋ1]; HZ [ləŋ2];
TSK [ləŋ1]; RC [loŋ1]

CNH *luŋ1/ *luŋ2：CS *luŋ1：CHS *luŋ1

ESHC *l̥uŋ2

lǎo 老 QYS lâu：CDC *ʰlou4/EC *'lux

DC [lʌu5 ~ lʌu3]; XY [lau5 ~ lau3]; SB [lau5]; ZT [lau5 ~ lau3]; ST [lau5 ~ lau3]; GT lo5 ~ lo3]

MC [lau4]; Gtng [lau3]; LZ [lɔ4]; NX [lau3]; LC [lau3]; HZ [lau3];
TSK [lɔ3]; RC [lau3]

CNH *lou3：CS *lou3：CHS *lou3

ESHC *l̥o u4 ~ *lou3

liù 六 QYS ljuk CDC *ʰliuk8 ~ luk8/EC *luk

DC [lɐu8]; XY [lɔ8]; SB [lø8]; ZT [lɛi8]; ST [lie7]; GT [lou5]

MC [lɔu5]; Gtng [lɛu3]; LZ [lɛ1]; NX [le6 ~ leiʔ8]; † LC [luk8]; HZ [lək8];
TSK [ti6]; RC [liɛu5]

CNH *liuk7/ *luk7/ *luk8：CS *liuʔ8：CHS *l̥i uk8

† Egerod.

ESHC *l̥i uk8

ESHC *ň̥-

yǐ 蟻 QYS ngjeː3 CDC *ʰngi4 ~ *ngi4/EC *ngayx

DC [ŋi3]; XY [gi3]; SB [ŋɛi5]; ZT [ŋi(M)]; ST [ŋi5 ~ iŋ3]; GT [gai4]

MC [—]; Gtng [—]; LZ [—]; NX [—]; LC [ŋɛi3]; HZ [ɳi3];
TSK [ŋiæ5b ~ ni6w]; RC [ŋɛi3]

CNH *ŋiai1/ *ŋiai3 ~ *ŋiai5/ *ni1/L *ňi1/ *ňi5：CS *ŋi3：CHS *?

ESHC *ň̥ iai4/ *ňiai4/ *ňi3

第三个重建的韵尾，展示是后来的出处，是CS中唯一获得证明的。

rì 日 QYS ńźjet CDC *ʰnhit8/EC *nit

DC[ŋi8 ~ ŋiʔi(M)]; XY[gi8 ~ giʔi(M)]; SB[ŋi8]; ZT[ŋi8]; ST[ŋi7 ~ ŋi(M)]; GT[gai5 ~ gai(M)]

MC[gi5]; Gtng[ŋie3]; LZ[ȵiek1]; NX[ȵiʔ7]; LC[ȵit7]; HZ[ȵit7];

TSK[ȵie6]; RC[ȵiɛ3]

CNH *ňit7/ *ňiat7：CS *ŋit8：CHS *ŋ̊t8

ESHC *ŋ̊it8

ròu 肉 QYS ńźjuk CDC *ʰnhiuk8/EC *nuk

DC[lɐu8 ~ lɐʔu(M)]^^：XY[lɔ8 ~ lɔʔɔ(M)]^^：SB[ŋø8]; ZT[ŋɛi8]; ST[ŋie7 ~ŋie(M)]; GT[lou5]^

MC[lou5]; Gtng[ŋiɛu3]; LZ[ȵie1]; NX[ȵiɤ7]; LC[ȵiuk7]; HZ[nək8];

TSK[ŋ8b ~ ȵio7w]; RC[ȵiəu5]

CNH *ňiuk7/ *ňiuk8

ESHC *ŋ̊iuk8/ *ňiuk7/ *niuk8（?）

第一个重建形式可能是"肉"的主要原生ESHC词。第二种读音是后来的借贷形式，借用了一个在第7调和第8调之间失去了调域区别的来源。第三种形式是某种形式的另一种借入。请注意，碰巧反映第三种形式的所有方言，都会经常具有现代l-作为ESHC *n-的实现。理论上，在这些情况下，原始初始值可能是*l-，但在笔者看来这不太可能。通常用于"肉"的CS词是*pi3，一个模糊的，可能是来自非汉语的词源。然而，龙游畲族对这个含义也有一个汉语词，发音为[ȵyuʔ8]。此第8调形式必须来自CHS *ṳuk8（<ESHC *ṳuk8）。

ESHC *ŋ-

é 额 QYS ngɒk CDC *ʰngak8/EC *ngrak

DC[ŋiA8]; XY[giɛʔɛ(M)]; SB[ŋia7]^：ZT[ŋia8]; ST[ŋia7]; GT[gi(M)]

MC[gie(M)]; Gtng[ŋia3 ~ ŋia7]; LZ[ŋAt1]; NX[ŋa6 ~ ŋah7]; †LC[ȵiak7]; HZ[ȵiak8];

TSK[ȵia6]; RC[ȵi5b ~ ŋɛ5w]

CNH *ŋak7/ *ňiak7/ *ŋek7：CS *ŋaʔ8：CHS *ŋak8

† Egerod：[ŋaʔ8b ~ ȵieh7w]．

ESHC *ŋak8 / *ňiak7/ *ŋek7

在这个相当复杂的字组中，后两种形式可能是来自外部接触的后期入侵。它们的上音域声调可能是由于借入方言只有一个入声调，在借用形式中实现为第7调。ESHC *ŋek7在新型客家话中有很好的代表性。在旧型客家话，它只反映在汝城的文读形式[ŋɛ5]。它的最后一个*-ek)暗示一个晚期的起源，因为*-ak是这种类型音节中，预期的流行和早期韵尾。

ěr 耳 QYS ńźï：CDC *ʰnhi4/EC *nix

DC[ŋi5]; XY[gi5]; SB[gi5]; ZT[ŋi5 ~ ŋi(M)]; ST[ŋi5]; GT[gai4]

MC[—]; Gtng[—]; LZ[—]; NX[ɲi3]; †LC[ȵi3]; HZ[ȵi3];

TSK[ni3]; RC[ȵi3b ~ ɛ3w]

CNH *ŋ3/L *ňi3：CS *ŋi3 / *ňi1：CHS *ŋi3

†Sagart. Egerod：[ȵi3b ~ l̩3w]．

ESHC *ŋi4 / *ňi3

旧型客家话形式仅来自第二种重建形式。除了反映了北方 ɔ3 的，非常晚期的借贷的汝城文读［ɛ3］以外。在CNH中，*ňi3是一个文读词，*ŋi3是最古老的流行形式。

yǎn 眼 QYS ngǎn：CDC *ʰngan4/EC *ngrunx

DC［ŋʌŋ5 ~ ŋʌʔŋ(M)］；XY［guə5 ~ guəʔə(M)］；SB［ŋan5 ~ ŋan(M)］；ZT［ŋoŋ5 ~ŋiaŋ5 ~ ŋoŋ(M)］；ST［ŋɛŋ5 ~ ŋoŋ6 ~ ŋɛŋ(M)］；GT［giẽ4 ~ giẽ(M)］

MC［—］；Gtng［—］；LZ［—］；NX［ŋõɑ̃2］；†LC［ŋan3］；HZ［ŋan3］；

TSK［ŋã3］；RC［ŋa3］

CNH *ŋan3/L *ňian3：CS *ŋian3；CHS *ňian3

†Sagart. Egerod：［ŋoa3］.

ESHC *ŋan4/ *ňian3

旧型客家话只反映了第一种古老的形式。

wù 误 QYS nguo- CDC *ʰngu6/EC *'ngah

DC［ŋʉ6］；XY［m6］；SB［ŋu1］；ZT［ŋu6］；ST［ŋu1］；GT［gau6］

MC［—］；Gtng［—］；LZ［—］；NX［—］；LC［ŋu1］；HZ［ŋu6］；

TSK［vu5］；RC［u6］

CNH *ŋu5/ *vu6

ESHC *ŋu6/ *u6

畲话数据不能从这个形式得知。

应该注意的是，在这里引用的许多字组中，除了奥康纳注意到的上调域语音形式之外，CNH还有较低的调域。他并不知道这些，因为他的客家数据只包含口语的形式，而不包括后来的文读调域形式。结果，他的原始客家系统原则上完全是单一层次的。另一方面，我们的CNH是多层次的，因为我们的数据确实包括具有常规对应一些字非口语形式的发音，而笔者必须在分层共同系统中重建原型。然而，从奥康纳建议的角度来看，笔者可以假设有问题的较低调域形式是后来的读音层次。作为一个个案，可参考以上的例子。在那里，CNH *ŋu5是本土的旧形式。较低的调域CNH *vu6，在客家数据中广泛发生，具有较晚和无关的起源。这种情况在声母已清楚地表明，反映了一些缺乏声母*ŋ-的，外部语言的借贷。因此，只有上层调域形式CNH *ŋu5，才跟我们在本节中的比较直接相关。

在结束本节之前，笔者对ESHC的性质进行了一些历史性观察。首先，上面检视的前两个重建的ESHC特征，被认为是中国早期阶段的一般特征，即存在阴上音（或QYS上声音的低调域组成部分），以及存在明显的全浊声母字（无论其确切的语音性质如何）。这些在ESHC中存在是有趣的，但在意义上不显著。但是，笔者的另外三个特征是另一回事。CDC *kh-（即传统的溪母）作为喉擦音。而不是送气塞音发音与CDC或QYS不相称。这种情况显然也同时出现在早期中南部汉语区的北部，那里只有少数遗迹在今天存活：它的发现甚至更广泛，例如在粤方言的较老层次，以及位于湖南南部和广西北部高地地区的一些土话方言。这些地方实际上是南部高地地形延伸的山脉。那么，它是一个非常古老的特征，它与QYS的结构不一致，并且肯定早于QYS的出现，甚至可能更长的时间。它清楚地区分了ESHC与其他形式的早期汉人，并且很可能是一个独特的共享创新，标志着早期中南地区（连同它可能有的任何异常值）作为一种分类学上可定义的早期汉语方言。

自清代以来，传统的齿音塞音上声字（即传统的舌头系列）的总体身份，已经被普遍认为是的早期汉语的一个特征（从那时起我们有句名言：古无舌上音）。因此，从高本汉时代到现在，它已经以一种或另一种方式，被普遍地融入到上古汉语/古汉语的重建中。但对笔者来说重要的是，它绝对不是QYS

的特征，或者是罗杰瑞重建的CDC系统，虽然该系统通常是设想和理解如是。这显然是因为它必须早于这两个系统出现，且可能是相当长的时间。在ESHC中存在独立的清声母通音字，也标志着该系统与QYS特别不同。因为在后者中，这种发音被认为是单个平凡通音方式类的成员，其传统名称为次清。一个世纪前，高本汉（Bernhard Karlgren）提出他后来称之为古代汉语，我们在这里将其称为"QYS系统"，代表了"唐代官话"语音成分的通用标准语，即后来产生除了闽方言之外，所有现代汉的方言。在这些"非闽"方言中，他包括了客家话。对他来说，特别是嘉应州话，大致相当于我们在这里所谓的"主流客家话"。从笔者在本文中所做的工作中很容易看出，高本汉对客家话的立场经不起现代审核。事实上，没有任何形式的"客家"，（笔者的意思是新型客家话）、客家话—畲话，甚至旧型客家话所包含的方言，都可以从任何一种源自公元601年或以后的通用语言进化而来。无论是笔者称之为"唐代官话"或其他东西。而且，更具体地说，主流客家话，包括高本汉在其作品中使用的MacIver数据中，所反映的所有形式的这种语言类型，必须来自笔者称为共同新型客家话—畲话的更高阶实体。这反过来来自共同客家话—畲话，而它最终是一个更早的南方汉语言的衍生物，笔者称之为早期南部高地汉语。而且，出于同样的原因，这很可能是一个更早期的中南部汉语的分支。所有人口统计和移民历史证据，加上涉及该问题相关的现代方言的实际数据，都表明这些形式的汉语，是从在中国南方中部跨江地区定居的，无数移民的语言在一段很长时间里演变而来的。其开端必须早于而笔者可能假设的，较后期的"唐代官话"。

值得注意的是，笔者认为若将ESHC视为一个复合多层系统，其中包含后来在唐代及继后华北移民浪潮中后来沉积的词汇层，并不会影响笔者在这里的整体结论。引用一个平行的案例，估计大约60%的现代标准英语词汇，来自罗曼语（即29%来自法语，29%来自拉丁语，而且还略有其他语言，如意大利语和西班牙语）。但并不是在这个基础上说英语在词汇上（或其他方面）是罗曼语，其最终词汇来源是拉丁语，普通罗曼语或法语。相反，它被认为是日耳曼语。这是因为日常的英语词汇，从最古老的可追溯祖先形式继承而来的是日耳曼语。同样的原则适用于客家及其提议的祖先，ESHC。它不仅仅是因为它包含了一个可追溯到那个时期的强大词汇层，所以它不是某种唐期间语言的基础。

在发表这些言论时，笔者并没有打算嘲笑高本汉，或诋毁他对中国语言史研究的贡献。一如今天不会拒绝或放弃相对论或量子力学，纯粹因为伽利略和牛顿并不知道这些概念。他们是公认的物理学创始人之一。同样地，笔者不会嘲笑在第一次世界大战期间和1920年代期间工作的医生，因为他们未能开出青霉素并为他们的患者订购CT扫描。但是，出于同样的原因，今天不会因为过去的伟大医生没有使用抗生素和先进的诊断技术而避免使用它们。高本汉对汉语方言学的基本贡献，以及他提出的历史—方言论模式，已有100年的历史。如果笔者如今超越那个阶段，那么笔者的领域将面临发病率上升，濒死和僵化的进程。

五、一些时间顺序的含义及对未来研究的一些建议

1. 时间顺序观察

在笔者对ESHC的讨论中，笔者对第二部分提出的历史模型中，所提出的语言阶段的实际时间深度，尤其是在面前的边界问题，所说的相对较少。在本节中，笔者将尝试在建议的勾画中，添加更多按时间顺序排列的细节。

首先，在安史迁移开始时，CHS和旧型客家话，很可能仍然作为单一的历史实体跟ESHC联合起来。事实上，CHS和旧型客家话在其多层次借贷的材料上，语音形式和词汇发生率方面非常相似。在分层中

产生这种相似性的配置不可能独立地进化，并且是巧合或完全独立的迁移事件产生的结果。因此，笔者的假设是ESHC共性的解体直到安史期，借贷材料主体增加之后的某个时间才发生。考虑到这一点，笔者现在可以以历史叙事的形式重塑思想。笔者首先假设北方移民方言对ESHC的重大影响持续了晚唐，也许还有五代期间。

此时，畲族祖先仍然居住在高地，虽然他们变得越来越隐居，并且避免与其他长期和最近到来的其他汉语方言积极接触。这将解释为什么现代的畲族方言，拥有相当单薄的安史层，而这跟CNH和旧型客家方言中相反。此后，今天操旧型客家话方言的祖先开始从高地移民。在ESHC全浊初始类型仍未完成的情况下，最早的一批人离开了。根据本土的口头传统和族谱的证明，这可能发生在宋时期，虽然笔者很难更明确地说明这一点。当然，一些移民也可能更早离开。在这个较早期的最初阶段移民之后，整个地区的浊音开始消失，可能是由于某种偏离或来自更北部的波浪影响。无论如何，在广东北部高地以南地区的浊音丢失，采取了转移到不送气清塞音和塞擦音的形式。在笔者有数据的旧型客家方言中，这种变化影响了以下地点的祖先方言：桂头、梅村、高塘、连州、南雄、龙川、汝城，并且可能牵涉惠州。在这些方言中，南雄保留了清化后不送气的辅音系列，而剩下的品种通过借用，被送气的类型所侵蚀。惠州要嘛是这种类型的根本侵蚀的方言，要嘛经历了其他类型的混合。这需要进一步研究。在南部高地内，浊音的丧失产生了清音的送气塞音。这些当然在今天的新型客家话和畲族方言中都存在。但它们也出现在那些旧型客家方言中，这些方言的祖先形式是在高地进行的，因为浊音清化为送气已经在普遍地在高地发生了。因此，这些将是笔者所谓的"晚期移民"旧型客家话语形式，在这一点上与他们分享了与新型客家话和畲话共同发展的不可磨灭的印记。此后期移民必须在前一段中提及的早期移民后出发。如果早期的人口流动主要发生在宋代的某个时期，那么随后的人口运动必定要晚于此，也许是在后来的南宋时期或之后，例如说元朝。

笔者可以在这里比较ESHC阳上调的丢失，尽管它可能对笔者已经得出的关于断代的结论相对较少。首先，这个声调似乎在南部高地上保持稳定的时间，比在那里存活的全浊声母更长。这是因为它仍然存在于CHS阶段的封闭的声母中，尽管在通音声母存在的情况下它已经丢失了。它在后一种环境中的消失，必须在ESHC共同性中断后，因为这在旧型客家话尚未发生。在这些方言中，阳上调在桂头、梅村、连州以及易家乐的南雄中存活。谢自立、Sagart和庄初升提供的南雄品种的损失可能是相对较新的。在其余的旧型客家话中，这种语气的丧失最终发生在各地，但在各个方言中以不同的方式进行，其消失的进程也与其在CS和CNH中的命运不同。因此，这些事件恰好是各个分支的后期历史的一部分，应该被视为在第一次切割时，在这一点上经历了干净的休息。

2. 关于未来的思考

在讨论ESHC的过程中，笔者多次提到了这种语言本身发展的假设形式问题，暂时称之为早期中南部汉语。目前的假设是，这种语言在不同方面与古代方言不同。例如，其中之一就是未能区分早期汉语的*kh-和*h-，而是将两者都视为*h-。这似乎将它与东部的旧品种区分开来，例如闽语、南部吴语等。这里是否存在有效且古老的同言线？在未来，这个问题真正涉及长江以南的汉语方言的整个历史？应该进一步考虑，首先要确定笔者提出的想法是否具有优点，然后，如果确实如此，它可以在多大程度上澄清更广泛的关注南方汉语历史。例如，虽然笔者已经指出，ESHC在语音上虽与东方方言有所不同，但它与闽语共享，而其中某些古代品种南吴与闽接触，也与粤，最后还有各种土话品种共享，众所周知的否定对：口头否定［m/ŋ］(<*ma无)和存在否定［mau/mou］(<*ma+u无有)。[①]这肯定是一个非常古

---

① 见Norman 1995年的文章。

老的南方格局。它是罗杰瑞所谓的"古南方汉语"的特征吗？如果是这样的话，ESHC和东方方言家族的古方言，是从这个古老的南方汉语中传下来的吗？或者它们是以一种完全不同的方式出现和发展的，我们还没有完全理解而已？这个问题为未来的学习提供了潜在的机会。采取不同的策略，笔者注意到，在湘南和桂北的许多未分类的土话群中，也发现了在粤语的流行层中注意到的*h-的ESHC替代*h-? 这些事实意味着什么？在南部高地是否有一个非常古老的迁徙，或者在南部高地附近，在岭南植入了一些中南部的古中南部汉语？同样，笔者如何解释上述土话品种的情况呢？其中许多仍未分类，甚至完全未经研究。有些人可能会说只是旧型客家话的异常品种。但是其他的，如果可以引用初步检查，为了辩论，似乎是旧型客家话，而实际上没有完全符合旧型客家方言的资格。他们是什么，他们是如何到达那里的？未来将会有许多有趣的工作，我们将采取的工作，实际上已经采取的工作，远远超出了上个世纪常常提出的旧问题：即"客家是什么？"

参考文献

[1] 福建省炎黄文化研究会.畲族文化研究（上、下册）[M].北京：北京民族出版社，2007.
[2] Branner, David P. *Problems in Comparative Chinese Dialectology: the Classification of Miin and Hakka*[M]. Berlin and New York: Mouton de Gruyter, 2000.
[3] Coblin W. South（柯蔚南）. *Comparative Phonology of the Central Xiāng Dialects*. Language and Linguistics Monograph Series, no. 45[J]. Institute of Linguistics, Academia Sinica. Taipei, Taiwan, 2011.
[4] Coblin W. Jerry Norman: Remembering the Man and his Perspectives on Chinese Linguistic History[J]. *Journal of Chinese Linguistics*, 2013, 41(1): 219—245.
[5] Coblin W. *A Study of Comparative Gàn*. Language and Linguistics Monograph Series, no.58[J]. Institute of Linguistics, Academia Sinica. Taipei, Taiwan, 2015.
[6] Coblin W. Common Neo-Hakka: a Comparative Reconstruction[M]. 未出版手稿.
[7] Coblin W. The Reconstruction of Common Shē and Common Hakka Shē[M]. 未出版手稿2.
[8] 邓晓华.论客家话的来源[J].云南民族大学学报，2005，23(4)：143—146.
[9] 邓晓玲.语言接触背景下的语言系属分类研究：以畲话为例[D].厦门大学博士学位论文，2013.
[10] Egerod Søren. *The Nanxiong Dialect*（南雄方言）[J].方言，1983(2)：123—142.
[11] 葛剑雄，曹树基，吴松弟.简明中国移民史[M].福州：福建人民出版社，1993.
[12] 葛剑雄，曹树基，吴松弟.中国移民史（六卷）[M].福州：福建人民出版社，1997.
[13] 郭必之.语言接触与规律改变——论中古全浊声母在粤北土话中的表现[J]. *Language and Linguistics*，2005，6(1)：43—73.
[14] Hashimoto, Mantaro. *The Hakka Dialect: a Linguistic Study of its Phonology, Syntax, and Lexicon*[M]. Cambridge: Cambridge University Press, 1973.
[15] 黄雪贞.永定（下洋）方言形容词的子尾[J].方言，1982(3)：190—195.
[16] 黄雪贞.永定（下洋）方言词汇（一）[J].方言，1983(2)：148—160.
[17] 黄雪贞.永定（下洋）方言词汇（二）[J].方言，1983(3)：220—240.
[18] 黄雪贞.永定（下洋）方言词汇（三）[J].方言，1983(4)：297—318.
[19] 黄雪贞.永定（下洋）方言自成音节的鼻音[J].方言，1984(1)：47—50.
[20] 黄雪贞.永定（下洋）方言语音构造的特点[J].方言，1985(3)：223—231.

[21] 黄雪贞.客家话的分布与内部异同[J].方言,1987(2):81—96.

[22] 黄雪贞.客家方言声调的特点[J].方言 1988(4):241—246.

[23] 黄雪贞.客家方言声调的特点续论[J].方言 1989(2):121—124.

[24] 侯小英.广东龙川县佗城方言音系[J].方言 2008(2):147—160.

[25] Bernhard Karlgren(高本汉). *Études sur la phonologie chinoise*[M]. Leiden, Stockholm, and Göteborg: E. J. Brill.1915: 26.

[26] Bernhard Karlgren(高本汉). *Compendium of Phonetics in Ancient and Archaic Chinese*[J]. *BMFEA*, 1954(22): 211—367.

[27] 雷先根.畲族源于山越[J].畲族文化研究(上).2003,I:32—44.

[28] Leong Sow-Theng(梁肇庭). *Migration and Ethnicity in Chinese History — Hakkas, Pengmin, and their Neighbors*[M]. Stanford: Stanford University Press, 1997.

[29] 梁肇庭著,冷剑波、周云水译.中国历史上的移民族群性:客家人、棚民及其邻居[M].北京:社会科学文献出版社,2013.

[30] 李冬香,庄初升.韶关土话[M].广州:暨南大学出版社,2009.

[31] 李方桂.上古音研究[J].清华学报(新系列),1971(IX):1—61.

[32] 李默.论客家的形成及民族融合[J].中国史研究,1993(4):117—129.

[33] 刘纶鑫,余颂辉.贵溪樟坪畲话研究[M].北京:中国社会科学与文化艺术出版社,2008.

[34] 刘若云.惠州方言志[M].广州:广东科技出版社,1990.

[35] 刘婷玉.谁人为畲?—家族文书与"畲"的族群变迁[M].厦门大学博士学位论文,2013.

[36] 龙宇纯.例外反切研究[J].*BIHP*,1965,36(1):331—373.

[37] 罗香林.客家研究导论[M].兴宁:希山书藏,1933.

[38] MacIver, D. *A Chinese English Dictionary: Hakka Dialect as spoken in Kwangtung Province*[M]. Shanghai: Methodist Episcopal Mission Press, 1926.

[39] Nakanishi Hiroki(中西裕树).论畲话的归属[M]//张洪年、张双庆主编. *Diachronic Change and Language Contact — Dialects in South China*, *Journal of Chinese Linguistics* Monograph Series, 2010, 24: 247—267.

[40] Nakanishi Hiroki(中西裕树), and Bit-chee Kwok. Evolution of the Initial Consonants of the She Language Induced by Contact with Hakka[J]. *Journal of Chinese Linguistics*, 2009, 37(2): 207—226.

[41] Niederer, Barbara. *Les langues Hmong-Mjen (Miáo-Yáo): Phonologie historique*[M]. München/Newcastle: Lincom Europa, 1998.

[42] Norman Jerry L(罗杰瑞). The She Dialect of Luoyuan County[J]. *Bulletin of the Institute of History and Philology*, Academia Sinica, 1986, 59(2): 353—367.

[43] Norman Jerry L(罗杰瑞). *Chinese*[M]. Cambridge: Cambridge University Press, 1988.

[44] Norman Jerry L(罗杰瑞). What is a Kèjiā Dialect?[A]//In *Proceedings of the Second InternationalConference on Sinology*(Taipei: Academia Sinica, 1989)[C]. 1989: 325—360.

[45] Norman Jerry L(罗杰瑞).建阳方言否定词探源[J].方言,1995.1:31—32.

[46] Norman Jerry L(罗杰瑞). Common Dialectal Chinese[M]. in David P. Branner(ed.), *The Chinese Rime Tables: Linguistic Philosophy and Historical-Comparative Phonology*, Amsterdam and Philadelphia: John Benjamins, 2006: 233—254.

[47] Norman Jerry L(罗杰瑞). A Model for Chinese Dialect Evolution[M]. In Richard VanNess Simmons and Newell Ann Van Auken(eds.), *Studies in Chinese and Sino-Tibetan Linguistics: Dialect, Phonology, Transcription and Text. Language and Linguistics Monograph Series 53*. Taipei: Institute of Linguistics, Academia Sinica, 2014: 1—26.

[48] Ms. 1. Early Chinese and Common Dialectal Chinese[M]. Unpublished manuscript, 2010.

[49] O'Connor Kevin(奥康纳). *Proto-Hakka*. University of Washington MA thesis[M]. Seattle: University of Washington, 1975.

[50] O'Connor Kevin(奥康纳). Proto-Hakka[J]. *Journal of Asian and African Studies*, 1976(11): 1—64.

[51] Ratliff, Martha S. *Hmong-Mien Language History*[M]. Canberra: Pacific Linguistics, 2010.

[52] Laurent Sagart(沙加尔). *Les Dialectes Gan*[M]. Paris: Centre de Recherches Linguistiques sur L'Asie Orientale, 1993.

[53] Laurent Sagart(沙加尔). Nanxiong and Hakka[J]. 方言, 2001(2): 142—151.

[54] 施联朱主编.畲族研究论文集[M].北京:民族出版社,1987.

[55] 丁邦新.汉语方言区分的条件[J]. *Ts'inghua Journal of Chinese Studies*, 1982, 14, 1(2): 257—273.

[56] 谢自立.南雄县志[J].方言,广州:广东人民出版社,1991:770—780.

[57] 谢重光.畲族与客家早期关系史述略[A]//畲族文化研究(上)[C].2003:115—131.

[58] 游文良.畲族语言[M].福建:福建人民出版社,2002.

[59] 曾献飞.汝城方言研究[M].北京:中国社会科学出版社,2006.

[60] 赵则玲.浙江畲话研究[M].杭州:浙江人民出版社,2004.

[61] 张倩.江西信丰(铁石口)客家方言同音字汇[J].中国语学研究·开篇,2013,32:154—171.

[62] 张倩.赣南客家方言语音研究[D].中山大学博士学位论文,2014.

[63] 张倩.江西信丰铁石口客家方言古浊上字今读的类型与层次[J].方言,2014(2):137—145.

[64] 庄初升.粤北土话音韵研究[M].北京:中国社会科学出版社,2004.

[65] 庄初升.粤北土话、湘南土话和桂北平话中古全浊唇音、舌音今读的特殊表现[J].东方语言学,2007:185—197.

[66] 庄初升.广东省客家方言的界定、划分及相关问题[J].东方语言学,2008(4):44—56.

[67] 庄初升.保留阳上调的龙川县大塘村客家方言[J].语言科学,2012,11(1):81—87.

[68] 庄初升,黄婷婷.19世纪香港新界的客家方言[M].广州:广东人民出版社,2014.

关于语体修辞教学的思考

孟建安

（肇庆学院文学院　广东肇庆　526061）

【提　要】 语体修辞是汉语修辞教学的重要内容。在教学过程中，要把课堂讲授、综合分析、模拟训练和拓展实践融为一体，从而形成较为科学合理的教学机制。具体地说，把课堂讲授作为教学的第一环节和基础性教学工作，强化语体修辞理论知识的传授与讲解；把综合分析作为教学的第二环节，注重对语体修辞应用现象的分析和解释，突出语体修辞理解能力的培养；把模拟训练作为第三环节，注重语体修辞的模拟性练习，突出语体修辞表达能力的培养；把拓展实践作为教学的第四环节，注重在语文实践中对语体修辞理论的践行，突出语体修辞综合能力的培养。

【关键词】 语体修辞　教学过程　教学构想

语体修辞是汉语修辞教学的重要内容。在教学过程中，要把课堂讲授、综合分析、模拟训练和拓展实践融为一体，从而形成较为科学合理的教学机制。本文试图从这四个方面举例加以分析。

一、课堂讲授

课堂讲授是学生学习并掌握汉语语体修辞理论知识的初始阶段，也是语体修辞单元教学中培养学生选用特定语体及其下位语文体式，并在特定语体规制下采用恰当修辞手段进行修辞实践的基础阶段。关注点为：要求学生学习、理解并掌握汉语语体修辞理论知识。

（一）目的与要求

1. 要求学生熟悉并掌握汉语语体修辞基本属性、常用类型及语言应用特征。
2. 引导学生熟练掌握语体修辞理论知识，为综合分析语体修辞现象，以及培养学生分析理解语体修辞现象的能力打下坚实理论基础。
3. 引导学生熟练掌握语体修辞理论知识，为在特定语体规制下和具体语境中恰当采用语言要素手段和超语言要素手段开展修辞实践活动，锻炼并提高学生根据不同语体进行修辞表达的能力提供语体理论支持。

（二）重点与难点处理及教法选用

汉语语体及其下位类型很多，要根据学生的实际水平，坚持分类教学，有选择性地讲授语体修辞内容。

1. 要注重学生研判并恰当选用语体能力的培养

语文实践都分处在日常交际话语领域、社会交际话语领域和艺术交际话语领域。不同话语领域对语言应用的基本要求是不同的，因此必然会表现出各不相同的系列性语言应用特征。根据语言应用在语音修辞、词语修辞、句子修辞、辞格修辞、风格修辞等方面所表现出的系列性特征，修辞表达的归属又不同于语体或语文体式。汉语修辞教学过程中，要引导学生在牢固掌握各语体修辞要求前提下，坚持"语体先行"。要善于综合利用相应条件和手段知觉、分析、解释、判断并认定交际活动的领域，并学会识别、确认语言表达的语体归属。

袁晖曾说过，除了通用成分和跨体成分外，各语体都有自己的语体专用成分，各有自己的专用语体词语、专用语体句子、专用语体辞格，甚至是专用语体篇章程式等系列性语言运用特征。[2]这些都为学生研判、确认语体或语文体式提供了正确的思考方向和条件。作为教师要培养锻炼学生利用这些条件作出正确的语体判断与语体选择，要具备在口头语体、文学语体、政论语体、科学语体、新闻语体、广告语体、演讲语体、公文语体、网络语体及其下位语文体式中进行恰当选择的能力。比如，在与同学面对面聊天时，要学会综合考虑面对面交谈、话题不集中、具体情境、在场的人、口说等因素，优先选用口头语体（随意性谈话语体）。然后，再根据口头语体（随意性谈话语体）的语言应用要求采用适宜的修辞手段进行修辞表达。

教学示例如下。

文纨女士：

我没有脸再来见你，所以写这封信。从过去直到今夜的事，全是我不好。我没有借口，我无法解释。我不敢求你谅囿，我只希望你快忘记我这个软弱、没有坦白的勇气的人。因为我真心敬爱你，我愈不忍糟蹋你的友谊。这几个月你对我的恩意，我不配受，可是我将来永远作为宝贵的回忆。祝你快乐。

（钱钟书《围城》）

教学关注点：信函体及其修辞功能；语体移植；语体移植能力培养；心理语境条件利用。

教学法提示：例证法；语境参照法；讨论法。

例中，方鸿渐没有把面对面交谈作为首选，放弃了口头交际中的随意性谈话语体，而是非常坚定地选择了书卷语体中的信函体式。这种选择显然是基于方鸿渐对信函体修辞功能的基本认知。在他看来，写信不是面对面交流，完全可以把许多当面不好说的话说出来，并不担心使双方处于尴尬境地，无颜以对，而这正好符合当时方鸿渐和苏文纨的心理状况。信中"我没有脸再来见你，所以写这封信"这句话就说明了一切。显然，方鸿渐是基于对情势的研判以及情感上的心理需求，而主动放弃了口头语体，又主动地采用了信函体。而且，小说中后来情节的发展也证明了方鸿渐的语体选择是明智的确当的。这就是一种主动选择，足以表明方鸿渐有很强的语体选择意识和较高的语体选择能力。

2. 引导学生熟练掌握特定语体的语言应用要求

根据各语体的语言应用特征，针对具体语料进行分析阐释，以帮助学生吃透并掌握不同语体类型在语音修辞、词语修辞、句子修辞、辞格修辞、风格修辞等各个方面的施言趋向和修辞追求，以期培养并提高学生在特定语体规制下采用适宜修辞手段表情达意的能力。

（1）促使学生熟练掌握谈话语体的基本要求

教学示例如下。

甲：你吃什么？

乙：你要出去吗？随便。

甲：好。待会儿我去买菜。
（沉默一会儿）
甲：等下你叫收垃圾的上来。
乙：哦。你去顺便买点挂钩吧。
甲：儿子——快起床啦。（黎运汉用例）

教学关注点：语体识别；随意性谈话体及其修辞功能；上下文语境条件利用。

教学法提示：角色扮演法；小组讨论法；问题导引法。

该例属于典型的谈话语体。从话轮转换方面看，甲乙借助于面对面交流的优势，在总共6个话轮中充分利用语境条件，先后快速转换了5个话题；从语音手段选用方面看，普遍运用了语音短句，交叉采用了疑问语气、陈述语气、祈使语气，并恰当利用破折号来延缓说话的节奏；从词语锤炼方面看，选用了口语化词语，还根据表意需要使用了3个语气词，没有使用艰涩难懂的书面词语；从句式选择方面看，站在不同角度就会发现，该例分别使用了9个短句、2个疑问句、3个独词句、4个陈述句、3个语气弱化的祈使句；从辞格运用方面看，没有选用修辞格式；从风格修辞方面看，做到了简洁明快，明白如话。这些语言应用特征完全符合谈话语体尤其是随意性谈话语体的基本修辞要求。

（2）促使学生熟练掌握演讲语体的基本要求

教学示例如下。

我们这几天庆祝战胜，实在是热闹得很。可是战胜的，究竟是哪一个？我们庆祝，究竟是为哪个庆祝？我老老实实讲一句话，这回战胜的，不是联合国的武力，是世界人类的新精神。不是哪一国的军阀或资本家的政府，是全世界的庶民。我们庆祝，不是为哪一国或哪一国的一部分人庆祝，是为全世界的庶民庆祝。不是为打败德国人庆祝，是为打败世界的军国主义庆祝。（李大钊的演讲《庶民的胜利》）

教学关注点：语体识别；演讲体及其修辞功能；词语、句子、辞格和风格手段。

教学法提示：问答法；讨论法；演绎法；朗读体会法。

该例中，从词语修辞方面看，较多运用了口语化词语以及诸如"军阀""庶民""军国主义""资本家""新精神"等富有时代气息的词语；从句子修辞方面看，整段话使用了设问句、"不是……是"结构；从辞格修辞方面看，通篇应用了设问、排比、反复等辞格；从风格修辞方面看，该例采用总分式言说方式，话语直截了当，观点明确，语句简洁，感情浓烈。

（3）促使学生熟练掌握公文语体的基本要求

教学示例如下。

关于印发《肇庆学院财务报销管理规定（2020年修订）》的通知

校属各单位：

为加强会计核算管理，规范经济活动和财务报销行为，提高资金使用效益，保障学校教育事业的健康发展，依据有关制度和法律法规，结合我校实际，对《肇庆学院财务借款及报销管理规定》（肇学院〔2014〕3号）进行了修订，修订后的《肇庆学院财务报销管理规定（2020年修订）》经校长办公会审定，现印发给你们，请遵照执行。

肇庆学院

2020年8月10日

教学关注点：通知体及其修辞要求；词语、句子、风格等修辞手段的选用。

教学法提示：语体管控法；讨论法；分析法；仿拟法。

该例属于公文事务语体中的通知体。从词语修辞方面看，标题中运用文种词语"通知"，文中还使用了"请""遵照""执行""印发""审定""经""现"等通知体中常用的礼貌词语、专用词语、书面语色彩浓的词语；从句子修辞方面看，标题采用"关于……"表示范围意义的介词结构，文中采用"为……"表示目的关系的介词结构以及具有强制性、威严性的"请遵照执行"的祈使句，句子的构拟符合通知体句子选择的基本要求；从篇章修辞方面看，遵循了较为严格的公文格式，包含有标题、主送单位、正事、具体要求、落款、时间等格式要素；从风格修辞方面看，通篇用语规范平稳，格调严肃庄重，语气坚决，没有商量余地。学生可以分组展开讨论，分析总结出该通知体的语言应用特征。在此基础上，可以拟定多个话题，按照例文仿造出内容各不相同的通知语体文，由此进一步引导学生熟练掌握通知体语言应用的基本要求。

（4）促使学生熟练掌握科学语体的基本要求

教学示例如下。

认知心理学家与神经心理学家的矛盾在哪里呢？

我觉得，这也许是认知心理学家从心理水平来看待分离现象，而神经心理学家是从生理水平（或脑的结构机能的角度）来看待分离现象的缘故。（朱滢《启动效应——无意识的记忆》）

教学关注点：科学语体及其修辞要求；句子、风格等手段的利用。

教学法提示：合作探究法；问题导引法；任务驱动法。

该例中，从辞格修辞方面看，通篇只用了一个设问，自问自答；从句子修辞方面看，使用了1个疑问句、1个长单句，有问有答，表意严密；从风格修辞方面看，整段话透露出的是庄重平稳、语意严谨的话语格调。

（5）促使学生熟练掌握政论语体的基本要求

教学示例如下。

人们常说一把手是标杆，是关键，是领头雁。"敲钟问响"这四个字，声声震耳，对把方向、带队伍、促改革的领头雁们来讲，既是新要求，更是新方法，必须勉力做到"重要改革亲自部署、重大方案亲自把关、关键环节亲自协调、落实情况亲自督察"。头雁勤，群雁能"春风一夜到衡阳"；头雁惰，结果只会"万里寒云雁阵迟"。面对改革任务的千头万绪，领头雁们须臾不可懈怠。（周人杰《敲钟问响看头雁（人民论坛）》，《人民日报》2017年8月8日第4版）

教学关注点：政论语体及其语言应用特征；词语、句子、辞格和风格手段。

教学法提示：分析法；问题导引法；文化阐释法。

该例中，从词语修辞方面看，广泛使用了"惰""部署""督察""勉力""须臾""懈怠"等书面词语，同时还穿插运用了以"既是""更是""领头雁""把方向""一把手""带队伍"等接地气的口头习惯用语；从句子修辞方面看，长句、短句、整句、散句交叉应用；从辞格修辞方面看，构拟了排比、引用、比喻、夸张、借代、对比、对偶、比拟等辞格，而且连用、兼用、套用共现；从风格修辞方面看，既做到了生动形象，又雄健疏放；既严肃郑重，又带有亲切感和轻松感，这是把明快疏放、庄重严肃、诙谐洒脱的话语格调糅合在一起所形成的多姿多彩的话语风格特征。

（6）促使学生熟练掌握文学语体的基本要求

根据表情达意需要可以在刚健、柔婉、藻丽、平实、明快、含蓄、简洁、繁丰、严谨、疏放、庄严、诡奇、典雅、通俗等不同话语格调中作出选择，也可以是多种风格混合存在。

教学示例如下。

桃树、杏树、梨树，你不让我，我不让你，都开满了花赶趟儿。红的像火，粉的像霞，白的像雪。花里带着甜味儿；闭了眼，树上仿佛已经满是桃儿、杏儿、梨儿。花下成千成百的蜜蜂嗡嗡地闹着，大小的蝴蝶飞来飞去。（朱自清《春》）

教学关注点：散言体及其语言应用特征；语音、词语、句子、辞格等手段运用；上下文语境条件。

教学法提示：感悟法；分析法；分组讨论法；语境参照法。

该例属于文学语体中的散言体。从语音修辞方面看，较多使用双音节、三音节、四音节词等语音短句，并充分利用长短停顿、儿化音、叠音，形成长短不齐却富有情趣的欢快的语音形象；从词语修辞方面看，广泛使用了双音节词语、儿化词语、反义词语、叠音词语、口语词语等；从句子修辞方面看，使用了整句、散句、独词句、套叠句等多样化句式；从辞格修辞方面看，使用了回环、拟人、通感、排比、对比、映衬等辞格，而且辞格连用、兼用、套用并存。由此描写了一个生机勃勃、充满春气息的欢快场景，语言表现出生动形象、雅致纯净的风格特征。

3. 要引导学生熟练掌握语体创新的基本要求和做法

遵守语体规范，循规蹈矩，这是修辞应用的基本要求。仅仅如此还不能达到更高的境界，因此还必须要培养和锻炼学生的语体创新能力。这就意味着在坚持语体规范的前提下还要适当地对语体规范作出超越与突破，要通过各种教学手段促使学生学会对语体、语文体式以及语体要素进行交叉运用，以创造别致的新奇的语体形象。语体创新选择就是把小说体与档案体、诗体与档案体、诗体与小说体、小说体与公文体等不同语体及其语文体式完美地结合在一起，以及彼此渗透、相互交叉使用不同语体及其语文体式中的核心语体要素。

教学示例如下。

建筑物的五楼　锁和锁后面　密室里　他的那一份
装在文件袋里　它作为一个人的证据　隔着他本人两层楼
他在二楼上班　那一袋　距离他50米过道　30级台阶
与众不同的房间　6面钢筋水泥灌注　3道门　没有窗子
1盏日光灯　4个红色消防瓶　200平方米　一千多把锁
明锁　暗锁　抽屉锁　最大的一把是"永固牌"挂在外面
……

（于坚《0档案》）

教学关注点：诗歌体及其语言应用特征；档案体的移植；语体创新。

教学法提示：联想法；分析讨论法；比较法。

于坚在长诗《0档案》中就采用了档案体的语言笔法，属于体式移植现象。诗中运用了大量的标点空位的短句。诗句所展现的画面犹如在档案室门口以及进入室内所看到的门锁一样，好像看到了档案室的门锁摆在面前。"明锁""暗锁""抽屉锁""最大的一把是'永固牌'"等都是名词性成分构成的诗句。看似毫无生气，冰冷乏味，但在作者构拟的诗歌语体中，借助于丰富想象力和强烈的情感驱动，使得诗句突破了诗歌体的基本修辞要求。把档案体式规范移植到了诗歌体中，而且移植得毫无缝隙、没有瑕疵，做到了对诗歌体最大程度上的适应，因此能让人耳目一新，产生新奇感。这就是作者对语体及语文体式的创新应用，是语体创新能力强的表现。

二、综合分析

综合分析是引导学生进一步利用语体修辞理论知识分析理解语体修辞现象的重要阶段，也是语体修辞单元教学中巩固语体修辞知识，培养并提升学生语体修辞分析能力的阶段。关注点：培养并提高学生理解语体修辞现象的能力。

（一）目的与要求

1. 通过对各类语体及其语文体式的认知、评鉴与分析，以巩固学生所学语体修辞理论与知识。
2. 引导学生学会运用语体修辞理论知识析解相关修辞现象，以提高其对语体修辞现象的简单析解能力和综合析解能力。
3. 引导学生通过对语体修辞现象的分析理解作反向思考，以寻求运用相应修辞手段的语体条件。

（二）语料收集与引用

1. 根据教学需要，从谈话语体、文学语体、科学语体、事务语体、政论语体、演讲语体等各种常用语体中收集足够数量的语体修辞用例。
2. 选例要有助于语体修辞教学，更要考虑学生对语体修辞现象的理解能力和接受能力。

（三）综合分析示例

1. 根据语体规范分析下列语例中修辞手段使用的得体状况

教学示例：

他抗议无用，苏小姐说什么就要什么，他只好服从她善意的独裁。（钱钟书《围城》）

教学关注点：小说体；大词小用；得体与否及其理由（提示：得体）。

教学法提示：小组讨论法；上下文语境参照法。

2. 下列语例是否属于语体创新应用？为什么？

教学示例如下。

张先生大笑道："我不懂什么年代花纹，事情忙，也没工夫翻书研究。可是我有hunch；看见一件东西，忽然what d'you call灵机一动，买来准O.K.。他们古董掮客都佩服我，我常对他们说：'不用拿假货来fool我。O yeah，我姓张的不是sucker，休想骗我！'"关上橱门，又说："咦，headache——"便捺电铃叫用人。（钱钟书《围城》）

教学关注点：语例语言应用特征分析；小说体；外语词语的直接植入；语体创新能力培养。

教学法提示：分析法；小组讨论法。

三、模拟训练

模拟训练是学生利用语体修辞理论知识进入现实语文实践前的模拟性演练阶段,也是语体修辞单元教学中引导学生综合应用语体修辞知识进行修辞表达的能力训练阶段。关注点:培养并提高学生按照语体规制要求进行修辞表达的能力。

(一)目的与要求

1. 考查学生对所学语体修辞理论知识的掌握情况,是对学生学习语体修辞理论知识状况的进一步实验和检测。
2. 引导学生学会在特定语体规制下运用恰当的修辞手段进行修辞表达,掌握使用语音、词语、句子、辞格和风格等手段的技巧和能力。
3. 围绕着语体修辞单元的教学目标、教学重点和教学难点设计不同的训练话题,以锻炼学生恰当选择语体及语体要素的能力。

(二)模拟训练设计

1. 以实现语体修辞教学总目标为原则来设计语体修辞专项能力训练目标。
2. 根据要达成的语体修辞专项能力目标,确定适合学生训练的语体修辞话题。
3. 根据训练话题,提出难易适中的具体训练要求以及可供操作的训练条件。
4. 根据训练要求选用恰当训练手段和方法。

(三)模拟训练示例

在修辞学范畴内,从不同角度训练并提高学生语体选择,以及在特定语体规制下的修辞表达能力。
训练目标:训练学生在谈话语体规制下构拟修辞手段用以表情达意的能力。
训练话题:以"到菜市场买菜"为话题,按照要求编制会话。
训练要求:
1. 选用谈话语体中的随意性谈话体。
2. 综合使用疑问、祈使、感叹和陈述句调,并酌情调配停顿(书面上可用相应标点标识)、轻重音、语速等语音或类语音手段。
3. 使用语气词和叹词3个以上、口语词语4个以上。
4. 使用省略句5个以上、独词句3个以上、倒装句2个。
5. 采用简洁明了的说话风格。
6. 可据情适时转换话题,至少要有20个以上话轮。
7. 立意要正确,内容要具体。

四、拓展实践

拓展实践是让学生把相关语体修辞理论知识和汉语修辞实践真正结合的实战阶段，是以课外拓展实践形式来锻炼学生的语体修辞能力。关注点：培养锻炼并全面提高学生在特定语体规制下的修辞表达能力。

（一）目的与要求

1. 要强化学生的语体先行意识。
2. 要引导学生学会在特定语体规制下创造适宜的修辞手段来表情达意。

（二）实践活动策划思路

1. 要落实参加语文实践的话语领域。
2. 在确定交际领域后，要认知并确认所要选用的语文体式。
3. 在做到以上两点的前提下，要求学生以听、说、读、写为抓手，遵守得体性原则并坚持语体为先开展综合性修辞实践活动。

（三）实践活动策划示例

实践活动可以分别或同时在日常交际领域、社会交际领域和艺术交际领域开展。这里仅以日常交际领域话语实践教学设计为例作简要说明。

实践目的：锻炼学生在日常交际领域中按照事务语体及其语文体式的语言要求进行修辞表达的能力。

实践任务：寻找机会参加朋友或家人的传统中式婚礼，就参加婚礼的所见所闻写一篇日记。

实践过程：

1. 尽可能全程跟进新郎迎亲环节，仔细观察婚礼现场情境，并向其他参加婚礼者了解更多当地的婚礼婚俗。
2. 选择并确认所使用的语体类型——日记体。
3. 要尽量详细地记述举办婚礼的时间地点、婚礼流程、现场情境，但要把重点放在记述学生眼中的婚礼婚俗上。
4. 要根据日记体的修辞要求选择相应的词语、句子、辞格、风格手段。
5. 立意要正确，思路清晰，篇章结构符合日记体的基本格式规范。
6. 篇幅控制在500字以内。

参考文献

[1] 郑荣馨.语言得体艺术[M].太原：书海出版社，2001：65—66.
[2] 袁晖，李熙宗.汉语语体概论[M].北京：商务印书馆，2005.
[3] 王希杰.修辞学通论[M].南京：南京大学出版社，1996：510—522.

湖北贺胜桥镇方言韵母特点探究

——基于老中青三代方言的调查

但 锐 刘海波

（南昌大学文学院 江西南昌 330031）

【提 要】湖北贺胜桥镇方言假摄已出现二三等分韵现象、流摄一三等分别与效遇摄相混、咸山摄白读[ɒ̃]向文读[ɔ̃]演变、阳声韵韵尾属于鼻音韵尾与鼻化元音共存型，且存在-ŋ朝-n及-n朝鼻化韵演变的趋势、叶业帖薛月屑韵基本今读为[i]、中古合口韵摄许多今读开口及齐齿呼，笔者在描写其特点的同时，试图对其形成原因进行解释。通过研究可知，这些演变是音系内部调整与官话扩散影响下的产物，使得本属于赣语的贺胜桥镇方言具备官话色彩。

【关键词】贺胜桥镇方言 韵母系统 系统调整 链推作用 扩散影响

湖北省咸宁市贺胜桥镇方言属于赣语大通片，吴宗济先生对其做了详细的调查，详见《湖北方言调查报告》，这是关于贺胜桥镇方言最早最全面的材料，之后未见对贺胜桥镇方言进行描写的材料。光绪《咸宁县志》记载"咸宁东西广八十里南北六十里延袤二百里，北行铺路四十五里至贺胜桥抵江夏县界"，可知从清代到现在，贺胜桥镇一直位于咸宁市、武汉市江夏区的交界地带，随着武汉与咸宁的交往日益频繁②，在官话（包括普通话③、武汉话）的强势影响下，贺胜桥镇方言发生了系列变化。笔者调查了老、中、青三代方言实际情况④，参考吴宗济先生调查结果，从历时的角度，对贺胜桥镇方言韵母特

---

① 本研究获江西省研究生创新专项资金项目"近八十年来湖北咸宁贺胜桥镇方音演变"（YC2018-S077）、江西省高校人文社会科学研究项目"类型学视野下的近代汉语致使结构研究"（YY18201）和江西省高校人文社会科学重点研究基地项目"近代汉语分析型致使结构研究"（JD17108）的资助，本文写作过程中得到导师李军教授的悉心指导，谨以致谢。
② 贺胜桥镇享有"六线贯南北，一湖连长江"的区位交通美誉，六线：京广铁路、武广高速客运专线、武咸城际铁路、107国道、京珠高速公路、武咸快速通道，一湖：斧头湖。
③ 普通话不属于官话，但为了行文方便，本文就将其与武汉话一起归为官话，当然本文有时也会单举普通话的相关情况。
④ 本文老年层是指70岁以上的本地居民，中年层是指30—69岁之间的居民，青年层是指15—29岁之间的居民，小于15岁的暂不考虑。主要发音人有：1. 江行云，女，1933年9月生，文盲，世居黎首村，务农；2. 余在枝，女，1944年10月生，文盲，世居黄祠村，务农；3. 邹先明，男，1968年12月生，初中学历，世居黎首村，曾在河南务工3年；4. 黄敏，女，1979年8月生，初中学历，世居万秀村，务工；5. 邹镖，男，1991年12月生，高中学历，世居黎首村，务工；6. 李凯平，女，2004年9月生，初中学历，万秀村人，在横沟桥镇读书。老年层主要以余在枝的发音为主，中年层主要以黄敏的发音为主，青年层以李凯平的发音为主（虽然年龄上略有不足，但其受普通话影响的程度要大于邹镖，在一定程度更体现出官话，尤其是普通话，对贺胜桥镇方言的影响）。

点进行探究，试图分析其演变规律与原因，并据此对武汉市周边赣语官话化趋向做一个大致预测。

一、假摄麻韵二三等分韵现象及其演变

贺胜桥镇方言中开合口二等麻韵韵腹今读为［a］①，开口三等麻韵韵腹今读主要有［a］［e］二种，详见表1。贺胜桥镇方言中开口三等麻韵韵腹今读［a］者共13字，加上93个韵腹今读为［a］的开合口二等麻韵字，可知贺胜桥镇方言麻韵主元音今读基本符合汉语演变规律。

表1 开三麻韵韵腹今读

开三麻韵韵腹今读［a］	姐白 tɕia⁴²	皆 tɕia²¹³	写白 ɕia⁴²	斜 ɕia²¹	遮 tsa⁴⁴	车 tsʰa⁴⁴	扯 tsʰa⁴²
	蔗 tsa²¹³	蛇 sa²¹	赊 sa⁴⁴	佘 sa²¹	野 øia⁴²	夜 øia²²	共13字
开三麻韵韵腹今读［e］	姐文 tɕie⁴²	爹 tie⁴⁴	写文 ɕie⁴²	藉 tɕie²¹³	泻 ɕie²¹³	卸 ɕie²¹³	邪 ɕie²¹
	谢 ɕie²¹³	者 tse⁴²	射 se⁴⁵	赦 se⁴⁵	舍 se²¹³	社 se²²	爷 øie²¹
	也 øie⁴²	耶 øie²²	共16字				
其他	些 ɕi⁴⁵	席 sei²¹	且 tɕʰiẽ⁴²	共3字			

开口三等麻韵却存在韵腹今读［e］的情况，共16字，比开口三等麻韵韵腹今读［a］的数量还多，很显然韵腹为［e］在开口三等麻韵今读中已占有优势。

宋代《增修互注礼部韵略》对此已有明确地记载②；元代《中原音韵》假摄一分二，分为家麻韵与车遮韵；明代《洪武正韵》于麻韵之外，另立遮韵，因此麻韵开口三等产生分化其实由来已久，但这种分化往往出现在北方中原地区，南方许多非官话地区麻韵开口三等字主元音仍为低元音，与开口二等为一类韵母。《江西省方言志》所调查的赣语、客家话共61个方言点，其中23个方言点的麻韵韵腹不论开合、不论二三等均读为［a］；31个方言点的麻韵韵腹大体读为［a］，只有少数开口三等麻韵字，如"爹""扯""泻"等，韵腹今读为［e］或［ɛ］，因此绝大部分赣语、客家话麻韵二三等尚未分化。

贺胜桥镇方言属于赣语，为何开口三等麻韵今读主体层次为［e］?《江西省方言志》中有15个方言点开口三等麻韵出现了分化，主元音今多读为［e］或［ɛ］，甚至部分方言点的开口三等麻韵主元音已经全部读为［e］或［ɛ］，如奉新、九江、德兴、婺源、浮梁、赣州等。其中奉新、靖安等7地为赣语或客家话使用地区，可见贺胜桥镇方言中开口三等麻韵出现分化并非孤例。九江市与湖北毗邻，笔者整理了"娘""爹""写"等字在九江方言今读情况，发现韵母与贺胜桥镇方言完全吻合，详见表2。

表2 九江方言开三麻韵今读

姐 tɕie	爹 tie	泻 ɕie	邪 ɕie	谢 ɕie	射 ʃe	社 ʃe	爷 øie	写 ɕie

九江方言为江淮官话，是赣语官话化的产物，可推测贺胜桥镇方言开口三等麻韵出现分化也是因为官话的影响。不仅是九江方言，婺源、德兴、浮梁、赣州等地方言也都属于官话方言，开口三等麻韵无一例外均出现分化，这进一步佐证了上述猜测。

笔者整理了老、中、青年三层不同之处，详见表3，三者之间差异并不大，只有"且""写"二字的

---

① 贺胜桥镇方言韵母系统中，单韵母［a］的实际发音偏后，应为［ᴀ］，甚至部分麻韵字韵腹为［ɑ］，为了与赣语、客家话其他方言点进行比较，特记为［a］。
② 所谓一韵当析为二者，如麻韵自"奢"以下，马韵自"写"以下，祃韵自"藉"以下，皆当别为一韵。

读音略有差异，"且"字中、青年层读为[tɕʰie⁴²]，"写"字中、青年层文读层消失，只剩白读。

表3　不同年龄层"且""写"二字今读情况

且	老年层[tɕʰiē⁴²]；中年层[tɕʰiē⁴²]；青年层[tɕʰiē⁴²]
写	老年层文[ɕia⁴²]，老年层白[ɕie⁴²]；中年层[ɕie⁴²]；青年层[ɕie⁴²]

尽管只有"且""写"二字的读音发生了变化，但据此可推测，在官话的影响下，麻韵因等而产生分化的趋势只会越来越明显，最终会演变为九江方言型。

二、流、效、遇摄相混现象及其演变

贺胜桥方言中流摄较为特殊，从其今读来看，可以一分为二，流摄开口一等与效摄开口三、四等主元音相同，流摄开口三等与遇摄合口一等主元音相同，详见表4。

表4　流、效、遇摄主元音情况

流摄开口三等					遇摄合口一等（遇摄一三等还有读为[u]、[y]）				
富	扭	宙	收	肘	布	努	做	苏	祖
fu²¹³	niəu⁴²	tsəu²¹³	səu⁴⁴	tsəu⁴²	pu²¹³	nəu⁴²	tsəu²¹³	səu⁴⁴	tsəu⁴²
流摄开口一等					效摄开口三四等（效摄开口一二等为[ɔ]）				
奏	凑	勾	吼	欧	照	潮	骄	缴	妖
tsœ²¹³	tsʰœ²¹³	kœ⁴⁴	xœ⁴²	ŋœ⁴⁴	tsœ²¹³	tsʰœ²¹	tɕiœ⁴⁴	tɕiœ⁴²	øiœ⁴⁴

根据陈昌芳、焦甜甜、章红艳等人的研究可知，唐五代时期赣语便已出现流遇二摄、流效二摄相混现象；而田业政、陈昌芳等人研究也明确表示，宋元时期赣语的存在流、效二摄部分相混的现象，所以表4所反映的是赣语数百年自行演变的产物。

古代诗词韵文中流、效二摄的相混包括流摄开口三等韵、效摄开口一二等韵，与之相比贺胜桥镇方言中两摄韵母相混范围小了很多。古代诗词韵文中只存在流摄唇音字与遇摄字互代，可贺胜桥镇方言中两摄的相混却涉及唇音、舌音、齿音。笔者认为贺胜桥镇方言中这些与古不同的特殊变化，是由于语音的链变推移机制。

中古流摄开口一、三等韵主要区别在于介音[i]的有无，随着语音演变，流摄要么朝官话型发展，即一、三等韵之间区别越来越小，与知系声母拼合时二者往往发生合流；要么朝南方型发展，即一、三等之间区别越来越大，主元音存在音位性的区别。赣语显然属于后者，《江西省方言志》共调查了48个赣语方言点，流摄一、三等全部分化，一等多为[au]/[ɐu]，三等多为[iu]。和江西境内赣语一样，贺胜桥镇方言流摄一、三等出现分化，韵腹也存在音位性差别。

随着遇摄合口一等高化裂化为[əu]①，韵母系统为了避免语音合流，并维持流、遇二摄区别词意的功能，会迫使流摄进一步发生演变，但由于流摄一、三等出现分化，遇摄合口一等高化裂化所带来的推链作用，无法同时影响流摄一、三等，所以流摄开口一等侯韵进一步演变，今读为[œ]。由[əu]演变为[œ]是可能的，因为相较于[əu]，[œ]舌位更低且带有合口成分，完全符合汉语演变普遍规律②。

---

① 遇摄合口三等知系字韵母今读也为[əu]，可见遇摄合口一等确实发生了元音高化裂化，由中古的[u]演变成了[əu]。
② 金雪婷指出，在汉语方言地区普遍存在这样一条元音后高化演变规律，即a>ɑ>ɔ>o>u>əu>au。与[əu]相比，[au]舌位更低，韵尾也具有合口成分，所以笔者认为由[əu]演变为[œ]是符合汉语演变普遍规律。

不受其他因素影响，同一摄中各韵主元音往往相同或相近，《江西省方言志》48个赣语方言点效摄洪、细音今读主元音最大的差异，仅是前低元音与央元音的区别①，效摄三、四等韵主元音今读[œ]符合赣语的普遍规律，而贺胜桥方言中蟹摄主元音为[æ]、假摄主元音为[a]，加之韵母系统未见韵母[ɔ]②，所以效摄开口一、二等韵的主元音理论上也只可能为[œ]，因此可推测效摄一、二等今读[ɔ]（与三四等韵形成前、后元音的差异），是其他因素导致的。随着流摄开口一等今读为[œ]，为了保持区别，效摄一、二等也只能发生变化。因为历史文献中流效二摄与假蟹二摄基本没有产生过交集，所以由遇摄合口一等引起的链推机制无法继续"推链"假蟹二摄，效摄一、二等也因此无法继续朝低元音[æ][a]演变，只能朝"具有区别词意功能、不会影响别的韵摄区别词意"的方向发展，于是演变为[ɔ]。通过这一系列链推演变后，便导致流摄开口三四等与遇摄合口一等韵基相同、流摄开口一等与效摄开口三四等韵基相同。

笔者整理了老、中、青年三层不同之处，发现除"度""渡"二字老年层今读[tʰo²²]中青年层今读[tʰəu²²]、"某""亩"二字老年层今读[mo⁴²]中青年层今读[mœ⁴²]外，遇、流二摄老、中、青年三层今读差异并不大，差异最明显的就是效摄三等字，详见表5，当然此处所讲的差异专指韵母差异，声母声调等方面的差异暂且不计。

表5 不同年龄层效摄二等字今读差异

老、中年层	焦蕉椒tɕiœ⁴⁴	硝ɕiœ⁴⁴	朝潮tsʰœ²¹	赵tsʰœ²¹³	兆召诏tsœ²¹³	韶ʂœ²¹³	矫tɕiœ⁴²	妖邀øiœ⁴⁴
青年层	焦蕉椒tɕiɔ⁴⁴	硝ɕiɔ⁴⁴	朝潮tsʰɔ²¹	赵tsʰɔ²¹³	兆召诏tsɔ²¹³	韶ʂɔ²¹³	矫tɕiœ⁴²	妖邀øiɔ⁴⁴ ɕiɔ⁴⁴

青年层宵、萧韵中"朝""潮""赵"等字主元音今读为[ɔ]，应该是内外因素共同作用下的产物。在韵摄相同主元音相同或相近的规律影响下，豪、肴韵会慢慢影响宵、萧韵，使其逐渐也从[œ]演变为[ɔ]。从语音学角度来看，相对于[ɔ]，[œ]的发音条件更为复杂，而且官话中也没有与[œ]相近的元音，却有与[ɔ]相似的元音，所以在多重因素的影响下，青年层宵、萧韵中部分字主元音读为[ɔ]，笔者认为若无其他外来因素影响，宵、萧读[ɔ]的趋势会持续下去，会影响更多的宵、萧韵字。

三、咸、山摄文[ɔ̃]白[œ̃]现象及其演变

贺胜桥镇方言中咸、山摄合流，这符合赣语的普遍情况。但咸、山摄开口舒声一、二等韵今读十分特殊，有[œ̃][ɔ̃][iɔ̃][iẽ]四类：山韵今读有[œ̃][ɔ̃][iɔ̃][iẽ]；咸韵今读有[œ̃][ɔ̃][iẽ]；删、衔二韵今读有[ɔ̃][iɔ̃][iẽ]；覃、寒、桓三韵今读有[œ̃][ɔ̃]。同一小韵下诸字的韵母应该完全相同（入声除外），所以咸、山摄开口舒声一、二等韵四种今读，应是不同时期读法的叠置。

其中今读[iɔ̃][iẽ]只出现在开口二等舒声韵，这与见系声母颚化有关，即在三、四等韵影响下，见系声母为了与前高元音拼合和谐，开始向舌面前音[tɕ、tɕʰ、ɕ]演变，随着见系声母颚化程度的加深，在同化作用的影响下，部分开口二等韵开始滋生i-介音，在声母的影响下，咸、山摄开口二等韵出现今读[iɔ̃][iẽ]，所以这两种今读出现时间应该都比较晚。

老年层中"间中间间断、闲限、奸谏"三组字的今读较为奇特：间中间、闲、奸韵母均为[iɔ̃]，间间

---

① 《江西省方言志》所调查的48个赣语方言点效摄洪、细音今读情况，完全符合同一摄中各韵主元音往往相同或相近规律，48个赣语方言点效摄洪、细音今读主元音最大的差异，仅是前低元音与央元音的区别，可见赣语中效摄一二等与三四等韵基差异很小，不过洪音今读开口度往往略大于细音。

② 贺胜桥镇方言中效摄一二等韵今读均为单元音韵母。

断、限、谏韵母则为[iẽ]，很显然前一组多为生活常用字，后一组多为书面用语字。中年层"减"字存在文白异读，白读为[tɕiɔ̃⁴²]、文读为[tɕiẽ⁴²]，而且监监察监国子监的今读也较为特殊，在表监察义时，监读为[iɔ̃]，表官职国子监时，监读为[iẽ]，因此可知与[iɔ̃]相比，[iẽ]更具文读色彩。咸、山摄开口一二等主元音大部分为[ɔ̃]，开口三、四等舒声韵今读主要为[ẽ][iẽ]，[iɔ̃]与[ɔ̃]同主元音，符合同一小韵下诸字的主元音完全相同的规律，所以咸、山摄开口二等韵今读[iɔ̃]，应是韵母[ɔ̃]滋生介音[i]的产物，而今读[iẽ]则是受开口三、四等舒声韵扩散同化作用的影响，是[iɔ̃]进一步演变的结果。

除此之外，咸、山摄开口见系舒声一、二等韵今读基本为[œ̃]，非见系舒声一、二等韵今读基本为[ɔ̃]，可知今读[œ̃][ɔ̃]因声母不同而产生分化，那二者层次关系究竟如何？笔者认为[œ̃]为白读层，[ɔ̃]为文读层。原因有以下几点：（1）见系开口二等韵滋生介音[i]的今读只有[iɔ̃][iẽ]，未见有读为[iœ̃]，而见系开口二等颚化是后起的现象，那么滋生[iɔ̃]的[ɔ̃]相对于[œ̃]而言，应该也属于后起的现象。（2）一种方言在一些因素影响下，某一声母出现了白读层、文读层两种今读，在没有其他因素干扰下，随着时间的发展，该声母的文读层往往会逐渐占据绝对优势，当然不排除少数白读层的残存，老年层咸、山摄开口一二等字中，韵母今读[ɔ̃]的例字数量远远多于韵母今读[œ̃]的例字。不仅是老年层，中、青年层今读为[ɔ̃]的倾向更加明显（详见下文），所以[œ̃]更有可能是白读层。（3）同韵摄的开口韵与同等的合口韵差异仅是[u]介音的有无（入声除外），但贺胜桥镇方言存在合口韵今读开口的倾向（下详），合口韵往往没有[u]/[y]介音，所以包括咸、山摄在内的很多合口韵与同等开口韵今读相同。咸、山摄合口舒声一二等韵没有因声母的不同产生分化，今读基本为[œ̃]，十分稳定，由此可推测咸、山摄开口舒声一二等韵原来很有可能也全读[œ̃]。（4）见系咸、山摄开口舒声一二等字中，"甘""鼾""暗""感""干""肝""竿""旱""寒""安""看""按"等44字今读为[œ̃]，可见许多常用口头用字韵母仍读为[œ̃]，如"打鼾"的"鼾"，老、中、青三层无一例外均读为[œ̃]。

咸、山摄开口舒声一、二等韵为何会由[œ̃]演变为[ɔ̃]呢？上文曾述，效摄一、二等由[œ]演变为[ɔ]，而音系演变往往具有系统性与规律性，所以咸、山摄也很有可能发生类似的演变。贺胜桥镇方言存在合口韵今读开口的倾向，但官话开、合口一二等韵却明显存在介音[u]有无的差异，在其影响之下，咸、山摄开、合口一二等也逐渐开始分化，不过咸、山摄合口舒声一二等韵今读[œ̃]十分稳定，所以为了区分，只可能是开口一二等韵发生演变。

笔者整理了老、中、青年三层不同之处，详见表6，可知中年层"堪""撼""勘""龛"4字、青年层"勘""憨""寒""韩"4字均已今读为[ɔ̃]，青年层"监"字今读为[iẽ]，虽然例数不多，但据此进一步可证明，由[œ̃]演变为[ɔ̃]、由[iɔ̃]演变为[iẽ]，应是咸、山摄开口舒声一二等韵演变的大致趋势。

表6　不同年龄层咸、山二摄开口舒声一二等韵今读差异

中年层	勘、撼、堪、龛（老读[œ̃]，中读[ɔ̃]）；陷、馅、咸、严、简（老读[iẽ]，中读[iɔ̃]）
青年层	勘、憨、寒、韩（老读[œ̃]，青读[ɔ̃]）；监（老读[iɔ̃]，青读[iẽ]）；减、陷、馅、奸、颜（老读[iẽ]，青读[iɔ̃]）

同时还存在部分字老年层今读为[iẽ]，而中、青年层今读为[iɔ̃]的现象，这并不难解释，老年层主要发音人来自黄祠村，中、青年层主要发音人为母女关系，且来自万秀村，两村之间隔了约1千米，音系上虽无差异，但某些字的今读多少会存在差异。老年层虽然没出过远门，但天天看电视，受普通话的影响相对较大，所以少数字先一步读为文读也是可以理解的。

四、鼻音韵尾与鼻化元音共存现象及其演变

为了更好弄清楚贺胜桥镇方言中阳声韵韵尾的演变情况，笔者将老年层各阳声韵摄今读情况整理如下，详见表7。

表7 老年层各阳声韵摄今读情况

韵摄 开合等	咸山摄舒声韵	深臻曾梗摄舒声韵	宕江摄舒声韵	通曾梗少数摄舒声韵	梗摄舒声韵白读
开口一二等	ɔ̃、œ̃	ẽ、ən	oŋ、ioŋ	ɤŋ	ɔŋ
合口一二等	œ̃、ɔ̃	ən、uẽ	nɛn	uɤŋ、ɤŋ	ɔŋ
开口三四等	ɔ̃、iɔ̃、iẽ、ẽ	iɛn、ən	ioŋ、oŋ		iaŋ、iɔŋ
合口三四等	iẽ、ɔ̃、yẽ	yɤn、ən、iɛn	oŋ	ɤŋ、uɤŋ	

可见贺胜桥镇方言中阳声韵韵尾发生了较大的变化，咸、山二摄舒声韵合流，今为鼻化韵；深、臻、曾、梗四摄舒声韵合流（梗摄只包括常用字的文读及少数非常用字），今为-n尾；宕、江二摄合流，今读-ŋ尾；通摄虽自成一韵，但曾、梗二摄开、合口一二等舒声韵（开口韵仅限于帮组）却与之合流，今读-ŋ尾；梗摄常用字白读自成一韵，今读也为-ŋ尾，可见贺胜桥镇方言中阳声韵韵尾分布情况，属于鼻音韵尾与鼻化元音共存型。

与中古相比，贺胜桥镇方言中阳声韵韵尾的演变可分为三种情况：（1）A→A型：宕、江、通三摄阳声韵韵尾未曾发生变化，仍为-ŋ尾，臻摄阳声韵韵尾亦未曾改变，仍为-n尾；（2）A→B型：深摄由-m尾演变为-n尾，咸、山二摄由-m、-n尾演变为鼻化韵，演变没有特例；（3）A→A/B型：梗摄字存在文白异读，白读为-ŋ尾，文读为-n尾，曾摄字虽没有成系统的文白异读，除与帮组相拼仍为-ŋ尾外，绝大多数曾摄字韵母今读-n尾，甚至有少数曾摄字韵母今为鼻化韵，如灯、凳、蹭等字。

根据上述三种演变类型，以及张燕芬的研究[①]，贺胜桥镇方言中阳声韵韵尾演变过程应大体如下：

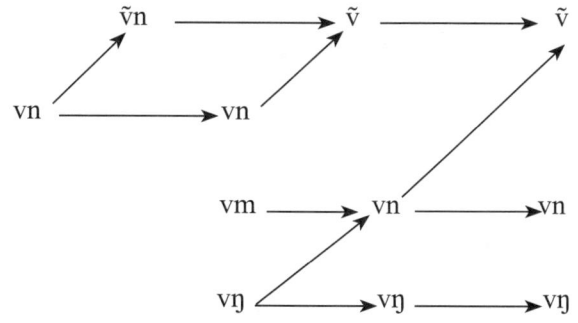

造成该演变的主要原因可分为三类：（1）韵母主要元音发音特征；（2）鼻音韵尾发音特征；（3）语音的链推机制。

与中古一脉相承，贺胜桥方言中咸、山摄主元音大多为舌面前低元音，张燕芬明确指出韵母主要元音会影响鼻音韵尾的演变，往往是低元音后的韵尾先变，高元音后的韵尾后变，所以受低元音影响，咸、山摄鼻音韵尾很有可能率先发生变化，朝弱化脱落方向进一步演变。由于咸、山摄的演变，导致-n

---

[①] 张燕芬根据"汉语方言地图集数据库"930个方言点的178个阳声韵字为研究对象，通过归纳分析，发现中古阳声韵九摄鼻音韵尾弱化和消失的先后顺序大致如下：咸山→宕江→梗臻→深曾→通。

尾韵母数量减少，从而形成-n尾的空位，这会促使其他鼻音韵尾发生演变，填补空位①。

鼻音[m]因发音部位为双唇，相较而言，本身所具备的辅音性要远远大于[n][ŋ]，而韵尾只有成阻阶段，无持阻、除阻阶段，因此韵尾的辅音性较弱，所以鼻音[n][ŋ]更适合做韵尾，加之鼻音[m]在发音时双唇要完全紧闭，与主元音发音方法不和谐，不符合发音省力原则，因此包括贺胜桥镇方言在内的很多方言-m尾均已演变成发音部位与之接近的-n尾。

宕、江、通摄以及少数的曾梗摄今读主元音均为后半高元音，而梗摄白读主元音则为后半低元音，在后低元音的影响下，梗摄韵尾逐渐发生演变，加之[n]比[ŋ]发音准确率更高②，因而朝-n尾演变是完全符合发音规律的，这也解释了中古-ŋ尾阳声韵为何只有梗（曾）摄出现了-n尾的今读③。

同时，曾摄字除与唇音声母相拼时今读韵尾为-ŋ尾外，还有3字今读为鼻化韵，这说明虽然咸、山二摄已从-n尾演变为鼻化韵，但该演变过程并未中止，仍会继续影响贺胜桥镇方言阳声韵韵尾的分布格局。

笔者整理了青年层与老年层今读不同之处，详见表8④。

表8　青、老年层山、曾、梗三摄今读差异

青年层	山摄：扮pen、盼pʰen、瓣办pen；曾摄：灯tən、腾tʰən、凳tən、蹭tsʰən（老年层读为鼻化韵）
	曾摄：能nən（老年层读为后鼻韵）
	梗摄：轻tɕʰien、青tɕʰien（老年层除文读tɕʰien外，还有白读tɕʰiŋ）

可见近八十年贺胜桥镇方言中阳声韵韵尾的演变不大，表8虽然有三种类型，但演变结果却只有一个，就是演变为-n尾。根据老年层各阳声韵摄今读情况，上文已推测山摄已由前鼻韵演变为鼻化韵，曾摄已由后鼻韵演变为鼻化韵，可在青年层中，"扮""灯"等字却又重新变为-n尾，很显然是外因所致，结合中年"怜"字今读为nian，可推测这外因便是官话，即在普通话影响下，出现了与方言自身演变规律相反的演变。同时，曾摄的"能"字却读为前鼻韵，可见在普通话的强力影响下，方言自身演变规律也在起作用，二者互相竞争，不过就青年层阳声韵韵尾今读情况来看，普通话的影响似乎更强一些。

五、叶、业、帖、薛、月、屑韵[i]今读现象及其演变

除止、蟹摄开口三四等韵非知系今读为[i]外，部分咸摄、山摄、臻摄、宕摄、曾摄、梗摄入声韵以及少数假摄、蟹摄（非三四等韵）、遇摄也今读[i]。止、蟹摄非知系开口三四等在大多数方言中都今读[i]，本文在此不再赘述，着重探讨后者。

后者又可细分为两类，笔者将其分别称为"贴"字型与"去"字型。"贴"字型共21字，主要来自咸、山摄开口三四等入声韵，更重要的是，与这21字同等同开合同小韵的其他字，在贺胜桥方言中韵母今读均为[ie]/[e]，详见表9。

---

① 张吉生（2007）指出[m]的辅音性大于[ŋ]，相反[ŋ]元音性大于[m]。在声母位置，[m]是无标记的，而[ŋ]是有标记的，在韵尾的位置，[m]是有标记的，而[ŋ]是无标记的……[n]则具有两面性，因而在韵尾的位置可能最先丢失，也可能顽强保留。
② 谢国平（1992）在《汉语[-n]、[-ŋ]韵尾发音和听感的实验研究》中指出，从发音上看，[-n]比[-ŋ]准确率更高。
③ 张燕芬（2009）通过整理发现现代汉语方言中，由于主要元音的相近、相同，鼻音韵尾演变为鼻化韵的过程中曾摄跟梗摄的情况往往一致，所以贺胜桥镇方言中曾摄字虽然没有成系统的文白异读，但其演变过程应与梗摄相同。
④ 中年层与老年层今读只有山摄的怜字不同，中年怜今读为nian，这完全就是仿照普通话而产生的方言读法，因为贺胜镇方言中表"可怜"义不用"怜"字，所以发音人看着字形产生了误读。

表9 "贴"字型例字

咸摄	贴白tʰi⁴⁵ 怯tɕʰi⁴⁵ 劫tɕi⁴⁵ 胁ɕi⁴⁵ 业ni⁴⁵ 协ɕi⁴⁵ 接tɕi⁴⁵
山摄	灭白mi⁴⁵ 列ni⁴⁵ 歇ɕi⁴⁵ 蝎ɕi⁴⁵ 铁白tʰi⁴⁵ 捏ni⁴⁵ 节tɕi⁴⁵ 切切开tɕʰi⁴⁵ 砌tɕʰi⁴⁵ 屑ɕi⁴⁵ 洁tɕi⁴⁵ 结tɕi⁴⁵ 楔ɕi⁴⁵ 秸tɕi⁴⁵

"灭""贴""铁"三字白读为[mi⁴⁵],文读为[mie⁴⁵],可推测叶、业、帖、薛、月、屑韵开口三四等在更早的阶段应读为[i]。叶、业、帖、薛、月、屑韵开口三四等的主元音在中古拟为[ɛ][e][ɐ],可知从中古到现在,此六韵无一例外均发生了主元音高化。

"去"字型共17字,主要来自遇摄、蟹摄、臻摄、山摄、宕摄、曾摄、梗摄、假摄,声调除了入声调外,还有少数字读为舒声调,而且不再局限于三四等,"割""葛""格"等字就是一二等字,甚至出现了合口韵字,如"血""雪"等字,除此之外,与这17字同等同开合同小韵的其他字,在贺胜桥方言中韵母今读各不相同,详见表10。

表10 "去"字型例字

遇合三: 去tɕʰi²¹³ 锯白ki²¹³	山合四: 血ɕi⁴⁵ 穴ɕi⁴⁵	山开一: 割ki⁴⁵ 葛ki⁴⁵	宕开三: 阁ki⁴⁵	假开三: 些ɕi⁴⁵
曾开一: 刻kʰi⁴⁵ 克kʰi⁴⁵	梗开二: 革ki⁴⁵ 隔ki⁴⁵ 格ki⁴⁵	山合三: 雪ɕi⁴⁵ 劣ni⁴⁵	臻开三: 恤ɕi⁴⁵	蟹开二: 谐ɕi⁴⁵

"些"是心母麻韵开口三等平声字,今读却为入声调,而且整个假摄,独有"些"字发生该演变,除此之外,如上文所述,麻韵三等正处于分化之中,今读并非全部为[ie]/[e],因此将其归为"去"字型。跟"些"字一样,剩余16字读[i]也不具备系统性,如贺胜桥镇方言中鱼韵字今读基本为[y][əu],唯独"去""据"二字韵母今读[i]。

由此可知,"贴""去"字型最大的区别就是今读[i]是否具有系统性,笔者认为"去"字型的出现是扩散式演变的结果,即咸、山摄开口三、四等入声韵在某种动力的驱动下发生主元音高化,受其影响,其他韵摄个别字也发生了与之相同的演变。

驱动叶、业、帖、薛、月、屑韵开口三四等发生系统性元音高化的动力,是语音系统内部的链变推移机制。为了与知系、部分精组声母更好拼合,贺胜桥镇方言中部分止、蟹摄开口三、四等韵由[i]演变为[ɿ],加之与帮组、非组、端组、泥组、部分精组声母相拼合的止、蟹摄开口三、四等韵均读为[ei](除了"灭"字),因此相较于其他的单元音韵母而言,韵母[i]的数量并不多,而且能与之相拼的只有见系声母(除了"贴""铁"二字)。韵母[i]为核心韵母,但是贺胜桥镇方言中韵母[i]无论是自身数量,还是能与之相拼合的声母数量,都与之不符,所以韵母[i]很容易出现"空位",并促使咸、山摄开口三四等入声韵发生元音高化演变,进而演变为[i],最终实现"填空"。

老年层叶、业、帖、薛、月、屑韵开口三四等中,除表9的21字外,其他字的韵母均已变为文读[ie]/[e],金雪婷明确指出韵母[ie]元音高化的结果往往就是演变为[i],可知相较于读为[i],读为[ie]应为元音高化过程中的前一阶段。

笔者整理了上述38字中、青年层与老年层不同之处,详见表11,其中"灭""列"等字韵母已系统性地变为文读[ie]/[e],"阁""锯"等字已与同韵其他字韵母今读相同。金雪婷指出韵母[i]进一步高化的结果就是裂化为[ei],加之中年层叶、业、帖、薛、月、屑韵开口三四等中并未出现新的[i]韵字,可知受其他因素影响,语音的链变推移机制已失去作用,无法继续促使咸、山摄开口三四等入声韵演变为新韵母[i]。

表11 中、青年层"贴""去"字型今读情况

中年层	劫tɕie⁴⁵ 怯tɕʰie⁴⁵ 协ɕie⁴⁵ 灭mie⁴⁵ 列nie⁴⁵ 歇ɕie⁴⁵ 蝎ɕie⁴⁵ 去tɕʰy²¹³ 锯tɕy²¹³ 阁ke⁴⁵ 刻kʰe⁴⁵ 克kʰe⁴⁵ 格ke⁴⁵ 革ke⁴⁵ 隔ke⁴⁵ 谐ɕie⁴⁵ 业nie⁴⁵（共17字）
青年层	劫tɕie⁴⁵ 怯tɕʰie⁴⁵ 协ɕie⁴⁵ 灭mie⁴⁵ 列nie⁴⁵ 歇ɕie⁴⁴ 蝎ɕie⁴⁵ 锯tɕy²¹³ 葛ke⁴⁵ 阁ko⁴⁵ 刻kʰe⁴⁵ 克kʰe⁴⁵ 格ke⁴⁵ 革ke⁴⁵ 隔ke⁴⁵ 谐ɕie²¹ 业øie⁴⁵ 穴ɕye⁴⁵ 劣nie⁴⁵（共19字）

"腻"字老年层读为[nei]，而中、青年层却读为[ni]，贺胜桥镇方言里发生上述元音高化现象的均为非止摄字，可知已经舌尖化或高化裂化的止摄，如果不受其他因素的影响，是无法再度自行演变成[i]的，而官话中"腻"字恰巧为[ni]，所以笔者认为导致链推作用失效的因素就是官话的影响。

不过也要看到，中、青年层开口三四等叶、业、帖、薛、月、屑韵仍有数十字保留[i]的读法，如"些""切""洁"，可知虽受官话影响，韵母读[i]的底层依然残存。

青年层中"杰""捷""截""揭"读[tɕi⁴⁵]、"孽""聂""镊""蹑""猎"读[ni⁴⁵]、"叠""碟""蝶""蝶"读[ti⁴⁵]、"楔"读[tɕʰi²¹³]，这些字为中古开口三四等薛、月、叶、帖、先韵字，与表9诸字来源恰好吻合，从表面上看，这似乎就是表9所反映的元音高化现象，但上文已述受官话影响，开口三四等叶、业、帖、薛、月、屑韵已停止元音高化，所以青年层这些特殊演变并不是元音高化的反映。笔者认为青年层出现该现象是多种因素共同作用下的产物，青年层的方言在普通话推广的影响下变得不太稳定，很多字的读音发生变化，文、白读对其而言仅是两种不同的演变方向，尽管受官话影响演变为文读的概率更大，但是在"些""切"等字的影响下，朝白读演变也是可能的，而且单元音韵母[i]更符合省力原则，当然青年层这种特殊演变还有其他原因，仍有继续探讨的空间。

六、合口韵摄开口化现象及其演变

贺胜桥镇方言音系中有单元音u、y，也有uæ、yæ、ue、ye、yʌ、uɒ、uo、uei、yei、uẽ、ỹ、ũ、uən、yən、uɤŋ等复韵母，但诸多中古为合口韵摄的今读并不是合、撮口呼，这种现象可称之为合口韵摄开口化，为了更好解释该现象，笔者将老年层所有今读为开口、齐齿呼的中古合口韵摄整理罗列如下，详见表12。

表12 老年层今读开口、齐齿的中古合口韵摄

舒声	果摄、麻摄、遇摄、蟹摄、止摄、咸摄、山摄、臻摄、宕摄、梗摄、通摄
促声	咸摄、山摄、臻摄、宕摄、梗摄、通摄

中古为合口呼的韵摄共有12个，而贺胜桥镇方言中出现合口韵摄开口化现象的韵摄便有11个，由此可知该现象具有普遍性。

根据拼合声母的差异，表12诸韵可分为几类：（1）与唇音声母p、pʰ、m、f、v相拼，包括果摄合口一等、遇摄合口一三等、蟹摄合口一二三等、止摄合口三等、咸摄合口三等、山摄合口一二三等、臻摄合口一三等、宕摄合口一三等、梗摄合口二等、通摄合口一三等；（2）与舌尖前音t、tʰ、n、l、ts、tsʰ、s相拼，包括果摄合口一等、麻摄合口二等、遇摄合口一三等、蟹摄合口一三等、止摄合口三等、山摄合口一三等、臻摄合口一三等、通摄合口一三等；（3）与舌面后音k、kʰ、x、ŋ相拼，包括果摄合口一等、山摄合口一二等、臻摄合口三等、宕摄合口三等、梗摄合口二三等、通摄合口三等；（1）与零声母ø相拼，包括臻摄合口三等、通摄合口三等。

很明显，随着声母发音部位的后移，中古合口韵摄今读开口、齐齿呼的数量就越少，这符合人发音生理结构。发唇音声母时，主要发音器官是双唇，不涉及到舌体，即舌头处于平放松弛静止状态，而介音［u］［y］的发音部位却为舌面，发音时舌头处于紧张活动状态，这导致二者之间存在矛盾，不符合发音协调性，而且唇音声母本身就带有圆唇性质，在一定程度上可以代替介音［u］［y］的，所以在唇音声母的影响下，介音［u］［y］会逐渐消失。发舌音声母时，主要发音器官便是舌头，这使得舌体一直处于紧张隆起灵活状态，发音时主要发音器官不存在转移，因而相较于唇音声母，舌音声母的调度更大，更易与介音［u］［y］相配合，而且随着舌位的后移，舌音声母与介音［u］［y］契合度就越高，这便能解释为何第3类所包括的韵摄数量很少。当然，因为零声母对韵母的发音几乎不产生影响，所以第4类所包括的韵摄数量最少。

表12里的今读主要分为两类：（1）无对立型，即同一合口韵内所有字今读不因声母的不同而产生开齐与合撮的对立，包括果摄合口一等、咸摄合口三等、山摄合口一二等（"换"除外）①、宕摄合口三等（"缚"除外）；（2）有对立型，即同一合口韵内所有字今读因声母的不同而产生开齐与合撮的对立，包括麻韵合口二等、遇摄合口一三等、蟹摄合口一二三等、止摄合口三等、山摄合口三等、山摄合口四等促声韵、臻摄合口一三等、曾摄合口一等、梗摄合口二三等、通摄合口一三等。

第1类所辖韵摄今读有［o］［ɔ̃］［ɒ̃］［oŋ］，无一例外，这些今读的韵腹均为合口元音，具备一定的圆唇色彩，通常不与介音［u］［y］拼合。

现将第2类对立情况罗列如下：（1）麻摄：［a］/［ua］［ya］；（2）遇摄：［əu］/［u］［y］；（3）蟹摄：［ei］/［uei］［yei］、［æ］/［uæ］［ua］；（4）止摄：［ei］/［uei］［yei］；（5）山摄：［iɛ̃］/［yɛ̃］、［ɔ̃］/［yɛ̃］、［æ］［a］/［ye］、［i］/［ye］；（6）臻摄：［ən］/［yɛn］；（7）曾摄：［e］/［ue］；（8）梗摄：［e］/［uɤŋ］、［iɛn］［iɤŋ］/［yɛn］；（9）通摄：［ɤŋ］/［uɤŋ］、［əu］/［u］［y］。不难发现，上述今读韵腹大多为舌面前音，只有少数为舌面后音，而且多为央、次高元音，未见舌面高元音，可见主要元音舌位越靠前，越偏央、次高，介音［u］［y］越倾向于消失。不仅如此，这些今读多为元音韵尾，甚至没有韵尾，鼻化韵其次，-n、-ŋ尾的数量最少，可推测韵尾的有无，以及韵尾发音部位的前后都会对介音［u］［y］产生影响。由此可知，除受声母影响外，贺胜桥镇方言中古合口韵摄开口化现象跟韵母系统本身有关，为了发音和谐，在韵腹、韵尾共同影响下，部分中古合口韵逐渐演变为开口、齐齿呼。当然，韵母系统内部演变也对该现象有影响，上文所提及的单元音［u］在演变过程中高化裂化为复合元音［əu］，薛韵和术韵在推链作用下演变为为［i］，都促使着贺胜桥镇方言部分中古合口韵摄如今演变为开口、齐齿呼。

除此之外，音节的稳定性也倾向于中古合口韵摄演变为开口、齐齿呼，胡安顺明确指出韵母为开口时声母的稳定性比合口相对较强，原因在于开口韵母的口形是非圆唇的，清晰度相对较高，合口韵母的口形是圆唇的，清晰度相对较低。

笔者整理了表12诸韵摄老、中、青年三层不同之处，详见表13。

表13　果、止等韵摄老中青三层今读差异情况

中年层	果摄：颇 pʰuo 躲 tuo；蟹摄：盔 kʰuei 外 øuæ 会绘 ɸuei 怀槐淮坏 ɸuæ 歪 øuæ 卫 øuei；止摄：为魏 øuei 虽 ɕyei；山摄：挖 øuæ；臻摄：浑 ɸuən 温瘟稳 øuən；宕摄：䂮 tɕʰye 弘 ɸuɤŋ；梗摄：获 ɸue 泳（老 øyen 中 øioŋ）；通摄：烘红鸿虹哄风枫疯讽丰凤冯封峰蜂锋逢缝奉（老 ɸuɤŋ 中 fɤŋ）

---

① 山摄合口一、二等今读基本都为开口呼，只有"换"字今读为合口，为了更好分析中古合口韵摄开口化现象出现的原因，笔者对这些个别例外忽略不计，仍将其归为第1类，下文凡例皆同。

青年层	果摄：卧ɸuo；假摄：化华桦xua；蟹摄：催崔tsʰuei 碎ɕyei 盔kʰuei 贿晦悔xuei 回茴惠慧挥辉（老ɸuei 青fe）歪ɸuæ 脆tsʰuei 缀赘（老tɕyei 青tsʰei）；止摄：随虽usei 翠tsʰuei 维惟唯微尾威违围伟芦畏慰纬（老øuei 青vei）；山摄：患宦xuɔ̃ 弯湾uɔ̃；臻摄：敦墩沌盾钝遁顿tuən 屯豚饨臀蹲tʰuən 尊遵tsuən 村忖寸存tsuən 损suən 昏婚xuən；宕摄：亡网忘妄望øuoŋ；梗摄：轰（老ɸuoŋ 青xoŋ）泳永（老øyɛn 青øioŋ）；通摄：烘（老ɸuoŋ 青xoŋ）哄红洪鸿风枫疯讽丰凤冯封峰蜂锋逢缝奉（老ɸuŋ 青fŋ）翁瓮（老øuŋ 青vŋ）

　　表13主要反映了两类现象：（1）中古合口韵老年层今读开口、齐齿呼，而中、青年层却读为合口、撮口呼；（2）中古合口韵老年层今读合口、撮口呼，而中、青年层却读为开口、齐齿呼。不难发现，中、青年层第1类的数量远远大于第2类，而且青年层第1类的数量多于中年层第1类的数量，这表明随着使用者的年轻化，贺胜桥镇方言中古合口韵摄今读合口、撮口的数量也越来越多。中年层的"卫"字、"为"系列字、"鹊"字，青年层的"卧"字、"化"系列字、"催"系列字、"贿"系列字、"脆"字、"翠"字、"敦"系列字、"屯"系列字、"尊"系列字、"村"系列字、"损"字、"昏"系列字的今读若不算声调，完全与普通话相同。不仅是第1类，第2类里中、青年层部分字的今读也与普通话相同（声调略有差异），如"风"系列字、"轰"字等，可见贺胜桥镇方言受官话影响日益增加，而且在这种强势外因影响下，由语言系统内部演变而导致的中古合口韵摄开口化过程逐渐停止，即越来越多的中古合口韵摄会演变为合口、撮口呼。不过也要看到一些开口化的今读仍拥有较强的生命力，如青年层的"赘""缀"等字。

七、余论

　　综上所述，笔者认为贺胜桥镇方言仍属于赣语，但在普通话、武汉话的影响下，逐渐出现许多官话特征，可称之为赣语的官话化，而且这些特征会越来越明显，即官话化程度会越来越高。贺胜桥镇方言韵母系统所发生的系列演变，具有一定的普遍性，因此可供湖北境内尤其是武汉市周边赣语的相关研究参考。

参考文献

[1] 陈昌仪，等．江西省方言志[M]．北京：方志出版社，2005：152—165．
[2] [清]陈树南修，钱光奎纂．光绪咸宁县志（卷一）[M]．台湾：成文出版社，1976：11．
[3] 赵元任，等．湖北方言调查报告[M]．北京：商务印书馆，1948：1177—1196．
[4] 陈昌芳．《全宋文》江西文人韵研究[D]．南昌大学硕士学位论文，2009：42、46—48．
[5] 金雪婷．中国境内语言元音高化现象研究[D]．上海师范大学硕士学位论文，2017：3、10．
[6] 焦甜甜．四川两湖江西地区唐五代诗歌用韵研究[D]．南京师范大学硕士学位论文，2011：37—29．
[7] 田业政．元代江西诗人古体诗用韵研究[D]．重庆师范大学硕士学位论文，2005：22—23．
[8] 张燕芬．中古阳声韵韵尾在现代汉语方言中的读音类型[D]．山东大学博士学位论文，2009：90—98．
[9] 章红艳．《全宋诗》南宋江西诗人用韵研究[D]．南昌大学硕士学位论文，2012：36—38．
[10] 胡安顺．汉语声母的稳定性[J]．方言，2007（4）．
[11] 张吉生．汉语韵尾辅音演变的音系理据[J]．中国语文，2007（4）．
[12] Tse, J.Kwock-Ping（谢国平）. *Production and perception of syllable final [-n] and [-ŋ] in Mandarin Chinese: an experimental study*[J].Studies in English Literature and Linguistics, 1992（18）．

"X在"式复合词的词汇化和主观化

——兼谈其在安顺汉语方言中的用法

叶晓芬　侯兴泉

（暨南大学文学院/汉语方言研究中心　广东广州　51000）

【提　要】"X在"式复合词指的是"实在、好在、难在"等，这类复合词在汉语史上经历了词汇化和主观化的过程。这类词在安顺汉语方言中都是日常使用的高频词。三者基本上都已固定成词，而且还有相当强的主观性色彩。相对而言，"实在"与"好在"的词汇化程度要高于"难在"。造成主观化的原因主要有：一是"实在"能够与"好在"及"难在"两两搭配；二是同一个句子中还与结构助词、程度副词、否定副词等多种词类的使用密不可分。

【关键词】程度副词　形容词　词汇化　主观化

一、引言

近些年来，词法与词库的理论一直是学界的热门话题之一。词库（lexicon）是一个语言中具有特异性（idiosyncrasy）的词汇单位的总体，储存在语言使用者的头脑中，所以又称心理词库。词法（morphology）是关于一个语言中可以接受或可能出现的复杂的词的内部结构的知识，或者说是生成语言中可能的词的规则。也即是说，词法研究的是词的内部结构规则；而词库则是包含了部分有理据的词汇项，并且这些词汇项都体现了一定排列组合规律。

相关的研究主要体现在以下几个方面：（1）对"X来"类词语从语义、语用以及对外汉语教学等角度展开讨论，如蔡逸纯、孙同柱、吴萧然、陈昌来等的研究；（2）对"未X"式副词的语义和语用特点进行描写和分类，并就造成"未X"式副词委婉用法的原因展开讨论，如陈轩、唐慧明、董秀芳的研究等；（3）运用构式语法和语法化的相关理论描写和分析"A着呢"构式的类推机制与动因，如孟琮、瞿燕、李文山、李文浩等的研究；（4）通过大量的事实论证苏州话的"勒X"是动词和后置词的直接组合或前置词和后置词的直接组合，与动宾结构或介宾结构无关，如刘丹青的研究；（5）对"在"字作为语气助词的使用特点以及从动作的重复到程度的增量和强调方面展开研究，分别见于鲜丽霞和董秀芳的研究中。但是，对于"X在"式词语，诸如"实在、难在、好在"等，目前未见到相关的研究。

---

① 中央高校基本科研业务专项资金项目"海内外汉语方言俗字文献数据库建设"（19JNYH05）。

二、对"X在"复合词的历时考察

1."实在"的词汇化和主观化

在先秦时期,"实在"还没有形成双音词。其结构形式仍为单音节语素"实"+"在"。

(1) 作衍牛马之实,在野者王。(《管子·轻重十八》)
(2) 以为实在则赣愚甚矣;如其亡也必求焉,伪亦大矣!(《墨子·非儒下第三十九》)
(3) 今名在官,而实在家,官不得其实,家不得其名。(《尉缭子·兵令下第二十四》)

很明显,例(1)至例(3)中的"实在",其后要么接的是"NP",诸如"野者王"及"家",要么是"SV",譬如"则赣愚甚矣"。不难看出其中的"在"或是引进主体对象所涉及的处所,或是表示动词,作为存在之义理解。例(2)的意思是说(为死人招魂这个事儿)如果认为还存在的话,则愚蠢极了。如果不存在,却还必须要求的话,就太虚假了。例(3)是说现在不少士兵的名字列在军册,而本人却在家中,军队没有实际的兵员,而家中亦没有本人的名字。尤其是"在官"与"在家"对举,很能直观地判断出"在"乃动词。

到了南北朝时期,由于"实在"已经可以用于"VP"结构中,因此,这个时期的"实在"已经可以作为固化的双音词使用,并且主要是作为程度副词使用。

(4) 在并将率咸请曰:"王若不作天子,诸人实在不能出死力。"(《北齐书·安德王延宗传》)
(5) 家世无年,亡高祖四十,曾祖三十二,亡祖四十七,下官新岁便三十五,加以疾患如此,当复几时见圣世,就其中煎愲若此,实在可矜。(《宋书·谢庄传》)

例(4)至(5)两例中的"实在"乃程度副词,前者修饰其后的"不能出死力",本身"不能"已经是绝对的否定语气,加上"实在"作为修饰,二者起到双重否定的效果。其主观性十分明显。后者中的"可矜"乃形容词,表示可怜。因此,前面再加以"实在",便起到了强调的功能。同时,其作用范围就扩展到整个命题层面,而不仅仅是对部分题元的判断。由此,言语者对整个事件真实性的立场也显现出来。

直到唐代,"实"与"在"仍然有分开使用的情况。其中"实"或与"果"字组词,或与"真"字组词;而单用的"在"或是作为介词,引进动作行为的处所,或是作为动词,表示存在之义。但作为双音词使用时,仍表示程度副词。

(6) 往往甜果实在其窠中,冬深取之,味数倍于常者。(《酉阳杂俎·广动植之三》)
(7) "古人有言:'皮肤脱落尽,唯有真实在'。皮肤则不问,如何是'真实'?"(《祖堂集》)
(8) 且我之所代,实在有隋,隋氏乱亡之源,圣明之所临照。(《旧唐书·魏征传》)
(9) 恨狂夫,不归早。交妾实在懊恼。(《全唐五代词·敦煌词·鱼歌子》)

例(8)中的"实在"不仅可理解为"实际在于",而且亦可看成程度副词,表示"确实、非常"之义。例(9)中的"实在"便是实实在在的副词了,义项也是确实、非常。尤其是例(9),其后紧接着"懊恼"这样一个表示心理情绪不佳的词语,因而整个语义不再是一般的客观陈述,而是更深一步地反映出谈话者的主观情感倾向。

宋代之后,"实在"在"确实、非常"义的基础上引申出"真实、不虚假"之义。由于所见所闻与客观事实相符,因此,看到的或听到的都是真实存在的,至少也没有浮夸。由确实、非常的肯定语气可以用来形容事件的真实及不虚假性。

（10）只是乖错，不是假底，依旧是<u>实在</u>人。(《朱子语类》卷21)

（11）方才急急忙忙赶他上岸，竟不曾说得真姓真名与<u>实在</u>的住处，叫他到那里寻访。(清·李渔《巧团圆·途分》)

（12）一来男方岁数不<u>实在</u>，二来双方不曾见过面，谈不上自主婚姻两愿意。(沪剧《罗汉钱》第四场)

上述几个例子中的"实在"都是形容词，与后面的名词"人"和"住处"构成偏正结构。尤其是例（11），还出现了结构助词"的"，这就更加确信"实在"作为形容词使用是确凿无误了。命题范围既可是人，也可是物。此外，还可以置于小句末尾，诸如例（12），在整个句子中作状语成分。此外，无论是对人也好，还是对住所的评价也好，"实在"都作为定语部分，对后面的成分进行修饰。因此，言语者的主观性是非常强的。

另，由真实、不虚假又可进一步引申为真实的情形。

（13）他又想起当初扮化子访得一案<u>实在</u>的兴头，如今何不照旧再走一趟呢？(《三侠五义》第四十一回)

（14）因为他同青龙、黄龙一个师父传授的，人也不敢不敬重他些，究竟知道他<u>实在</u>的人很少。(《老残游记续集遗稿》第五回)

例（13）与（14）仍中的"实在"仍是作为形容词使用，修饰后面的名词"兴头"与"人"。结合上述例（10）至（12），可看出"实在"在句中主要都是与后面的名词共同构成偏正词组，起到修饰限制作用；修饰和限制本身就能够看出谈话人的主观倾向。尤其是后面还可出现结构助词"的"以及否定副词"不"，这就不难看出"实在"所表达的主观化色彩是相当明显的。

2."好在"的词汇化和主观化

"好在"在先秦和秦汉时期是以"好"+"在"的结构出现在句中，表达的意思为所幸在于或是喜好在于之义。

（15）伯有侈而愎，子晳<u>好在</u>人上。(《春秋左氏传·襄公》)

（16）喜在西方，怒在东方，<u>好在</u>北方，恶在南方，哀在下，乐在上何？(《白虎通义》卷八)

从上面的例句可以看出，"好在"都还不是双音词，从它们所在的句法位置来看，主要是作为谓语性成分或主谓成分。

到了唐宋时期，"好在"固化为复音词，由"好"与"在"共同表达的义项"所幸在于"或是"喜好在于"进一步引申出"依旧、如故"之义。因为一直强调存在的，那么想必便是和之前没有差别或是还能够保持原样的。究其原因，这是隐喻机制所起的作用。

（17）<u>好在</u>湘江水，今朝又上来。不知从此去，更遣几年回。(唐·柳宗元《再上湘江》)

（18）高宗犹念之，至其幽所，见其门封闭极密，唯通一窍以通食器，恻然呼曰："皇后、淑妃何在，复<u>好在</u>否？"(《大唐新语》卷十二)

（19）未及对，隔壁闻窦悬呼陈昭<u>好在</u>，及问兄弟妻子存亡。(《酉阳杂俎续集·金刚经鸠异》卷七)

经久不衰的事物或许正是因为它独树一帜，又或是具有某种优势，因而唐宋之后，由"依旧、如故"又进一步引申出具有某种有利的条件或情况。由"依旧、如故"到某种有利的条件，这是转喻机制使然。

（20）为难了一会，说："有了，好在咱们带着件作呢，且相验相验就明白了。"（《儿女英雄传》）

（21）王柏臣无可说得，只好收拾收拾行李，预备交代起程。好在囊橐充盈，倒也无所顾恋。（《官场现形记》第四十一回）

从上述各例可看出："好在"在历史文献中，先是单音节词"好"与"在"共同使用于句中，表达的意思则包括了二者各自的义项。之后，到了唐宋时期，由"所幸在于"或者"喜好在于"进一步引申出"依旧、如故"之义。这是隐喻起到了推波助澜的作用。同时，由于"好在"已经固化为双音词，因此"在"已经看不到介词的影子了，有进一步虚化的倾向。此外，某事某物能够维持原状或是和之前几乎没有什么变化的话，正好说明是因为存在某种有利条件所致。所以到了清代，"好在"又产生出新的义项，即"具有某种有利的条件或情况"，这是转喻机制导致。作为构词语素的"在"随着义项的更新，几乎是完全虚化了。

3. "难在"的词汇化和主观化

先秦时期，"难"或是与"危"一起成为复音词使用，或是作为单音词出现。且作为单音词出现时，前面往往有指示代词"之"作为限制。另外，出现得比较多的还有"在于"，其中"在"与"于"乃同义复词，都作为介词使用。

（22）秦兵之攻楚也，危难在三月之内。（《战国策》卷十四）

（23）故治国之难在于知贤而不在自贤。（《列子集释》卷八）

秦汉时期，"难"与"在"之后可以不必使用介词"于"，直接引进动作行为涉及的处所。对句子成分进行切分时，更容易倾向于念作"难在/前/则/处在"。

（24）勇猛强武，气势自御，难在前则处在，难在后则处后，免我危难之中，吾以为次。（《寒诗外传》卷三）

魏晋时期有一例，不仅可切分为固定词语"难在"，而且亦可切分为"难"/"在于"。同时，也正是因为其后出现介词"于"，因而语气停顿更倾向于"难在"/"于"。

（25）知一不难，难在于终；守之不失，可以无穷；陆辟恶兽，水却蛟龙；不畏魍魉，挟毒之虫；鬼不敢近，刃不敢中。（《抱朴子·内篇》卷十八）

从例（24）（25）会发现，"难"与"在"不仅可作为单音节"难"加"在"理解，而且亦可理解为双音节词"难在"，尤其是"难"之前未有代词"之"作为限定，其后又未出现介词"于"的情况。

在此之后，由于"在"往往还跟着"NP"结构，即使介词"于"已经被方位名词"这里"取代也是如此。语义焦点共容易引向事件发生的处所，形成介宾结构。因而，"在"也一直未和"难"构成真正的复音词。

（26）太尉自有难在军中，其处心未尝亏侧，其莅事无一不可纪，会在下名未达，以故不闻，非直以一时取笏为谅也。（《柳宗元集·书》卷三十一）

（27）倘若没有这种设备，人们一定很难在这里生活。（《马可波罗记·忽里模子》第三卷）

不过，这种"X在"类词语却与"在X"类情况有别，诸如普通话中有"在理""在行"，包括贵州汉语方言中的"在道"也是如此。从字面义上看，这三个词都表示存在于道理、道义或道路上。但实际上，"在"作为介词已经是高度虚化。"在理"的言外之义表示合乎情理或合乎道义，"在道"或"在行"都表示在某一方面比较擅长。

三、"X在"类词语在安顺汉语方言中的用法

在安顺汉语方言中，"在"字有两种构式：一种是"在X"式，譬如"在理""在道""在行"等，这类词中的"在"或表示合乎，或表示擅长之义；另一种即是上文我们分析过的"X在"类词语（包括"实在""难在""好在"等），而这类词的语义和用法与普通话有一些细微的差异。

1. 实在

"实在"在现代汉语中有形容词和副词两种类型。形容词的功能主要有三种：①作谓语和补语；②作定语和状语；③重叠式为AABB。副词的功能主要有两种：①完全正确、的确。强调事情的真实性。可以重叠为AABB。②其实。承上文表示转折。（吕叔湘1980：492）

尽管安顺汉语方言中"实在 [sʅ²¹ tsai²⁴]"的义项并没有超出如上范围，但是仍与普通话有一些细微的差别。从句法结构上看，通常在其后要紧接系词"是"或前面用"说"，后面加"的"，构成固定短语"说实在的"，表示说实话，说心里话之义。

（28）~（是）厌烦啦。

（29）今天老妈做的饭~（是）不好吃。

（30）说~的，我最近确实经济有点困难。

（31）说~的，他还只是一个娃娃，这确实有点为难他啦。

实际上，不接系词"是"亦是说得通的，但是加"是"起到双重强调的作用，更能体现说话人的真情实感。此外，"说实在的"就相当于一个插入语，去掉对整个句意不造成影响，但是表达说话人主观情感的语气就稍微弱了一些。

从命题范围看，"实在"的搭配对象不仅可是对人，而且亦可是对某事某物的评价。

（32）不管做什么，能挣钱就是~的。

（33）今天做嘞这桌子菜太~噢，全是肉。

从语义上看，该词不仅常用于对一般事物的客观评价，而且多数情况下体现的是事态的不乐观或是说话人的不满情绪。

（34）今天这 [tsʅ⁵⁵] 事~（是）让人很不舒服。（今天这事令人很不高兴。）

（35）肚子~（是）难受。

（36）~（是）不想住了，你搬走不就行啦？

2. 好在

"好在"在现代汉语中是作为副词使用，表示具有某种有利的条件或情况。多用在主语前。具体来说有三种使用情况：①好在+动/小句。②好在……否则（要不、不然）③承接上文时如果语义已经明确，表示后果的小句也可以不出现。

另，"好在"还可以用同"幸亏"。但是，在安顺汉语方言中"好在"还有另外一些含义。

（37）姑妈家~不~?
（38）这里~不?
（39）叫你按时吃药，你不听，现在~啦?
（40）这个地方交通便利，经济上也过得去，比较~，所以外地的姑娘来这里都不走啦。
（41）忙嗷一早上，饿嗷大半天，现在得点东西吃，终于~嗷。

从上述几例可以看到"好在"通常比较多的用于是非问［例（37）（38）］，反诘问［如例（39）］，以及陈述问中［例（40）（41）］。一般来说，反诘问中常常体现说话人对听话人的强烈不满。该词有两个义项：一是指居住环境的舒适与否，诸如例（37）（38）（40）；一是指身体状况或者心理状态的好与坏，譬如例（39）与（41）。从句法功能看，该词也有两个功能：一是作为谓语动词，充当谓语性成分，如例（37）（38）；二是作为形容词，亦充当谓语性成分，诸如例（39）（40）（41）。其中例（39）与（41）中的"好在"可用"舒服"或"好受"替换。但"好受"不能用于身体状况，只能用于描写内心的真情实感。

《汉语大字典》"在"义项四为"所在，处"，《汉语大词典》"在"义项九为"处所"。即"在"本有处所之义，"好在"即"好地方"。可见在安顺汉语方言中，"好在"的本意乃好地方，由此引申指居住条件的舒适程度，并再进一步引申为良好的身体或心理状态。这亦是转喻机制起了架构桥梁的作用。当"好在"指居住环境时，其中的"在"乃实实在在的动词，表示居住、生活之义；当用来形容人的身体状态或心理状态时，"在"进一步虚化，仅起到衬托音节完整性的作用。下文中即将讨论的"难在"也是如此。此外，在交际情景中，"好在"能够非常强烈地体现出说话人的主观评判标准。兹举以下几例进一步说明：

（42）这里实在是太~啦。这里非常适合居住或者生活。
（43）那个地方~得很。那个地方非常适合居住或者生活。
（44）问：那［a^{55}］点~不~? 答：不~。那里生活方便不？答：不方便。
（45）听到这［tsʅ^{55}］个事，这［tsʅ^{55}］心头不~很。听到这个事，心里特别难受。

3.难在

对于"难在"，吕叔湘先生是这样作注的："难+在"说明为什么难。

（46）这件事~在双方都不肯让步。
（47）这个棋难就~在只许走两步，不许走二步。

从吕先生的注解及用例可看到其中的"难在"还未成词，"难"在这里是形容词，跟"容易"的"易"相对；"在"乃介词，表示事件实施的难点所在，相当于"于"。但是，在贵州汉语方言中，"难在"却已完全固化为双音词。

（48）他们老家那里~不（或其后为~不~)?
（49）事情搞成这［tsʅ^{55}］样子，你说~不~呀?
（50）那个地方太偏僻，交通又不便利，太~啦。
（51）这个药不吃还好，吃了更~。
（52）乡政府这个做法，真真的让大家~很。
（53）你不答应人家就算了，何必还这么过分，搞得人家这么~。

同样，"难在"不仅可以用于疑问句中（包括是非问、反诘问），诸如例（48）（49），而且亦可用于陈述问中，如（50）（51）（52）（53）。是非问及反诘问都可以用"难在不难在"这样的构式，因此判断属于哪一类问句得结合相关的语境进行分析才行。与此同时，该词仍表达两个义项：一是处所或居住条件的舒适与否；一是对身体及心理状况好与坏的描写。也即是说，"难在"与"好在"正好是一组反义词。不过，"难在"是表达内心的真实感受或身体状态时，可用书面语"难受"替换。

综上，在安顺汉语方言中，"难在"的词汇化速度远快于普通话的情况。由上述例（48）及（50）可看出，"难在"的本意原指居住条件或生活条件的恶劣程度，后转喻为身体条件或精神面貌的糟糕情况。以下我们再看两个例子。

（54）实在是~得不得了。

（55）天气口[ŋo²⁴]热，好~呀。（天气非常炎热，很难待。）

显而易见，安顺汉语方言中的"难在"不仅固定成词，而且前面往往还受程度副词"实在""太""更"以及语气词"这么"等的修饰。因此，其非常强的主观化色彩可窥一斑。

从上述"实在""好在"以及"难在"的用例可看出这三个词不仅可以用于褒义方面，而且亦可以用于贬义方面。褒义方面不仅是实实在在的对某事某物进行正面评价，而且亦可是对良好的身体及心理状态的认可；贬义方面则主要体现说话人对对方的嘲讽、批评或者不满的情绪。也即是说，这三个词都体现出说话人比较强烈的主观性色彩。

"X在"式复合词的语义特征可以概况如下：

实在：[＋肯定性][＋人/物]

好在：[＋肯定性][＋正面评判]

　　　[－肯定性][－正面评判]

难在：[－肯定性][－正面评判]

四、造成"X在"式复合词主观评价的原因

1. 词根语素的语义特点

从"实在""好在"及"难在"本身的词语内涵看，词根语素的语义特点起了很大的作用。"实"的基本意就有"充足、富裕"义；"好"正是有"优良、良好"的义项在内，故而在贵州汉语方言中"好好"是可以成立的。并且前一个"好"作为程度副词使用。

（56）这个东西~吃呀。（这个东西非常好吃。）

（57）这房子盖得~呀。（这房子盖得真不错。）

（58）那里的风景~呀。（那里的风景真是漂亮。）

"难"也有"不能、不好"之义。也即是说，它们本身就已经是具有评判意味在内的主观性词根语素。同时，我们也应看到在"实在""好在"及"难在"成词化的过程中，"在"已经虚化，且虚化的速度远快于普通话中的"在行""在理"及安顺汉语方言中的"在道"这类"在X"式复合词。

除了"实在"没有对应的表达外，在安顺汉语方言中"好在"还可用"好受"及"舒服"对应，不过后二者只能用于身体或心理状态的描写，而不能用于居所方面。"难在"也可用"难受"对应，但是同样不能指称生活条件方面。与此同时，在口语中人们还是更习惯于"X在"式复合词，因为这类词的

主观色彩明显大于书面语中的"好受""难受"以及"舒服"。

另，如果是针对居住环境方面作出的回答，或是对自身不好的心理状态的描述，往往又倾向于使用"不好在"；而如果仅仅是自己陈述事实，说话人往往使用的是"难在"与之对应。

2. 双重肯定或双重否定的凸显效果

上文曾讨论了安顺汉语方言中"实在""好在"以及"难在"的具体用法。"实在"可与"好在"及"难在"搭配。并且多数情况下，"实在"均可出现在其余二者前面，起到修饰作用。由于说话人有时觉得仅有"好在"或"实在"还不足以表达自己强烈的情感，因而二者共用，起到双倍烘托的效果。如果说"实在"与"好在"搭配，则是双重肯定，并且是用于一般的陈述句或感叹句中。

（59）这［tsʅ⁵⁵］点实在好在。

（60）李医生水平真是高啊，吃了他几副药，这身上实在好在很。

对于反诘问或是非问，则一般很少用"实在"进行修饰；如果说"实在"与"难在"搭配，则是双重否定，并且句型可以是一般的陈述句、感叹句及是非问。

对于"实在"，安顺汉语方言中也仍有两种类型：一种是作为程度副词使用，一种是作为形容词使用。

（61）这个人太~欸。（"实在"为形容词）

（62）~是不得讲嘞。（"实在"为程度副词）

无论是作为形容词还是作为程度副词使用的"实在"，尽管命题表达的概念功能仍在，但本身已经透露出相当强的主观性意味。其余两个词也是如此，在成词或成词化的道路上都均有较强的主观评判色彩。两两搭配更加真实地反映出言语者对事件的双重肯定或双重否定的评判口吻。吕叔湘曾经论述到："双重否定或者加强肯定，口气更加坚决。"董秀芳认为这也从一个侧面再次论证了"语言形式的主观化是一个逐步深入的过程，是从命题内部开始逐渐发展到命题层面，表达对命题的认识立场或对命题的情感态度。"

3. 结构助词和程度副词等的辅助作用

无论是"实在""好在"还是"难在"，一般在口语表达中，除了外部形式可用"实在"与"好在"及"难在"搭配外，还常常使用结构助词"得"，程度副词"很"，语气词"完"，词缀"家"及否定副词"不"等多种形式增强表达效果。

（63）实在（是）<u>很</u>难在。

（64）实在（是）讨厌<u>得不</u>得了。

（65）实在（是）累<u>得不</u>得了。

（66）实在（是）说<u>不</u>出来的苦。

（67）实在（是）<u>不</u>耐烦<u>很</u>。（耐烦近似于耐心或厌倦）

（68）好在<u>完家</u>嘞。（特别好住或特别舒服。）

（69）难在<u>完家</u>嘞。（特别难住或特别难受。）

由上述各例不难看出，除了系词"是"的使用之外，"是"本身也是表示判断语气；"实在"之后还有"很""得""不""完""家"的使用。因为助词和补语本身就能够体现一定的主观色彩。"很"具有较强的肯定意味，"不"表示绝对的否定意味。且"很"不仅可出于形容词"难在"之前，而且亦可出现于形容词"耐烦"之后。甚至，有了否定副词"不"还不足以表达否定的评判口吻，同一个句子中还可连续使用两个结构助词"得"，以此达到非常强烈的主观性表达。如若将例（63）（64）（65）相应地改写成"实在难在""实在讨厌"或"实在累"，明显语气则大大减弱。另外，例（68）还可说成："好在很"或"好在得不得了"。例（69）也可说成："难在很"或"难在得不得了"。但，如仅仅是在"好在"或"难在"之后加程度副词"很"，语气就远不及其后使用"完家嘞"或是"不得了"强烈。

五、结语

"实在""好在""难在"这些"X在"形式的复合词在贵州汉语方言中使用频率相当高，且都具有极强的主观性评判色彩。另外，"实在""好在"在历时发展过程中都经历了词汇化和主观化的过程，而"难在"尽管在普通话中尚还在成词演变的道路上，不过，在贵州汉语方言中却先行一步，已经固定成词。除此之外，它们体现出的高度主观化色彩不仅有本身词语内部的原因，也有外部句法形式的影响所致。诸如"实在"可与"好在"及"难在"两两搭配，而且还与它们使用结构助词"得"，程度副词"很"及否定副词"不"，语气词"完"，词缀"家"等多种形式密切相关。

参考文献

[1] 董秀芳.汉语的词库与词法[M].北京：北京大学出版社，2004.
[2] 董秀芳.从动作的重复和持续到程度的增量和强调[J].汉语学习，2017（4）.
[3] 唐慧明."未X"式语气副词考察[D].北京大学硕士学位论文，2011.
[4] 吕叔湘.现代汉语八百词[M].北京：商务印书馆，1980.
[5] 吕叔湘.疑问·否定·肯定[J].中国语文，1985（4）.
[6] 刘丹青.苏州话"勒X"复合词[M]//上海市语文学会，香港中国语文学会.吴语研究.上海：上海教育出版社，2003.
[7] 陈轩."难免""不免"和"未免"的主观性差异考察[D].北京语言大学硕士学位论文，2006.
[8] 蔡逸纯.现代汉语"从来"类时间副词研究[D].汕头大学硕士学位论文，2007.
[9] 孙同柱.现代汉语"向来"类词语的多维考察研究[D].苏州大学硕士学位论文，2009.
[10] 吴萧然."从来""向来""一向""一直"的对比研究及对外汉语教学对策[D].南昌大学硕士论文，2014.

清远连山话浊上的今读及演变

易惠媚

（广东技术师范学院文传学院　广东广州　510665）

【提　要】连山话属于粤语勾漏片方言。文章以老男浊上单字调和连读变调以及青男浊上单字调的今读情况为材料，探讨浊上字的演变。语图显示，浊上单字调中，不论是全浊上还是次浊上，老男以读升调占绝对优势；但在连读变调中，全浊上读曲折调的比例大大增加。青男单字调次浊上以读升调占绝对优势，但全浊上则以读曲折调为主。上述情况表明，连山话的全浊上可能将向浊去演变，而这种演变将从年轻人开始。全浊上归去的原因在于两者调值的接近。从老男单字调和连读变调中浊上今读的差异来看，这种演变又很可能从连读变调开始。

【关键词】连山话　声调　浊上归去

一、引言

连山壮族瑶族自治县位于广东省西北隅，南岭山脉南麓，东邻连南瑶族自治县，南毗怀集县，西连广西壮族自治区贺州市八步区，北接湖南省江华瑶族自治县，是粤、湘、桂三省（区）的结合部。连山县的汉语方言主要有粤语与客家话。客家话主要分布在南部小三江、加田、上帅、福堂等镇。粤语有两种口音，一种是从清远、广州等地带来的粤语，口音与广州话基本相同，主要分布在县城；另一种就是本地口音的粤语，当地人称之为连山话，属粤语勾漏片。连山话是县内北部吉田、永和、太保、禾洞等地的基本语言，全县通用。本文讨论连山话，调查方言点为吉田镇高莲村委会布田村。发音合作人：郭成军，男，1953年生，中专，村委干部（下文称之为"老男"）；邓德强，男，1984年生，初中，经商（下文称之为"青男"）。调查材料为《中国语言资源调查手册·汉语方言》中的1000个字和1200个词。

二、连山话浊上和阳去的调值

据笔者搜集到的资料，有关连山话的研究主要有詹伯慧、张日昇于1994年出版的《粤北十县市粤方言调查报告》以及黄拾全2014年的《粤西北连山粤语的浊爆音声母》。这两篇文章调查的方言点与笔者的相同，均为布田村。他们记录的连山话的调类相同，均为9个：阴平、阳平、阴上、阳上、阴去、阳去、上阴入、下阴入、阳入，但记录的调值稍有不同。其中，詹伯慧、张日昇记录的连山话的阳上和阳去的调值分别为24和22。黄拾全记录的连山话阳上和阳去的调值分别为13和214。

---

① 本文是中国语言资源保护工程项目2018年"广东汉语方言调查·连山"（项目编号：YB1817A017）的阶段性研究成果。写作过程中，得到了导师李冬香教授的悉心指导；初稿在第二十三届国际粤语研讨会上宣读，与会专家提出了富有建设性的意见，谨此一并致谢！

最近，笔者利用prrat软件对自行搜集到的连山话的音频进行语图分析，图1与图2分别是老男与青男读其中9个字的音高，这9个字依次为：东、铜、懂、动、冻、洞、得、隔、贼。

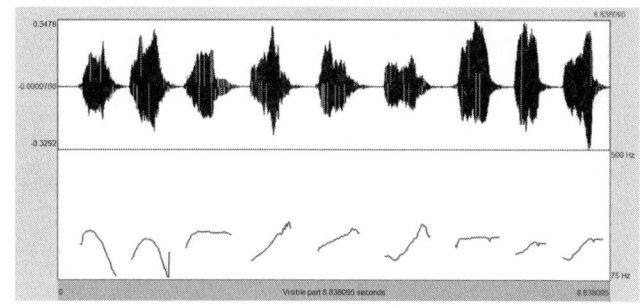

图1 老男声调的基频

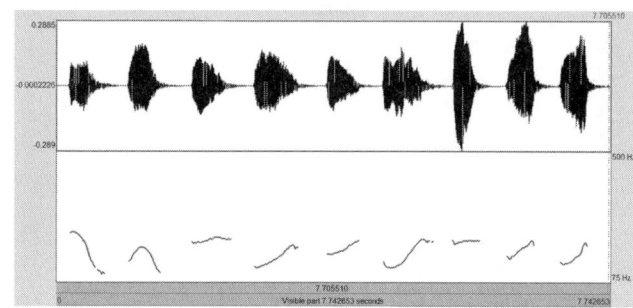

图2 青男声调的基频

图1显示，第4个字"动"和第6个字"洞"的最高值大致相同，而且为整个调类系统中的最高点。图2显示，第4个字"动"和第6个字"洞"的最低值相同，而且为整个调类系统中的最低点。通过观察大量语图，最终，笔者确定连山话阳上和阳去的调值分别为15和215。

将确定的声调同詹伯慧、张日昇以及黄拾全记录的声调调值进行对比，发现还是存在一定的差别。之所以会存在这种调值上的细微差别，是因为大家使用的方法各不相同。他们依据的主要是现场调查时的听感，而笔者借助的是专门用来分析语音的软件。相对于人的听感，这种语音分析软件显然更为精确。

在笔者确定的连山话的声调中，阳上和阳去的调值更为接近，前者为15，后者为215，这种调值上的接近为全浊上变去提供了可能。

三、浊上的今读类型

通过观察语图发现，无论是老男和青男的单字调，还是老男的连读变调，浊上字的今读类型无外乎两种：升调和曲折调。

（一）老男浊上的今读类型

1. 浊上单字调的今读类型

（1）升调

在笔者调查到的老男单字调中，浊上读升调的占绝大多数。

次浊上33个单字中，读升调的有31个：马、野、瓦、五、女、吕、武、雨、米、蚁、李、耳、脑、老、绕、母、有、染、懒、眼、满、暖、软、晚、网、猛、冷、领、远、引、痒。如图3"马"的基频。

全浊上31个单字中，读升调的有27个：坐、祸、下、簿、户、柱、竖、蟹、弟、罪、被、柿、跪、造、厚、妇、犯、限、善、件、近、像、棒、项、上、动、重。如图4"下"。

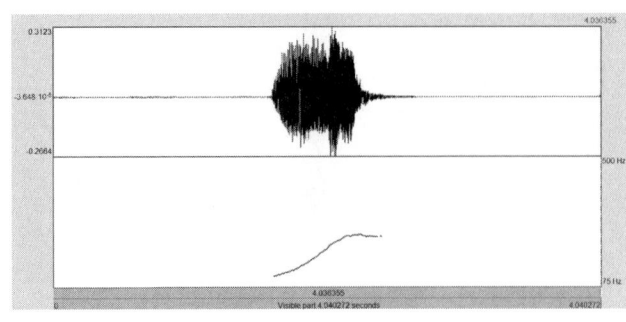

图3 "马"的基频

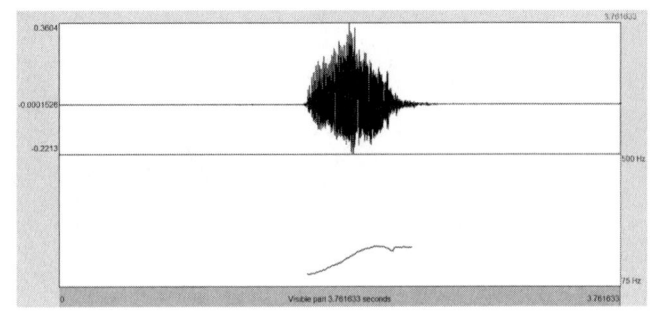

图4 "下"的基频

（2）曲折调

次浊上33个单字中，属于这个类型的只有2个：买、藕。如图5"买"。

全浊上31个单字中，属于这个类型的只有4个：后、舅、淡、静。如图6"舅"。

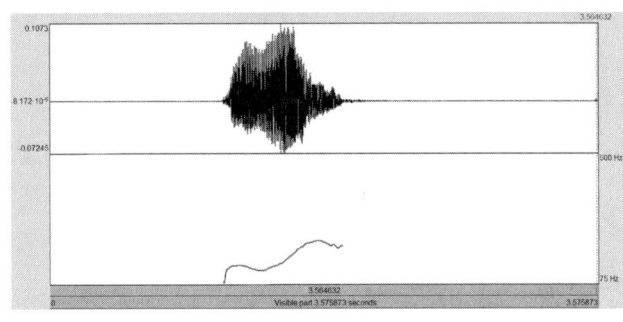

图5 "买"的基频

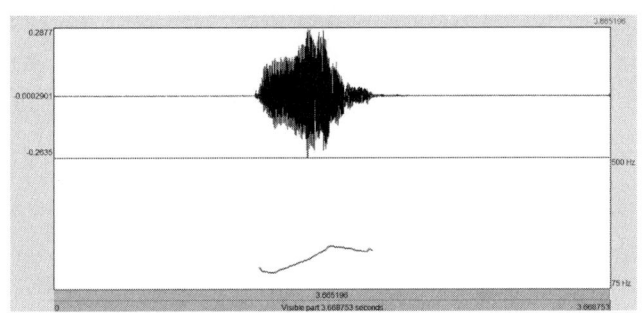

图6 "舅"的基频

2. 浊上连读变调的今读类型

在连山话两字组连读变调中，后字一般不变调，变调的主要是前字。阳上处在前字时有的变调，有的不变调，没有明显的规律。此处笔者只考察阳上在前而调值不变的词语。

（1）升调

次浊上调查到的9个词语中，属于这个类型的有7个：暖水_{热水}、往年、每日_{每天}、晚头_{下午}、柳树、冷着_{着凉}、你笠_{你们}。如图7"暖水"。

全浊上调查到的4个词语中，属于这个类型的有2个：后年、上去。如图8"后年"。

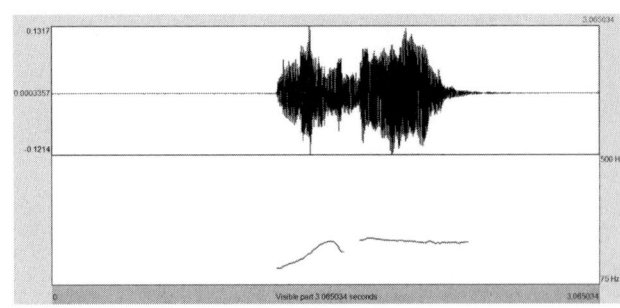

图7 "暖水"的基频

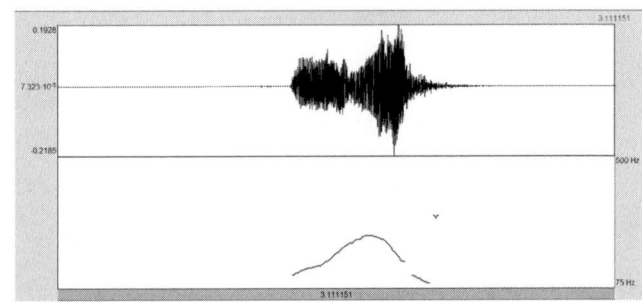

图8 "后年"的基频

（2）曲折调

次浊上调查到的9个词语中，属于这一类型的只有2个词：眼热_{忌妒}、我笠_{我们}。如图9"眼热"。

全浊上调查到的4个词语中，属于这类型的有2个词：肚饥_饿、肚痛_{肚子疼}。如图10"肚饥"。

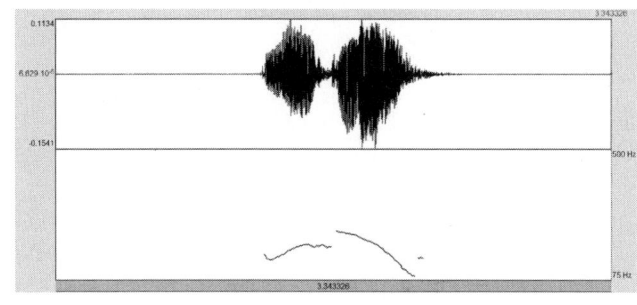
图9 "眼热"的基频

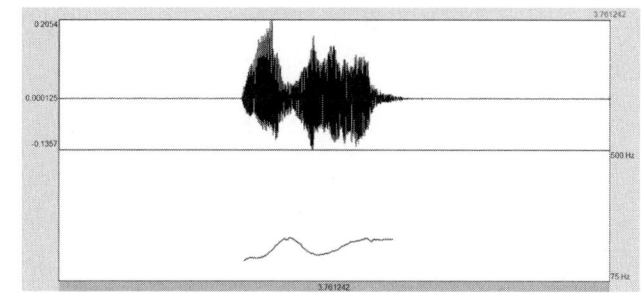
图10 "肚饥饿"的基频

上文分别介绍了老男浊上的单字调和连读变调。从上文的介绍可知，单字调中，浊上今读以读升调占绝对优势；连读变调中，虽然仍以升调为主，但全浊上读曲折调的比例大大增加，4个词语中有2个读曲折调。

（二）青男单字调的今读类型

1. 升调

33个次浊上单字中，属于这个类型的有29个：马、野、瓦、五、女、母、吕、武、买、米、眼、李、耳、脑、老、绕、染、懒、满、暖、软、晚、网、猛、冷、雨、远、引、痒。如图11"女"。

31个全浊上单字中，属于这个类型的有12个：坐、下、竖、蟹、造、妇、舅、件、近、棒、静、动。如图12"下"。

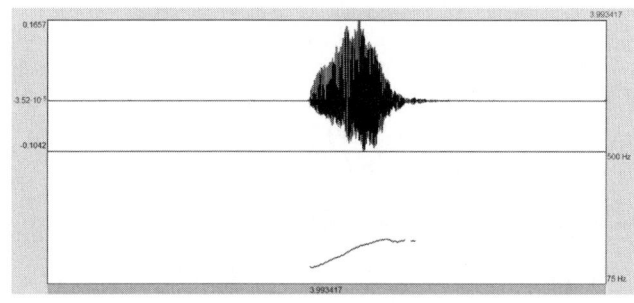
图11 "女"的基频

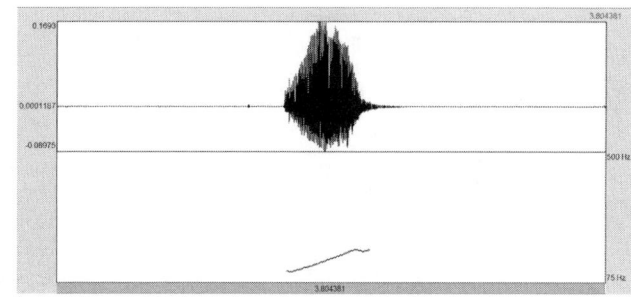
图12 "下"的基频

2. 曲折调

33个次浊上单字中，属于这个类型这个类型的只有4个：蚁、藕、领、有。如图13"有"。

31个全浊上单字中，属于这类型的有19个：祸、簿、户、柱、弟、罪、被、柿、后、淡、跪、厚、犯、限、善、像、项、上、重。如图14"上"。

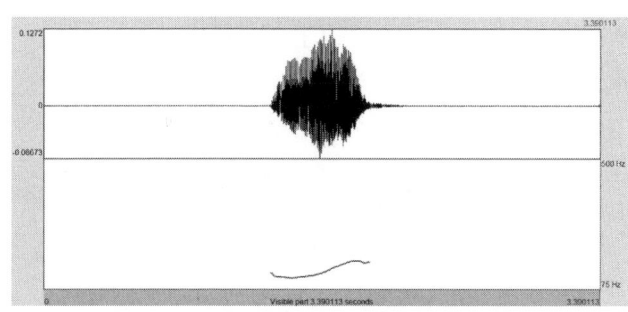
图13 "有"的基频

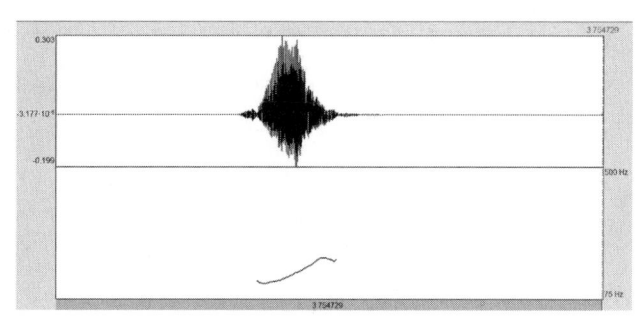
图14 "上"的基频

上文介绍了青男浊上单字调的今读，可知青男次浊上单字调以读升调占绝对优势，但全浊上则以读曲折调为主。

比较青男和老男浊上的今读，发现老男全浊上读曲折调的大大少于青男。在31个全浊上单字中，老男读曲折调的只有4个，青男读曲折调的高达19个。

四、结语

在历史长河中，浊上变去是语音史上一个重要的机制。在全浊上变去的过程中，"上声"是变化的对象，"去声"是变化的结果，而"全浊"则是这个变化的必要条件。调类合并最重要的原因，从音理角度说是调值的相似使然。调值越接近的调类越容易合并。浊上和浊去的调值逐渐接近，直到其差别可以忽略不计时，调类发生了变化，浊上调归入了浊去调。图15和图16是老男和青男浊去的基频图。

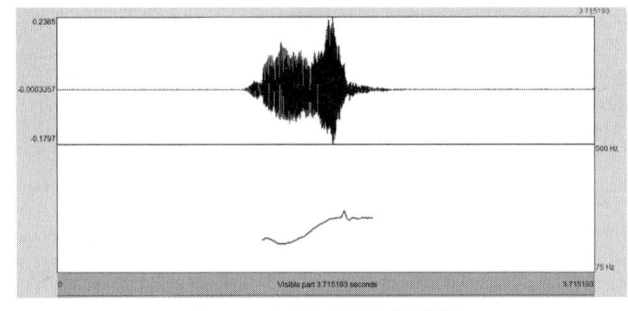

图15 老男"树"的基频

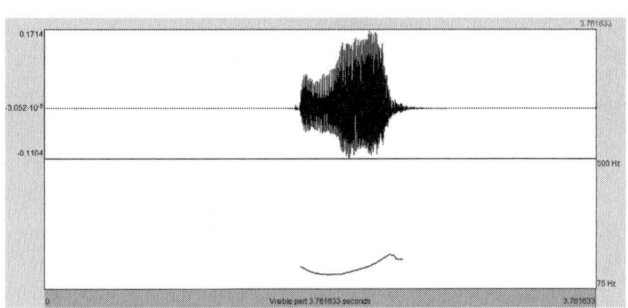

图16 青男"谢"的基频

比较老男图5、图6和图15，青男图13、图14和图16，发现两者的调型非常相似，只是全浊上曲折部分稍短，没有浊去的曲折长。

前文指出，在单字调中，无论是老男还是青男，次浊上声字两者都以读升调占绝对优势；全浊上声字中，老男以读升调占绝对优势，青男则以读曲折调为主。这说明，连山话的全浊上可能将向浊去演变，而这种演变将从年轻人开始。全浊上归去的原因在于两者调值的接近，而且从老男单字调和连读变调中全浊上今读的差异来看，这种演变又很可能从连读变调开始。

参考文献

[1] 连山壮族瑶族自治县志编纂委员会.连山壮族瑶族自治县志[M].北京：方志出版社，2011.

[2] 教育部语言文字信息司，中国语言资源保护研究中心.中国语言资源调查手册·汉语方言[M].北京：商务印书馆，2015.

[3] 詹伯慧，张日昇.粤北十县市粤方言调查报告[M].广州：暨南大学出版社，1994.

[4] 黄拾全.粤西北连山粤语的浊爆音声母[J].河池学院学报，2014，34(1)：21—24.

[5] 李琴.试析浊上变去的演变机制[J].汉字文化，2007(6)：46—53.

[6] 郑张尚芳.汉语唐代四声的声调特征与全浊上归去的产生[J].语言研究集刊，2017(17)：47—51.

[7] 贝先明.实验语音学的基本原理与Praat软件操作[M].长沙：湖南师范大学出版社，2016.

グロットグラム（Glottogram）的原理及其应用[①]

李仲民

（闽江学院　福建福州　350108）

【提　要】研究语言的历史变化，是语言学研究的主要目的之一。但在传统的历史语言学研究中，只能观察到语言变化的结果，无法观察语言变化的过程。在日本地理语言学界广为使用的グロットグラム（Glottogram）研究法，由于它的图表呈现形式的特性，因此能够详尽地展现语言接角和语言藉由接受新形式而产生变化的动态。本文将介绍グロットグラム的研究原理，并运用Glottogram图表能够展现语言传播动态的特性，展现グロットグラム在地理语言学研究上的运用。

【关键词】理语言学　グロットグラム（Glottogram）　语言年龄学

一、前言

地理语言学（Geolinguistics、Geographical Linguistics）：研究词的地理分布，来探索词的历史变化过程的一门学科。研究目的是把方言变体在地理上的分布展示成语言地图，进行方言分区并对此语言分布现象提出合理的解释。在共时语言学的研究上，则是对一种语言（方言）在地理上分布的区域划出分界线，并对此语言（方言）为什么如此分布、它历史上的消长为何？提出合理的解释。在历时的研究上，则是运用各种不同方言分布的情形，研判出何者为此区语言的古老形式。运用地理、种族、社会、文化、宗教、政治等与语言的关系，来解释语言分布现象和语言变体产生的原因。因此一般地理语言学的研究都会附加上语言地图，甚至有些人以为绘制了语言地图就是地理语言学的研究。

地理语言学若仅止于语言地图的绘制，那它充其量只是达到"描写的妥当性"，这只是资料的呈现，还谈不上"研究"。更重要的是要能解释，为什么会这样分布、为什么会有这些变异以及语言变化过程的机制是什么，最终目的是建立这个语言的历史演变过程。要确实掌握的是，地理语言学研究的主体是"语言"，而不是"地理"。如果研究只重在讨论这个语言为什么这样分布的原因，那么就偏离了语言学的研究范畴，而属于地理学的研究了。

其实就地理语言学的研究来说，语言地图是研究成果的一种表现方式，但地理语言学的研究非必然以语言地图的形式来呈现，它也可以以图表的形式来呈现。本文所要介绍的グロットグラム（一

[①]　本文为教育部2019社科课题《多维视角下闽台语言与文化研究》（课题编号：19YJA740030）的中期研究成果之一。

Glottogram），就是一种以图表的形式来呈现语言在地理与年龄层变化的方式。

二、グロットグラム（Glottogram）

　　グロットグラムは日本独自发展出来，可以同时观察方言在地理和年龄层差异的方言研究法。所谓グロットグラム是指一种图表，一方向的轴表示地点，另一方向的轴表示年龄。将方言调查的结果以各式各样的符号记录在图表中。因为图表可以同时展现方言在不同地理和不同年龄层中的状态，也被称为"地理年代言语图"。由于グロットグラム图表可以同时显示出区域差异和在同一时间的年龄差异，所以非常适合用来观察方言的变化和方言传播的状态。1969年日本学者德川宗贤首次运用グロットグラム在新潟县糸鱼川市的方言研究上（图2），对早川流域从下游往上游进行直线性的调查。如今グロットグラム在日本已广被学者所运用，是非常普遍的调查研究方式。如日本学者井上史雄、都染直也所带领的甲南大学方言研究会的一系列グロットグラム调查研究。

　　グロットグラム（Glottogram）是一个研究受访者年龄和地理条件要素关系的术语。Glottogram这研究法在日本的地理语言学界被发展和命名。在日本语言中语言变体与社会人口统计学最重要的一项相关因素（条件），是世代（年龄上）的差异不同。调查点（位置）和调查对象年龄的参照的图表编制，是グロットグラム（Glottogram）的发明的基础。グロットグラム（Glottogram）是一种图表不是地图，"glotto"是指关于"语言上的"和"gram"指关于"图表"。グロットグラム的名称首次被使用在1969年日本学者德川宗贤在新潟县糸鱼川市的方言研究上。在1980年代第一个多种グロットグラム的汇编出现了。在1990年代グロットグラム的研究大为兴盛，日本许多地区有都グロットグラム的研究成果（图表）出现。不过到20世纪90年代的尾声，像这样的グロットグラム研究开始衰落。

　　グロットグラム能详细告诉我们因吸收新形式所产生的语言接触及语言变化的动态，这是它们的长处。但グロットグラム的研究有个限制，就是调查点的安排必需是线性的。而笔者在2011年发表的文章中提出，以三维立体化的グロットグラム方法要来展现一个广大区域的语言变迁获得成功，将グロットグラムの研究推向一个新的方向（图1）。

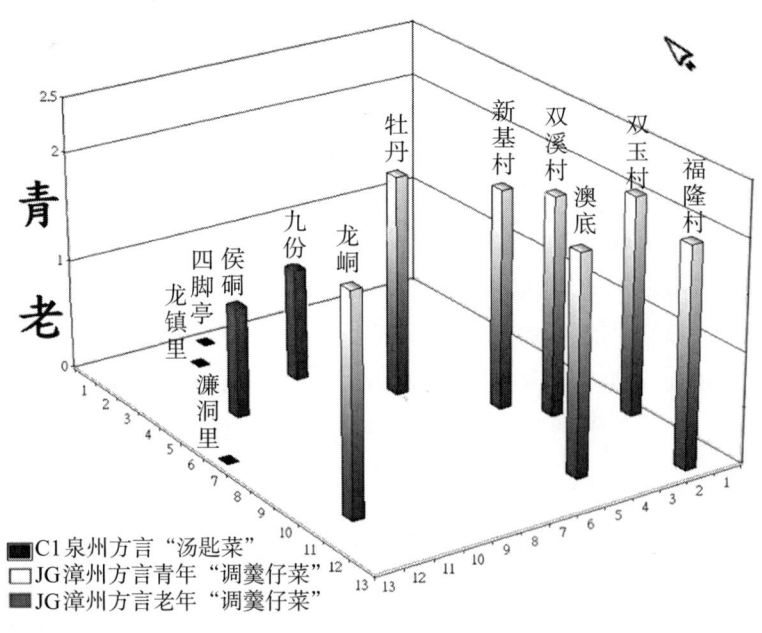

图1　三维立体化的グロットグラム

4.1.5 「火事」「鏡」「ものもらい」「肩車」

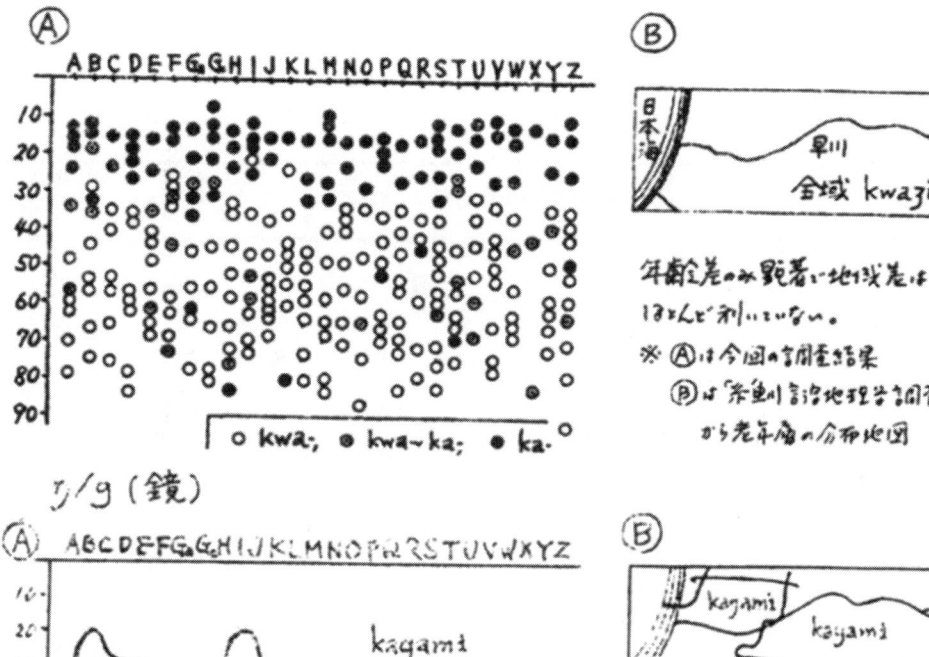

4.1.5 徳川宗賢「語の盛衰」(昭 44.5 国語学会発表資料)から

図2　徳川宗賢早川流域グロットグラム

三、グロットグラム（Glottogram）的运用之一（语言渐层变化的展现）

表1

皮鞋

No.	34	33	32	31	30	29	28	27	26	25	24	23	22	21	20	19	18	17	16	15	14	13	12	11	10	9	8	7	6	5	4	3	2	1
Town\Year	竹南镇	后龙镇	通霄镇	苑里镇	大甲镇	大安乡	清水镇	梧栖镇	龙井乡	伸港乡	线西乡	鹿港镇	福兴乡	芳苑乡	大城乡	麦寮乡	台西乡	四湖乡	口湖乡	东石乡	布袋乡	北门乡	将军乡	七股乡	台南市	茄萣乡	永安乡	弥陀乡	梓官乡	楠梓区	左营区	鼓山区	旗津区	小港区
1910E							★																											
1920E								★		★		★	□									●	●											
1930E	□	●	●	●	□	●	●		★		●	★		★	●	□		●		●			●	●		●	●	●	●	●	●		●	●
1940E							★								□	●	□		●		●		●		●	●	●	●						●
1950E	●	●		●		□	★	□			★		□		●				●		●	●	●	●	●	●		●						
1960E			●		□				□		●	□	★				●					●		●										
1970E		●					★	★	□	●	□		★					□		●														
1980E		●			□					●		★	●		●		●																●	●
1990E			●						●			●				●																		

● : phue。 ★ : phə。 □ : phe。

表2

杯底

Town\Year	竹南镇	后龙镇	通霄镇	苑里镇	大甲镇	大安乡	清水镇	梧栖镇	龙井乡	伸港乡	线西乡	鹿港镇	福兴乡	芳苑乡	大城乡	麦寮乡	台西乡	四湖乡	口湖乡	东石乡	布袋乡	北门乡	将军乡	七股乡	台南市	茄萣乡	永安乡	弥陀乡	梓官乡	楠梓区	左营区	鼓山区	旗津区	小港区
1910E									□		□		□								●	●												
1920E	●	●	●	●	●					□		□		□	□		●	●			●	●					●	●		●		●		
1930E						□								●		●			●	●	●	●		●										●
1940E	●	●	●	●						□				●				●			●			●	●	●								
1950E		●		●		□			□				□			●			●				●				●	●						
1960E		●					□			●	●	●				●										●	●							
1970E		●			●			●				●					●										●	●	●	●				
1980E											●						□																●	●
1990E								□		□		□									●	●												

□ : tue。 ● : te。 X : NR。

表3

皮鞋

No.	34	33	32	31	30	29	28	27	26	25	24	23	22	21	20	19	18	17	16	15	14	13	12	11	10	9	8	7	6	5	4	3	2	1
Town\Year	竹南镇	后龙镇	通霄镇	苑里镇	大甲镇	大安乡	清水镇	梧栖镇	龙井乡	伸港乡	线西乡	鹿港镇	福兴乡	芳苑乡	大城乡	麦寮乡	台西乡	四湖乡	口湖乡	东石乡	布袋乡	北门乡	将军乡	七股乡	台南市	茄萣乡	永安乡	弥陀乡	梓官乡	楠梓区	左营区	鼓山区	旗津区	小港区
1910E								□																										
1920E									□	□	□	□									●	●												
1930E	●	□	●	●	□	□		□			□	□		□		●							●	●		●		●	●		●		●	
1940E					□									□										●	●	●	●	●						●
1950E	●	□		□		□				●		□			●								●	●		●		●						
1960E			●		□				□			□										●												
1970E		●			□			□	□		□				●				●															
1980E			●	●						●							●																●	●
1990E												□																					●	●

● : e。 □ : ue。

表1是央元音ə有无的状况。此类在泉漳片的闽南语中，有泉州方言旧形式的★型式ə、泉州方言新形式的□型式e、●型式ue（漳州型）三种变体。清水到鹿港分布着★型，★型外围分布着□型，最外围则分布着●型，在分布特征上形成ABA分布。

表2、表3表示"底"和"鞋"的分布状况。这两字很特别，在"底"字是□型式为te，●型式为tue；在"鞋"字刚好反过来□型式为ue，●型式为e。大体上台中、彰化、云林三县还可以保留泉州型的形式，嘉义县以下几乎都已变成漳州型。

再一起看表1和表3，表1的"皮"字和表3的"鞋"字可以构成"皮鞋"这个词。"皮鞋"在泉州型本该读phə ue（★□）或phe ue（□□），在漳州型本该读phue e（●●）。但由于"皮"字漳州型的phue的扩张，使得在泉州型与漳州型接触的云林地区产生phue ue（●□）这种新形式。

考查今日福建省三邑地区的闽南方言，本来就同时分布着★型式ə和□型式e这二种形式。所以我们认为清水到鹿港分布着★型，与台中的大安、大甲和云林分布着□型是由于祖源地来源不同所致，而不是在台湾所产生的新变化。因此台湾中部地区的ə、e、ue呈现ABA分布，但这并不能以"周圈论"来解释它的历史变化。清水、梧栖、线西、鹿港等地所展现的与今日泉州的沿海型方言相似，大甲、大安、麦寮、台西、四湖、湖口等地所展现的与今日泉州的城关型方言相近。所以本区央元音所呈现的ABA分布，只是因为祖源地的不同所造成的巧合。

四、グロットグラム（Glottogram）的运用之二（语言年龄学）

Glottogram（グロットグラム）研究法，由於它的图表呈现形式的特性，因此能夠详尽的展现语言接触和语言藉由接受新形式而产生变化的动态。本文将运用Glottogram图表能够展现语言传播动态的特性，结合数学运算，估算出某区域某种语言新形式扩散的速度，以及语言形式变化的产生（灭亡）时间和产生（灭亡）地点。

日本学者井上史雄运用Glottogram图表，成功回推"聋"和"老人重听"这个词义的"ガンポ"这个词汇的产生年代（图3）。

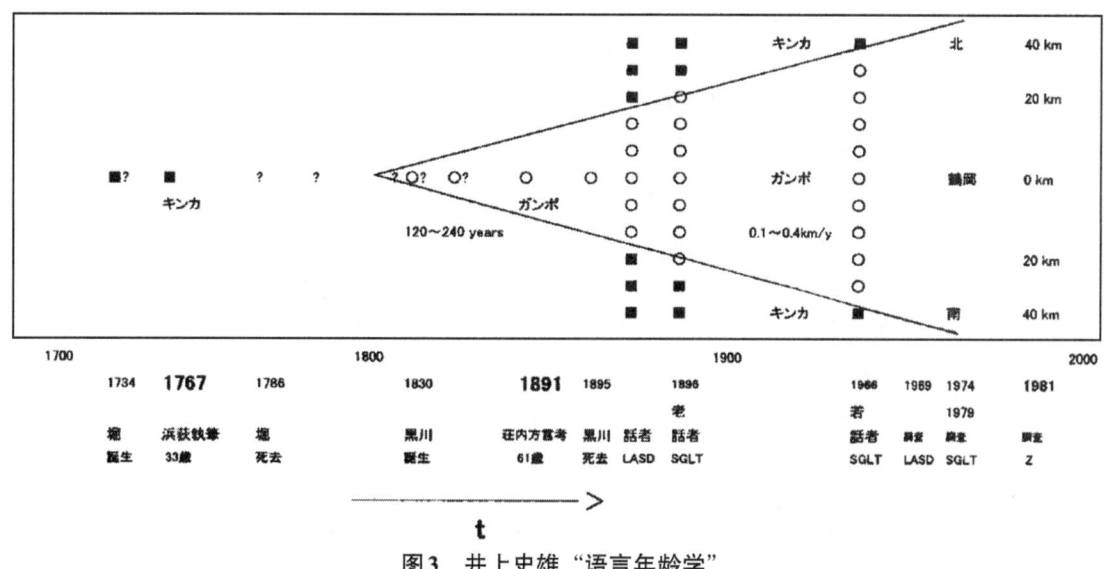

图3 井上史雄"语言年龄学"

笔者依照井上史雄先生的概念，逆推语言旧形式的灭亡时间和灭亡地点。要特别强调的是，由于资料限制，本文所呈现的只能是"表面时间"（apparent time）的状况，而无法展现出"真实时间"（real time）的状况。并且这是对未来的预估，未来有着许许多多无法预测的外在环境影响，所以这个研究必须有一个前题假设。假设外在环境是保持在目前情形的状况下，所得到的语言新、旧形式的未来发展。

（一）线性估算

表4　台湾中部地区西部沿海海口腔Glottgram——皮"鞋"

通霄乡	苑里镇	大甲镇	大安乡	清水镇	梧栖镇	龙井乡	伸港乡	线西乡	鹿港镇	福兴乡	芳苑乡	大城乡	麦寮乡	台西乡	四湖乡	口湖乡	东石乡
				Ct													
					Ct		Ct		Ct	Ct							
J	J	Ct	Ct		Ct		Ct				Ct	Ct		Ct			J
				Ct								Ct		J			
			J	Ct	Ct	Ct			Ct			Ct		J	J	J	
J			Ct			Ct		Ct	Ct			Ct					
			Ct	Ct	Ct	Ct	J		Ct								
	J	J	J					J	Ct	J	J		J				
			J				J	Ct						J			

J：/ue/　Ct：/e/

由表4可以看出，J这个形式正从中部的两端往原本是Ct形式的中间地区扩张。藉由年龄层与地理上J形式的逐步取代Ct形式，我们可以看见二端各自形成一条斜线。所以我们只要计算出这两条斜线的斜率，就可以得知J形式扩张的速度，也就是Ct形式消弱的速度。然后再求出这两条斜线的交点X，我们就可以得知Ct形式消失的时间，并预估出Ct形式最后消失的地点（表5）。

表5　语言扩散模型

地区 年龄	苑里镇	大甲镇	大安乡	清水镇	梧栖镇	龙井乡	伸港乡	线西乡	鹿港镇	福兴乡	芳苑乡	大城乡	麦寮乡	台西乡	四湖乡	田糊乡	东石乡
100				Ct													
90					Ct		Ct		Ct	Ct							
80	J	Ct	Ct		Ct		Ct				Ct	Ct		Ct			J
70				Ct								Ct		J			
60				Ct	Ct				Ct			Ct		J			
50	J	Ct															
40				Ct	Ct	Ct	Ct	J		Ct							
30		J	J					J		Ct	J			J			
20		J					J							J			
10																	

表6　台湾中部地区竹南至口湖公里数

竹南镇	后龙镇	通霄乡	苑里镇	大甲镇	大安乡	清水镇	梧栖镇	龙井乡	伸港乡	线西乡	鹿港镇	福兴乡	芳苑乡	大城乡	麦寮乡	台西乡	四湖乡	口湖乡
13	19.4	7	5	6	12.7	6	6	14.7	3.5	9.8	4.6	14	10.7	13.8	8.7	10	10	

单位：km

我们将以上资料转化成为平面坐标，x轴为距离，y轴为时间（年龄），以苑里为x轴的起点，取左边有表征的定点为分析对象，分别为：苑里（0，50）、大甲（5，40）、大安（11，30），以两两取点的方式，找出平均的速率，以苑里—大甲为例：

$$斜率（m）=\frac{y座标变化量}{x座标变化量}=\frac{(40-50)}{(5-0)}=-2$$

方程式为：$y=-2x+50$。

利用同样的方法我们可以找出苑里—大安的斜率为-1.81818，方程式为$y=-1.81818x+50$、大甲—大安的斜率为-1.6667，方程式为：

$y=-1.6667x+48.333$。而平均的速率为：

$$\sum_{i=1}^{n}\frac{x_i}{n}=\sum_{i=1}^{3}\frac{x_i}{3}=[(-2)+(-1.81818)+(-1.6667)]/3=-1.8283$$

平均速率的定义为：单位时间内物体移动的多少距离，所以平均速率=路程（距离没方向性）/（时间），因此，我们以苑里—大安这段距离为路程，其斜率为-1.81818，换言之，其平均速率为-1.81818，方程式为：$y=-1.81818x+50$。在此，我们会发现两种方式的速率（消退率）相差不多，但是当我们所研究的范围加大时，两值间的差异也会逐渐拉大。

以相同方式，我们对右边有表征的四个点做速率分析，其四点分别为：大城（93，30）、台西（115.5，60）、四湖（125.5，70）、口湖（135.5，80），也是两两取点的方式找出平均的速率，

表7　大城至口湖间平均速率表

地点	斜率	方程式
大城—台西	1.3333	$y=1.3333x-94$
大城—四湖	1.2308	$y=1.2308x-84.4615$
大城—口湖	1.1765	$y=1.1765x-79.4118$
台西—四湖	1	$y=x-55.5$
台西—口湖	1	$y=x-55.5$
四湖—口湖	1	$y=x-55.5$

平均的速率为：$\sum_{i=1}^{n}\frac{x_i}{n}=\sum_{i=6}^{6}\frac{x_i}{6}=(1.3333+1.2308+1.1765+1+1+1)/6=1.1234$，以大城—口湖这段距离为路程，其斜率为：$1.1765$，换言之，其平均速率为：$1.1765$，方程式为：$y=1.1765x-79.4118$。

再利用联立方程式求交点，这此我们将利用平均速率的两边线段找交点，所求出的解就是我们判断语言完全变化或灭亡的地方及时间。

$$\begin{cases} y = -1.81818x + 50 \\ y = 1.1765x - 79.4118 \end{cases}$$

解出上列联立方程式，得根为：$(x, y) = (43.2139, -28.5706)$

即为于2010+28.5706=2038.5706，所以是在2039年时，在43.2139千米处（约于龙井—伸港间）。但要注意的是，所得出的公元2039年并不是Ct形式完全消失的时间，而是青年层的Ct形式被J形式取代的时间。所以必须再加上人类大约100年的寿命，2039必须再加上100，得到2139。大约在公元2139年，才是本区Ct形式完全灭亡的时间。

（二）曲线估算

在上一节所估算的，是将语言扩散速度单纯化的结果。所以我们采用将各地点间各自的斜率（速度）加以平均，得到平均斜率（平均速度）。可是实际语言的传播，速度并非等速的。由表6"大城至口湖间平均速率表"可以看到，各地点间的语言传播速度虽然大约是在每年1千米多，但是速度并不会完全相同。所以这条速率的线形应该是条曲线，而非理想化的直斜线。因此我们将同一个例子以曲线方式再计算一次。

求曲线的方程式及图形，我们利用Lagrange内插多项式的方法，对我们的例子做分析，方法如下：

x轴为距离，y轴为时间（年龄），以大甲为x轴的起点，我们取左边线段有表征的三个点：苑里0(0, 50)、大甲1(5, 40)、大安2(11, 30)代入Lagrange内插多项式的方法求得多项式为：$y = \{[(x-5.0)*(x-11.0)]/[(0.0-5.0)*(0.0-11.0)]\}*50.0 + \{[(x-0.0)*(x-11.0)]/[(5.0-0.0)*(5.0-11.0)]\}*40.0 + \{[(x-0.0)*(x-5.0)]/[(11.0-0.0)*(11.0-5.0)]\}*30.0$

方程式为：

$$y = -\frac{(x-x_1)(x-x_2)}{(x_0-x_1)(x_0-x_2)}*f(x_0) + \frac{(x-x_0)(x-x_2)}{(x_1-x_0)(x_1-x_2)}*f(x_1) + \frac{(x-x_0)(x-x_1)}{(x_2-x_0)(x_2-x_1)}*f(x_2)$$

分别将三个点所代表的x值代入，其函数值就是我们所给定的y值。

图形为：

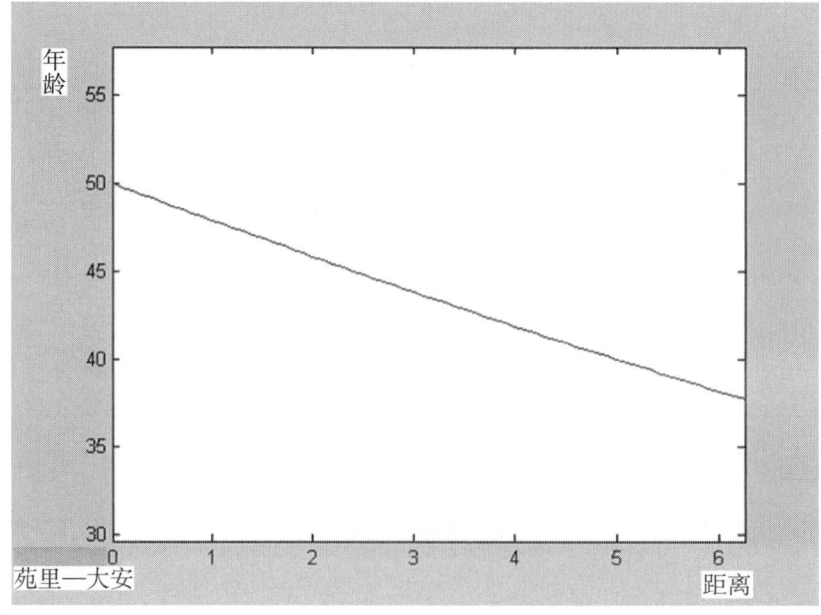

图4

利用同样的方式，我们取右边线段有表征的三个点：大城0（93，30）、台西1（115.5，60）、口湖2（135.5，80）代入Lagrange内插多项式的方法求得多项式为：

$y=\{[(x-115.5)*(x-135.5)]/[(93.0-115.5)*(93.0-135.5)]\}*30.0+\{[(x-93.0)*(x-135.5)]/[(115.5-93.0)*(115.5-135.5)]\}*60.0+\{[(x-93.0)*(x-115.5)]/[(135.5-93.0)*(135.5-115.5)]\}*80.0$

图形为：

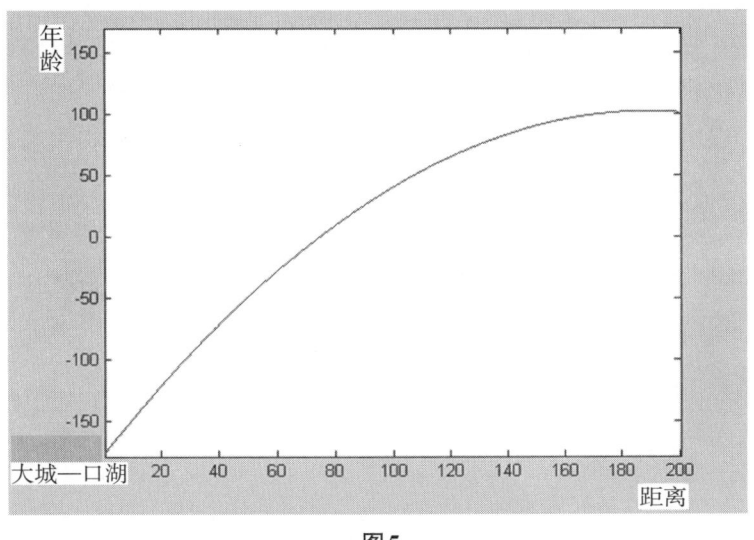

图5

接着求两条曲线的联立方程式，找出它们的共同交点，即为我们所欲知消退程度的终止点。

$$\begin{cases} y = \dfrac{(x-5)(x-11)}{(0-5)(0-11)}*50+\dfrac{(x-0)(x-11)}{(5-0)(5-11)}*40+\dfrac{(x-0)(x-5)}{(11-0)(11-5)}*30 \\ y = \dfrac{(x-115.5)(x-135.5)}{(93-115.5)(93-135.5)}*50+\dfrac{(x-93)(x-135.5)}{(115.5-93)(115.5-135.5)}*60+\dfrac{(x-93)(x-115.5)}{(135.5-93)(135.5-115.5)}*80 \end{cases}$$

解上列联立方程式得 $\begin{cases} x=68.7759 \\ y=-21.5053 \end{cases}$。图形表示方法利用AutoCAD软件绘图，如下图。

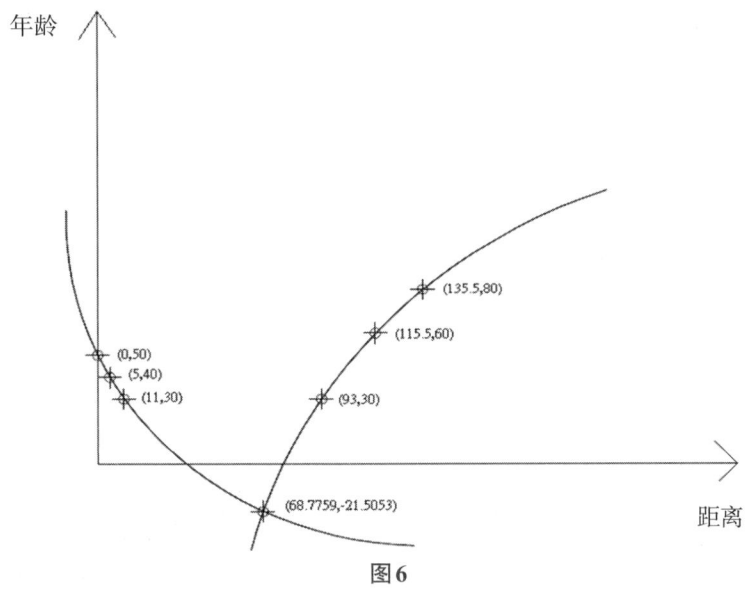

图6

由此方法，我们得到2010+21.5053=2031.5053，所以是在2032年时，在68.7759千米处（约于福兴与芳苑之间（靠近福兴））。结论是大约在公元2132年，本区Ct形式将完全灭亡。

五、结论

本文解析了日本独立发展的グロットグラム（Glottogram）研究法的理论原理，并介绍了二种グロットグラムの研究的应用：其一是在观察语言的渐层变化上，可以清楚观察到语言在地理上与年龄层上的渐层变化；其二是在"语言年龄学"上的应用，能够提供某种语言消弱速度的数据，甚至预估最后消失的地点。这种数据除了在地理语言学的研究上，提供了语言新、旧形式消长的动态数据。另外在从事抢救濒危语言的研究上、语言政策的制定上也都能提供计量化的数据，作为方案的参考。

グロットグラム能交叉观察地理和年龄层的相互关系，在研究语言的变化上有非常大的运用价值。尤其グロットグラム因同时具有"芯样"线性研究的特点①，所以更加适合在我国国土广袤、语言地理正在起步的阶段时运用。借由此文希望增进我国学者对グロットグラム的认识，更希望能有更多的年轻研究者对地理语言学从事多角度的研究。

参考文献

[1] 李仲民. Glottogram（グロットグラム）在地理语言学研究的一个实例[J]. 语言教学与研究, 2011(5): 40–47。
[2] 李仲民. 地理语言学的研究目标与方法浅论[M]. 南方语言学（第4辑），广州：暨南大学出版社, 2012.
[3] 井上史雄. 日本語は年1キロで動く[M]. 东京：讲谈社, 2003.
[4] 井上史雄. ことばの傳わゐ速さ——ガンポのグロットグラムと言語年齢學[J]. 日本語の研究, 2009, 5(3).
[5] 井上史雄. 北陸方言の地理的年齢的分布（北陸グロットグラム）[M].《北陸新方言の地理的社会的動態の研究》研究成果报告书, 基盘研究（C）客题番号20520421, 2011.
[6] 柴田武. 言語地理學の方法[M]. 东京：筑摩书屋, 1969.
[7] 德川宗贤. 地域差と年齢差——新潟県糸魚川市早川谷における调查から[M]// 日本国立国语研究所. 方言的诸相. 东京：三省堂, 1985.

---

① "芯样"研究观察法本是指以工具插入树干以观察树的年轮、或是用洛阳铲打入土中以观察地层的抽样观察法。在地理语言学上，因受到时间、人力、经费等因素的限制，但又要观察广大地区的语言变化情况，便会采用"芯样"研究观察法进行初步的调查。

▶ 方言与少数民族语言 ◀

浙江景宁畲话的声调[1]

章 策

(暨南大学文学院 广东 广州 510632)

【提 要】景宁畲话属于汉语方言，共有六个声调。本文结合景宁畲话的单字调声学实验结果和两字组连调的内容，确立了其声调的基本格局。接着依次从浊上、次浊平、清去、次浊入字的归调出发，和惠东畲语、梅县客家话、福安闽东话、景宁吴语四者的声调分化规律进行比较。考虑到景宁畲话的音韵特点和畲汉两语的密切接触，本文认为景宁畲话的声调兼具东南各大方言声调的各自特点。

【关键词】景宁畲话[2] 单字调 连读变调 语言接触

景宁畲族自治县位于浙江省西南部（北纬27.6—28.1°，东经119.2—119.9°），县域面积为1949.98平方千米。其东与青田、文成两县接壤，南与泰顺和福建的寿宁相衔接，西部和龙泉、庆元两县市相依，北毗云和县，其东北部与丽水莲都区相连接。作为我国东南地区古老的少数民族之一的畲族，主要分布在福建、浙江、江西、广东、安徽等省八十多个县（市）的部分偏僻山区或半山区，呈现出"大分散、小聚居"的特色，其中闽东和浙南较为集中。浙江省景宁畲族自治县是我国唯一的畲族自治县，也是华东地区唯一的少数民族自治县，素有"中国畲乡"的美誉。截至2018年年底，浙江景宁畲族自治县共有17万人，其中畲族20084人，占总人口的11.8%。

关于畲族人使用的语言，首先需要界定"畲语"和"畲话"的性质。罗美珍认为"畲语"属于苗瑶语族苗语支，而傅根涛认为"畲话"则是一种古老、特殊且复杂的混合型汉语方言。结合目前畲族人使用的语言情况，从当前的学术研究成果来看，除了广东惠东、博罗、海丰、增城等四县市使用本族语言外，其余的畲族基本上说的是汉语方言。基于畲族在不同区域的现实情况，畲族人和汉族人在长期杂居的过程中，语言不断地和汉语方言接触，在强势汉语方言的影响下，语言性质发生了实质性的变化。关于畲话的性质，自沈作乾最早提出畲话是一种类似于粤语的汉语方言之后，很多学者开始对畲话的性质开始界定。他们从畲话的语音、词汇以及语法等系统出发，有了"畲话近似于客家话""区别于客家话的特殊汉语方言"等汉语方言的说法。赵则玲综合毛宗武、罗美珍、郑张尚芳等学者的说法，认为"畲话"是"畲语"融合"客家话"等汉语成分后形成的一种汉语型的畲族人语言。考虑到景宁畲族的迁

---

[1] 本文是浙江省景宁畲族自治县《畲语教材》编写项目的部分成果，若有错误，由作者本人负责。
[2] 畲族原始母语为苗瑶语族的一支，称之为"畲语"；但景宁畲族使用的语言是汉语方言，为了和"畲语"有所区分，本文按照学术传统说法，将其称之为"畲话"。

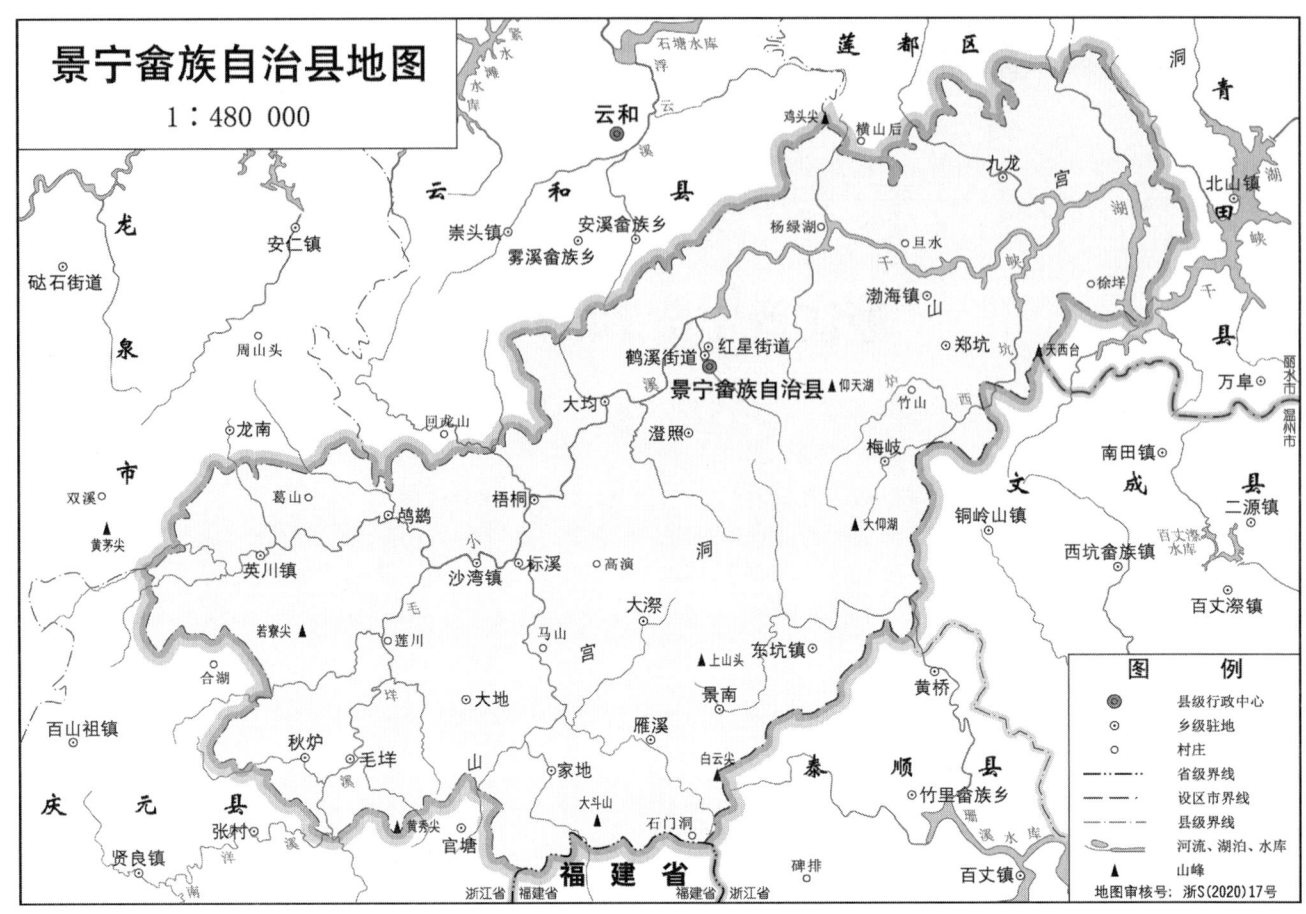

图1 浙江景宁畲族自治县行政区划图

移历史和居住地的语言环境，我们认为其民族语言会受到不同时期和地点的强势语言影响（如粤语、闽语、客家话等）。特别是在定居在浙江景宁的几百年里，在浙南吴语的影响下，其语言面貌更加多样复杂。

一、景宁畲话语音系统

本文的材料均来自于2019年1月、2019年5月以及2019年7月三次的实地调查。主要发音人雷松林，男，1950年9月生，原县教育局干部，退休前后基本上在景宁生活，不曾长期离开家乡。除了会说景宁畲话之外，还会说景宁吴语。

（一）景宁畲话的声母

包括零声母在内，景宁畲话共有20个声母。

表1　景宁畲话声母表

p 班玻倍风飞	pʰ 怕爬孵饭肺	m 麻买每尾物	f 付费房火红
t 赌徒坠桌鸟	tʰ 塔度拖大沉	n 脑拿年能	l 罗类浪蕊乐
ts 祖债罪知宙	tsʰ 粗才寨吹席		s 苏助诗杂墅

续表

tɕ集知赚处杰	tɕʰ锄丑秋字缺	n你二粘肉	ɕ宿肾县全神愁
k故可旗厚	kʰ口桥柿川	ŋ我饿瓦牛雁	h河去灰合
ø话雅爱雨武五			

说明：

1. 部分阳调字在听感上有浊声母化的倾向，如"野 [jia^{325}]、椅 [ji^{325}]"等字；
2. 少数帮组字声母读为内爆音ɓ，如"闭 [ɓi^{43}]、编 [ɓien^{43}]"等。

（二）景宁畲话的韵母

包含自成音节 [m] 和 [ŋ] 在内，景宁畲话共有69个韵母。

表2 景宁畲话韵母表

ɿ子诗寺治	i姐滤制济卑痱倚	u火布驴斧富似槽	y猪取遇饥瑞褥
o歌果误喊	io续揉梳茄瘸		
	ie戏移稗肺		
	iɛ也		
ɔ玻茶嘉瓜涯		uɔ桠话画	
a那吓楷额	ia畲蛇射车		
		ue坝坠龟飞尾辉	
oi大呆爱筛衰要			yoi炊嘴税
ai帅才亥弟买	iai斜鸡快	uai外怪坏环	
əu左邹瓯勾所助	iəu到捞表烧斗秋手舅		
au保刀老曹高厚曝	iau猫爪小赵昭条		
	iu孵藻休邮		
	in仅枕肩沉姻	un吞奔尊准文运	yn赚根巾君
		uon碗腕	yon官参川权元近
ɔn贪担三丹汗安盆半			
an拿溪含天雁庚	ian间眼见迁现	uan暖关观丸	
	ien搭贬变扇言院贫		
oŋ帮党浪桑光讲项	ioŋ娘良帐唱放胸用	uoŋ黄往凰	
əŋ邓曾孟盟讽逢			
aŋ生硬争省打冷	iaŋ酿凭平镜正声		
	iŋ灯僧冰景星经营		yŋ枪能孕风虫龙

续表

	id七急吉必	ud刹骨物末	yd缺出
od杂刷忽佛国			yod绝说月
ɔd答夺雪勃末			
əd涩戍质			
ad蜡甲八发罚突核	iad咬	uad挖阔滑惑	
	iɛd折劫立舌虱		
ɿʔ织饰植	iʔ集泣日北直食席笛	uʔ猝博捉谷毒福	yʔ鸽粤督竹六菊
oʔ觉落凿桌读	ioʔ着浊局玉斫	uoʔ镬	
ɔʔ搭恰擦伐			
əʔ秩丐则			
aʔ怕夹执百择籴煞	iaʔ谍节穴若石	uaʔ划括刮	
	iuʔ宿缩祝育		
	ieʔ协客黑踢		
	iɛʔ页灭揭		
m̩武雾戊	ŋ̍五午		

说明：

1.［iəu］韵中的［ə］介于［e］与［ɛ］之间，实际音值为［ᴇ］；
2.［f］声母后的［u］实际读为唇齿性的［ʋ］；
3.［ɔn］中带有过渡音［a］，可记成［ɔan］；
4.［an］中的［a］偏央偏后，实际音值可记为［ᴀn］和［ɑn］；
5.入声尾"-t"在听感上较浊，故本文将其处理为"-d"，多数古入声塞音尾收喉塞［-ʔ］。

（三）景宁畲话的声调

景宁畲话一共有6个单字调。平入分阴阳，古浊上归阳去和阴平，古清去和阴平合并。以下调值采用五度标记法进行标注。

表3　景宁畲话声调表

阴平43　多菜近	阴上325　火五伞		阴入4　铁七博
阳平22　徒旗牢		阳去31　大雾赵	阳入2　腊十局

说明：

1. 阳平22尾部略降，实际音值为221；
2. 阴上325起点略低，实际音值为215；
3. 阴入调和阳入调的实际音值分别是短促的42和22，部分入声出现了舒化现象。

二、景宁畲话的单字调和两字组连调

（一）景宁畲话的单字调

通过对景宁畲话的单字调进行系统整理，我们可以得出景宁畲话的单字调调类，即阴平、阳平、上声、去声、阴入、阳入。和古四声八调相比，景宁畲话的单字调有以下几点演变规律：

（1）全浊上声部分归阴平，剩余部分和全浊、次浊去声合并归去声；
（2）古次浊上声和古清上归上声；
（3）古清去字和古清平字声调合并读为阴平；
（4）古全浊和次浊入声字归阳入。

表4　古、今（景宁畲话）声调对应表

古声调	清浊		景宁畲话声调					
			阴平	阳平	上声	去声	阴入	阳入
平	清	全清	波三飞					
		次清	开天粗					
	浊	全浊		词淘寻				
		次浊		罗牙媒				
上	清	全清			古走碗			
		次清			口楚草			
	浊	全浊	祸被近			舵夏柱		
		次浊				履染猛		
去	清	全清	蛀贝卦					
		次清	醋处替					
	浊	全浊				谢害败		
		次浊				卖利冒		
入	清	全清					接浙觉	
		次清					泣七确	
	浊	全浊						籍突穴
		次浊						叶辣药

为了进一步验证传统耳听记录的景宁畲话单字调声调格局，借助实验语音学的方法对单字调进行声学实验分析。目前已知景宁畲话有6个单字调，在实验中将其分为6组，每组各选用3个单字。

表5 单音节例字表

阴平：布都闭	上声：赌古补		阴入：毕角夹
阳平：徒卑题		去声：第币镀	阳入：笛毒弼

采用Praat语音分析软件对语图进行分析，先后去掉弯头屈尾，截取有效的音高部分。之后提取音高数据的脚本，提取录音中各自的音高数据，将每个音节的基频曲线等间隔地分为10段，即提取11个测量点的基频数据，再使用公式T=(lgx-lgmin)/(lgmax-lgmin)×5，把基频数据转换成相对应的T值。T值对应的五度标记法为：0＜T≤1，对应五度值中的1度；1＜T≤2，对应五度值中的2度；2＜T≤3，对应五度值中的3度；3＜T≤4，对应五度值中的4度；4＜T≤5，对应五度值中的5度。这样进行归一化运算后，得出以下声调曲线图：

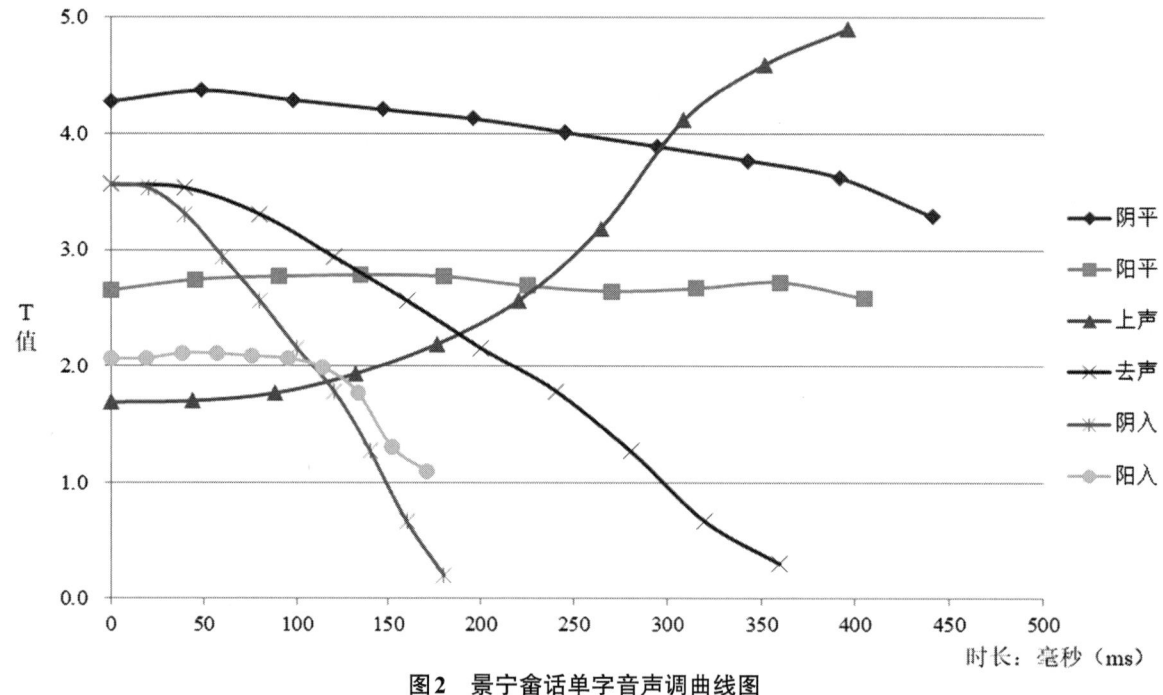

图2　景宁畲话单字音声调曲线图

（1）阴平：阴平的实验调值和听感上基本一致，是一条尾部稍降的曲线，从4度缓慢降至3度，可以记为43；

（2）阳平：阳平介于2度到3度的顶端，曲线基本持平，可记为33；

（3）阴上：阴上是一条上升幅度较大的曲线，尾部有稍降的趋势，从2度顶端直至5度顶端，所以可以将阴上的声调记为25；

（4）阳去：阳去是一个降调，其下降幅度较大，从4度中部开始一直降至1度底部。阳去可以记为41；

（5）阴入：阴入是一个下降幅度较大的曲线，直接从4度直线下降至1度底部，可记为41；

（6）阳入：阳入调也是一个平中带降且非常短的曲线，从3度底部降至2度底部。阳入和阴入一样都比较短促，可以记为32。

表6　声学实验下的景宁畲话声调调值

调类	阴平	阳平	上声	去声	阴入	阳入
调值	43	33	25	41	41	32

根据以上的实验数据总结分析，我们可以知道景宁畲话的单音节声调五度值如下：

和传统调查的结果相比较，从声学实验得出景宁畲话声调的调型和调值之间存在着一定的关联。总体来说，传统和实验所得出的调型基本是一致的，除了阴上调传统是曲折调，实验结果是升调外，其余的各个声调只是存在着调值上的差别。

结合单字调的传统记法和声学分析，景宁畲话的6个声调有升有降，有长有短。通过对照传统和实验两方面的内容，语音实验所得出的结果和传统记录的调值基本上是一致。实验所得到的阳平略高于传统的阳平，阴上并非传统的曲折调，而是一个声调。阴去下降的起点高于传统的31，阴入和阴去的调型一致，只是阴入显得短促一些。此外，景宁畲话的入声有舒化的趋势，不管是从听感上还是实验结果来看，景宁畲话的入声正朝着舒化的方向发展。

（二）景宁畲话的两字组连调

单字调只能反映出景宁畲话的声调格局。关于景宁畲话的声调问题，还需要综合多个方面的因素，其中连读变调是验证景宁畲话声调数量的另外一种方式，从中可以检验声调分合的问题。为了描写景宁畲话两字组连调方便，结合古四声的关系，定义不同的单字调调类，让景宁畲话中相同调值的单字具有不同的调类。此外，为了尽量排除语义层面的干扰，本文对景宁畲话的两字组连调做出了一些限定条件，即不包含轻声字并排除某种语法结构，具体连读变调形式如下：

表7　景宁畲话两字组连调表

前字＼后字	阴平	阳平	阴上	阳上	阴去	阳去	阴入	阳入
阴平	43-43	43-22	43-325	43-43 43-325（次浊）	43-43	43-31	43-4	43-2
阳平	22-43	22-22	22-325	22-43 22-325（次浊） 22-31	22-43	22-31	22-4	22-2
阴上	55-43	325-22	55-325	55-325 55-31 325-43	55-43	55-31	55-4	55-2 55-4（次浊）
阳上	31-43	31-22	31-325	325（次浊）-31 31-31	31-43	31-31 43-31	43-4 31-4	31-4（次浊） 43-2
阴去	43-43	43-22	43-325 43-31（次浊）	43-325（次浊） 43-31	43-43	43-43（次浊） 43-31	43-4	43-4（次浊） 43-2
阳去	22-43 31（次浊）-43	22-22	22-325 31（次浊）-325	22-31	22-43	31-31	22-4	22-2
阴入	4-43	4-22	4-325	4-31 4-325（次浊）	4-43	4-31	4-4	4-2 4-4（次浊）
阳入	2-43	2-22	2-325	2-325（次浊） 2-31	2-43	2-31	2-4	2-2

从上表可知，按照古四声八调的格局，连读变调中的单字调值分布规律和单字调调值的分布规律基本一致。景宁畲话的两字组连调重心在后字，主要发生前字的变调，后字基本不变。景宁畲话的6个单字调中，只有阴上和阳去发生了变调，其他声调不变调。此外，景宁畲话在两字组连调中出现了一个全新的调值，具体如下：

（1）前字是清上或者是部分次浊上的，多数变为高平调55，如"体育 tʰi⁵⁵ øyʔ⁴、水库 ɕy⁵⁵ ku⁴³、手巾 ɕiəu⁵⁵ kyn⁴³"等；

（2）前字为全浊去的，一般都变为低平调22，和阳平调调值一致，如"位置 øue²² tsʅ³²⁵、地球 tʰi²² kiəu²²、事实 sʅ²² ɕid²"等。

在景宁畲话两字组连调中，出现了部分次浊字读为阴声调的现象。比如一些后字本该读阳入调的字变读成阴入调，如"育""肉"等字。其中不管在单字调还是在连读变调中，大部分次浊上声字基本上符合变化规律，与清上一起归入景宁畲话的阴平。其余的次浊字只有小部分归为阴调，大多归阳调。从侧面说明全浊声母和次浊声母对声调的影响在景宁畲话的演变过程中并不是同时开展的。这很可能是声母清浊变化带来的结果，它给景宁畲话声调的分化与合并带来深刻的影响。

（三）景宁畲话声调的分合和两字组连调的内部关系

表7是按照古音来历将景宁畲话不同调值按照四声八调的方式呈现，从表中可知景宁畲话的单字调和两字组连调的演变规律是平行的，由此可以确定其6个声调的来源。从表8、表9可知，景宁畲话的单字调和两字组连调之间本该有着"一对一"或"一对多"的关系，但增加一些限制的条件之后，景宁畲话的单字调和两字组连调之间则变成了"一对一"的关系。

表8　景宁畲话单字调（调值）和两字组连调之间的对应关系表

单字调调值 \ 连调调值	43	22	325	31	4	2	55
43	+						
22		+					
325			+				+
31		+		+			
4					+		
2						+	

表9　景宁畲话单字调（调类）和两字组连调之间的对应关系表

单字调调类	作为两字组前字	作为两字组后字
阴平43调	不变	不变
阳平22调	不变	不变
上声325调	除后字为阳平保留原调外，其余的都变为高平调55。	不变
去声31调	除后字为阳去保留原调外，其余的都变为低平调22。	不变
阴入4调	不变	不变
阳入2调	不变	不变

单字调不同但是在两字组连调里变成同调的，一般有以下两种情况：一种是两个单字调在不同声调前头变成相同的，那就是仅有前一字同调；另外一种是两个调在同一声调前头变成同调的，那么整个两字组是同调。李荣认为不管是哪一种，阴调舒声和阳调舒声的变调都是平行的。基于此，我们知道景宁畲话去声的单字调在两字组连调中，除后字为阳去保留原调外，其余的都变为低平调22。所以景宁畲话中阳平和去声除了在阳去前面之外，在其他声调之前都变成同调了。

三、语言接触对景宁畲话声调的影响

浙江景宁畲族发源于闽粤赣三省交界地带（广东潮汕地区的凤凰山），其祖先长期以来和南方诸少数民族聚居。后来随着来自北方的客家人迁入，畲民和客家人共同杂居，在强势语言的冲击下，畲语进入了"汉化"的初步阶段，逐渐形成了和客家话相似的"畲话"。后来部分畲族人民从祖源地迁出，在福建罗源、古田等地停留，和当地的闽人杂居，吸收了部分闽语特色。经过大大小小的几次迁移，经历了多个阶段的语言接触和影响，加之上丽片吴语的影响，形成了如今层次多样的景宁畲话。

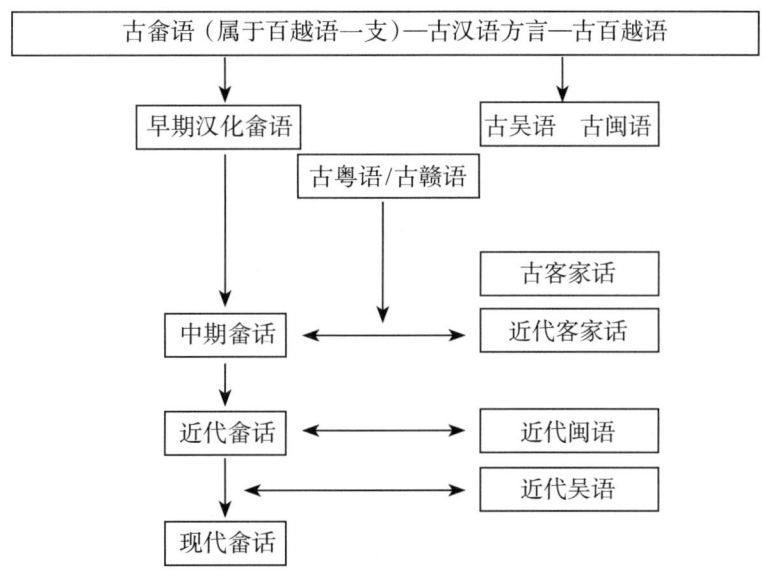

图3　现代畲语的演变路径

景宁畲话的历史层次复杂，涵盖苗瑶语、中古汉语、粤语、客家话、闽方言、吴语六个层次，这些强势方言在不同时期对景宁畲话声调系统地所产生的影响是我们研究的重点。为了能够从系统上观察到景宁畲话声调受到外来方（语）言影响程度的大小，从景宁畲族的迁移路线和景宁畲话的形成过程出发，选择了惠东畲语、梅县客家话、福安闽东方言、景宁吴语4种方（语）言的声调系统作为比较，以寻求景宁畲话声调系统的演变规律。

表8　景宁畲话声调与其他方言比较

方（语）言	平			上			去			入		
	清	次浊	全浊	清	次浊	全浊	清	次浊	全浊	清	次浊	全浊
景宁畲话	43	22	325		归阳去、归阴平		归阴平	31		4	2	
景宁吴语	323	42		44			35	213		5	23	

续表

方（语）言	平			上			去			入		
	清	次浊	全浊	清	次浊	全浊	清	次浊	全浊	清	次浊	全浊
福安闽东话	33	11		42			35	23		5	2	
梅县客家话	44	11		41		归阳去、归阴平	53			1	5	
惠东畲语	22	53		33	42		31	35		21	54	

从上表可知，5种方（语）言的入声都按照古声母清浊分为两类。就入声来说，除梅县客家话和惠东畲语入声"阴低阳高"外，景宁畲话和景宁吴语、福安闽东话一样，都呈现"阴高阳低"的格局。福安闽东话和景宁吴语的上声和去声没有合并，但是去声分阴阳两类；从声调的数量上来看，景宁畲话的数量和梅县客家话相同，都为6个声调。

（一）古全次浊上字的归调

客家话的全浊和次浊上声字的分调存在文白两读。胡伶亿认为，一是全浊上文读字归去，白读字归阴平，梅县客家话属于此类；二是全浊上文读字归阳去，白读归阴去，以广东河源客家话为代表。景宁畲话和梅县客家话的全浊上声字归调相似。景宁畲话属于汉语方言全次浊分调类型中的"一调分"类型，即"全—次浊上分调"。从统计的结果上来看，景宁畲话的全浊上声字主要归去声，次浊上声大部分归为上声，但是也有小部分次浊上声字中存在归阴平的现象。陈其光认为畲语中的浊上和浊去的合并是受到客家话的"浊上归去"的影响形成的。但是陈其光并没有交代这种演变机制的缘由。他也只是从多数客家话全浊上声字和古去声字合并一类的语言现象推断的。在汉语方言中，很多方言都发生了"浊上归去"的合流现象，普通话亦是如此。以此观之，我们无法说明是客家话影响了景宁畲话的浊上归调，但可以说的是景宁畲话的祖语在和不同时期的汉语接触过程中发生的一种声调演变现象。

景宁畲话和客家话的关系主要还是体现在"浊上归阴平"上，而客家话和赣语之间的关系也在于此。张双庆、万波对赣语南城方言古全浊上声字今读进行考察，发现赣语中"浊上声归阴平"现象存在于白读层中。景宁畲话中的大量口语常用字基本上读为阴平调，这和客赣方言的演变方向一致。所以景宁畲话中部分全浊上声字归读阴平是其自身演变的一个方向，而读阳去则是景宁畲话受到权威语言影响的结果。

（二）次浊平声的归调

次浊平声字归阴调在汉语方言中比较常见，如客家话、吴语、胶辽官话等方言都有类似的现象存在。李荣、黄雪贞认为梅县客家话存在"次浊平归阴平"的现象，景宁畲话亦是如此。胡伶亿认为"次浊平归阴平"在东南方言中具有普遍性，而且这些读音具有较早的层次。从音系学的角度来看，中古"明、微、泥（娘）、来、日、疑、云、以"这8个次浊声母是属于鼻音、边音、半元音，他们在发音过程中是带音的，但是声带振动的频率和幅度小于全浊声母。这些鼻音、边音、半元音介于清音和浊音之间。所以在平声的演变过程中，这些次浊声母的稳定性较差，所以就容易出现部分次浊声母字归入阴平。但是景宁畲话中的"次浊平归阴平"的辖字只占少数，"次浊平归阳平"是整体趋势。

（三）清去字的归调

在景宁畲话中，古清去字今读阴平调，和其他地方的畲话的变化一致。但是在梅县客家话中，其古清去字和浊去字合并为去声，这与景宁畲话古清去字的演变不同。邵慧君、甘于恩在调查广东台城话时，发现其清音声母去声字今并入阴平。这种清去字的归调，和景宁畲话一致。辛世彪认为"清去归阴平的变化是四邑片粤语及邻近方言的典型特色"，实际上景宁畲话也具有这一特色。但甘于恩在《四邑话—一种粤化的混方言》中认为"我们不能说景宁畲话的清去字归调是从粤语中继承的，因为台城话并非一种典型的粤语，而是一种粤化程度较高的混合方言"。它有闽语、客赣方言以及土著语言的特色，这是由于不同历史时期的移民造成的。如果能够获取更多的四邑的移民材料，或许可以解释"清去字归阴平"这一现象。从现实情况来看，位于粤西的四邑话和景宁畲话有一个共同的祖源地，他们的原始祖语可能来自于同一语族。但是目前缺少一定的材料对这两种汉语方言进行佐证。与此同时，徐越认为在北部吴语的镇海话、安吉地铺话中也存在"清去归阴平"的现象。虽然暂时不能确定景宁畲话"清去归阴平"的来源，但是可以确定的是这种现象源自汉语方言。

（四）次浊入声字的归调

在梅县客家话中，存在少数次浊入声有归阴入的现象。在景宁吴语和福安闽东话中同样如此。胡伶亿（2016）通过选用24个字的调类分化验证了闽粤客赣四大方言都有"次浊入归阴入"的现象，但是客家话中的"次浊入归阴入"的现象并不是非常明显。在景宁畲话中，"次浊入归阴入"的现象也是比较常见的，尤其是在连读变调中表现得尤为突出。此外，阴阳调值的高低对次浊入声的归派有一定的联系。仅靠以上五种方言并不能有效验证具体的演变情况，需要更多的材料进行佐证。关于景宁畲话的次浊入声的归调的研究，目前也只能注重单点的描写，缺乏大范围的类型学上的比较研究。需要从大范围的视角去揭示景宁畲话次浊入声的归调类型和相关的表现形式，比如从祖源地到最终的定居地周边方言的分析中寻求整个南方汉语方言中次浊入声的归调规律，然后得出景宁畲话的次浊入声归调的形式。关于畲话的归属上，学术界并没有形成一致的结论。单从畲话声调古调类分化的情况来看，我们发现景宁畲话的声调格局和分化路径具有东南各大方言的普遍特点，并没有绝对的和某种方言相同。从共时层面来看，调查发现景宁畲语单音字的小称变调的变调形式和南部吴语的相似，闽粤客等东南方言并没有存在这样的变调现象，只有吴语存在这样的变调形式，我们可以说这是景宁畲话长期受吴语影响产生的一种全新语言现象。目前，景宁畲语被吴语处衢片团团包围，其声调格局势必在将来和处衢片吴语越来越接近。

四、结语

综上所述，借助声学分析的方式证明了景宁畲话单字调系统和传统口耳记录的方式基本一致。尊重发音人和记音人的听感的前提下，从景宁畲话的两字组连调形式出发，从而确定了景宁畲话的6个声调的基本格局，即阴平43、阳平22、上声325、去声31、阴入4、阳入2。在畲族不同时期的迁徙过程中，景宁畲族的祖语在和汉语客家话、闽语、吴语等方言接触过程中不断吸收和融合，其全浊上、次浊平、全清去、次浊入的归调呈现出东南不同方言的各自特点，可以说景宁畲话的声调格局是多个历时层面不同方言和其相互影响的结果。

参考文献

[1] 毛宗武,蒙朝吉.畲语简志[M].北京:民族出版社,1986.

[2] 王莉宁.汉语方言声调分化研究[M].北京:语文出版社,2016.

[3] 徐越.浙江吴音研究[M].杭州:浙江大学出版社,2017.

[4] 张诗凝.景宁畲语的语言生态研究[D].上海师范大学硕士学位论文,2015.

[5] 李荣.温岭方言的连读变调[J].方言,1979(1).

[6] 罗美珍.畲族所说的客家话[J].中央民族学院学报,1980(1).

[7] 熊正辉.怎样求出两字组的连读变调规律[J].方言,1984(2).

[8] 黄雪贞.梅县客家话的语音特点[J].方言,1992(4).

[9] 陈忠敏.汉语方言连读变调研究综述[J].语文研究,1993(2).

[10] 陈忠敏.汉语方言连读变调研究综述(续)[J].语文研究,1993(3).

[11] 骆锤炼.温州畲语[J].温州师范学院学报(哲学社会科学版),1995(4).

[12] 谢留文.赣语古上声全浊声母字今读阴平调现象[J].方言,1998(1).

[13] 邵慧君,甘于恩.广东四邑方言语音特点[J].方言,1999(2).

[14] 赵则玲,郑张尚芳.浙江景宁畲话的语音特点[J].民族语文,2002(6).

[15] 钱曾怡.从汉语方言看汉语声调的发展[J].语言教学与研究,2000(2).

[16] 傅根清.从景宁畲话股全浊声母的今读看畲话的性质[J].中国语文,2001(3).

[17] 辛世彪.东南方言声调比较研究三题[J].海南大学学报(人文社会科学版),2002(3).

[18] 甘于恩.四邑话:一种粤化的混合方言[J].中国社会语言学,2003(1).

[19] 李小凡.汉语方言连读变调的层次和类型[J].方言,2004(1).

[20] 赵则玲.试论浙江畲话和浙江吴语的关系[J].宁波大学学报(人文科学版),2006(1).

[21] 赵则玲.畲族语言研究八十年[J].浙江学刊,2008(5).

[22] 亓海峰.莱阳方言次浊平声变化的社会语言学考察[J].语言研究集刊,2010(1).

[23] 中西裕树.畲语的调类演变与"浊上归去"[J].南开语言学刊,2015(1).

[24] 包国滔.广东惠东畲族研究的回顾与展望[J].广东第二师范学院学报,2016(1).

[25] 李晰.近三十年来汉语方言声调合并研究的回顾和展望[J].中华文化论坛,2018(7).

海外汉语方言研究

美国华人有关牲畜表述的研究

陈晓锦　李颖慧

（暨南大学文学院/汉语方言研究中心　广东广州　510632）

【提　要】美国旧金山、洛杉矶、纽约、芝加哥、波特兰、圣安东尼奥和休斯敦的华人小区说的台山话、广府话虽然和祖籍地方言有较多相同点，但在远离祖籍地多年以及其他语言的影响下，华人用的方言词会在语音、构词或语义上产生新的变化，部分词会有新的表达方式。本文选择从牲畜的方言称呼，以及关于常见牲畜的一些其他诸如行为习性等小的方面的方言词语入手，分析这些词在表达方式上的变化，期望能从这一类词语的使用上展现美国华人小区台山话和广府话词汇的部分面貌。

【关键词】美国　台山话　广府话　牲畜　表达方式

本文谈谈美国华人关于一些常见牲畜的方言称呼，以及关于常见牲畜的一些其他诸如行为习性等的方言词语。

选择这个很小，但却是日常生活中会接触到，并且非常能表现方言特点，体现方言归属的词汇小问题，是希冀能从这个小问题入手，进一步揭示美国华人社区台山话和广府话的面貌。

不同的汉语方言，都有表示牲畜性别、大小的方法和习惯性的称呼。广东境内的闽、粤、客方言也不例外。广东闽方言、客家方言、粤方言都采用与汉语普通话语素顺序相反的构词方法，将指示牲畜"性别"和"小"的语素放在整个合成词的后面，即，指示牲畜的名词性语素后面表达。以下是广东闽方言、客家方言及粤方言台山话和广府话常用的表示牲畜"性别"和"小"的方式：

广东闽方言潮州话通常用"公/翁、母、囝"：牛公_{公牛}、鸡翁_{公鸡}、猪母_{母猪}、鸭囝_{小鸭子}。
广东客家方言通常用"牯/公、嫲、仔"：牛牯_{公牛}、鸡公_{公鸡}、猪嫲_{母猪}、鸭仔_{小鸭子}。
广东粤方言通常用"公、乸、仔"：牛公_{公牛}、鸡公_{公鸡}、猪乸_{母猪}、鸭仔_{小鸭子}。

粤方言的这种使用方式，包括台山话和广州话都一样，台山话和广州话都是使用"公、乸、仔"表示牲畜的"性别"和"小"。

美国华人社区的粤方言台山话和广府话，能否保留祖籍地方言这一类基本词的表达方式，就是本文想要探讨的问题。

— 89 —

一、美国华人对小牲畜的称呼

首先是华人对小牲畜的称呼。

"小牲畜"专指未长大成年的家养牲畜，我们选取了"牛犊、羊羔、小猪、小狗、小猫、小鸡、小鸭"7个条目，请看华人的表述：

（一）台山话

普通话	方言点						
	广东台山话	三藩市台山话	洛杉矶台山话	纽约台山话	芝加哥台山话	波特兰台山话	圣安东尼奥台山话
牛犊	牛仔 ŋiu²²tɔi⁵⁵	牛仔 ŋau²²tɔi⁵⁵	细牛 sai⁴⁴ŋau²²	牛仔 ŋiu²²tɔi⁵⁵	牛仔 ŋiu²²tɔi⁵⁵	牛BB ŋiu²²pi²²pi⁴⁴（英：baby）	牛仔 ŋau²²tɔi⁵⁵
羊羔	羊咩 jɛŋ²²mɛ³³ 羊仔 jɛŋ²²tɔi⁵⁵	羊仔 jɛŋ²²tɔi⁵⁵	羊仔 jaŋ²²tɔi⁵⁵	羊仔 jɛŋ²²tɔi⁵⁵	羊仔 jɛŋ²²tɔi⁵⁵	羊BB jɛŋ²²pi²²pi⁴⁴（英：baby）	羊仔 jɛŋ²²tɔi⁵⁵
小猪	猪仔 tsi³³tɔi⁵⁵	猪仔 tsi⁴⁴tɔi⁵⁵	猪仔 tsi⁴⁴tɔi⁵⁵	猪仔 tsi⁴⁴tɔi⁵⁵	猪仔 tsi⁴⁴tɔi⁵⁵	细猪 sai⁴⁴tsi⁴⁴	猪仔 tsi⁴⁴tɔi⁵⁵
小狗	狗仔 kɛu⁵⁵tɔi⁵⁵	狗仔 kau⁵⁵tɔi⁵⁵	狗仔 kau⁵⁵tɔi⁵⁵	狗仔 kau⁵⁵tɔi⁵⁵	狗仔 kiu⁵⁵tɔi⁵⁵	细狗 sai⁴⁴kau⁵⁵	狗仔 kau⁵⁵tɔi⁵⁵
小猫	猫仔 miu⁵⁵tɔi⁵⁵	猫仔 miau⁴⁴tɔi⁵⁵	猫仔 mɛu⁴⁴tɔi⁵⁵	猫仔 mei⁴⁴tɔi⁵⁵	猫仔 mei⁴⁴tɔi⁵⁵	细猫 sai⁴⁴mau⁴⁴	猫仔 miu⁴⁴tɔi⁵⁵
小鸡	鸡仔 kai⁵⁵tɔi⁵⁵	鸡仔 kai⁴⁴tɔi⁵⁵	鸡仔 kai⁴⁴tɔi⁵⁵	鸡仔 kɔi⁴⁴tɔi⁵⁵	鸡仔 kai⁴⁴tɔi⁵⁵	细鸡 sai⁴⁴kai⁵⁵	鸡仔 kai⁴⁴tɔi⁵⁵
小鸭	鸭仔 ap³tɔi⁵⁵	鸭仔 ŋap³tɔi⁵⁵	鸭仔 ap³tɔi⁵⁵	鸭仔 ap³tɔi⁵⁵	鸭仔 ap³tɔi⁵⁵	鸭仔 ap³tɔi⁵⁵	鸭仔 ap³tɔi⁵⁵

（二）广府话

普通话	方言点						
	广东广州话	三藩市广府话	洛杉矶广府话	纽约广府话	芝加哥广府话	波特兰广府话	休斯顿广府话
牛犊	牛仔 ŋɐu²¹tsɐi³⁵	牛仔 ŋɐu²¹tsɐi³⁵	牛仔 ŋɐu²¹tsɐi³⁵	牛仔 ŋɐu²¹tsɐi³⁵	牛仔 ŋɐu²¹tsɐi³⁵	牛仔 ŋɐu²¹tsɐi³⁵	牛仔 ŋɐu²¹tsɐi³⁵
羊羔	羊仔 jœŋ²¹tsɐi³⁵	小羊华 siu³⁵jœŋ²¹	羊仔 jœŋ²¹tsɐi³⁵	羊BB jœŋ²¹pi²¹pi⁵⁵（英：baby）	羊仔 jœŋ²¹tsɐi³⁵	BB羊 pi²¹pi⁵⁵jœŋ²¹（英：baby）	羊仔 jœŋ²¹tsɐi³⁵
小猪	猪仔 tsy⁵⁵tsɐi³⁵	猪仔 tsy⁵⁵tsɐi³⁵	猪仔 tsy⁵⁵tsɐi³⁵	乳猪 jy¹³tsy⁵⁵	猪仔 tsy⁵⁵tsɐi³⁵	细猪 sɐi³³tsy⁵⁵	猪仔 tsy⁵⁵tsɐi³⁵
小狗	狗仔 kɐu³⁵tsɐi³⁵	狗仔 kɐu³⁵tsɐi³⁵	狗仔 kɐu³⁵tsɐi³⁵	狗仔 kɐu³⁵tsɐi³⁵	狗仔 kɐu³⁵tsɐi³⁵	细狗 sɐi³³kɐu³⁵	狗仔 kɐu³⁵tsɐi³⁵
小猫	猫仔 mau⁵⁵tsɐi³⁵	猫仔 mau⁵⁵tsɐi³⁵	猫仔 mau⁵⁵tsɐi³⁵	猫仔 mau⁵⁵tsɐi³⁵	猫仔 mau⁵⁵tsɐi³⁵	细猫 sɐi³³mau⁵⁵	猫仔 mau⁵⁵tsɐi³⁵
小鸡	鸡仔 kɐi⁵⁵tsɐi³⁵	鸡仔 kɐi⁵⁵tsɐi³⁵	鸡仔 kɐi⁵⁵tsɐi³⁵	鸡仔 kɐi⁵⁵tsɐi³⁵	鸡仔 kɐi⁵⁵tsɐi³⁵	细鸡 sɐi³³kɐi⁵⁵	鸡仔 kɐi⁵⁵tsɐi³⁵

续表

普通话	方言点						
	广东广州话	三藩市广府话	洛杉矶广府话	纽约广府话	芝加哥广府话	波特兰广府话	休斯顿广府话
小鸭	鸭仔 ŋap³tsɐi³⁵	鸭仔 ŋap³tsɐi³⁵	鸭仔 ŋap³tsɐi³⁵	鸭仔 ŋap³tsɐi³⁵	鸭仔 ŋap³tsɐi³⁵	鸭仔 ŋap³tsɐi³⁵	鸭仔 ŋap³tsɐi³⁵

可以看到，无论是台山话还是广府话，这个表格都没有留白处，所有的发音人给每个词条提供了说法。与祖籍地方言相同，粤方言台山话和广府话表示小称的"仔"，在两种方言的大多数方言点的大多数条目里，都被摆放在合成词的后面。不过，笔者也发现了一些不一样的表达：

1. 合成词后面不用表小称的"仔"，用"细"

合成词表示小称的语素，是在前面两种方言都使用的，另一个表示"小"的形容性语素"细"。

（1）台山话

洛杉矶：细牛

波特兰：细猪、细狗、细猫、细鸡

（2）广府话

波特兰：细猪、细狗、细猫、细鸡

2. 三藩市广府话出现了与普通话相同小称说法

三藩市广府话甚至出现了与共同语言普通话表示小称说法相同的例子，用语素"小"放在合成词的前面："小羊$_{华}$"。不过，这种例外只有一例。

3. 直接采用英语的说法表达

波特兰台山话：牛BBŋiu²²pi²²pi⁴⁴、羊BBjɛŋ²²pi²²pi⁴⁴

波特兰广府话：BB羊pi²¹pi⁵⁵jœŋ²¹

波特兰台山话和广府话的这3个例子，都是以汉语固有的语素"牛、羊"，加上英语表示婴儿的"baby"合成的。波特兰台山话汉语的语素"牛、羊"在合成词的前面，英语的"baby"在后，语素的排列顺序与汉语方言同。波特兰广府话"BB羊"的说法，语素的排列则是英语的"baby"在前，汉语的"羊"在后，语素的排列顺序与汉语方言相反。

梳理以上三点，可以发现，除了三藩市广府话有一个"小羊"，洛杉矶台山话有一个"细牛"的特别说法以外，出现与祖籍地方言说法不一致的，主要发生在俄勒冈州的波特兰，波特兰台山话、广府话两种方言的这个变化值得进一步跟踪。

二、美国华人对各种牲畜的称呼

（一）台山话

普通话	方言点						
	广东台山话	三藩市台山话	洛杉矶台山话	纽约台山话	芝加哥台山话	波特兰台山话	圣安东尼奥台山话
牛$_{统称}$	牛 ŋiu²²	牛 ŋau²²	牛 ŋau²²	牛 ŋiu²²	牛 ŋiu²²	牛 ŋiu²²	牛 ŋau²²

续表

普通话	方言点						
	广东台山话	三藩市台山话	洛杉矶台山话	纽约台山话	芝加哥台山话	波特兰台山话	圣安东尼奥台山话
水牛	水牛 sui⁵⁵ŋiu²²	水牛 sui⁵⁵ŋau²²	牛 ŋau²²		水牛 sui⁵⁵ŋiu²²	水牛 sui⁵⁵ŋiu²²	牛 ŋau²²
黄牛	黄牛 vɔŋ²²ŋiu²²		牛 ŋau²²		黄牛 wɔŋ²²ŋiu²²	黄牛 wɔŋ²²ŋiu²²	牛 ŋau²²
奶牛	奶牛 nai⁵⁵ŋiu²²	奶牛 nai⁵⁵ŋau²²	奶牛 nai²¹ŋau²²	奶牛 nai⁵⁵ŋiu²²	奶牛 nai⁵⁵⁻³¹ŋiu²²	奶牛 nai⁵⁵ŋiu²²	牛 ŋau²²
公牛	牛公 ŋiu²²kəŋ³³	牛公 ŋau²²kuŋ⁴⁴		公牛华 kuŋ⁴⁴ŋiu²²	牛公 ŋiu²²kuŋ⁴⁴	男牛 nam²²ŋiu²²/ 牛公 ŋiu²²kuŋ⁴⁴	牛 ŋau²²
母牛	牛𡚸 ŋiu²²na⁵⁵	牛𡚸 ŋau²²na⁵⁵		牛 ŋiu²²	牛𡚸 ŋiu²²na⁵⁵	牛𡚸 ŋiu²²na⁵⁵	牛 ŋau²²
羊统称	羊 jɛŋ²²	羊 jɛŋ²²	羊 jaŋ²²	羊 jɛŋ²²	羊 jɛŋ²²	羊 jɛŋ²²	羊 jɛŋ²²
山羊	山羊 san³³jɛŋ²²	羊 jɛŋ²²	羊 jaŋ²²	山羊 san⁴⁴jɛŋ²²	山羊 san⁴⁴jɛŋ²²	羊 jɛŋ²²	羊 jɛŋ²²
绵羊	绵羊 mɛn²²jɛŋ²²	羊 jɛŋ²²	羊 jaŋ²²	绵羊 mɛn²²jɛŋ²²	绵羊 mɛn²²jɛŋ²²	羊 jɛŋ²²	羊 jɛŋ²²
公羊	羊公 jɛŋ²²kəŋ³³	羊公 jɛŋ²²kuŋ⁴⁴	羊 jaŋ²²	公羊华 kuŋ⁴⁴jɛŋ²²	羊公 jɛŋ²²kuŋ⁴⁴	公羊 kuŋ⁴⁴jɛŋ²²/ 男羊 nam²²jɛŋ²²	羊 jɛŋ²²
母羊	羊𡚸 jɛŋ²²na⁵⁵	羊𡚸 jɛŋ²²na⁵⁵	羊 jaŋ²²	羊 jɛŋ²²	羊𡚸 jɛŋ²²na⁵⁵	母羊 mei²²jɛŋ²²	羊 jɛŋ²²
猪统称	猪 tsi³³	猪 tsi⁴⁴	猪 tsi⁴⁴	猪 tsi⁴⁴	猪 tsi⁴⁴	猪 tsi⁴⁴	猪 tsi⁴⁴
种猪	猪公 tsi³³kəŋ³³	猪公 tsi⁴⁴kuŋ⁴⁴	猪 tsi⁴⁴	猪公 tsi⁴⁴kuŋ⁴⁴	猪公 tsi⁴⁴kuŋ⁴⁴		猪 tsi⁴⁴
公猪	猪公 tsi³³kəŋ³³	猪公 tsi⁴⁴kuŋ⁴⁴	猪 tsi⁴⁴	公猪华 kuŋ⁴⁴tsi⁴⁴	猪公 tsi⁴⁴kuŋ⁴⁴	公猪华 kuŋ⁴⁴tsi⁴⁴	猪 tsi⁴⁴
母猪	猪𡚸 tsi³³na⁵⁵	猪𡚸 tsi⁴⁴na⁵⁵	猪 tsi⁴⁴	猪𡚸 tsi⁴⁴na⁵⁵	猪𡚸tsi⁴⁴na⁵⁵	猪 tsi⁴⁴	猪 tsi⁴⁴
阉过的猪	猪□ tsi³³hun²²	猪 tsi⁴⁴	猪 tsi⁴⁴	猪 tsi⁴⁴	猪 tsi⁴⁴	猪 tsi⁴⁴	猪 tsi⁴⁴
狗统称	狗 keu⁵⁵	狗 kau⁵⁵	狗 kau⁵⁵	狗 kau⁵⁵	狗 kiu⁵⁵	狗 kau⁵⁵	狗 kau⁵⁵
公狗	狗公 keu⁵⁵kəŋ³³	狗公 kau⁵⁵kuŋ⁴⁴	男狗 nam²²kau⁵⁵	狗公 kau⁵⁵kuŋ⁴⁴	狗公 kiu⁵⁵kuŋ⁴⁴	男狗 nam²²kau⁵⁵	狗 kau⁵⁵
母狗	狗𡚸 keu⁵⁵na⁵⁵	狗𡚸 kau⁵⁵na⁵⁵	女狗 nui⁵⁵kau⁵⁵	狗𡚸 kau⁵⁵na⁵⁵	狗𡚸 kiu⁵⁵na⁵⁵	女狗 nui⁵⁵kau⁵⁵	狗 kau⁵⁵
牧羊犬	牧羊狗 mək²jɛŋ²²keu⁵⁵	狗 kau⁵⁵	狗 kau⁵⁵			□□ sɛp⁵pʰə²² (英: shepherd)	狗 kau⁵⁵

续表

普通话	方言点						
	广东台山话	三藩市台山话	洛杉矶台山话	纽约台山话	芝加哥台山话	波特兰台山话	圣安东尼奥台山话
宠物狗	宠物狗 tsəŋ³³mak²keu⁵⁵	狗kau⁵⁵	狗kau⁵⁵	狗kau⁵⁵	狗kiu⁵⁵	养狗 jɛŋ⁵⁵kau⁵⁵	狗kau⁵⁵
猫 统称	猫miu⁵⁵	猫miau⁴⁴	猫mɛu⁴⁴	猫mei⁴⁴	猫mei⁴⁴	猫mau⁴⁴	猫miu⁴⁴
公猫	猫公 miu⁵⁵kəŋ³³	猫公 miau⁴⁴kuŋ⁴⁴	男猫 nam²²mɛu⁴⁴	男猫 nam²²mei⁴⁴	猫公 mei⁴⁴kuŋ⁴⁴	男猫 nam²²mau⁴⁴	猫miu⁴⁴
母猫	猫㛧 miu⁵⁵na⁵⁵	猫㛧 miau⁴⁴na⁵⁵	女猫 nui⁵⁵mɛu⁴⁴	女猫 nui³¹⁻⁵⁵mei⁴⁴	猫㛧 mei⁴⁴na⁵⁵	女猫 nui⁵⁵mau⁴⁴	猫miu⁴⁴
鸡 统称	鸡kai³³	鸡kai⁴⁴	鸡kai⁴⁴	鸡kɔi⁴⁴	鸡kai⁴⁴	鸡kai⁴⁴	鸡kai⁴⁴
公鸡	鸡公 kai³³kəŋ³³	鸡公 kai⁴⁴kuŋ⁴⁴	鸡公 kai⁴⁴kuŋ⁴⁴	鸡公 kɔi⁴⁴kuŋ⁴⁴	生鸡 łaŋ⁴⁴kai⁴⁴/鸡公 kai⁴⁴kuŋ⁴⁴	男鸡 nam²²kai⁴⁴	鸡kai⁴⁴
母鸡	鸡㛧 kai³³na⁵⁵/鸡兰 未下过蛋 kai³³laŋ²²⁻³⁵	鸡㛧 kai⁴⁴na⁵⁵	鸡㛧 kai⁴⁴na⁵⁵	鸡㛧 kɔi⁴⁴na⁵⁵	鸡㛧 kai⁴⁴na⁵⁵	女鸡 nui⁵⁵kai⁴⁴	鸡kai⁴⁴
阉过的鸡	阉鸡 jam³³kai³³	鸡kai⁴⁴		阉鸡 jim⁴⁴kɔi⁴⁴	阉鸡 jim⁴⁴kai⁴⁴		鸡kai⁴⁴
抱窝母鸡	菢䆫鸡 pou³¹eu³³kai³³				菢䆫鸡㛧 pu³¹ɛu³¹kai⁴⁴na⁵⁵		鸡kai⁴⁴
鹅	鹅ŋɔ²²	鹅ŋu²²⁻⁵⁵	鹅ŋu²²⁻³⁵	鹅ŋɔ²²	鹅ŋɔ²²⁻³⁵	鹅ŋɔ²²	鹅ŋɔ²²
鸭子	鸭ap³	鸭ap³⁻³⁵	鸭ap³	鸭ap³	鸭ap³	鸭ap³	鸭ap³

（二）广府话

普通话	方言点						
	广东广州话	三藩市广府话	洛杉矶广府话	纽约广府话	芝加哥广州话	波特兰广府话	休斯顿广府话
牛 统称	牛ŋɐu²¹	牛ŋɐu²¹	牛ŋɐu²¹	牛ŋɐu²¹	牛ŋɐu²¹	牛ŋɐu²¹	牛ŋɐu²¹
水牛	水牛 sœy³⁵ŋɐu²¹	水牛 sœy³⁵ŋɐu²¹	牛ŋɐu²¹	牛ŋɐu²¹	水牛 sœy³⁵ŋɐu²¹	水牛 sœy³⁵ŋɐu²¹	牛ŋɐu²¹
黄牛	黄牛 wɔŋ²¹ŋɐu²¹		牛ŋɐu²¹	牛ŋɐu²¹	黄牛 wɔŋ²¹ŋɐu²¹	黄牛 wɔŋ²¹ŋɐu²¹	牛ŋɐu²¹
奶牛	奶牛 nai¹³ŋɐu²¹	奶牛 nai¹³ŋɐu²¹	奶牛 nai¹³ŋɐu²¹	牛ŋɐu²¹	奶牛 nai¹³ŋɐu²¹	牛ŋɐu²¹	奶牛 nai¹³ŋɐu²¹

续表

普通话	方言点						
	广东广州话	三藩市广府话	洛杉矶广府话	纽约广府话	芝加哥广州话	波特兰广府话	休斯顿广府话
公牛	牛公 ŋɐu²¹ŋuŋ⁵⁵	牛公 ŋɐu²¹ŋuŋ⁵⁵	公牛华 kuŋ⁵⁵ŋɐu²¹/牛公 ŋɐu²¹kuŋ⁵⁵	牛ŋɐu²¹	牛公 ŋɐu²¹kuŋ⁵⁵	牛ŋɐu²¹	牛ŋɐu²¹
母牛	牛㜷 ŋɐu²¹na³⁵		牛㜷 ŋɐu²¹na³⁵	牛ŋɐu²¹	牛㜷 ŋɐu²¹na³⁵	牛ŋɐu²¹	牛ŋɐu²¹
羊统称	羊jœŋ²¹/羊咩 jœŋ²¹mɛ⁵⁵	羊jœŋ²¹	羊jœŋ²¹	羊jœŋ²¹/羊咩 jœŋ²¹mɛ⁵⁵	羊jœŋ²¹	羊jœŋ²¹	羊jɛŋ²¹
山羊	山羊 san⁵⁵jœŋ²¹	□□ kou³⁵tʰə²¹（英：goat）	羊jœŋ²¹	羊jœŋ²¹/羊咩 jœŋ²¹mɛ⁵⁵	山羊 san⁵⁵jœŋ²¹	山羊 san⁵⁵jœŋ²¹	羊jɛŋ²¹
绵羊	绵羊 min²¹jœŋ²¹	绵羊 min²¹jœŋ²¹	羊jœŋ²¹	羊jœŋ²¹/羊咩 jœŋ²¹mɛ⁵⁵	羊jœŋ²¹	羊jœŋ²¹	羊jɛŋ²¹
公羊	羊公 jœŋ²¹kuŋ⁵⁵		羊jœŋ²¹	羊jœŋ²¹	公羊华 kuŋ⁵⁵jœŋ²¹	□lɛm²¹（英：ram）	羊jɛŋ²¹
母羊	羊㜷 jœŋ²¹na³⁵		羊jœŋ²¹	羊jœŋ²¹	羊㜷 jœŋ²¹na³⁵	羊jœŋ²¹	羊jɛŋ²¹
猪统称	猪tsy⁵⁵	猪tsy⁵⁵	猪tsy⁵⁵	猪tsy⁵⁵	猪tsy⁵⁵	猪tsy⁵⁵	猪tsy⁵⁵
种猪	猪公 tsy⁵⁵kuŋ⁵⁵	猪tsy⁵⁵	猪tsy⁵⁵	猪tsy⁵⁵	公猪华 kuŋ⁵⁵tsy⁵⁵	猪tsy⁵⁵	猪tsy⁵⁵
公猪	猪公 tsy⁵⁵kuŋ⁵⁵	猪tsy⁵⁵	猪tsy⁵⁵	猪tsy⁵⁵	公猪华 kuŋ⁵⁵tsy⁵⁵	猪tsy⁵⁵	猪tsy⁵⁵
母猪	猪㜷 tsy⁵⁵na³⁵	猪tsy⁵⁵	猪tsy⁵⁵	猪tsy⁵⁵	猪㜷 tsy⁵⁵na³⁵	猪tsy⁵⁵	猪tsy⁵⁵
阉过的猪	猪tsy⁵⁵	猪tsy⁵⁵	猪tsy⁵⁵	猪tsy⁵⁵		猪tsy⁵⁵	猪tsy⁵⁵
狗统称	狗kɐu³⁵	狗kɐu³⁵	狗kɐu³⁵	狗kɐu³⁵	狗kɐu³⁵	狗kɐu³⁵	狗kɐu³⁵
公狗	狗公 kɐu³⁵kuŋ⁵⁵	狗kɐu³⁵	狗kɐu³⁵	狗公 kɐu³⁵kuŋ⁵⁵	狗公 kɐu³⁵kuŋ⁵⁵	男狗 nam²¹kɐu³⁵	狗kɐu³⁵
母狗	狗㜷 kɐu³⁵na³⁵	狗kɐu³⁵	狗kɐu³⁵	狗㜷 kɐu³⁵na³⁵	狗㜷 kɐu³⁵na³⁵	女狗 nœy¹³kɐu³⁵	狗kɐu³⁵

续表

普通话	方言点						
	广东广州话	三藩市广府话	洛杉矶广府话	纽约广府话	芝加哥广州话	波特兰广府话	休斯顿广府话
牧羊犬	牧羊犬 muk²jœŋ²¹hyn³⁵					狗kɐu³⁵	
宠物狗	宠物狗 tsʰuŋ¹³mɐt²kɐu³⁵/狗kɐu³⁵	狗kɐu³⁵		狗kɐu³⁵	□pʰɛt⁵（英语：pet）	狗kɐu³⁵	狗kɐu³⁵
猫统称	猫mau⁵⁵	猫mau⁵⁵	猫mau⁵⁵	猫mau⁵⁵	猫mau⁵⁵	猫mau⁵⁵	猫mau⁵⁵
公猫	猫公 mau⁵⁵kuŋ⁵⁵	猫mau⁵⁵	猫mau⁵⁵		猫公 mau⁵⁵kuŋ⁵⁵	男猫 nam²¹mau⁵⁵	猫mau⁵⁵
母猫	猫乸 mau⁵⁵na³⁵	猫mau⁵⁵	猫mau⁵⁵		猫乸mau⁵⁵na³⁵	女猫 nœy¹³mau⁵⁵	猫mau⁵⁵
鸡统称	鸡kɐi⁵⁵	鸡kɐi⁵⁵	鸡kɐi⁵⁵	鸡kɐi⁵⁵	鸡kɐi⁵⁵	鸡kɐi⁵⁵	鸡kɐi⁵⁵
公鸡	鸡公 kɐi⁵⁵kuŋ⁵⁵	鸡kɐi⁵⁵	雄鸡华 huŋ²¹kɐi⁵⁵/鸡公 kɐi⁵⁵kuŋ⁵⁵	鸡kɐi⁵⁵	公鸡华 kuŋ⁵⁵kɐi⁵⁵	公鸡华 kuŋ⁵⁵kɐi⁵⁵	鸡kɐi⁵⁵
母鸡	鸡乸 kɐi⁵⁵na³⁵	鸡kɐi⁵⁵	母鸡华 mou¹³kɐi⁵⁵/鸡乸 kɐi⁵⁵na³⁵	鸡kɐi⁵⁵	鸡乸kɐi⁵⁵na³⁵	母鸡 mou¹³kɐi⁵⁵	鸡kɐi⁵⁵
阉过的鸡	骟鸡 sin³³kɐi⁵⁵	鸡kɐi⁵⁵	鸡kɐi⁵⁵	鸡kɐi⁵⁵		鸡kɐi⁵⁵	鸡kɐi⁵⁵
抱窝母鸡	赖苞鸡 lai²²pou²²kɐi⁵⁵						
鹅	鹅ŋɔ²¹⁻³⁵	鹅ŋɔ²¹⁻³⁵	鹅ŋɔ²¹⁻³⁵	鹅ŋɔ²¹	鹅ŋɔ²¹⁻³⁵	鹅ŋɔ²¹	
鸭子	鸭ŋap³	鸭ŋap³	鸭ŋap³	鸭ap³	鸭ŋap³⁻³⁵	鸭ŋap³	鸭ŋap³

三、探讨美国华人对牲畜的称呼

比起对小牲畜的称呼，美国华人对各种牲畜称呼的方式方法相对繁复。

1. 部分牲畜的方言词汇缺失

首先，上面的表中有一些没有提供说法的空白点。其中"牧羊犬"这个词，只有波特兰广府话这1个点提供了说法，而"抱窝母鸡"这个词，美国华人所说的广府话甚至连1个能提供说法的方言点也没有。休斯顿广府话则连"鹅"的说法都没有，原因可能与美国饲养的鹅不多，政府也不允许将"鹅"作为食用肉类有关。

2. 出现了几个直接以英语表达的借词

（1）台山话

□□ 波特兰, 牧羊犬 sɛp⁵pʰə²², 英语：shepherd

（2）广府话

□□ 三藩市, 山羊 kou³⁵tʰə²¹, 英语：goat；□ 波特兰, 公羊 lɛm²¹, 英语：ram；□ 芝加哥, 宠物狗 pʰɛt⁵, 英语：pet

3. 有一些说法摈弃了方言原有的表达

尽管是以方言来说的，但这些词明显受到了汉语共同语普通话（华语）的影响，受汉语共同语影响的说法也有的是与方言原有的表达方式，或自创的表达方式共同出现的，这从一个角度说明了汉语普通话在美国的影响力的增大。

（1）台山话

纽约：公牛华、公羊华、公猪华,包括种猪、公猪

波特兰：公羊华/男羊受华语影响的说法与自创的说法一齐出现、母羊华、公猪华

（2）广府话

洛杉矶：公牛华/牛公、雄鸡华/鸡公受华语影响的说法与方言原有的说法一齐出现

母鸡华/鸡姆受华语影响的说法与方言原有的说法一齐出现

芝加哥：公羊华、公猪华,包括:种猪、公猪、公鸡华

波特兰：公鸡华、母鸡华

4. 只有某类牲畜的通名说法

在表格中同属一类的牲畜完全没有小种类，以及雄雌等不同的区分，只有一个说法；或同属一大类的牲畜部分区分，部分不分的。排除没有提供说法的，6个台山话和6个广府话都有这一类的表现。

（1）台山话

三藩市：羊包括:统称、绵羊、山羊, 猪包括:统称、阉过的猪, 狗包括:统称、牧羊犬、宠物狗, 鸡包括:统称、阉鸡。

洛杉矶：牛包括:水牛、黄牛、"公牛、母牛"没有说法, 羊包括:统称、山羊、绵羊、母羊、公羊, 猪包括:统称、公猪、母猪、阉过的猪、种猪,

狗包括:统称、宠物狗、牧羊犬。

纽约：牛包括:统称、母牛, 羊包括:统称、母羊, 狗包括:统称、宠物狗。

芝加哥：狗包括:统称、宠物狗。

波特兰：羊包括:统称、绵羊、山羊, 猪包括:统称、母猪、阉过的猪。

圣安东尼奥：牛包括:统称、黄牛、水牛、公牛、母牛、奶牛, 羊包括:统称、绵羊、山羊、公羊、母羊, 猪包括:统称、公猪、母猪、种猪、阉过的猪,

狗包括:统称、公狗、母狗、牧羊犬、宠物狗, 鸡包括:统称、公鸡、母鸡、阉鸡、抱窝母鸡。

（2）广府话

三藩市：猪包括:统称、公猪、母猪、种猪、阉过的猪, 狗包括:统称、公狗、母狗、宠物狗, 猫包括:统称、公猫、母猫,

鸡包括:统称、母鸡、公鸡、阉鸡。

洛杉矶：牛包括:统称、水牛、黄牛, 羊包括:统称、山羊、绵羊、母羊、公羊, 猪包括:统称、公猪、母猪、阉过的猪、种猪,

狗包括:公狗、母狗, 猫包括:公猫、母猫, 鸡包括:统称、阉鸡。

纽约：牛包括：统称、母牛、公牛、水牛、黄牛，羊包括：统称、山羊、绵羊、公羊、母羊，猪包括：统称、母猪、公猪、种猪、阉过的猪，
　　　狗包括：统称、宠物狗，鸡包括：统称、公鸡、母鸡、阉鸡。

芝加哥：羊包括：统称、绵羊。

波特兰：牛包括：统称、公牛、母牛、奶牛，羊包括：统称、绵羊、母羊，猪包括：统称、公猪、母猪、阉过的猪、种猪，
　　　狗包括：统称、宠物狗、牧羊犬，鸡包括：统称、阉鸡。

休斯顿：牛包括：统称、黄牛、水牛、公牛、母牛，羊包括：统称、绵羊、山羊、公羊、母羊，猪包括：统称、公猪、母猪、种猪、阉过的猪，
　　　狗包括：统称、公狗、母狗、宠物狗，猫包括：统称、公猫、母猫，鸡包括：统称、公鸡、母鸡、阉鸡。

各种牲畜的称呼只剩通名，不再区别大类中的小类。这从一个小方面反映了美国华人台山话和广府话方言词汇的萎缩，华人方言使用能力的弱化和减退。在上面只采用通名表示的例子中，休斯顿广府话的表现最彻底，表格调查条目中出现的"牛、羊、猪、狗、猫、鸡"等无一幸免。

在以上"通说"的例子中，还有一个值得注意的现象，一些方言点，如纽约台山话通说的"牛、羊"中只包括雌性的牛或羊，却不包括雄性的。雄性的有独立的说法"公牛、公羊（采用普通话的说法表示，构词语素排列顺序与方言相反）"。波特兰广府话通说的"羊"也是包括雌性的，雄性的则有借词的独立说法。这种表现，不知是否与粤方言台山话和广府话表示雌性的语素"乸"听起来比较粗俗，华人为了避讳有关。

5. 给雌雄牲畜新造了方言词

牲畜的叫名只有通说，没有分说，这还不是美国华人社区台山话和广府话，有关牲畜叫名问题的最犀利的变化，是对于牲畜雌雄的表示，华人还有新的创造。我们知道，汉语的属性词"男、女"相对，专用于区分人的性别，以及与男性、女性有关的各种事物。但华人社区的一些方言点，却创造性的将这两个专用于指人的属性词，用在表示牲畜的性别上了。其中，台山话有3个点，洛杉矶、纽约、波特兰都有这类说法，广府话仅波特兰一个点有。在这一类说法中，如波特兰台山话也有的例子是与方言的说法，或汉语普通话的说法一齐出现的，说明这个方言点的此种变化正在进行之中，还没有完成转变。

（1）台山话

洛杉矶：男狗、女狗、男猫、女猫

纽约：男猫、女猫

波特兰：男牛/牛公与方言原有的说法一齐出现、男羊/公羊华，与普通话的说法一齐出现、男狗、女狗、男猫、女猫、男鸡、女鸡

（2）广府话

波特兰：男狗、女狗、男猫、女猫

目前，这种以指示人类的属性词指代牲畜的表达，虽然只在美国华人社区的4个方言点中记录到。其中，波特兰台山话的"男牛/牛公"，既有方言的原说法，也有自创；还有"男羊/公羊"既有汉语普通话的说法，也有自创的。这种表达的混乱显示其变化正在发展之中，但变化是否会进一步发展，抑或影响华人社区内的其他地点方言，却是一个非常值得关注的、亟应留意的问题。

6. 仍旧保留祖籍地方言的原有说法

如"牛公、牛乸、羊公、羊乸、猪公、猪乸、猫公、猫乸、鸡公、鸡乸"（包括与共同语说法，或与自创说法一齐出现）等的，现在来看，数量还不算少。

四、美国华人关于牲畜表述的一些其他词语

（一）台山话

普通话	方言点						
	广东台山话	三藩市台山话	洛杉矶台山话	纽约台山话	芝加哥台山话	波特兰台山话	圣安东尼奥台山话
牲畜概称	畜牲 tʰək⁵saŋ³³			动物 uŋ³¹mak²	畜牲 tsʰuk⁵saŋ⁴⁴	□□□□ lai⁴⁴fu²²si²²tɔk⁵（英：livestock）	
牛角	牛角 ŋiu²²kɔk³	牛角 ŋau²²kɔk³	牛角 ŋau²²kɔk³	牛角 ŋiu²²kɔk³	牛角 ŋiu²²kɔk³	牛角 ŋiu²²kɔk³	牛角 ŋau²²kɔk³
牛蹄	牛脚 ŋiu²²kiak³	脚kiak³⁻³⁵	牛脚 ŋau²²kiak³	牛脚 ŋiu²²kiak³	蹄hai²²	蹄hai²²	牛蹄 ŋau²²hai²²
斗角 斗牛	斗牛 eu³³ŋiu²²	□□hɐt⁵pat²（英：head butt）		□角 ŋeu³¹kɔk³	斗牛 ɛu⁵⁵ŋiu²²	撞头 tsɔŋ³¹hau²²	
交配 猪、牛等交配	打种 a⁵⁵tsəŋ⁵⁵			配种 pʰui⁴⁴tsuŋ⁵⁵	配种 pʰɔi⁴⁴tsuŋ⁵⁵	□□mei⁴⁴teŋ²²（英：mating）	
猪生小猪	生猪仔 saŋ³³tsi³³tɔi⁵⁵		猪生仔 tsi⁴⁴saŋ⁴⁴tɔi⁵⁵	猪生仔 tsi⁴⁴saŋ⁴⁴tɔi⁵⁵	猪生仔 tsi⁴⁴ɬaŋ⁴⁴tɔi⁵⁵	猪生仔 tsi⁴⁴saŋ⁴⁴tɔi⁵⁵	生仔 ɬaŋ⁴⁴tɔi⁵⁵
叫 狗叫	吠fei³¹/吼hən³¹	吠fei³¹	叫kiau⁴⁴	叫kiu⁴⁴	吠fi³¹	狗叫 kau⁵⁵kiu⁴⁴	吠fei⁴⁴
叫 猫寻偶号	猫□花 miu⁵⁵va³³fa³³			夜猫 jɛ³¹mei⁴⁴	猫乸叫 mau⁵⁵na³⁵kiu³³	猫叫 mau⁴⁴kiu⁴⁴	
叫 公鸡叫	啼hai²²		鸡叫 kai⁴⁴kiau⁴⁴	叫kiu⁴⁴	啼hai²²	叫kiu⁴⁴	
鸡蛋	鸡蛋 kai³³an³¹⁻³⁵	鸡蛋 kɐi⁵⁵tan²²⁻³⁵	蛋an²¹⁻³⁵	鸡蛋 kɔi⁴⁴an³¹⁻³⁵	鸡蛋 kai⁴⁴an³¹⁻³⁵	蛋tan⁴⁴⁻³⁵	鸡蛋 kai⁴⁴tan³¹⁻³⁵
鸡胗	鸡胗 kai³³kʰin²²				鸡肾 kai⁴⁴kʰun²²	鸡肝 kai⁴⁴kɔn⁴⁴	□□kɛ⁴⁴tsə³¹（英：gizzard）
鸡生蛋	鸡生蛋 kai³³saŋ³³an³¹⁻³⁵	鸡落蛋 kai⁴⁴lɔk²an³¹⁻³⁵	生蛋 saŋ⁴⁴an²¹⁻³⁵	生蛋 saŋ⁴⁴an³¹⁻³⁵	生蛋 suŋ⁴⁴an³¹⁻³⁵	生蛋 saŋ⁴⁴tan⁴⁴⁻³⁵	鸡生蛋 kai⁴⁴ɬaŋ⁴⁴tan³¹⁻³⁵
翻找寻食 鸡的觅食动作	鸡□ kai³³va³³		鸡搵食 kai⁴⁴wun⁵⁵sek²	挖wat³	扒pʰa²²	扒pʰa²²	
啄食 鸡啄食	啄 tian³³/tɔk⁵		□□ pʰek⁵kʰeŋ²²（英语：pecking）		啄tuŋ⁴⁴	啄tɛk⁵	啄tɛk⁵

续表

普通话	方言点						
	广东台山话	三藩市台山话	洛杉矶台山话	纽约台山话	芝加哥台山话	波特兰台山话	圣安东尼奥台山话
孵小鸡 形容母鸡	菢鸡仔 pou³¹kai³³tɔi⁵⁵				菢鸡仔 pu³¹kai⁴⁴tɔi⁵⁵	生鸡仔 saŋ⁴⁴kai⁴⁴tɔi⁵⁵	菢鸡仔 pu³¹kai⁴⁴tɔi⁵⁵
交配 鸡交配	打种 a⁵⁵tsəŋ⁵⁵				打种 a⁵⁵tsuŋ⁵⁵		

（二）广府话

普通话	方言点						
	广东广州话	三藩市广府话	洛杉矶广府话	纽约广府话	芝加哥广府话	波特兰广府话	休斯顿广府话
牲畜概称	畜牲 tsʰuk⁵saŋ⁵⁵		动物 tuŋ²²mɐt²			□□□□ lai⁵⁵fu²¹si²¹tɔk⁵（英：livestock）	
牛角	牛角 ŋɐu²¹kɔk³		牛角 ŋɐu²¹kɔk³		牛角 ŋɐu²¹kɔk³	牛角 ŋɐu²¹kɔk³	
牛蹄	牛蹄 ŋɐu²¹tʰɐi²¹		蹄 tʰɐi²¹		牛脚 ŋɐu²¹kœk³	牛脚 ŋɐu²¹kœk³	
斗角 斗牛	斗角 tɐu³³kɔk³/顶角 teŋ³⁵kɔk³				冚头 hɐm³⁵tʰɐu²¹	打交 ta³⁵kau⁵⁵	
交配 猪、牛等交配	配种 pʰui³³tsuŋ³⁵		配种 pʰui³³tsuŋ³⁵		□嘢 pɔk⁵jɛ¹³		
猪生小猪	猪生仔 tsy⁵⁵saŋ⁵⁵tsɐi³⁵		猪生仔 tsy⁵⁵saŋ⁵⁵tsɐi³⁵/猪生BB tsy⁵⁵saŋ⁵⁵pi²¹pi⁵⁵（英语：baby）		生猪仔 saŋ⁵⁵tsy⁵⁵tsɐi³⁵	生猪仔 saŋ⁵⁵tsy⁵⁵tsɐi³⁵	
叫 狗叫	吠 fɐi²²	叫 kiu³³	叫 kiu³³	狗吠 kɐu³⁵fɐi³³	吠 fɐi²²	吠 fɐi²²	
叫 猫寻偶号	起群 hei³⁵kwʰɐn²¹	叫 kiu³³			猫叫 mau⁵⁵kiu³³	猫乸叫 mau⁵⁵na³⁵kiu³³	
叫 公鸡	啼 tʰɐi²¹		叫 kiu³³	叫 kiu³³	叫 kiu³³	叫 kiu³³	
鸡蛋	鸡蛋 kɐi⁵⁵tan²²⁻³⁵	鸡蛋 kɐi⁵⁵tan²²⁻³⁵	鸡蛋 kɐi⁵⁵tan²²⁻³⁵	鸡蛋 kɐi⁵⁵tan²²⁻³⁵	鸡蛋 kɐi⁵⁵tan²²⁻³⁵	鸡蛋 kɐi⁵⁵tan²²⁻³⁵	蛋 tan²²⁻³⁵
鸡胗	鸡肾 kɐi⁵⁵sɐn¹³		鸡肾 kɐi⁵⁵sɐn¹³		鸡肾 kɐi⁵⁵sɐn²²⁻³⁵	鸡肾 kɐi⁵⁵sɐn¹³	

续表

普通话	方言点						
	广东广州话	三藩市广府话	洛杉矶广府话	纽约广府话	芝加哥广府话	波特兰广府话	休斯顿广府话
鸡生蛋	鸡生蛋 kɐi⁵⁵saŋ⁵⁵tan²²⁻³⁵	生蛋 saŋ⁵⁵tan²²⁻³⁵	生蛋 saŋ⁵⁵tan²²⁻³⁵	鸡生蛋 kɐi⁵⁵saŋ⁵⁵tan²²⁻³⁵	生蛋 saŋ⁵⁵tan²²⁻³⁵	生蛋 saŋ⁵⁵tan²²⁻³⁵	生蛋 saŋ⁵⁵tan²²⁻³⁵
翻找寻食 鸡的觅食动作	抄tsʰau³³		翻fan⁵⁵		执食 tsɐp⁵sek²		
啄食 鸡啄食	啄tœŋ⁵⁵/tœk⁵⁵		啄tœk⁵⁵		啄tœŋ⁵⁵	啄tœk³	
孵小鸡 形容母鸡	菢鸡仔 pou²²kɐi⁵⁵tsɐi³⁵				生鸡仔 saŋ⁵⁵kɐi⁵⁵tsɐi³⁵		
交配 鸡交配	打鸡ta³⁵kɐi⁵⁵		配种 pʰui³³tsuŋ³⁵				

除了仍旧保留了部分与祖籍地方言相类似的说法以外，归纳"美国华人一些关于牲畜表述的其他词语"这部分，可总结出以下3点：

（1）粤方言广东台山话和广府话对应表格第一条目，普通话"牲畜"一词的，都是构词语素顺序相反的"畜牲（这在普通话里可以是詈言，骂人的话）"，但在所有方言点中，只有芝加哥台山话保留了祖籍地的这个说法。

（2）发音人没有提供说法的空白很多，是三个表中最多的，最典型的休斯顿广府话，对表格中列出的16个条目，只有2条"蛋、生蛋"有回应。

（3）虽然不多，但也有提供的是英语借词的条目：

①台山话

三藩市：□□(牛)斗角hɛt⁵pat²（英：head butt）

洛杉矶：□□(鸡)啄(食)pʰek⁵kʰeŋ²²（英：pecking）

波特兰：□□□□牲畜lai⁵⁵fu²¹si²¹tɔk⁵（英：livestock）、□□(猪、牛等)交配mei⁴⁴teŋ²²（英：mating）

圣安东尼奥：□□鸡胗kɛ⁴⁴tsə³¹（英：gizzard）

②广府话

洛杉矶：猪生仔/猪生BB tsy⁵⁵saŋ⁵⁵pi²¹pi⁵⁵（英：baby 与方言原有的说法一齐出现）

波特兰：□□□□牲畜lai⁵⁵fu²¹si²¹tɔk⁵（英：livestock）

以上归纳的两方面，都从一个角度说明了华人对牲畜，及牲畜的行为习性等很不了解，更遑论保留这些方面的汉语方言说法了。

参考文献

［1］陈晓锦.试论词汇研究在海外汉语方言研究中的重要性［J］.暨南学报（哲学社会科学版），2013，35（9）：141—146.

［2］陈晓锦.东南亚华人社区汉语方言概要［M］.广州：世界图书出版广东有限公司，2014.

［3］陈晓锦.论海外汉语方言的调查研究［J］.语文研究，2006（3）.

印尼棉兰美达村客家话中的新增词

吴忠伟

（嘉应学院文学院　广东梅州　514015）

【提　要】印尼棉兰美达村客家话词汇中，存在一批有别于祖籍地梅县客家话的新增词语。本文将美达村客家话的新增词分为"表现美达村特定生活的'特色词'"及"与当地兄弟汉语方言共有的新增词"两大类，进行例释论述，并探析了美达村客家话新增词产生的原因。

【关键词】美达村客家话　新增词　特色词　原因

美达村（Metal）位于印尼棉兰市（Medan）东北部，面积约10多公顷（1公顷约等于10000平方米），是一个客家人的聚居地。这个地方在20世纪60年代前尚属荒芜之地，当时并无客家人居住。从历史上看，现聚居美达村的客家人，是从印尼苏门答腊岛北部亚齐（Aceh）地区的城市班达亚齐（Banda Aceh）南迁而来的政治难民及其后代。①目前，美达村有400多户人家约2000多人口。

美达村客家话中的新增词，是美达村人在居住地长期的社会生活中，适应交际的需要，与原乡本土方言相比，新出现的词语，包括用旧语素创造出来的新词语及借自外族语（音译）的新词语。其主要着眼于这几个方面：一是反映了美达村异于他人的特定生活且汇聚成类使用的特色词；二是虽然词形是固有的，但其词义产生了变化而且具有特色的词；三是华人根据居住地事物、现象的特征，用汉语语素构成的词。需再加说明的是，这其中有些词从来源上说是外族语借词，但基于上述考量，我们也将之作为新增词来论述。

一、美达村客家话中新增词的类别与内容②

（一）表现美达村特定生活的"特色词"

在美达村客家话新增词中，最具特色的是表现美达村特定生活的词语，这些特色词不为所有或鲜见于当地兄弟汉语方言和迫迁前的居住地亚齐的客家话中。

1."寮赌"类词语③

"寮赌［liau²¹ tu³¹］"一词，字面意为"聚在烟寮里赌博"，是美达村人的自创词。棉兰产烟草，用来晾晒烟叶的寮棚很多。美达村人20世纪60年代被迫迁至棉兰，无处栖身，相当长的时期里，分住在

---

① 据美达村内部资料《印尼亚齐省华人被迫迁的经历和现状》（2007年整理）：1965年，印尼掀起排华浪潮，尤以华侨多为客籍的亚齐地区为甚。1966年起，亚齐各地中国侨民被迫陆续离开，南来到棉兰，一部分由中国政府接侨船经由棉兰港口勿拉湾接回中国；一部分则在棉兰定居下来。

② 材料由美达村居民叶志宽、丘文浩两位先生提供，谨此致谢！

③ 美达村客家话共6个声调，本文中调类、调值标注依次为：阴平，44；阳平，21；上声，31；去声，52；阴入，2；阳入，5。

大大小小的各个烟寮里。70年代始，美达村赌风盛行，不少人常日在烟寮里聚赌，即美达村客家人所谓"寮赌"。由此在当时的"烟寮"这个栖身之所，诞生并此流行了一批赌博相关的词语，如：

看水［kʰɔn⁵² sui³¹］：看守、把风，防警察来抓赌。

□□［le⁴⁴ len⁵²］：开赌人给看守的人的酬劳。印尼语deren译音。

荷兰牌［hɔ²¹ lan²¹ pʰai²¹］：一种扑克牌，因荷兰人喜欢玩而得名。

搞多米诺［kau³¹ tɔ⁴⁴ mi³¹ nɔk⁵］：一种赌博类型。

打苏联［ta³¹ su⁴⁴ lian²¹］：一种赌博类型。

打牛喊［ta³¹ ŋiu²¹ ham⁵²］：一种赌博类型。

赌摇猴［tu³¹ iau²¹ heu²¹］：一种赌博类型。

摇碌［iau²¹ luk⁵］：一种赌博类型。

打九九［ta³¹ kiu³¹ kiu³¹］：一种赌博类型。

美达村人把这种赌博风气称之为"寮赌"，"寮"除指场所外，又跟客家话"嬲［liau⁵²］"（玩耍）音谐，意为"又嬲又赌"。90年代起，赌博之风逐渐得到遏制。

现在的美达村，大大小小的咖啡店有不下10家，咖啡店是居民们尤其是年长一辈们喜爱的休闲地方。闲时，他们喜欢三三两两坐在咖啡店，边喝咖啡、甜茶边闲聊。"嬲"风还在，只是不再"又嬲又赌"，而是只嬲不赌了。"寮赌"一词也变为偏指"寮（嬲）"的偏义词，常用在美达村人日常生活中。如：

A：今上昼无见到你。（今天上午没有见到你。）

B：俚去□□［kɔ⁴⁴ pi⁴⁴］店寮赌来。（我去咖啡店聊天了。）

2. 运输工具相关的词语

棉兰是从19世纪末发展起来的新兴商业城市，工商贸易活跃。外港勿拉湾（Belawan）是现代化港口，是进出口商品物资的重要集散地，也是印尼国内橡胶、烟草、剑麻和棕油的最大出口港。美达村临近通往勿拉湾的物流运输繁忙的主干线。不少美达村人看准交通运输相关行业的发展前景，从事汽车租售、运输、维修、配件销售等工作。在美达村客家话的调查中，笔者发现，有不少跟运输工具有关的词语活跃在美达村人的话语中。例如：

美达村客家话	释义
牙［ŋa²¹］	汽车、摩托车档位
泵霸［pɔŋ⁴⁴ pa⁵²］	汽车打火装置。借自印尼语pompa
□□［kə³¹ lep⁵］	汽车动力装置中的阀门。借自荷兰语klep
□□□□［lam⁴⁴ pu⁴⁴ tem⁴⁴ pak⁵］	汽车、摩托车前大灯。借自印尼语lamputembak
□□□［sə⁴⁴ tiə³¹］	汽车方向盘。借自印尼语setiur
□□［sə⁴⁴ taŋ⁵²］	摩托车车头。借自印尼语setang
□□□□［pɔ⁴⁴ sŋ⁴⁴ nei⁴⁴ liŋ⁵²］	汽车档位把手。借自印尼语posneling
加息时［ka⁴⁴ sit² sŋ²¹］	汽车承受载货车箱的支架。借自印尼语kasis
机器［ki⁴⁴ hi⁵²］ □□［mə⁴⁴ sin⁵²］	汽车、摩托车各个零件统称。借自印尼语mesin
车油［tsʰa⁴⁴ iu²¹］ □□［ɔ⁴⁴ li⁵²］	汽车、摩托车用油。借自英语oli

续表

美达村客家话	释义
□□ [kə⁴⁴ taŋ⁵²]	汽车驱动装置，较圆较大，前接动力传送轴。借自印尼语gerdang
□□□ [si⁴⁴ lin⁴⁴ tet⁵]	汽车发动机圆柱状的汽缸。借自印尼语silinder
□□□□ [la⁴⁴ ti⁴⁴ a⁴⁴ tɔ⁵²]	汽车水箱。借自英语radiator
□□□□ [sə⁴⁴ laŋ⁴⁴ pi⁴⁴ pa⁵²]	汽车的输油管。借自印尼语selangpipa

以上这些词，基本都是来自印尼、英语、荷兰语的外族语，只有表示机车各个零件统称、机车用油的，还有"机器""车油"一说。由于不少美达村人从事运输行业相关的工作，这些词使用频繁。就表示以上这些基本意义的词的外在形式来说，这些外族语借词并不独为美达村客家话所有。其具有特色之处，是在于这些借词在使用过程中，大多数都由最初所指的事物产生了派生义，活用在美达村客家话中。下面笔者逐一举例进行说明：

牙 [ŋa²¹]

客家话多用"牙"来形容齿状物，如轮状物上一个个的轮齿，可称"牙"。美达村客家话以此来指一个个不同的汽车档位，如："崖个电车第二牙坏了（我的汽车第二档坏了）。"使用过程中派生出"年龄、岁数"的意义，如："崖今年有七牙几了（我今年有七十多岁了）。"

泵霸 [pɔŋ⁴⁴ pa⁵²]

"泵霸"本指汽车的打火装置，打着了，汽车获得动力；否则，汽车不能发动。以此来喻指人身上最重要生命动力源——心脏，非常贴切。如："人老欸，泵霸也无用欸（人老了，心脏也没用了）。"

□□ [kə³¹ lep⁵]

"□□ [kə³¹ lep⁵]"指的是影响汽车动力的阀门，这与人的心脏的舒张泵血系统，功能上非常相似。因此，美达村客家话中，这个词也用来指人体的这一系统的功能。如：个只人面青青，唔知系唔系□□ [kə³¹ lep⁵] 漏撇 [het²] 欸（那个人面色很黑，不知道是不是心脏泵血不好了）。

加息时 [ka⁴⁴ sit² sɿ²¹]

这个词本指汽车承重的支架，这一作用就像人的脊梁，支撑起全身。因此，用它来表示人的脊梁这一意义。如："崖晏 [an³¹] 老欸，加息时 [ka⁴⁴ sit² sɿ²¹] 都□ [ŋau²¹] 欸（我很老了，脊椎都弯了）。"

□□ [mə⁴⁴ sin⁵²]

"□□ [mə⁴⁴ sin⁵²]"是指机车内部的各个机器、零件，除此之外，在美达村客家话词汇中还用它来喻指人的内脏器官。如："佢还后生，□□ [mə⁴⁴ sin⁵²] 还靓（他还年轻，身体内脏器官还好）。"

□□□□ [sə⁴⁴ laŋ⁴⁴ pi⁴⁴ pa⁵²]、□□ [ɔ⁴⁴ li⁵²]

前一个词指机车输油管，后一个词指管内机车油，这与人的血管和血管内的血液，形态、作用都相似，因此，也拿它们来指人的血管和血液。如："□□□□ [sə⁴⁴ laŋ⁴⁴ pi⁴⁴ pa⁵²]（或"□□ [pi⁴⁴ pa⁵²] 管"）塞撇 [het²] 欸，手脚就会发麻（血管堵住了，手脚就会发麻）"、"□ [ŋa⁴⁴] 爸个手脚晏 [an³¹] 常麻痹，医生话系因为□□ [ɔ⁴⁴ li⁵²] 晏 [an³¹] 浓（我爸爸的手脚经常麻痹，医生说是因为血液浓稠）"。

□□□□ [la⁴⁴ ti⁴⁴ a⁴⁴ tɔ⁵²]

这个词指的是汽车水箱，美达村客家话中还用它来指常喻为人的"风箱"的肺。如："莫晏 [an³¹] 多烧烟，小心 □□□□ [la⁴⁴ ti⁴⁴ a⁴⁴ tɔ⁵²] 会坏撇 [het²]（别抽那么多烟，小心肺会坏掉）。"

还有些词在生活中被用来当作讳饰语使用，如："□□ [kə⁴⁴ taŋ⁵²]"这个词本来是指汽车中外形圆、大的驱动装置，使用中，着眼于外形上的特点，还用它来喻指女人的臀部。如："晏 [an³¹] 大□□

[kɔ⁴⁴taŋ⁵²]，生细仔容易（那么大的臀部，生小孩容易）""寻妹仔爱寻大□□[kɔ⁴⁴taŋ⁵²]个（找女孩子要找臀部大的）。"又如指称汽车前大灯的"□□□□[lam⁴⁴ pu⁴⁴ tem⁴⁴ pak⁵]"用来讳称女人胸大，指称汽车档位把手的"□□□□[pɔ⁴⁴ sɿ⁴⁴ nei⁴⁴ liŋ⁵²]"用来讳称男性的生殖器。

这些颇具特色的词语，巧妙地抓住了汽车部件与人体部位形状、功能的相似性，比喻既准确，又形象生动，极富生活情趣。展现了美达村人风趣、幽默的一面。

从词义的发展变化看，以上与汽车、摩托车相关的词语，基本上是跟人体的某部位或状况相联系，以比喻的方式产生新的意义，从而形成一类词汇。这与临时的、个别的打比方是有所区别的。这一类词汇的比喻义，基本上不见于周围的外族语及兄弟汉语方言，包括不见于美达村人迁前的印尼亚齐客家话，但在美达村内部，却为大家普遍通用，几乎成为固定的转义。

从词的外在形式看，这些外族语借词，其语音形式基本上是全音译词，进入美达村客家话词汇后一般都顺应客家话的语音系统进行了语音转换。

3. 带有戏谑、贬义色彩的一类词语

这一类新增词，是一些带上了一定政治色彩和民族情绪的贬义词。

美达村客家话	释义
蓝屎勿 [lam²¹ sɿ³¹ ʋut²]	谑称荷兰人。荷兰国旗由三个横条图样构成，颜色自上而下依次为红、白、蓝。蓝色位于最下方，因此戏称荷兰人为蓝屎勿
荷兰鬼 [hɔ²¹ lan²¹ kui³¹]	贬称荷兰人
阿土哥 [a⁴⁴ tʰu³¹ kɔ⁴⁴]	谑称当地男性土著。意为土气的人
阿土妹 [a⁴⁴ tʰu³¹ mɔi⁵²]	谑称当地女性土著。意为土气的人
阿番哥 [a⁴⁴ fan⁴⁴ kɔ⁴⁴]	谑称当地土著
乌柴 [ʋu⁴⁴ tsʰai²¹]	谑称当地土著。意为又黑又瘦
番猪狗 [fan⁴⁴ tsu⁴⁴ keu³¹]	贬称当地土著
番鬼仔 [fan⁴⁴ kui³¹ tsai³¹]	贬称当地土著

有的词，虽然并非只美达村客家话所有，如"荷兰鬼""阿土哥""乌柴"，但我们感觉到这些词的贬义感情色彩，在美达村客家话中表现得更为强烈。

（二）与当地兄弟汉语方言共有的新增词

美达村客家话的新增词中，有些是与当地兄弟汉语方言棉兰福建话、广府话共有的，如：

烟寮 [ian⁴⁴ liau²¹]：用来晾晒烟叶的简易寮棚。苏北地区盛产烟草，棉兰城郊有很多这样的寮棚。

冷棚 [laŋ⁴⁴ paŋ²¹]：供乘凉、临时休息的一种简易草棚。棉兰天气炎热，这种亭子多建于橡胶园、棕榈园路边、屋旁。

排屋 [pʰai²¹ ʋuk²]：成排相连的房屋。棉兰多见这种建筑。

排舞 [pʰai²¹ ʋu³¹]：当地人喜欢跳的一种横竖成排、整齐划一的集体舞。

店屋 [tiam⁵² ʋuk²]：指楼下作店铺、楼上住人的房屋。

山芭 [san⁴⁴ pa⁴⁴]：山林、山区或偏僻穷困地区。

蛇皮果 [sa²¹ pʰi²¹ kuɔ³¹]：一种外壳状如蛇皮的热带水果。印尼语 salak。

牛油果 [ŋiu²¹ iu²¹ kuɔ³¹]：一种热带水果。印尼语 alpukat。

牛心果［ŋiu²¹ sim⁴⁴ kuɔ³¹］：一种热带水果。印尼语 buahnona。

老加勒［lau³¹ ka⁴⁴ let⁵］：喻指老妓女。"加勒"为印尼语 karet（橡胶）译音。

义山［ŋi⁵² san⁴⁴］：指华人的墓地。

这些新增词，最初是为哪种汉语方言首创，已不易考证。从词汇意义上看，多是指具有当地特色的常见事物。如"冷棚［laŋ⁴⁴ paŋ²¹］"，棉兰是从大规模发展橡胶、棕榈、烟草等种植业发展起来的城市，这种主要供工人休息、乘凉的草棚，普遍常见，跟人们生活密切相关；再如"蛇皮果［sa²¹ pʰi²¹ kuɔ³¹］"，是当地常见常吃的水果特产。有的则反映了先辈海外生存的艰辛，如"义山［ŋi⁵² san⁴⁴］"，是得名于当初热心人士筹资、集资埋葬离世的穷苦华工这一义举。在构词方面，多是用汉语的语素，抓住事物的形态特征，造出词语，如"排屋［pʰai²¹ ʋuk²］""蛇皮果［sa²¹ pʰi²¹ kuɔ³¹］""牛心果［ŋiu²¹ sim⁴⁴ kuɔ³¹］"等，表义既形象又准确。又如：以"老加勒［lau³¹ ka⁴⁴ let⁵］"来喻指老妓女，巧妙、含蓄且极具地方特色。在语音形式上，这些词都顺应了客家话自身的语音系统。

二、美达村客家话中新增词产生的原因

词汇是社会现实生活在语言层面的反映。美达村客家话中新增词的产生，主要有外在的环境影响和内在心理定势影响这两方面的原因。

（一）外在的环境影响

影响美达村客家话新增词产生的外在环境，包括自然环境和社会环境。一些美达村人居住地常见、熟知的事物、现象，为祖籍地所不具有或是有所不同；同时，对这些事物、现象的概念认知，明显异于外族。因而，在美达村客家话中产生了为祖籍地客家话所没有的、也异于外族语的新增词汇。具体说来，主要有如下三种情况：

（1）因该事物、现象为祖籍地不见或鲜见，而相关概念在印尼语中不成词而产生新增词。如"烟寮"，这种为祖籍地鲜见的用来晾晒烟叶的寮棚，在印尼语中没有相对应的词，如要谈及，须用词组"gubuk penjemuran rokok"（"gubuk"为"小屋"，"enjemuran"为晾晒，"rokok"为烟叶）来表述。

（2）因该事物、现象不见于祖籍地，相关概念在印尼语中不存在而产生新增词。如"义山"所指的现象不在祖籍地发生，而在印尼语中也没有相关概念。

（3）因该事物、现象为祖籍地不见，在印尼语中虽有对应的词，但基于概念认知的差异，构词理据明显不同而产生新增词。与拼音文字的印尼语不同，汉语的构词讲究"意合"，如依次对应印尼语"salak""alpukat""buahnona"的"蛇皮果""牛油果""牛心果"这些词，是着眼于事物的形状、质感"意合"成词。

美达村人从原居住地亚齐被迫迁至现居住地之初，失去了原有的物业，没有房屋，没有工作，被印尼政府当局边缘化，只能住在烟寮里，生存的艰难一定程度上助长了某些村民的消极情绪，滋长了赌博风气，因而流行一批赌博类的新增词。20世纪80年代中期起，不少美达村人开始从事与汽车运输相关的行业，因而相关的词语渐渐为大家所熟知、常用，并在使用过程中赋予了这些词极富生活情趣的意义，如前面的例举，成为美达村日常使用的新增词。

（二）内在的思想意识影响

用来称说印尼原住民的带有戏谑、贬义色彩的一类新增词的产生，主要与美达村人的思想意识密切相关。

从历史上看，不管是荷兰殖民主义时代还是印尼独立主权时代，华人远离中国本土，南渡到印尼谋生，其生存发展道路都是非常艰辛的，曾屡次遭受荷兰殖民政府、印尼政府在政治、文化、宗教等方面的民族歧视、排斥甚至是迫害。这些不公平、不公正的待遇对华族人思想意识上的影响至深。美达村人对此感受尤为深刻。即使是在今天，华人族群与印尼其他族群之间仍存在着一定程度的矛盾和隔阂，这在老一辈华人身上表现得更为明显。美达村人是在20世纪60年代，因遭政治迫害从苏门答腊岛北端的班达亚齐（Banda Aceh）逃难南迁而来的。所以在美达村、棉兰当地的华人话语中，"难民"一词的常用义是"美达村人"，至今还习惯以"难民"代称"美达村人"。笔者在美达村跟村民交谈时，一些老辈华人对当年逃难情形、生存斗争的历程仍记忆犹新，悲愤情绪溢于言表。在美达村自编的内部资料《印尼亚齐省华人被迫迁的经历和现状》里曾有描述。此外，在意识形态上，印尼原住民生活慵散、安于现状的思想与华人勤俭进取、居安思危的观念格格不入。所有这些，都在美达村客家话新增词中留下了印记。像前面例举中的"番鬼仔[fan^{44} kui^{31} tsai^{31}]""番猪狗[fan^{44} tsu^{44} keu^{31}]""阿土哥[a^{44} tʰu^{31} kɔ^{44}]"等这些词语，以"鬼""猪""狗"等来喻指当地土著，以"土"来暗指他们民智不开。这些用词，联系心理认知层面来解析，正是上述思想意识、观念在词语中的反映。

这些特定条件下产生的带有戏谑、贬义色彩的一类美达村客家话新增词，正是美达村人长期以来艰辛的生存、发展境遇沉淀在心理认识中的内在思想意识，在语言层面上的影射。

三、结语

印尼棉兰的美达村客家话，离开母体方言已有100多年，从内部看，对于祖籍地原乡的客家话，美达村客家话既有传承，也有异于本土的发展变化。在发展变化上，一个重要的方面就是：一批反映美达村人现居住地特定生活的新增词，出现在美达村客家话日常词汇中。这些异于本土的客家话词汇，正是美达村客家话在脱离祖籍地原乡客家方言后产生变异的具体表现。总的说来，这种现象产生的根本原因，是美达村客家人现居住地与祖籍地的自然环境、社会环境的不同所形成的思维认知上差异，在词汇上的反映。

参考文献

[1] 陈晓锦.马来西亚的三个汉语方言[M].北京：中国社会科学出版社，2003.
[2] 陈晓锦.泰国的三个汉语方言[M].广州：暨南大学出版社，2010.
[3] 陈晓锦，甘于恩.第四届海外汉语方言国际研究会论文集[C].广州：世界图书出版广东有限公司，2016.
[4] 甘于恩，李明.印尼汉语方言的分布、使用、特点及影响[M]//甘于恩.南方语言学（第四辑），2012.
[5] 黄雪贞.梅县方言词典[K].南京：江苏教育出版社，1995.

马来西亚亚庇客家华人语言生活调查报告

陈嘉乐

（暨南大学文学院　广东广州　510632）

【提　要】 亚庇市是马来西亚沙巴州的首府，客家人是当地的第一大华人社群，多语言和谐共存的环境使得当地客家华人的语言生活多样而复杂。调查采用问卷法和访谈法相结合的形式进行。调查结果表明，受访的客家华人从老年到青年在语言能力、日常语言使用和对客家话的态度等方面存在一定程度的代际差异。目前，亚庇客家话后继使用者匮乏，若不加以传承和保护，其濒危程度将进一步加剧。

【关键词】 亚庇　客家华人　语言能力　语言使用　语言态度

一、引言

亚庇市（又称哥打京那巴鲁，Kota Kinabalu）是马来西亚沙巴州（Negeri Sabah）首府，位于沙巴州西海岸省，是东马的工业及商业重镇，旅游资源丰富。历史上亚庇曾多次遭遇火灾，被称为"火之都市"，"火"在马来语中为"api"，当地华人根据客家话的谐音将其写作"亚庇"，这一名称便广为传播并沿用至今。根据马来西亚统计局2017年的官方统计，亚庇全市约有55.39万人，主要由马来人（Bumiputera）、华人（Chinese）、印度人（Indian）和当地土族卡达山人（Kadazan）、杜顺人（Dusun）、毛律人（Muruts）组成。华人中客家人占绝大多数，此外还有广府人、福建人、海南人、潮州人以及少部分天津人、河北人和湖北人。客籍华人多来自广东宝安（新安）、龙川、五华、惠阳、紫金和东莞等地，其中以宝安为最多，龙川次之，其他祖籍地的客家人数量远不及前二者。得益于巴色会的传教和人口优势，宝安话是亚庇客家华人通用的"标准客家话"。

二、调查说明与样本基本情况

本次调查主要采取街头随机发放问卷的形式，同时辅以访谈法验证统计结果，挖掘背后原因。调查时间为2019年7月。调查地点在亚庇市区。调查对象是居住在亚庇的14周岁及以上的客家华人。问卷共设计个人基本情况、语言能力、语言使用、语言态度四大模块进行考察。问卷计划的样本容量需超过100份，实际发放问卷110份，收回有效问卷104份，有效率达94.5%[①]，符合预期要求。问卷样本的个人基本情况统计结果如下：

---

① 后三个模块基本完成即定义为有效问卷。

表1 调查问卷样本个人基本情况

样卷考察项		样本数	百分比（%）	样卷考察项		样本数	百分比（%）
年龄段	14—34岁	35	33.65	职业或社会身份①	文职等非体力劳动人员	22	21.15
	35—59岁	39	37.50		专业技术人员	7	6.73
	60岁及以上	30	28.85		商业从业者及服务业人员	42	40.38
性别	男	52	50.00		学生	20	19.23
	女	52	50.00		退休人员	13	12.50
祖籍地	广东 宝安	31	29.81		其他	2	1.92
	广东 龙川	18	17.31	受教育程度	小学	5	4.81
	广东 其他	18	17.31		初中	28	26.92
	广东 不明	23	22.11		高中	31	29.81
	只知是客家	14	13.46		大专或以上	40	38.46
第几代华人	第一、二代	16	15.38	是否上过华校或华语补习班	是	96	92.31
	第三代	56	53.85		否	8	7.69
	第四代及以上	29	27.89	十六岁前是否有外出生活经历	是	15	14.42
	不清楚	3	2.88		否	89	85.58

三、语言能力

1.小时候最先学会的语言或方言

在104份样卷中，有73人最先学会客家话，30人最先学会华语，5人最先学会英语，7人最先学会马来语。② 不同年龄段和不同世代的客家华人最先学会的语言或方言有所不同。

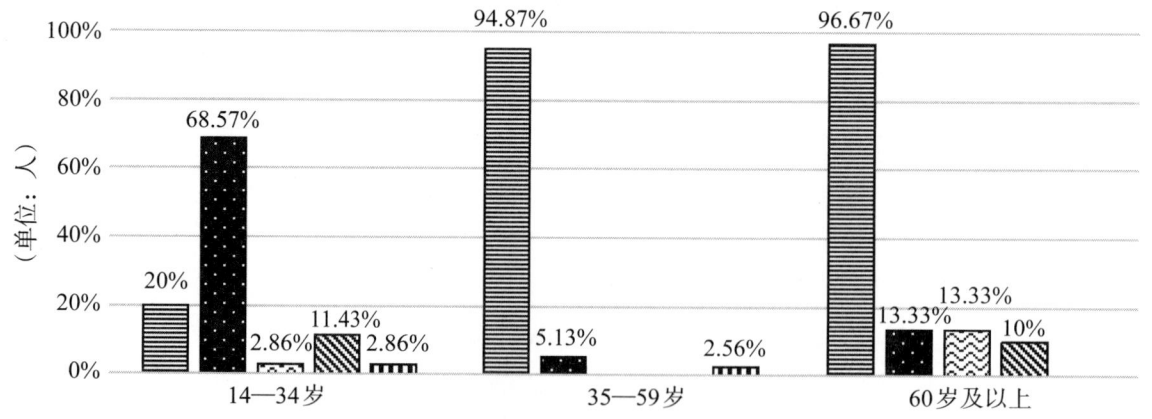

图1 各年龄段客家华人最先学会的语言或方言

---

① 部分受访者表示自己兼有多职，此题按照多选题的计算方法进行统计：各选项的百分比＝该选项被选择次数÷有效答卷份数。意即选择该选项的人次在所有填写人数中所占的比例，因此总百分比可能会超过100%。多选题的计算方法全文统一，后文不再赘述。

② 一些受访者表示自己小时候最先学会不止一种语言或方言，故此题依多选题的计算方法进行统计。

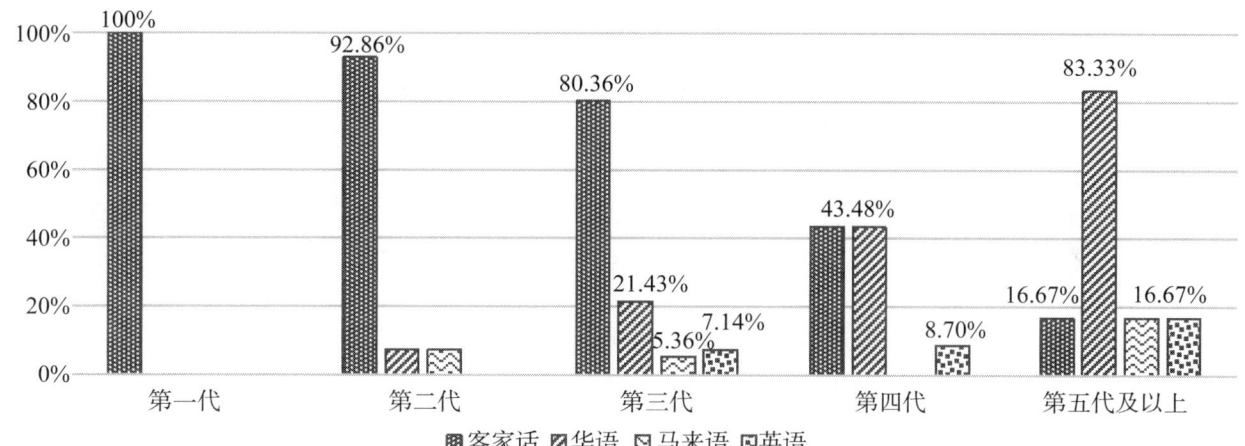

图 2　不同世代客家华人最先学会的语言或方言

就年龄来看，中、老年华人几乎都最先学会客家话，青年华人多数最先学会华语。就世代来看，第四代是分水岭，第四代之前的华人绝大多数最先学会的语言是客家话，从第四代开始，最先学会客家话的大幅减少，最先学会华语的则明显增多。由此可见，客家话在亚庇客家华人中的母语地位逐渐被华语取代。此外，马来语和英语也越来越成为新一代亚庇客家华人最先学会的语言。

2. 多语言听说能力统计

沙巴是多民族、多文化融汇的乐土，多元的文化背景及和谐的种族关系滋养了该地区的多语环境，除了国语马来语外，英语、华语、客家话、广府话、潮州话、福建话、海南话、杜顺语和卡达山语都是沙巴地区的常用语言，如此背景下成长的华人往往具备多语能力。问卷从听、说两方面来考察亚庇客家华人的语言能力，由强到弱，分"说得很流利"、"说得不流利"、"只会说一点"、"会听不会说"、"只会听一点"和"不会听也不会说"六个等级，前两个等级代表语言能力较好，中间两个等级代表语言能力一般，后两个等级代表语言能力较差。统计结果如下：

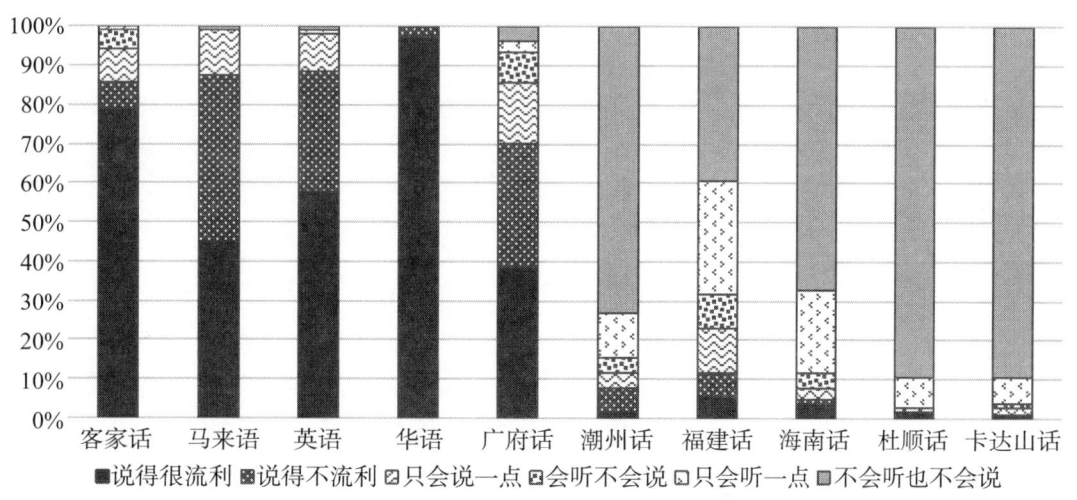

图 3　问卷样本多语言听说能力统计

我们按听说能力由强到弱将样本主要掌握的十种语言分四个档级。第一档：华语和客家话。几乎所有受访的客家华人都能较流利地使用华语进行交流，客家话也有超过八成华人能够流利地使用，但有部分青年人只会听不会说。第二档：英语、马来语、广府话。这一档的语言多数受访者掌握得较好，尤其是英语和马来语。广府话则稍弱，近10%受访者听说能力较差。第三档：福建话、海南话、潮州话。逾

— 109 —

六成样本至少能听懂一些福建话，相对应地，海南话和潮州话则只有三成左右，而且绝大部分是老年人。第四档：杜顺语、卡达山语。只有少数和土族通婚或与土族来往密切的华人能听或会说。进一步分析我们发现，客家华人的多语言听说能力存在一定的代际差异，这其中差异最大的就是客家话。

表2　各年龄段样本客家话听说能力

听说能力 年龄段	说得很流利	说得不流利	只会说一点	会听不会说	只会听一点
14—34岁	40%	20%	22.86%	14.29%	2.86%
35—59岁	97.44%	—	2.56%	—	—
60岁及以上	100%	—	—	—	—

由上表所示，中、老年华人的客家话普遍说得很流利，青年华人的客家话听说能力却只能算是一般，受访者中有22.86%只会说一点，还有近两成仅限于能听而不会说。尽管客家话曾是亚庇华人圈的通用方言，但随着方言的失传，多数年轻一代客家华人掌握较好的语言只有华语、英语和马来语三种。

四、语言使用

为了解亚庇客家华人日常使用的语言，我们设置了家庭生活、邻里交流、工作场合、学校生活和市集购物五种交际场合进行考察。下文重点介绍不同年龄段华人的语言使用情况。

1. 家庭生活

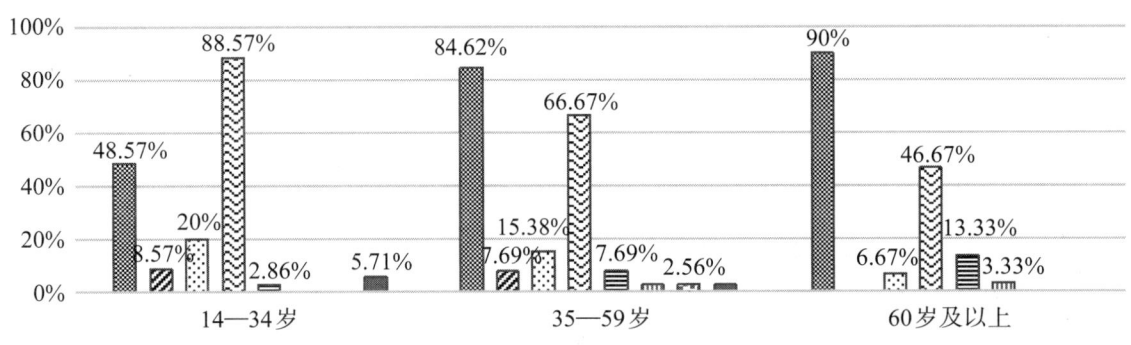

图4　各年龄段样本家庭生活语言使用情况

由图4所示，受访的客家华人主要家庭用语是客家话和华语：老年华人与同龄人交流时都说客家话，跟儿女或孙辈交流则多用华语；青年华人在家里以说华语为主，客家话只偶尔会和祖辈说两句。英语、马来语虽不是主要的家庭用语，但各年龄段均有一定的使用频率，越是低龄段，使用频率越高。其他华社方言主要是中、老年华人会使用。

2. 邻里交流

观察图5可知，在与邻里交流时，客家话依然是老年华人最常用的语言，华语居其次。一些老年受访者掌握多种语言，他们表示自己"见到福建人会讲福建话，见到广府人会说广府话，见到土族也会跟他们讲两句土族的话"。中年受访者与邻里交流最常用的则是华语，客家话的使用频率相较老年有所降低，马来语和英语的使用频率则有一定程度的提高。到了青年受访者，邻里交流时最常用的已经是华语了，马来语也超过客家话，成为使用频率第二高的语言，而客家话只有少部分年轻人与祖辈邻居交流时会使用。

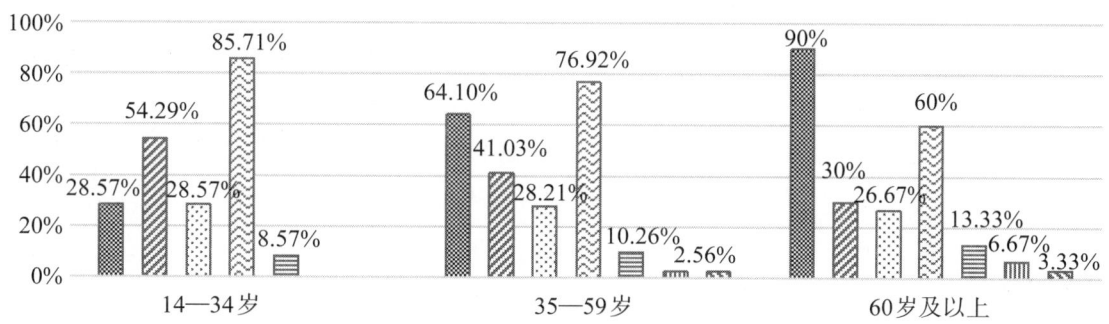

图5　各年龄段样本邻里交流语言使用情况

3. 工作场合

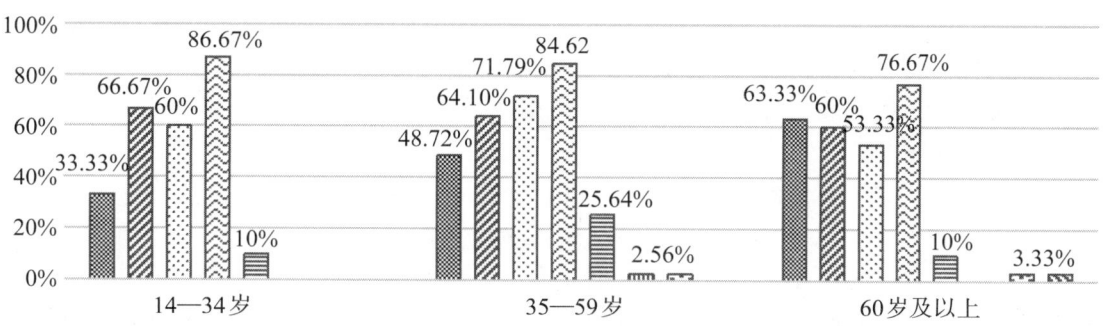

图6　各年龄段样本工作场合语言使用情况①

工作场合的语言使用与受访者的职业有很大关系。除开学生不计，华语、马来语、英语和客家话是受访者工作场合最常使用的几种语言。各年龄段华人工作场合语言使用的主要差异就在于，从老年到青年，客家话的使用频率逐渐降低，英语、马来语的使用频率逐渐升高。此外，三个年龄段的受访者均有一定比例会在工作场合说广府话，除了因为当地有不少广府籍华人外，沙巴与广东观光、商贸来往密切也是重要的原因。

4. 学校生活

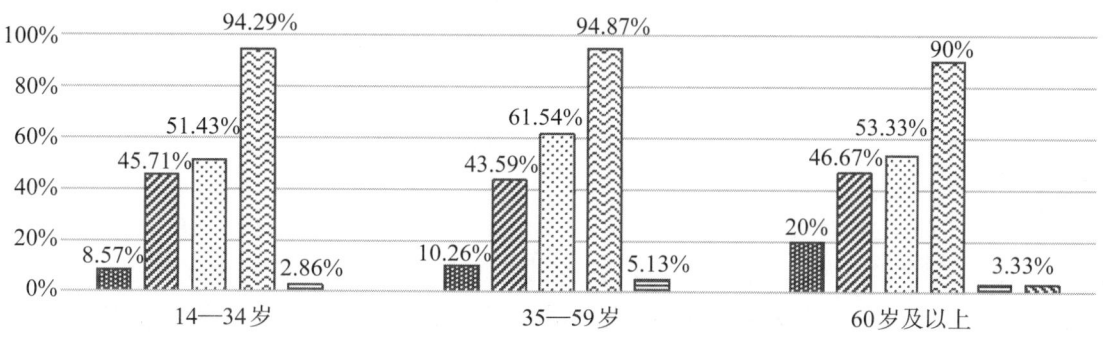

图7　各年龄段样本学校生活语言使用情况

---

① 青年样本中有20位是学生，他们均未参加工作，因此该交际场合中的青年样本按15个有效样本计算。老年样本中的退休人员按其退休前工作场合使用的语言来统计。

由于受访者多数上的是华校，因而华语、英语和马来语是学校生活主要用语，其中华语使用频率最高，马来语作为当地国语仅排第三。根据洪丽芬（2008）的研究，尽管马来西亚推行马来文至上的教育，但华人普遍担心伊斯兰宗教文化和马来文化的灌输会令后代抛却华人根基，因而华语也并未在马来教育政策的施压下失去语言群。①此外，各年龄段都有一定比例的华人会在学校说客家话、广府话，但这实际上违反了华校"不许在学校说方言"的规定，受访者也表示自己"只是偷偷在课间休息时和同学小声说，被校领导发现会被记过"。

5. 市集购物

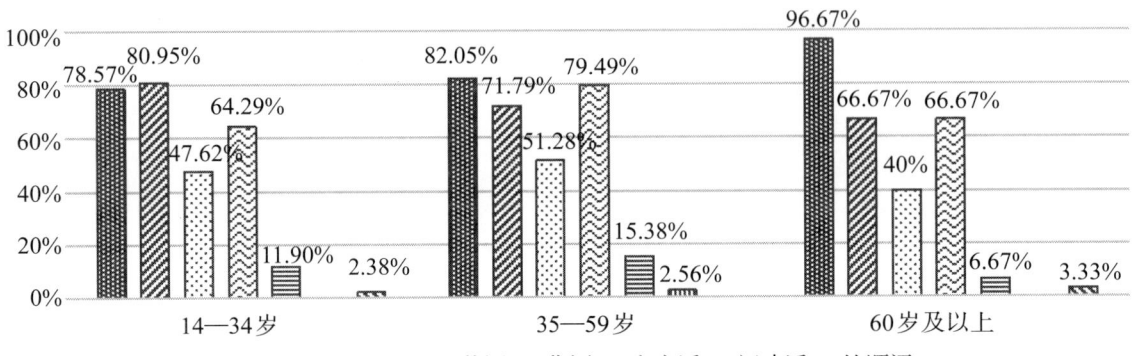

图8　各年龄段样本市集购物语言使用情况

根据图8数据显示，客家话、马来语、华语和英语是各年龄段华人在市集购物时常用的语言。老年华人最常使用客家话，他们表示自己"喜欢找会说客家话的老板买东西，比较好沟通"。据不少受访者透露，为了和客家人做生意，其他方言社群的人甚至土族也会学说客家话，这也是客家话在市集购物场合使用频率较高的重要原因。马来语是多数青年华人市集购物时的首选。华语一般只在华人进行买卖交易时使用，因此使用频率没有其他交际场合高。英语作为马来西亚的第二语言，各年龄段均有五成左右会在购物时使用。

综合受访者在以上五种交际场合的语言使用情况，至少得出以下结论：

（1）华语是亚庇客家华人日常生活使用频率最高的语言。（2）青年华人的日常使用语言与中、老年华人有较大差异，主要表现为：客家话的使用频率大幅减少，英语和马来语的使用频率有不小的提升。（3）客家话的使用范围逐渐缩小到家庭生活，使用群体趋于老龄化。（4）随着老年华人掌握的方言和土族语言在青年华人中的"失传"，华语、英语和马来语将成为未来亚庇客家华人各交际场合最常用的几种语言。

五、语言态度

语言态度是考察语言使用者语言生活状况的重要指标，它对了解使用该语言社群的心理状态具有重要的现实意义。冯广艺（2013）认为，语言态度是指人们在语言生活中对待某种语言的基本意见、主张以及由此带来的语言倾向和言语行为。②下面笔者由浅及深，从认知、感情与价值评判、行为倾向三个层面综合考察亚庇客家华人的语言态度。

---

① 洪丽芬：《马来西亚语言教育政策的变化及对华人的影响》，《八桂侨刊》，2008年第3期，第46—47页。
② 冯广艺：《论语言态度的三种表现》，《语言研究》，2013年第2期，第112页。

1. 认知层面

（1）龙川话、宝安话是否为客家话

前文已经提到，亚庇的客家华人以宝安籍和龙川籍为最多。尽管如此，很多人并不清楚自己的祖籍地是哪里，因而没有"宝安人""龙川人"等以地域区分的认同感。甚至有的华人即便知道自己的祖籍地所在，也没有"宝安话""龙川话"等方言点的概念，只知自己说的是"客家话"。调查结果显示，对于龙川话和宝安话是否为客家话，61.54%的受访者认为二者都是，有30.77%表示并不清楚。此外，各有2.88%认为龙川话和宝安话二者只有一个是客家话，还有1.92%认为二者都不是客家话。

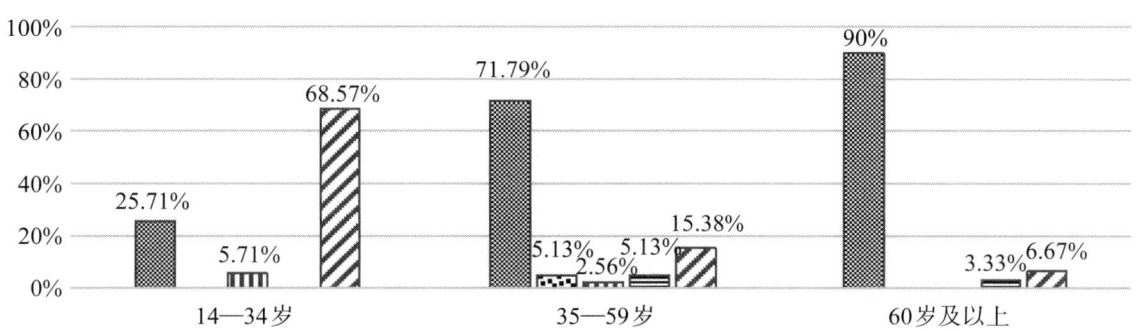

图9　各年龄段样本对龙川话和宝安话是否为客家话的看法

通过对不同年龄段样本的观察，笔者发现，认为龙川话和宝安话都是客家话的绝大部分是中老年华人，他们往往知道自己的祖籍地，对祖辈迁居沙巴的历史也有一定的了解。表示不清楚龙川话和宝安话是否是客家话的主要是青年华人，调查过程中常听他们说"我只知道我说的是客家话，不知道什么是龙川话什么是宝安话"。事实上他们所认知的"客家话"只是沙巴地区通用的"标准客家话"，而非我们惯常认为的作为汉语七大方言之一的"客家方言"。这说明老一辈沙巴客家华人"宝安、龙川"等不同祖籍地的认识在青年客家华人中逐渐泛化为"沙巴客家同为一家"的认同感。

（2）本地哪种客家话最具代表性

表3　问卷样本对本地哪种客家话最具代表性的看法

选项	龙川话	宝安话	都是客家话，无所谓
比例	3.85%	35.58%	60.57%

调查结果显示，有35.58%的受访者认为亚庇本地最具代表性的客家话是宝安话，这其中超过九成是中、老年华人；3.85%认为本地最具代表性的客家话是龙川话；60.57%认为"都是客家话，无所谓哪种最具代表性"，这其中青年华人的比重超过八成。这个结果进一步说明了亚庇的客家华人逐渐淡化祖辈不同来源的认识，这将进一步推动并促成亚庇乃至沙巴不同祖籍地客家华人的大融合。

（3）与祖辈讲的客家话是否有区别

根据图10数据所示，针对自己讲的客家话与父辈或祖辈讲的是否有区别，老年华人绝大多数认为"没区别"，中年华人以认为"有区别，但是不大"和"没区别"的居多，青年华人则有超过七成认为"有一定区别"或"区别比较大"。这表明根据客家华人自身的感知，亚庇客家话已经出现了一定程度的代际差异，根据笔者后续的语言本体调查，这种差异很大程度上体现在多语码混用导致的语音和词汇变异。

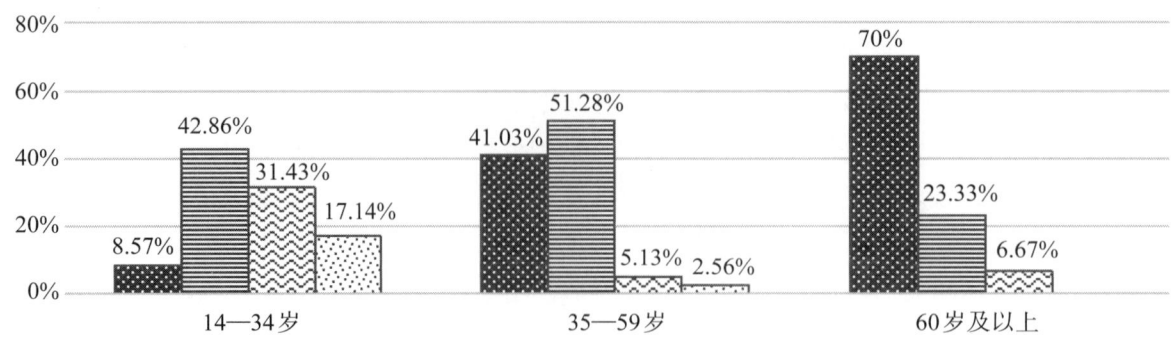

图10 各年龄段华人对自己讲的客家话与父辈或祖辈讲的是否有区别的看法

2. 感情与价值评判层面

（1）对主要掌握语言的看法

为了考察亚庇客家华人对主要掌握的几种语言的感情和价值评判，笔者设置了"最好听"、"最亲切"、"最有用"和"最有地位"四个问题供受访者回答。调查时要求受访者尽量单选，但仍有不少问卷存在一题多选的情况，后文根据其实际填写结果进行统计。

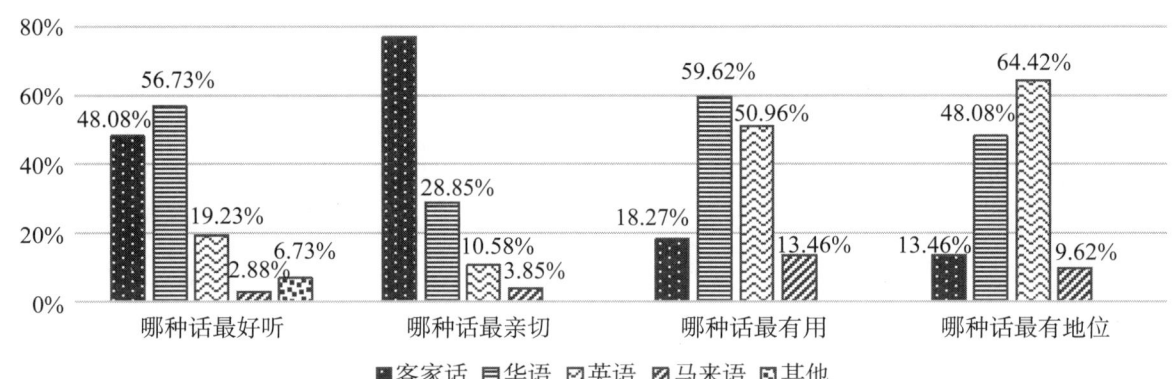

图11 问卷样本对主要掌握语言的看法

前两个问题调查的是受访者对语言的主观感情。针对"哪种话最好听"，多数受访者选择华语和客家话，他们普遍认为华语和客家话说起来都是轻声细语，听感柔缓悦耳。针对"哪种话最亲切"，接近八成选择了客家话，76.92%的比例甚至高于受访者母语为客家话的比例，这说明绝大多数客家华人对客家话怀有真挚的情感，并将其视作客家身份认同的象征。另外还有28.85%选择华语，其中有较多是青年华人，他们最先学会的一般是华语，客家话听说能力较弱，因此对客家话并没有如母语般的亲切感。

后两个问题调查受访者对语言功利性和地位高低的价值判断。在"哪种话最有用"调查中，选择华语的最多，这大概是因为沙巴地区华人占比较高，华语交际范围广，实用性强。英语、客家话、马来语分列其次。在"哪种话最有地位"调查中，英语占比最高，这主要是由于英语不仅是马来西亚的第二语言，更是世界范围的通用语言；华语排第二，占48.08%；客家话、马来语各自只占约10%。

由此可见，尽管客家华人对作为社群象征的客家话倾注了浓厚的情感，但他们对其功利性和社会地位的价值评价远不及此，这反映了多语环境下亚庇客家华人语言态度上的矛盾和挣扎，这种复杂的心理在青年一代中尤为显著。

（2）对身边客家人刻意不用客家话的态度

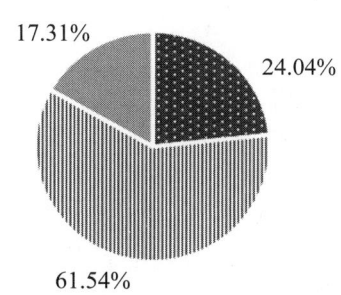

■觉得这样不好　▥觉得无所谓　▨觉得说华语比较好

图 12　受访者对身边人刻意不用客家话的态度

这个问题考察的是受访者对客家话的语言忠诚度。如图所示，对于身边会说客家话的客家人不用客家话交流，24.04%的受访者觉得这样不好，明明会说客家话却故意不说，数典忘祖，令人生厌；61.54%觉得无所谓，只要双方能顺畅地沟通，使用什么语言都行；还有17.31%觉得相比说客家话，说华语更好，客家话只有老一辈人常说，使用范围和交际功能都不及华语。这一方面反映了亚庇客家华人对多种语言共存共用的认同和包容；另一方面，尽管他们情感上仍保持着对祖辈代代相传的客家话的热爱，但对客家话的语言忠诚度已经趋近微弱，因而面对身边客语使用者互相交流不说客家话的行为显得格外淡然，甚至还有不少人的价值判断超越主观情感，认为说华语才是客语使用者之间交际更好的选择。

3. 行为倾向层面

语言态度中的行为倾向层面是指语言使用者在语言交际时偏向于使用或不使用某种语言，当该语言是使用者祖辈传继的民族语言或社群共通语时，它在一定程度上反映了语言使用者对该语言的语言忠诚度和语言忧患意识。笔者的调查重点在于受访者使用客家话的行为倾向，判断依据为是否会要求后辈说客家话，其中包括"父辈对我"和"我对后辈"的要求。

表 4　各年龄段样本使用客家话的行为倾向统计

	年龄段	会	不会	不刻意要求，但平时会讲客家话
父辈对我	14—34岁	20%	51.43%	28.57%
	35—59岁	25.64%	15.38%	58.97%
	60岁及以上	36.67%	6.67%	56.67%
我对后辈	14—34岁	28.57%	48.57%	22.86%
	35—59岁	28.21%	28.21%	43.59%
	60岁及以上	43.33%	10%	46.67%

通过分析上表数据，笔者发现在被问及是否会要求后辈说客家话时，不论是长辈对自己，还是自己对后辈，老年和中年受访者都是选择"不刻意要求，但也会说客家话"的最多，而青年受访者则是选择"不会"的最多。其次，"会要求说客家话"的比例由老年至青年逐渐递减，"不会要求说客家话"的比例则是逐渐增高，这表明亚庇客家华人对待后辈语言使用的行为倾向存在一定的代际差异，在多语言共存的大环境下，客家话的使用逐渐边缘化。

六、结语

通过对问卷结果的统计和分析，综合得出以下结论：

从语言能力来看，亚庇老年华人的母语基本为客家话，青年华人多数是华语。华语和客家话是亚庇客家华人听说能力最强的两种语言，但客家话的传承出现断层，后继使用者匮乏，其作为当地华人社群共同语的地位逐渐被华语取代。此外，亚庇年轻一代客家人掌握得较好的语言只有华语、英语和马来语三种，而老一辈客家华人则还能流利使用客家话等汉语方言。

从语言使用来看，华语是亚庇客家华人日常使用频率最高的语言。客家话的使用范围逐渐缩小到家庭生活，并很可能在不久的将来成为仅在中老年华人间使用的社群用语。除华语外，英语、马来语是青年华人各交际场合较常用的语言，这三种语言也是未来亚庇客家华人主要用语。

从语言态度来看，亚庇三代客家华人对于客家话的态度从认知、感情与优越性评价再到行为倾向均呈现递减的趋势，这表明三代华人对客家话的态度在多个层面上已经有了较明显的差异。尽管客家华人对作为社群象征的客家话倾注了浓厚的情感，但他们对其功利性和社会地位的价值评价远不及此，语言忠诚度也渐趋微弱。这反映了多语环境下亚庇客家华人语言态度上的矛盾和挣扎，这种复杂的心理在青年一代中尤为显著。

总而言之，在多语言共存的大环境下，亚庇客家华人对多种语言共存共用抱着认同和包容的态度，客家话也因其使用范围和交际功能的局限性而在客家华人的语言生活中逐渐边缘化。不仅如此，多数受访者已经察觉到本地客家话存在一定程度的代际差异。目前亚庇客家话的使用群体趋于老龄化，若不加以传承和保护，其濒危程度将进一步加剧。

参考文献

[1] 陈晓锦. 东南亚华人社区汉语方言概要[M]. 广州：世界图书出版广东有限公司，2014.

[2] 冯广艺. 论语言态度的三种表现[J]. 语言研究，2013(2).

[3] 河合洋尚. 马来西亚沙巴州的客家人——关于移民、认同感、文化标志的初步报告[J]. 客家研究辑刊，2013(1).

[4] 洪丽芬. 马来西亚语言教育政策的变化及对华人的影响[J]. 八桂侨刊，2008(3).

[5] 冷剑波. 巴色会与广东客家人下南洋关系考略[J]. 汕头大学学报（人文社会科学版），2014(6).

[6] 王晓梅. 马来西亚柔佛州客家民系的语言转用[C]//张双庆，刘镇发编. 第七届国际客方言研讨会论文集. 香港：香港中文大学中国文化研究所，2008：39—45.

[7] 游汝杰，邹嘉彦. 2009 社会语言学教程（第二版）[M]. 上海：复旦大学出版社.

[8] 张德来. 沙巴的客家人——客家华人贡献沙巴州现代化之探讨[M].（马来西亚）亚庇：沙巴神学院，2002.

[9] 张宏武. 马来西亚的多语生态环境及其动态平衡性[J]. 天津外国语大学学报，2019(1).

[10] 庄初升，刘镇发. 巴色会传教士与客家方言研究[J]. 韶关学院学报，2002(7).

▶词汇学研究◀

粤方言词源理据考释

——以"鬼马""盏鬼"等词为例

柯雅婷

(暨南大学文学院 广东广州 510632)

【提　要】粤方言是汉民族语言的重要组成部分,在当今人际交流、文化传承和语言研究中占有重要地位。本文拟从词源理据角度对部分粤方言词汇进行词源理据考释,以求推动词源研究工作的发展。

【关键词】粤方言　词汇　词源理据

一、前言

曾昭聪在《论方言词考源》中谈到:"当前,词源学理论研究对于'原初造词'和'派生造词'的研究已经较多,但是关于汉语词汇合成阶段的词源研究内容,则未予重视,或尚未将其纳入词源学的理论体系之中。"的确如此,拿粤方言词汇举个例子,许多粤方言合成词的语素单元都各自有其语义,但就合成词而言,其语义不是语素义的简单相加,甚至毫无关联。这是为什么呢?

"语言不是一个独立变量,它是嵌入社会之中的一个动态发展的非平衡态的开放系统,其不竭的生命源泉就在于不断地从外界吸收新的物质、能量和信息,同时又不停地进行着废弃旧物的工作。"方言词汇的生成也不例外,其发展的历史如同物质世界发展的历史一样,经历了一个由无序到有序的自组织转变过程。在这个过程中,每一个促动和激发方言词汇生成、变化和发展的动因,都是我们要研究的重点,也就是词源理据考释。

我国作为一个多民族国家,方言众多,方言词汇的研究已日益成为汉语词源研究的重要内容之一,对方言词进行词源考释也成为了汉语词源研究工作者的重要任务。随着经济的发展和人口的流动,粤方言的习得越来越受到社会各界的关注。为了深入挖掘粤方言内在的造词理据,更好地理解粤方言所蕴含的文化内涵,为方言词典的编撰提供帮助,推动汉语方言语源研究工作的发展,本文拟从词源理据考释角度出发对"鬼马""盏鬼""堰蛇"等粤方言词汇进行词源考释。本文在判别词语的本字和同源词时严格遵循游汝杰先生在《汉语方言同源词的判别原则》中所提及的八条原则,以求更准确地进行考释研究。

二、粤方言词词源理据考释举隅

1. 鬼马

"鬼"者，如鬼之精灵。"鬼"字在古代口语中指聪慧，带贬义色彩则指狡黠。例如《金瓶梅》（第二十回）："就是你这小狗骨秃儿的鬼，你几时往后边去？就来哄我。"这里"鬼"带褒义色彩；又见《韩非子·八经》："故明主之行制也天，其用人也鬼。"陈奇猷《集释》："鬼乃隐密不可捉摸者，故以鬼为喻。"这里"鬼"含贬义色彩。

在粤方言中，"鬼马"这个词用来形容人狡慧。当代粤方言的有关词典和研究中都收录了"鬼马"的词条。如《广州方言词典》中"鬼马"：①滑头、狡猾；②机伶，有趣。《广州话口语词的研究》中"鬼马"：①狡猾的，心中阴险不外露的；②诙谐的，机巧的。"鬼"字自古至今，无论是在通语还是在粤方言中，都有狡猾机巧之义，但"马"字在"鬼马"一词中无解。

按，"马"的本字是应为"脈"。《方言》："虔、儇，慧也。秦谓之谩，晋谓之㥄，宋楚之间谓之倢，楚或谓之浓。自关而东赵魏之间谓之黠，或谓之鬼。"郭璞注："谓鬼脈也，今读鬼脈若鬼马，音之转耳。"某人秉性奸巧狡猾，被称之为"脈"。

"脉""脈"是古今字。"脈"，会意兼形声字。篆文从血，从𠂢（水支流），会像水一样流动的血脉之义，𠂢也兼表声。"𠂢"隶变后楷书写作："𠂢"，异体作"脈"，从肉（月）；也作"脉"，从永（也是水流），含义相同。如今规范化，以"脉"为正体。《说文·𠂢部》："𠂢，血理分裹行体者。从𠂢从血。脈、𧖴或从肉。"《玉篇·肉部》："脈，同脉。"本义为脉搏，体内动脉有规律跳动的现象。

脉，俗义指形势连绵形成系统，例如"山脉""矿脉""一脉相传"。此词另有"聪明"义，中古后词义感情色彩发生变化，指狡猾。"脈"，亦为"脉"的或体。"鬼脈"或指脉动难以捉摸，粤语的情景意义形容狡狯而诙谐，与"鬼马"义同，"马"为"脈"语转而来。"脉""脈"读"莫获切"（《集韵》），通语今音mai第四声，粤语按古音念ma，注音写作"马"。考之上古音，"马"明母鱼部，"脉"明母锡部，双声而韵母旁对转。

2. 盏鬼

粤方言中，"盏鬼"表示可爱、有趣、过瘾、美好、妙极的意思。例如：

（1）嗰个电视节目好盏鬼，我次次都笑到肚痛。（那个电视节目很有趣，我每次都笑到肚子痛。）

（2）佢份人好盏鬼，讲嘢风趣又幽默。（他这个人很可爱，说话风趣又幽默。）

但是，"盏鬼"的语义与"盏"和"鬼"的语义有何关系呢？

"盏"，形声字，从皿，戔声。从皿，表示与器皿有关。本义：浅而小的杯子。语义上与粤方言中"盏鬼"的意义无关联。按，"盏鬼"中的"盏"是借字，本字应该是"孨"。"孨"，本音"赚"，变调读"盏"。《说文解字》："孨，白好也。从女，赞声。"段玉裁注："色白之好也。"孨是古代一种绮（有文彩的丝织品），因此引申为白色、美丽的意思。《广韵·翰韵》："徂暂切，不谨也。一曰美好貌。"《广州方言词典》收录了"孨"的词条，表示好、棒、美好、妙的意思，由于"孨"字太冷僻，故以同音字"盏"代替。例如：呢件嘢真孨（真棒）。

"鬼"在粤方言中可用作表示某种感情，起到加强语气作用的语助词，无实在义，通语也有这类例子："全家中就只有他不相信那些鬼禁忌。"（茅盾《春蚕》）"鬼禁忌"中的"鬼"只表贬义感情色彩。在粤语中不乏"鬼"作语助词加强语气的例子，例如"好鬼衰""行鬼开"等。"鬼"在"盏鬼"一词中起到美好的感情色彩义。"孨"和"鬼"合成一个词语，表示可爱、有趣、过瘾的意思。

另外，有观点认为"孨"字本字为"婵"，俗读"婵"若焦赘之赞。《方言》："婵，鲜好也。南楚之外通语也。注：婵，鱼践反。"戴震曰："张湛注《列子》引《字林》：'婵，齐也。'盖婵者容止整齐鲜洁之貌"。

比较"孨""婵"两字，差别有二：①"孨"泛言美好，"婵"具体指向"整齐鲜洁"；②"孨"读"徂赘切"或"则旰切"，"婵"读"鱼旰切"。《广韵》："孨，美好貌。""孨"的粤音同"盏"。按，"孨"应是本字。

3. 散收收

"散收收"在粤方言中形容物品众多且散落各处。《广州话方言词典》录作"散收收"，形容东西分散且七零八落，例如：啲银纸散收收。《广州方言词典》《广州话口语词研究》录作"散修修"，形容散乱、松散的样子：头发散修修。《汉语大字典》中"收"字的义项有八条，且都为动词义项，与物品的摆放有关的仅有义项二，表示"藏或放置妥当"，"收"并无散乱义，那么"散乱"义为何用"散收收"呢？

按，"散收收"中"收"的本字应为"搜"。《说文》："搜，众意也。"《诗》曰："角弓其觩。束矢其搜。"（角弓：两端镶有兽角的弓。觩：弯曲貌。束矢：五十支一捆的箭。搜：多。兽角镶嵌饰弓梢，束束利箭捆扎牢。）桂馥曰："《诗》传云：'搜，众意也。'"《集韵》："搜，搜搜，动貌。通作叟。"例见《庄子·寓言》："搜搜也，奚稍问也。"陆德明释文："搜，本作叟。"成玄英疏："叟叟，无心运动之貌。"所谓"无心运动"转指不经意地弃置，遂生出广府俚语"散收收"的意义。"收"乃注音讹字。

另外，广府俚语有"碎湿湿"，形容七零八落，例如"啲银纸碎湿湿"，指钱全是小面值且乱七八糟的。疑"湿"的本字也是"收"，"收"读仄声转读如"湿"。逆序作"湿湿碎"，喻鸡毛蒜皮。

4. 肥楯楯

粤方言中，"肥楯楯"形容肥胖。《广州话词典》录"肥楯楯"，例见老粤语儿歌："肥佬肥楯楯，买嚯猪肉去拜神。"《汉语大字典》中"楯"指阑槛横木，阑干，没有肥胖义。另，《广州方言词典》录"肥豚豚"，指猪肉肥貌或戏指人胖乎乎的，胖得臃肿难看。"豚"与"楯"在粤方言中读音相同，但二者本身语义中并无肥胖的义素，那为何使用"楯"和"豚"呢？

按，"楯"本字应为"腯"，形容猪肥（故北人说人胖而不能说肥）。《说文解字》："腯，牛羊曰肥，豕曰腯。"孔颖达《礼记》疏："腯，即充满貌也。"例见戴孚《广异记》："见一野豕腯甚，三百斤。""腯"可读杜本切，形容盛，通语今音dun。腯腯者，形容肥而充满之词；俗读腯若"昏"。《方言》："月成，腯也。"郭注："腯腯，肥充也。"戴震曰："《曲礼》曰：豚曰腯肥。"《广州话词典》将"楯"注音念ten4，有误。"楯"指栏杆，或同盾，今音dun。词典宜删去词条"肥楯楯""肥豚豚"，录正字"肥腯腯"。

5. 缩水

粤方言中，"缩水"表示东西缺斤少两的意思。《广州话方言词典》：旧时的衣服用棉布，需先将棉布浸过晾干，这道工序叫"缩水"。这个俚语又比喻短斤缺两，例如"你啲嘢缩水嘅"。"缩"，形声字。从糸，宿声。"宿"之形体演变。"缩"为"縮"之简化字。本义是：用绳子捆起来。《尔雅·释器》："绳之谓之缩之。"《诗·大雅·緜》："其绳则直，缩版以载。"（施工前拉绳取直，用绳子把长版捆在筑墙所立的木柱上）引申指缩短。《淮南子·时则》："孟春始嬴，孟秋始缩。""嬴"和"缩"作为反义词出现，嬴，长也；缩，短也。由"缩"的语义可知有变小、变少之义，但为何形容缺斤少两是"缩水"呢？

缩水者，以布受水也；俗读"缩"若"朋友数，斯疏矣"之"数"。《郊特牲》："缩酌用茅。"郑注云:"沸之以茅,缩去滓也。"郑兴注《周官·甸师》云:"束茅立之,祭前沃酒其上,酒渗下去,若神饮之,故谓之缩。"所谓"酒渗下去者,以茅受酒也。"广州谓以布就水而受之曰"缩",又,物受水曰"缩水",不受水曰"不缩水",皆读缩若"朋友数"之"数",声之转耳。

所谓"缩水"实为"索水","索"犹吸,故"物受水曰缩水"。"缩"指过滤,例见《周官·甸师》句。又《左传·僖公四年》:"尔贡苞茅不入,王祭不共,无以缩酒,寡人是征。"杜预注:"束茅而灌之以酒为缩酒。"可见所谓"缩酒",指将茅草束之,"受酒"(吸收酒)后滤去酒的渣滓。又,《方言》卷五:"炊篱,音yù,即笤箕,谓之缩。"郭璞注:"漉米薁也",可见"缩"指滤,本字应是"索","索"读"苏各切"(《广韵》),通语今音suo,粤音sog3。

6. 为食

粤方言中,"为食"指嘴馋,又把嘴馋的人叫"为食猫",如通语的"馋猫"。

《广州话方言词典》收录词条"为食":馋;嘴馋:为食仔(嘴馋的小孩)。为食猫:馋鬼(多指小孩);馋猫:呢嚼正一为食猫(这个真是馋猫)。《广州方言词典》也收录了词条"为",释义:①因为:为乜嘢;②替、给:为人地打算;③帮助,维护:佢好为得人嘅。"为"本身没有嘴馋义。

按,这个俚语应作"惠食","惠"是"为食"词条中"为"的本字,原指仁爱。《说文》:"惠,仁也。"例《尚书·皋陶谟》:"安民则惠。"蔡沈注:"惠,仁之爱也。"惠,又有喜爱义,《尔雅·释诂下》:"惠,爱也。"邢昺疏:"爱,谓宠惜也。"《诗经·郑风·褰裳》:"子惠思我,褰裳涉溱。"(你爱我想我,涉水过河来看我)毛传:"惠,爱也。"又见唐张潮《长干行》:"妾本富家女,与君为偶匹,惠好一何深,中门不曾出。"

7. 他条

粤方言中,"他条"形容闲适自在。《广州话方言词典》收录"他条":稳重;沉着。例:佢做事够晒他条。(他做事非常稳重)又指工作清闲、生活舒适、环境好等。例:每周先至六节课,几他条嗻。(每周才六节课,够清闲了)从字面上看,"他"和"条",一个是代词,一个是量词,二者之间完全没有与闲适自在相关的语义。

按,"他条"应该是是古口语"挑达"的倒装。《汉语大词典》收录"挑达"一词,亦作"挑闼""挑挞",本义是往来相见貌。用例最早见于《诗·郑风·子衿》:"挑兮达兮,在城阙兮。"毛传:"挑达,往来相见貌。"《太平御览》卷四八九引《诗》作"挑兮挞兮"。一说轻薄放恣貌。朱熹集传:"挑,轻儇跳跃之貌。达,放恣也。"形容人态度放恣举止轻薄,用例见《搜神记》:"蒋子文者,广陵人也,嗜酒好色,挑达无度。"变成带贬义色彩的形容词。后"挑达"引申为自由自在,放纵不羁的意思。唐王维《赠吴官》诗:"不如侬家任挑达,草屩捞虾富春渚。"宋梅尧臣《朝》诗之二:"是非不道任挑挞,唯忆当时阮步兵。""挑达"在粤方言中倒装作"达挑",人们不详本字,讹作"他条";同时由初义引申为带褒义色彩的闲适自在义。

三、小结

总的来说,粤方言词汇众多,本文只是摘取个中一二进行阐释,其形成的理据因素包括同音语转、形似换用、历史文化因素等。通过研究,我们可以得出以下结论,对于内部形式和理据,很多人认为只有合成词才有理据,而单纯词因其没有内部形式所以也就没有理据。但其实单纯词也有理据,否则就会像无源之水、无本之木一样不可思议。单纯词的理据表现在自身的音义结合、形义结合,是什么原因使得音义或者名实结合在一起,这就是理据。理据与内部形式是因果关系,理据是因,内部形式是果。作为果，内部形式是形式和意义结合实体；作为因，理据既非形式又非内容，它是形式和内容之所以结合的根本动因。相信粤方言中还有许多常用的词汇存在本文所列举的词源传承问题，有待我们作进一步的研究。

参考文献

[1] 詹伯慧.广东粤方言概要[M].暨南大学出版社,2004.

[2] 曾昭聪.论方言词考源[J].烟台大学学报(哲学社会科学版),2017(5).

[3] 王艾录,司富珍.语言理据研究[M].北京：中国社会科学出版社,2002：1, 24.

[4] 游汝杰.汉语方一言同源词的判别原则[J].方言,2004(1).

[5] 李荣.广州方言词典(现代汉语方言大词典·分卷)[M].南京：江苏教育出版社.1998：132, 313, 467, 315, 136.

[6] 乔砚农.广州话口语词的研究[J].华侨语文出版社,1975：221.

[7] 罗竹凤.汉语大词典[M].上海：汉语大词典出版社,1986：2740, 8452, 1551, 1342, 8553.

[8] 饶秉才.广州话方言词典(修订版)[M].商务印书馆.2015：83, 195, 21, 234, 219.

[9] 欧阳觉亚.广州话某些方言词探源[J].南方语言学刊,2004(2).

"根本"的句法分布与词类组合研究

吴梦荃

（暨南大学文学院　广东广州　510632）

【提　要】"根本"作为一个兼类词，有较为复杂的句法和语义问题。因此本文以语义语法理论为基础，以现代汉语词汇"根本"为研究对象，在归纳总结前人研究成果的基础上，详细调查北京大学中国语言学研究中心CCL语料库与北京语言大学BCC语料库中的语言事实，具体研究"根本"的句法分布与词类组合规律并进一步提取出它的语法意义，希望能对"根本"有一个较为全面的认识。

【关键词】"根本"句法分布　词类组合　语法意义

一、关于"根本"的研究综述

自黎锦熙首次提到"根本"并把它定义为时间副词开始，学者们先后从句法、语义及语用三个方面展开了对"根本"的研究。

首先，在句法分布上主要有四种研究思路。一是吕叔湘提出的"多用于否定句"的思路。二是张斌提出的也可用于肯定句的思路。其后宋伟萍、姚瑶与石定栩归纳了"根本"在肯定结构中的用法。三是讨论"根本"与主谓关系的思路。主流观点认为"根本"通常出现在主语之后谓语之前，争议在于"根本"能否出现在句首位置。四是讨论"根本"和其他词语的共现情况的思路。学者们多角度的研究大致限定住了"根本"的句法分布，为后人下一步的探索打下了基础。

其次，在语义上学者们尚未达成共识。有的学者如吕叔湘利用近义副词"彻底、始终、完全"等来给予解释。有的则认为"根本"具有极性语义，如胡清国认为"根本"表主观大量，孙琴、杜涓认为"根本"表时间极大量，宋伟萍认为"根本"有极性语义。还有的认为"根本"的语义和语气有关，如金基梅认为"根本"是"一种语气的加强"，宋美花把"根本"的语义特征概括为"［+确信］［+极端强调］［+完全］"。前人的研究为"根本"的语义提取作出了很大的贡献，他们使用的解释方法为后人提供了重要的思路。

第三，在语用功能上有四大类不同的看法。一是隋长虹和侯振岩提出的"预设说"，他们认为"根本"能通过否定预设来加强否定强度，增强否定效果。二是张谊生提出的"断言强调说"，即"根本"有断言兼表强调态、突出信息焦点的功能。三是陈佳宏提出的"篇章衔接说"，他认为"根本"的主要作用是衔接上下文，使之具备转接关系，使篇章形成一个整体。四是姚瑶、石定栩提出的"背景命题说",他们认为"根本"能"提示语境中存在一个与本句命题对立、要由本句命题去反驳的背景命题"。以上四种观点都在一定程度上揭示了"根本"的功能,这些不同的研究角度为后人的研究提供了宝贵的资料。

总的来说,前人对"根本"进行了深入细致的研究并取得了丰硕的成果,但仍有以下三点不足:第一,单纯谈"根本"的副词性用法存在词类割裂的问题。第二,在语义和语用功能上尚存争议。第三,研究方法有待进一步完善,应提高给予形式验证的意识。

因此本文深入讨论"根本"的句法分布与词类组合问题,尝试把"根本"的形容词和副词用法统一起来,提取出它们共同的语义特征,并提供正反形式验证,希望能对"根本"有一个较为全面的认识。

二、"根本"的句法分布

下面具体讨论形容词性"根本"与主语、宾语的位置关系,副词"根本"与主语、其他副词的位置关系,希望能较为详细地描写"根本"的句法分布。

(一)形容词"根本"的句法分布

形容词"根本"主要充当主语或宾语的定语,一般紧接其后名词或用"的"字连接,如:

①a. 我国农业的根本问题是水利问题。
　b. 根本的出路在于深化国有企业改革。
　c. 社会主义政府的一切活动也必须体现工人阶级和最广大人民群众的根本利益。
　d. 国家要发达,客观上需要一部具有至高无上权威的国家根本大法。

(二)副词"根本"的句法分布

1. "根本"与主语的位置关系

大部分学者认为"根本"在句中的位置比较固定,通常出现在主语之后谓语之前,但对于"根本"能否出现在句首位置尚存争议。笔者认为"根本"也能用于主语前的位置,这时候说话人的意图是强调一种主观情绪。如:

②a. 根本你是为钱,为你自己的感觉!
　b. 你根本是为钱,为你自己的感觉!

例②a中的"根本"可以还原到主语后谓语前的位置,这时候说话人的语气没有原先那么强烈了。

2. "根本"与其他副词的位置关系

目前少数学者注意到了"根本"与其他副词同现的情况,但归纳不够系统全面,下面将从"根本"与评注性副词、限制性副词的位置关系这两个方面来具体分析。

(1)"根本"与评注性副词的位置关系

根据语义,本文将能与"根本"大量同现的评注性副词分为表示婉转义和逆转义的两类。

一是婉转义副词,它能表现说话人言辞委婉含蓄的情态,这类副词主要有:好像、也许、似乎等。婉转义副词常与"根本"同现,一般出现在"根本"前的位置,如:

③a. 孙小红没有动，就好像根本没听到他说的话。
　b.*孙小红没有动，就根本没听到他说的话。
　c. 至于说媒体的疑惑反应，乔丹似乎根本不愿理会。
　d. 至于说媒体的疑惑反应，乔丹根本不愿理会。

例③a中婉转义副词"好像"提示说话人并不能确定孙小红没有听到"他说的话"，只是通过孙小红没动的状态进行了猜测，删去"根本"整个句子不成立。例③c是一篇新闻稿，其作者选择"似乎"这个婉转义副词进行严谨报道，去掉"似乎"句子仍然合法，但语义发生改变，整个句子显得过于主观绝对。

笔者认为"根本"存在于表达说话人的主观态度的句子中，婉转义副词用于具有主观性的"根本"前，能含蓄委婉地表达观点，增加话语表达严谨性的同时，还能缓和语气，使听话人更容易接受说话人的观点，符合言语交际中的礼貌原则也符合中国人含蓄的表达习惯，所以婉转义副词能与"根本"大量同现。

二是逆转义副词，它在句子中提示一个与上文情况或人们认知正相反的事实，这类副词主要有：其实、却、竟然、竟、倒等。逆转义副词常与"根本"同现且大多出现在"根本"前，如：

④a. 热线电话其实根本就不热。
　b. 一些公司承诺说这种方法可以一劳永逸，其实根本不可能。

有时婉转义副词、逆转义副词还能够同时出现，他们的共现顺序为：逆转义副词＞婉转义副词＞"根本"，如：

⑤a. 但柳余恨却好像根本没有看见这双判官笔！
　b. 其实苏阑也许根本就不是个什么长情的人，正相反……

（2）"根本"与限制性副词的位置关系

经过对语料库的调查，我们发现"根本"可以与否定、重复副词大量同现。可以与少数程度、范围、频率和时间副词同现，但不与协同副词同现。"根本"和程度、范围、时间副词同现时在它们前后的位置都可出现，和频率副词同现时只能出现在频率副词后面的位置。

这些可与"根本"大量同现的副词还可以连用，它们的共现顺序是：逆转义副词＞婉转义副词/重复副词＞"根本"＞否定副词，如：

⑥a. 我年过半百了，却还根本没有过冬日观海的体验！
　b. ……那么此书似乎也根本不值一读。
　c. 他们骂的时候并不怕被和尚听见，老实和尚也好像根本没有听见。
　d. 而现代队在比赛中也似乎根本就没有受到"罢赛风波"的丝毫影响。

三、形容词性"根本"与名词同现的原则及其形式验证

下面将以形容词"根本"与抽象名词的选择关系作为切入点，研究"根本"与名词的同现原则并给予形式验证，希望找出形容词"根本"和副词"根本"的共通之处。

(一)形容词"根本"与名词同现的原则

根据BCC语料库筛选形容词"根本"后搭配名词的情况,并通过CCL语料库加以验证,笔者发现形容词"根本"只能修饰抽象名词,但并不是所有的抽象名词都可以与"根本"同现,如:

⑦a. 以上两点就是笔者认为应试教育在中国产生的根本原因。

　b.*以上两点就是笔者认为应试教育在中国产生的根本结果。

　c. 教育的根本问题是人的问题或人的发展问题。

　d.*教育的根本共识是人的问题或人的发展问题。

笔者统计出语料库中能和"根本"同现的抽象名词,并按照语义进行划分。笔者认为能被"根本"修饰的抽象名词主要有原因类、问题类、模糊类、观点类四大类。而和上述四类语义正相反的结果类、共同类、确量类和情感类抽象名词不能与"根本"同现。

表1 形容词性"根本"与抽象名词同现情况表

能同现的抽象名词	不能同现的抽象名词
原因类	结果类
问题类	共同类
模糊类	确量类
观点类	情感类

同样是抽象名词,为什么有的可以被"根本"修饰,与它们语义正相反的却不能呢?笔者发现"根本"可修饰的抽象名词在语义上具有层次性。

1."根本"可修饰的抽象名词

第一,原因类。它包括一切可以影响事件发生的因素,主要有利益、原因、动力、意义、作用、目标、出路等。我们可以把影响某一事件发生的原因看成一个集合,其中既有直接导致事件发生的深层次原因,也有不影响最终结果的表层原因,因此这类抽象名词在语义上具有层次性。

⑧导致这一现象的根本原因是投资主体不到位。

第二,模糊类。它反映的是关于人、物、事的模糊属性。主要有性质、特征、属性、特点、内涵等。这种模糊属性既有容易表露出来的,也有需要人们仔细观察才能看出来的,因此这类抽象名词在语义上具有层次性。

⑨"三个代表"集中体现了党的根本性质、宗旨和……

第三,问题类。表示尚待解决的问题或存在对立冲突的情况,主要有问题、区别、分歧、冲突、差异、错误等。这些问题既有十分严重的,也有不产生重大影响的,因此这类抽象名词在语义上具有层次性。

⑩哲学的根本问题是思维和存在、精神和物质的关系问题。

第四,观点类。主要表示个人的观点,包括观点、立场、看法、大法、出发点等。人的观点和见解有较为深入的,也有较为浅显的,存在层次程度上的不同,因此这类抽象名词在语义上具有层次性。

⑪党的一切依靠群众的根本观点和行动准则没有变。

2."根本"不可修饰的抽象名词

"根本"只能修饰抽象名词,但不是所有抽象名词都可受"根本"修饰,笔者发现不能与"根本"同现的抽象名词包括下面四类:

第一,结果类。它表示事物发展所达到的最后状态和结果,主要有结果、结局、成果、真相、结论等。事物最终只会有一个结果,所以这类抽象名词在语义上具有单一性、缺乏层次性,在形式上不能和"根本"同现。

⑫a. 后阶段是前阶段发展的必然结果。
　b.*后阶段是前阶段发展的根本结果。

第二,共同类。它包括不同事物共同具有达成一致的部分,主要有共性、共识、共鸣、共感、同感等。它们在语义上没有层次性,在形式上不能和"根本"同现。

⑬a. 这种强大的共鸣使得影片在华人圈深受欢迎。
　b.*这种根本的共鸣使得影片在华人圈深受欢迎。

第三,确量类。它是人类对各种事物性状特征的量的描写,包括产量、湿度、比率、容积等。它们都是客观的描写量的名词,因此在语义上没有层次性,在形式上不能和"根本"同现。

⑭a. 尽量降低成本,提高产量……
　b.*尽量降低成本,提高根本产量……

第四,情感类。指人类对客观事物是否满足自己的需要而产生的态度体验,包括感情、感觉、友情、恩情等。人们的感觉情绪并没有优劣主次之分,所以它们在语义上具有均质性、缺乏层次性,在形式上不能和"根本"同现。

⑮a. 结婚提供伙伴关系、互相关心和爱情……
　b.*结婚提供伙伴关系、互相关心和根本爱情……

综上所述"根本"能与具有层次性的抽象名词同现,包括原因类、问题类、模糊类、观点类四大类抽象名词。而不与没有层次性的抽象名词同现,如结果类、共同类、确量类和情感类抽象名词。

(二)形容词"根本"与名词同现原则的形式验证

我们认为"根本"能和语义上具有层次性的抽象名词同现,而吕叔湘认为层次"程度的差别也就是数量的差别",决定了这些名词在形式上既可被除"一"以外的数词修饰,又可受"x层/度/要"的修饰。下面选取一些同现频率高的抽象名词作为代表进行形式验证(以下表格里的数字皆为CCL语料库中"根本+抽象名词"出现的次数)。

表2 "根本"与具有层次性的抽象名词的同现情况

	"根本"能与具有层次性的抽象名词同现			
类别	原因类	问题类	模糊类	观点类
验证	根本利益5498	根本问题951	根本性质88	根本观点51
数量	三方/五成利益	七项/八种问题	二重/三大性质	四种/五大观点
层次	上/下层利益	深/表层问题	主/次要性质	主/重要观点

续表

	"根本"不与没有层次性的抽象名词同现			
类别	结果类	共同类	确量类	情感类
验证	*根本结果	*根本共识	*根本质量	*根本爱情
数量	两个/三种结果	三点/四项共识	*三种质量	两种/三段爱情
层次	*深/表层结果	*深/表层共识	*深/表层质量	*深/表层爱情

笔者认为研究形容词"根本"及其后同现名词的特征具有十分重要的意义：第一，形容词"根本"修饰抽象名词的用法在现代汉语中出现频率较高，且在书面语和口语中都很常见，足以说明形容词"根本"本来就具有较为重要的地位。第二，"根本"的副词用法是通过形容词"根本"语法化而来的，笔者认为不管是形容词"根本"还是副词"根本"它们的用法具有共通之处。究竟有怎样的共通之处呢？下面将具体分析这个问题。

四、副词"根本"与谓语动词同现的原则及其形式验证

现代汉语副词总是和其修饰的谓语动词有着十分紧密的关系，下面我们以副词"根本"与后接谓语动词的组合作为切入点，进一步研究"根本"的词类搭配问题。

（一）否定句中副词"根本"与谓语动词同现情况

吕叔湘第一次提出副词"根本""多用于否定句，或修饰含义接近否定的动词"，这一描述符合搜索语料库得到的语言事实。学者们对"根本"的这一特点都做出了合理的解释，如胡清国、姚瑶与石定栩等。

笔者认为"根本"多出现在否定句中实际上正体现了它对层次性的要求。因为否定句本身就具有层次性，而否定词就是层次划分的标记。这句话可以从两方面理解：第一，在一个肯定句中，随着否定词"不/没/无"等的出现，把这个句子划分成了肯定、否定两个层次。第二，"没有/无"其实就是所有事物的最低层次，否定就形成了先天的底层。

正因为"根本"总是要求其搭配对象具有层次性，而否定句本身就具有层次性，所以"根本"才能与否定句大量同现。那"根本"能不能出现在肯定句中呢？接下来本文具体讨论"根本"与肯定句的关系。

（二）肯定句中副词"根本"与谓语动词同现原则

宋伟萍第一次分析了否定极性副词在肯定结构中的用法，他总结到：否定极性副词可与"隐形否定语义"的动词同现、可与"是""有""要""需"连用。姚瑶、石定栩认为"根本"可以出现在以下两种情况的肯定句中：一是"根本"要求所在小句的谓语接近否定，二是"根本"能够修饰"有明显对立面的肯定性谓语"。

首先笔者认为前人提出的"隐形否定语义""谓语接近否定""有明显对立面的肯定性谓语"这三个概念有些模糊，如：

⑯a. 经济增长的过程根本改变了人们吃的方式。

　　b. 只有做好旱地这块文章，才能根本解决粮食生产问题。

例⑯中"改变"和"解决"既不属于"隐形否定语义"动词、也不属于"谓语接近否定"的情况，例⑯b反而是有明显的积极意义。如果说"男"和"女"是明显对立面，那么"改变"和"解决"有明显对立面吗？"明显"这一概念又怎样进行界定呢？因此笔者认为前人归纳的"根本"用于肯定句的条件不完全符合语言运用的实际情况。

通过调查语料库，笔者发现在肯定句中"根本"能与表转变、解决、反对、缺失义的动词同现，而不与上述四类语义正相反的表不变、遗留、赞同、记住义的动词同现。

表3　"根本"与谓语动词同现情况表

能同现的谓语动词	不能同现的谓语动词
转变义	不变义
解决义	遗留义
反对义	赞同义
缺失义	记住义

1. "根本"可修饰的谓语动词

同样是动词，为什么表转变、解决、反对、缺失义的动词可以被"根本"修饰，和它们语义正相反的却不能呢？笔者发现这些可以与"根本"同现的动词在语义上具有层次性。

第一，转变义动词。它表示通过调整使事物产生变化，包括改变、好转、扭转、转变、改造、改革等。这种变化在语义上具有层次性。

⑰全校教风、学风已经根本好转，教学质量明显提高。

第二，解决义动词。表示处理某个问题，使它有好的结果，主要包括解决等。这种解决在语义上具有层次性。

⑱杨根生认为，这根本解决了退耕后农民的生活问题……

第三，反对义动词。表示对事物或事物中的某一方面持反对否定的态度或行为，主要包括否定、否认、反对、拒绝、对立等。这种否定反对的态度在语义上具有层次性。

⑲传统的旧体制根本否定劳动力、土地、资金等……

第四，缺失义动词。表示缺少、失去某一东西，不仅包括缺乏、失去、丧失，还包括忘记、忘却等，因为忘记其实就是失去一段记忆。这种缺失在语义上具有层次性。

⑳口头承诺根本缺乏保障，不值得冒险。

2. "根本"不可修饰的谓语动词

与表转变义、解决义、反对义、缺失义正相反的不变义、遗留义、赞同义、记住义动词不能与"根本"同现。不变义动词包括：维持、保持、因袭、复旧等。遗留义动词包括：遗留、保存、保留等。赞同义动词包括：赞同、同一、统一、拥护、允许、遵从等。记住义动词包括：记得、牢记、记住等。

㉑a.*全校教风、学风已经根本保持。

　　b.*这根本遗留了退耕后农民的生活问题。

c.*传统的旧体制根本赞同劳动力、土地、资金等……

d.*口头承诺根本记得保障，不值得冒险。

（三）副词"根本"与谓语结构同现原则的形式验证

笔者认为能与"根本"同现的动词在语义上也是具有层次性的，它们都能通过数量多少、程度高低等显示出层次的不同。在形式上它们可以受"完全/通通/一概/多半/大体/仅仅/唯独"或"彻底/大大/非常/有点/稍稍"等副词修饰。下面将选取同现频率较高的动词进行形式验证。

表4 "根本"能与具有层次性的谓语动词同现情况

"根本"能与具有层次性的谓语动词同现				
类别	转变义	解决义	反对义	缺失义
验证	根本改变	根本解决	根本否定	根本忘记
层次	彻底/大大/稍稍+改变	完全/通通/大体/仅仅+解决	完全/一概/仅仅+否定	全然/通通/多半/唯独+忘记
"根本"不与没有层次性的谓语动词同现				
类别	不变义	遗留义	赞同义	记住义
验证	*根本保持	*根本遗留	*根本赞同	*根本记住
层次	完全/大体/仅仅保持	*完全/一概/多半/仅仅/唯独遗留	*彻底/大大/有点/稍稍赞同	完全/仅仅记住

为什么一些在形式上能体现数量程度差异的动词也不能受"根本"修饰呢？笔者猜测是因为它们在语义上没有层次性。如例㉒中的这些动词前后没有具体的量的限制时，受话人则默认这些动词在语义上表示全量，这种全量是没有层次性的。在形式上把这些动词前后加上表示全量的词时，整个句子意义不变，如：

㉒a. 声带的振动频率保持不变，只改变口形，可以发出同样音高的不同元音。

b. 声带的振动频率完全保持不变……

c. 请你注意看，并记住绿圆闪现的顺序。

d. 请你注意看，并完全记住绿圆闪现的顺序。

而说话人提及表转变义、解决义、反对义、缺失义的动词时，这部分动词不强调定量，而是允许不同层次量的变化，在形式上把这些动词前后加上表示定量的词时，整个句子意义发生改变，如：

㉓a. 教育可以使新生一代身心得到发展，可以提高人的素质，改变人的状态……

b. *教育可以……完全改变人的状态。

c. *教育可以……略微改变人的状态。

总的来说副词"根本"可与有层次性的谓语结构同现。否定句本身具有层次性，所以"根本"常用于否定句。肯定句中"根本"能与表转变义、解决义、反对义、缺失义四大类动词同现。事实证明，不管"根本"做形容词还是副词，不管是在肯定句还是否定句中，都要求搭配的对象具有层次性。

五、"根本"的语法意义

（一）低主观性

沈家煊认为主观性是"说话人在说出一段话的同时表明自己对这段话的立场、态度和感情，从而在话语中留下自我的印记"。人类使用"根本"修饰句内成分时不可避免地"留下自我的印记"，使整个句子带上主观倾向，例如：

㉔a. 那些言情小说几乎千篇一律……好多故事<u>根本</u>没有生活底蕴。

b. 好多故事没有生活底蕴。

我们都知道故事来源于生活，言情故事或多或少都会反映某一时代人们的生活底蕴。说话人使用"根本"，来表达自己对千篇一律的言情小说的不满之情，使整个句子明显带有说话人的主观倾向。去掉"根本"话语中"自我的印记"就消失了，句子变成一个较为客观的叙述句。

"根本"较少出现在主语前的位置且和其他评注性副词同现时，往往出现靠后的位置。张谊生认为"副词充当状语时的位置分布和排列顺序同其本身的句法功能、语义特征、语用倾向有着必然的联系"，一般而言"主观倾向越强，位序越前"。说明"根本"具有主观性，但相比其他经常用在句首的副词如"也许／其实"等，"根本"具有的是低主观性。

（二）深层次性

"根本"具有深层次性，这种深层次性体现在以下两个方面：

1. 在语法化过程中"根本"始终保持了深层次性的语义

最早"根""本"独立使用，本义就是树根，具有深层次的特性，同时它们又是植物赖以生存的最重要的器官。所以"根本"连缀成名词就有了"根源、基础"或"最重要的部分"这两个语义。后来出现了形容词性的用法，表"主要的、重要的"，不难看出这一用法是通过名词性"根本""最重要的部分"这个语义发展而来的，所以保持着一脉相承的深层次性。最后出现副词性用法，笔者认为"根本"修饰动词时表"从根本上／从深层次上Ｖ"的语义并且带有主观性。很多词典常用"完全、彻底、从来"等近义副词解释"根本"，其实它们的语义还存在细微的差别，如：

㉕a. 绿化的新区将有200万平方米，可以<u>根本</u>改变浦东新区的市容环境。

b. 可以<u>完全</u>改变浦东新区的市容环境。

c. 可以<u>彻底</u>改变浦东新区的市容环境。

㉖a. 只要是上市的食物，我<u>根本</u>不考虑是不是转基因的，只要好吃、便宜就吃。

b. 我<u>从来</u>不考虑是不是转基因的……

例㉕a.中说话人想表达新增加的绿化面积是一个从无到有的变化，这种变化可以从根本上最深层次地改变市容环境，而不是说可以完全彻底改变市容。例㉖a中说话人在主观上不愿意考虑转基因问题，因此利用"根本"加强语气，表达自己的观点。而不是强调从过去到现在的时间概念。将例子中的"根本"替换成"完全/彻底/从来"时句子仍然是合法的，但语义上却发生了改变。我们可以看出"完全"强调的是全部的范围，"彻底"强调的是范围全，程度深，"从来"强调的是从过去到现在的时间概念，

"根本"强调的是深层次上的，并且带有主观性。

2."根本"总是要求其同现对象具有层次性

"根本"修饰其他词语时，整体表现出深层次的语义。形容词性"根本"能与有层次性的抽象名词同现，副词性"根本"搭配的对象同样具有层次性。因为否定句本身具有层次性，肯定句没有，所以"根本"多用于否定句。而在肯定句中，"根本"能够与具有层次性的谓语动词同现，整体表达深层次的意义。

六、结语

"根本"作为一个兼类词，有较为复杂的句法和语义问题。本文以"根本"的句法分布和词类组合问题作为切入点，把"根本"的形容词性和副词性用法统一起来，提取它们的语义。在对CCL语料库进行详细调查的基础上，笔者发现"根本"较少出现在句首位置，和其他副词的共现顺序为：逆转义副词>婉转义副词/重复副词>"根本">否定副词，体现了"根本"低主观性的语义。不管是作形容词还是副词"根本"总是都要求其修饰的对象具有层次性，整体表达深层次性的语义。

参考文献

[1] 吕叔湘.现代汉语八百词[M].北京：商务印书馆，1980：199—200.
[2] 吕叔湘.中国文法要略[M].北京：商务印书馆，2018：200—205.
[3] 黎锦熙.新著国文语法[M].长沙：湖南教育出版社，2007：144.
[4] 袁毓林等.汉语词类划分手册[M].北京：北京语言大学出版社，2009：363—364.
[5] 张谊生.现代汉语副词研究[M].上海：学林出版社，2000：18—23.
[6] 安汝磐.谈多用于否定式词语[J].北京师范学院学报（社会科学版），1991(4)：48—52、105.
[7] 陈佳宏.与否定项无标记关联的语气副词研究[D].上海师范大学硕士学位论文，2006.
[8] 杜涓.现代汉语"根本"类否定性副词研究[D].天津师范大学硕士学位论文，2012.
[9] 胡清国.否定形式的格式制约研究[D].华中师范大学博士学位论文，2004.
[10] 金基梅.断定类语气副词的多角度分析[D].延边大学硕士学位论文，2006.
[11] 刘磊.现代汉语抽象名词及其搭配分析[D].河北师范大学硕士学位论文，2009.
[12] 宋伟萍.现代汉语否定极性副词分析[D].浙江大学硕士学位论文，2013.
[13] 隋长虹，侯振岩.对"根本"类否定性副词的语用分析[J].临沂师范学院学报，2000(5)：17—19.
[14] 孙琴.现代汉语否定性结构专用副词的考察[D].广西师范大学硕士学位论文，2005.
[15] 杨万兵."根本"的历时演变及其教学启示[J].华文教学与研究，2011(3)：58—63.
[16] 姚瑶，石定栩.背景命题及其触发机制——从"根本"说起[J].外语教学与研究，2015，47(5)：709—720、800.

和平（彭寨）客家方言中的"咩"[①]

陈洲钰 王茂林

(暨南大学华文学院 广东广州 510610)

【提　要】 和平（彭寨）客家方言的"咩"可出现在句首、句中以及句末，文章探讨了不同位置上"咩"的用法，分析了句首发挥提示、表态和衔接功能的"咩"，句中充当话题标记、从句标记和标句词的"咩"及句末疑问语气词"咩"。

【关键词】 方言 客家方言 "咩"

一、引言

在方言中，"咩"是一个常用的语气词，前人对此进行了讨论。

关于粤语中的"咩"，方小燕提到广州话是非疑问句的句末语气助词"咩"[$mε^{55}$]可表达求证和反诘情态。彭小川认为广州话的疑问语气助词"咩"[$mε^{55}$]只用于是非问句，用于表示诧异或疑惑，也用于反诘。张洪年在专著第五章"助词"中介绍了香港粤语的助词"咩"。

黄婷婷的博士学位论文对丰顺（三汤）的客家方言助词进行了专门研究，她把语气助词"咩"分为陈述句末表相悖语气的"咩$_1$"[$mε^{21}$]，陈述句中起提顿作用的"咩$_2$"[$mε^{21/55}$]，疑问句末表测度的"咩$_3$"[$mε^{21}$]，还提到"咩"可用作系词，是"唔係"的合音，对丰顺客家方言的语气助词"咩"作了较全面的描写。

施其生、张静芬分别对1886年的《汕头话读本》中性问句进行了探讨，施其生认为《读本》的"咩"[me^2]是介于否定词和是非问语气词中间的一个语气词，结构功能上类似一个"通用否定词"。张静芬对《读本》中性问句中使用"咩"与使用否定助动词作为句末标记进行了比较，现代潮州话中否定助动词普遍使用而"咩"已经消亡，并且探讨了"咩"的来源，认为"咩"可能源自粤语。

和平县位于广东省东北部，东江上游，是一个纯客县。和平（彭寨）客家方言中的"咩"，非轻声，"咩"可在句子中三个不同位置上出现，语音也有不同的表现。例如：

①咩[mei^{55}]，好来啰，阿□[$tsei^{55}$]舀粥把阿妹吃。（来，快来吧，奶奶盛粥给妹妹吃。）
②佢咩[mei^{33}]，睇哩咁瘦，几吃得。（他嘛，看起来那么瘦，很能吃的。）
③一栋咩[mei^{35}]，你嘅不是征收噜咩[mei^{35}]？（一栋吗，你那里不是征收了吗？）

分布在不同句法位置的"咩"呈现出不同的特征。上述3例中，句首的"咩$_1$"相对独立，指示对象或事物，有时相当于"看"；句中的"咩$_2$"是话题标记，相当于"嘛"；句末的"咩$_3$"是疑问标志，即句末语气词，相当于"吗"。总的来说，和平方言中"咩"一般是平调，但因功能情态的不同，"咩"的

[①] 本研究得到国家社科基金项目（18BYY187）的资助。

音高会有变化，可能读为平调，也可能读为升调。

二、"咪"的分布

将"咪"按在句子中的位置分为句首"咪₁"、句中"咪₂"、句末"咪₃"。

（一）句首"咪₁"

就句法功能来说，"咪₁"能单说，可自成一句话，那么"咪"还是附着的语气词吗？我们认为句首的"咪"是叹词。从功能出发，在具体使用中可分为3种：提示功能、表态功能和篇章推进功能。

1. 提示功能

"咪₁"可以单说，可以独立成句，用来指示现场一个事物的存在，如例①。陆镜光把这种在句首出现、能独立使用且具有指示作用的词称为"指示叹词"，并将指示叹词分为"现场用法"和"非现场用法"两种。甘于恩在《广东四邑方言的语法研究》中提出"提示语气词"，用于"表示说话人对听话人的提醒、暗示，或转述某种事实"，其中以广州话的"嗱"为例解释前置提示语气词可以单独存在，具有小句身份。笔者更认同陆镜光"指示叹词"这一表述，因为语气词往往是附着在句末的，指示叹词的提出，能把句首和句末的"咪"区分开。

和平（彭寨）话"咪₁"起提示功能有两种情况：

（1）用于现场直指时

相当于"来"、"看"、"你看"的意思，"来这"或"看那"，近指远指视具体语境而定，读[mei⁵⁵]。再如：

④咪，望哩阿琪走啰，就爱走啰。（看，她看到阿琪走了，也要走。）
⑤咪，水放好噜，好带阿妹洗身噜。（来，水放好了，快带宝宝去洗澡吧。）
⑥咪，看佢大娘出倒噜，就爱追出去噜。（看，看着她大伯娘出去了，就追着要出去。）

句首"咪₁"读为[mei⁵⁵]，为高平调，如图1所示。图中的第一条曲线表示的是"咪"，由于人们发音的起始状态往往是上扬的，因此出现了前面的上升段，而主要起观照作用的是接下来的平缓段，听感上仍是高平调。由于咪₁具有独立性，因此句首的"咪"都是高平调。

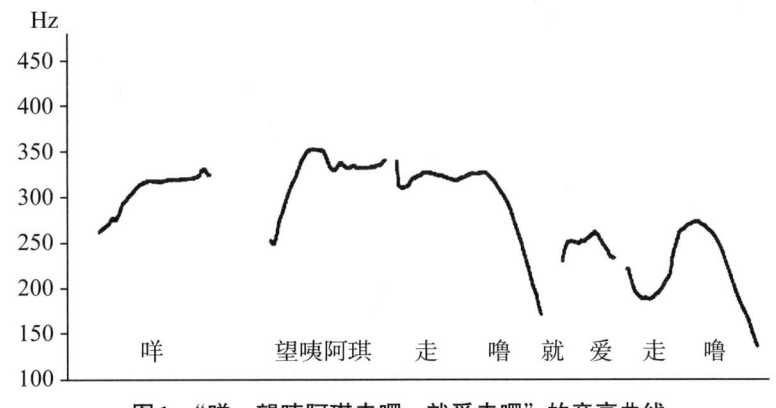

图1 "咪，望咦阿琪走啰，就爱走啰"的音高曲线

上述几个例子，说话人在说话的同时，伴随着指示的动作或眼神，提示对方看。"咪"独立成句，

充当一个完整陈述句的功能,把听话人的注意力转移到现场某事物上。另外,"咩₁"也可以单独用于作答,例如:

⑦A:阿妈哦?(妈妈呢?)
　B:咩!在嘅里!(看,在那啊!)

"咩"在作答时,问"在哪"回答"咩",则相当于"就在那里""就是那儿"。说话人说话的同时会有相应的手势或眼神,指向或望向所指,赋予"咩"明显的指示功能。如若在说话时没有相应的手势和眼神,则指向不明,造成对话不畅。"咩"作为应答语时,中指、近指还是远指,也因具体的语境而变。

(2)用于现场传递事物时

"咩"也常常用于传递事物,说话人的动作具有指向性,相当于"给""欸"。例如:

⑧咩,我影[ŋiaŋ²⁴]里正十块钱哩。(欸,我这里才十块钱。)
⑨咩,我来拿,我来拿把你。(欸,我来拿,我来拿给你。)
⑩咩,把块糖把你食哩。(给,给你一块糖吃。)

普通话口语通常会说单个动词"给",而和平话中没有单说一个给予动词,通常用"把NP"表示给予,这里单用"咩",相当于"给"。

(3)非现场用法

"咩"不用于书面交际,只用于口语,而在打电话这个非现场情境时,也会用到指示叹词"咩"。例如:

⑪A:我行路嘅下手机跌坏哦。(我走路时手机摔坏了。)
　B:咩,闷哩,把我话准噜咩,行路搞手机,迟早会跌烂。(看吧,怎样,被我说准了吧,走路玩手机,迟早会摔坏。)

在通话时,虽然没有面对面交流,但能听到对方声音,也有一定的现场性。

上述例子中,无论是直指还是传递时,"咩"和指示的动作或眼神皆不可缺少,"咩"具有相对独立的句法地位。

2.表态功能

句首用"咩",具有特定的语用效果,使句子附上了说话人的情感,"咩"仍读高平调[mei⁵⁵]。如果把句首"咩"去掉了,语义上没有变化,但没有突出强调说话人的情态。如:

⑫A:广州落大水,大暴雨噜,我哋嘅班飞机停运噜。(广州下大雨,大暴雨啊,我们那班飞机停运了。)
　B:咩闷哋好啊?(唉,那怎么办呢?)
⑬A:好坏,就迟到噜,我爱走噜。(完了,快迟到了,我要走了。)
　B:咩你好去唷,好去!(啊,那你快去吧,快去!)
⑭佢话阿姨你啊唔相信我啊,唔信就好去大医院噜,信嘅话就来办手续住院噜,咩我就相信佢哦。(他说阿姨你相不相信我,不信的话赶紧去大医院,信的话就快去办手续住院,那我就相信他啊。)

例⑫表现了说话人无助、困惑的情态。例⑬中,"你好去"原本就有催促意味,再加上句首"咩"和句末"唷",说话人的催促意味更强。例⑭中,表达了说话人的情感判断,表示"我就是相信他"这一肯定的态度。

类似的用法还有:

⑮咩,我种伲菜啊,全部把鸡□[tsʰet³]倒,冇噜,咩□[tsʰet³]冇噜。(唉,我种的菜啊,全部被

鸡踩了，没了，全给踩完了。）

⑯咩，几会诈，昨晚日佢只细女阿钱来睇佢，佢诈着唔识佢阿钱哦。（啊，他们曾祖母啊，她很会装啊，昨晚她的小女儿阿钱来看她，她装作不认识阿钱哦。）

在讲述亲历的或他人的事件时，在句首用"咩"，一方面引起听话人注意，另一方面强调了说话人的看法或态度，例⑮中附加了谴责、生气的语气讲述鸡把菜都践踏了的事件，例⑯中表达说话人对老太太装作不认识孩子的事件的评价，附加了轻微讽刺的态度。

3.衔接功能

在口语篇章中，"咩"的实际意义已脱落，虚化为篇章连接标记即话语标记阶段，发挥衔接功能。这时"咩"音一般会延长，或重复，使说话人在说话时能串起要表达的内容，相当于"啊""就是""呃/嗯"，起到引起下文的作用。

⑰等下阵啊，唔嚟贡紧走啊，咩嘅只啊，阿璇啊，等阿璇送你归啊。（等下吧，不用那么着急走啊，啊那谁啊，阿璇啊，让阿璇送你回去。）

⑱A：惹妈做一惹啊，闷哩唔曾撩咦来嫽啊？（你妈在做什么呢，怎么不一起过来玩啊？）

B：咩我妈啊有惹做，咩里下帮人家睇屋，伲两日刚好就收房租。（我妈没什么做，现在帮别人看房子，这两天刚好要收房租。）

⑲阿钱成日都在和平哩，咩，就今年咯，正落来撩佢只细仔带人啊。（阿钱原来一直在和平，就今年呀，她过来帮她的小儿子带小孩。）

这几例中，"咩"后常有或长或短的停顿感，由"咩"延长造成，说话人在表达时可能一时想不起来内容或者在思考如何表达时，为了使语义延续下去，就在句首或小句开头加"咩"，发挥延宕语气的作用。例⑱"咩"与"啊"一起使用，使话语能够连接下去。

语料中还可能出现重复的几个"咩"在小句开头，起衔接语篇的作用，说话人在表达时可能会出现犹豫、迟疑，需要边想边说，这时"咩"的功能就是思索填词，就像普通话中人们会用"然后""就是"来使话语能够接续下去。如：

⑳咩嘅下啊曼娘，我阿豪啊也是早产噜，咩佢係6月养嘅，咩里下4月20几敢养哦啰。（那时啊小婶，那时我家阿豪啊，他也是早产啊，本来应该6月生的，然后4月20几号就出生了。）

这里的"咩"稍有延长，不断重复，表示叙述未完，下文还有，让听话人的注意力集中于此，并不附加说话人的特殊感情。"咩"无实义，如若去掉"咩"，直接表达，意义也不发生改变，"咩"的使用使话语间有换歇的余地，在和平话的口语对话中常出现。

不论是提示功能、表态功能还是衔接功能，句首用"咩"都会引起听话人注意，使听话人聚焦"咩"后面的内容。语用上，句首使用"咩"，说话人能有效表达，而听话人不忽略、不漏听。

（二）句中"咩$_2$"

用在句中的"咩$_2$"有三种情况：作话题标记、从句标记及标句词。

1. 话题标记

用于体词性话题后，作话题标记，相当于"嘛"。例如：

㉑阿林咩还放假，唔曾上班啊。（阿林嘛还放着假，没有去上班。）

㉒我老妹哩，佢齐家咩就在□［u⁴¹］边。（我妹妹她全家嘛在那边。）

㉓遥控器咩冇电喔。（遥控器嘛没电了。）

在上述3例中，"咩"可以省略，但省略前后有差异，句中"咩"在话题停顿处，有一个表承前的意思，前面被问"阿林""老妹一家""遥控器"，才在这里接续再强调一遍，接着才提有效的未知信息。

句中"咩₂"为中平调，读作［mei³³］，如图2。在这个例句当中，句子开头的"齐"达到了一个特别高的峰值，表明这是句子的重要信息，而根据句子中"前高后低"这一普遍的音高走势规律，在句中的"咩"与其后几字读音的音高相比，处于偏中位置，因此笔者判断句中"咩"为中平调。

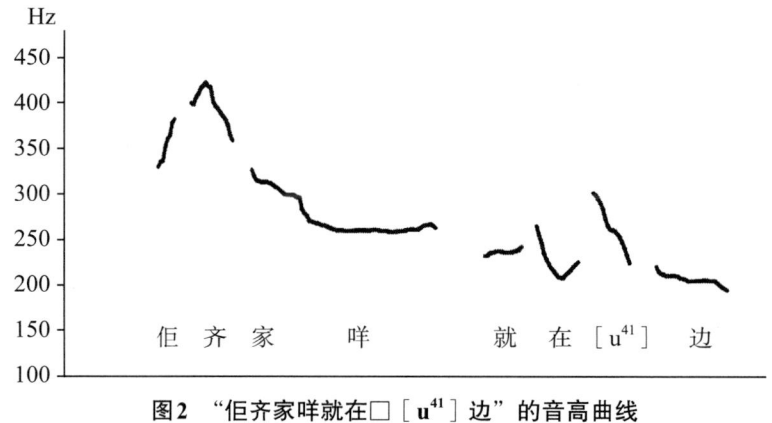

图2 "佢齐家咩就在□［u⁴¹］边"的音高曲线

2. 从句标记

"咩"充当从句连接标记时，主要用于条件复句，有三种情况。

（1）假设条件标记

连接复句里的分句，后置于第一个分句末，分句之间主要是条件关系。用于假设条件复句后项，前一分句是某种条件，后一分句从该条件推导出可能的结果，可以用"X的话，就Y"来诠释"X咩Y"。

㉔徛前滴去咩听得倒哦。（站前一点去的话就听得见啊。）

㉕唔想去咩唔有去啰。（不想去的话就不要去了。）

㉖嫌贵咩唔有买啰。（嫌贵的话就别买了。）

上述3例中，"咩"相当于"的话"，在条件小句后表示假设语气，含有劝慰、引导的意味。

（2）特定条件标记

㉗一放假转屋下咩净係食撉瞓。（一放假回家就光是吃和睡。）

㉘开大声滴咩听得倒噜。（开大声点才听到啦。）

㉙欸车啊，爱洗净来咩就坐倒较舒服略。（车啊，洗干净了，坐起来才更加舒服。）

例㉗中，"咩"相当于连接成分"就"，这是充分条件句。例㉘、㉙中，"咩"相当于和平话中表条件的"正"，即普通话的"才"，这是必要条件句，只有"咩"前的条件实现了，"咩"后的动作或事件才有可能发生。例㉔与例㉘中"咩"的作用，不同语境下解读不同。

（3）假设复现标记

用在前后分句内容一致的情况下，"咩"后再现前面所说内容，达到强调的效果。此时"咩"相当于副词"就"，如：

㉚爱煲汤咩来煲汤啰。（要煲汤那就来煲汤啦。）

㉛明朝日咩明朝日嘟，摎你一齐去。（明天早上就明天早上吧，和你一起去。）
㉜1万咩1万啰，唔会冇书把你读嘅。（1万就1万咯，不会不给你读书的。）
㉝你影[ŋiaŋ²⁴]件衫，大咩大啰，着得着就好啰。（你这件衣服，大了就大了吧，穿得下就行啦。）
㉞嘅只人啊，唔识咩唔识啰，我咩唔识。（那个人啊，不认识就不认识咯，我也不认识呢。）

语义上，表示接受别人的建议，如例㉚；要求作出决断，如例㉛"如果是明早就明早"，例㉜"如果要1万那就1万"，催促赶紧下决定；例㉝"既然大就大了吧"表示认同，隐含着无奈、妥协的意思；用来强调态度，如例㉞"说不认识就不认识"。"咩"前后的部分多是谓词性的，时间名词和数量短语也可以用于这个形式。广州话中有"读书咩读书啰""死咪死啰"这种类似的用法。

受前后字的影响，有时句中"咩₂"的音高会稍高一些，如图3所示。"咩"前的"日"字发音时表现为高升状态，"日"和"咩"之间有一过渡段，降下后再发平调"咩"，根据"前高后低"规律，"咩"仍可判断为中平调，"咩"后的部分发音则会比前部分低一些。

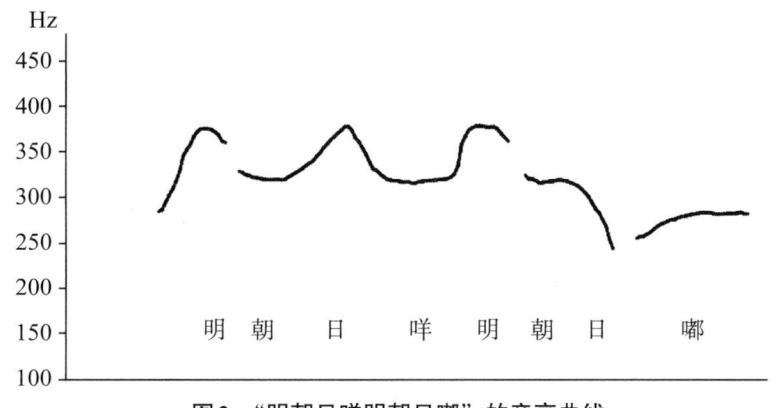

图3 "明朝日咩明朝日嘟"的音高曲线

上述例子中，从句标记"咩"都不可以去掉。和平话中有另外一种表达，如例㉕可表述为"唔想去咩，咩就唔有去啰"，义为"不想去吗，那就不要去啊"，说话人自己设问而后自己回答。受文化程度和年龄影响，老年人常这样说，带有一些啰嗦感。年轻人则选择疑问语气词"咩"与句首连贯标记"咩"融合的形式，即成了"X咩Y"。例㉛可为"明朝日咩，明朝日就明朝日啰"，为了简便表达，把重复的前半句删去，"咩"直接充当"就"的作用，则是例㉛所示。

3. 标句词"咩"

黄燕旋提到引导内容宾语小句的"内容宾语标句词（complementizer）"。"咩"用在言说类动词"话""讲"或动词"想""记得"等后，连接主句和从句，构成"V+咩+clause"，类似于英语的"that"，"咩"作标句词。如：

㉟我话咩就在影[ŋiaŋ²⁴]里食夜。（我说那就在这吃晚饭了）
㊱佢就话咩嘅栋啊，就嘅栋屋噜。（他就说，那栋啊，就那栋房子啊。）
㊲佢话佢唔在屋下，我想咩就不等咯，下次再来。（她说她不在家，我想那就不等了，下次再来。）

例㉟㊱中，把"咩"替换为冒号加双引号，直接引出说话的内容，类似于英语中直接引语和间接引语的转换，"咩"在这类动词后相当于"that"，即现代汉语的"那""那就"。若把"咩"去掉，例如，"我话咩就在影里食夜"变为"我话就在影里食夜"语义没有发生改变，但少了停顿。

(三)句末"咩₃"

和平话中用于句末的"咩₃"在疑问句中出现,作句末语气词,相当于普通话的"吗",单纯表疑问时读作[mei³³],带上情态时读作[mei³⁵]。

1. 单纯表疑问

根据彭小川的研究,广州话的疑问语气助词"咩"只用于是非问句,特指、选择和正反问句都不能在句末加"咩",其表示的疑问句一般也不是中性的。和平话疑问句尾的"咩"也用于是非问句,但可用于中性问句,用于一般询问,说话者对问题的答案没有预期,相当于普通话的"吗"。如:

㊳你识得我咩?(你认识我吗?)
㊴佢属马咩?(他属马吗?)
㊵今日爱洗被兜咩?(今天要洗被子吗?)
㊶你晓得算咩?——唔晓得。(你会算吗?——不会。)

"咩₃"作为中性问句的句末语气词,一般出现在"主语+动词+咩"格式中。句末语气词"咩₃"在是非句中用于一般询问时,表现为中平调,读为[mei³³],如图4。这个句子的音高整体上是较平缓的趋势,而句末"咩"更是呈现较低的状态,不应判断为高平调,而是中平调。

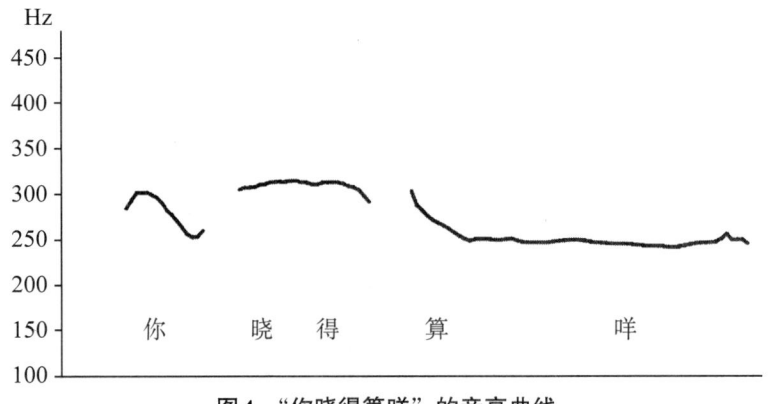

图4 "你晓得算咩"的音高曲线

2. 表测度求证

句末语气词"咩"[mei³⁵]给语气添加了情态,"咩₃"用于是非句末,表示说话人求证的情态,命题中可出现"係""就""唔""净"等明确表示说话人态度的词语,表示说话人已有一定的预测,想要求证结果。"咩"从否定角度发问,是有疑而问,但并不都是疑大于信,其信疑度需根据语境来判断。例如:

㊷今日係八月十五咩?(今天是中秋节吗?)
㊸你净係去观澜嫽咩?(你只是去观澜玩吗?)
㊹我唔曾变过咩?(我没有变过吗?)

例㊸疑大于信,例㊹信大于疑。

疑大于信较多,"咩"经常带有不太相信或出乎意料的口气。例如:

㊺你今日唔噻上课咩?(你今天不用上课吗?)
㊻哇,广东人食老鼠咩?(哇,广东人吃老鼠吗?)

句末语气词"咩₃"附上情态时,为高升调,调值可注为[mei³⁵],如图5。"今"和"日"升到高峰，“八”、“月”和“十”则读得短而高，后“五”的音高降下来，据麦耘和彭小川的观点，在句末没有一般语气助词的情况下，是非问句的疑问语调主要是升语调，“咩”的音高往上升，“咩”字调和疑问语调是“叠加”关系，从图上看“咩”字末尾音高有小降趋势，而听感上字调与语调叠加后，实际音要更高一些，甚至是高出一般的五度范围，因此笔者判断带情态的句末“咩”为高升调，后例皆同。

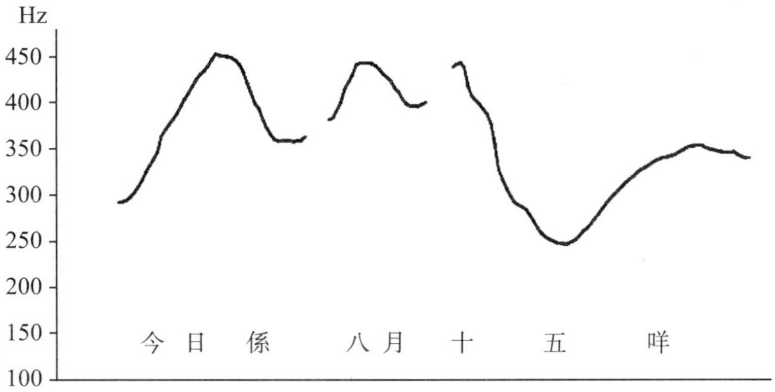

图5 “今日係八月十五咩”的音高曲线

3. 表诘问

如果加深句子的否定语气，则是反诘问，如：

㊼你较大就可以欺负较细欵咩？（你大就可以欺负小的吗？）

㊽唔係咁样哩你肯咩？（不是这样你肯吗？）

㊾你白日发梦咩？（你大白天做梦吗？——你想得美）

上述例子中，“咩”的否定义被放大，用于反问句，表示强烈的反诘语气。

4. 兼容疑问与感叹语气

现实语境中，由于添加了说话人的主观情态，“咩”在句末不仅仅只是疑问语气，存在疑问、感叹语气兼容的现象。例如：

(50)你懵兀咩？（你傻了吗？——你太不像话了！）

(51)你唔曾去过北京咩？（你竟然没去过北京吗？）

(52)本地人老少都有房分咩？（本地人无论老少全都有房分吗？）

(53)唔係你喊我打电话把你嘅咩？（不是你叫我打电话给你的吗？）

例(50)“咩”带来了疑问语气，用反问方式问“你是否傻了”，传达出说话人对听话人行为的不满情绪。例(51)中，一是问“你去没去过北京”，二是感叹“你没去过北京”，说话前有预设。例(52)疑问加惊讶的感叹。例(53)中，在表达疑问语气的同时，说话人的反问也表达了其委屈或无奈的感叹。

除了句中三个不同位置的虚词“咩”，还有个有较实在的意义“咩”，最常见的表达时“唔咩”。“唔咩”=“唔係”。“咩”是“唔係”的合音，[m hɐi] 发生语流音变变为 [m mɐi]，[m mɐi] 合音即是 [mɐi]，“咩”即“不是”，是系词。

关于“咩”的发展演变，笔者认为，以系词“咩”为源头（“咩”即“不是”），用在句末表反诘、揣度的“不是吗”，合音为“咩”，则由系词语法化为反诘语气词，这是“咩”的基本用法。随着反诘语气词“咩”使用的增多，一方面保留了语气意义在句首发挥提示、表态功能，另一方面反诘语气“磨损”，可在中性问句末表一般疑问语气，也可进一步语法化为句首的话语标记及句中的话题标记、从句标记和标句词。从语音上来看，“咩”常是中平、高平、高升，较响亮高亢，能表达说话人的强烈情绪，从反诘语气词而来的"咩"在和平客家方言中的活跃使用,这反映了东江上游地区客家人淳朴粗犷的性格特点。

三、结语

本文主要考察和平(彭寨)话多功能虚词"咩"在句首、句中、句末的不同表现,把和平(彭寨)客家话的"咩"分为句首语气词"咩$_1$"、句中标记"咩$_2$"、句末疑问语气词"咩$_3$"。关于"咩"的发展线索,笔者猜测,系词"咩"虚化为句末反诘语气词"咩",由反诘语气词分化出两条路线,一是反诘语气保留,则发展出句首提示和表态功能,二是反诘语气磨损,则泛化为句首话语标记和句中标记。

参考文献

[1] 邓景滨.粤方言词的注释——以"咪"为例[M]//甘于恩.南方语言学(第三辑),广州:世界图书出版广东有限公司,2011.
[2] 方小燕.广州方言句末语气词助词[M].广州:暨南大学出版社,2003.
[3] 甘于恩.广东四邑方言语法研究[M].广州:暨南大学出版社,2010.
[4] 黄婷婷.丰顺(三汤)客家方言助词研究[D].中山大学博士学位论文,2009.
[5] 黄燕旋.揭阳方言言说动词"呾"的语法化[J].中国语文,2016(6).
[6] 刘丹青.叹词的本质——代句词[J].世界汉语教学,2011(2).
[7] 陆镜光.汉语方言中的指示叹词[J].语言科学,2005(6).
[8] 彭小川.广州话助词研究[M].广州:暨南大学出版社,2010.
[9] 施其生.《汕头话读本》所见潮州方言中性问句[J].方言,2009(2).
[10] 吴晓佳.赣州城区方言中"嘎"的用法探析[J].广东石油化工学院学报,2013(4).
[11] 张洪年.香港粤语语法的研究[M].香港中文大学出版社,1972.
[12] 张静芬.《汕头话读本》中的两类中性问句的句末标记[J].清华学报,2015(3).

> 汉语史研究

清末民国几种粤方言韵图述略①

周赛华

（湖北大学文学院　湖北武汉　430062）

【提　要】文章对《儒林音字贯通》《字音通晓》《传音快字》和《汉文快字全书》的音系作了比较详细的介绍，并对音系特点和性质作了重点的分析，在此基础上进一步探讨了书中音系到今音的发展演变情况。

【关键词】粤方言　《儒林音字贯通》《字音通晓》《传音快字》《汉文快字全书》　清末民国

粤方言又称粤语，本地人习惯上称之为白话，外地人常常叫做广东话。粤语以广州话为代表，主要分布在广东省、广西壮族自治区以及香港和澳门等地区。随着清末切音字的运动，清末民国时期粤语区出现了大量的反映粤方音的韵书韵图。本文选择四种粤音韵图略作介绍。

一、《儒林音字贯通》

《儒林音字贯通》是清代南海九江②乡梅圳人吴达邦所撰，该书是作者在越南河内旅途中所作，于光绪丙午（1906）在东京刊行，版权归吴氏的丽源号公司所有。吴氏生卒年不详，长期在东南亚一带经商。

《儒林音字贯通》包括自序、卷首和正文。其中卷首部分内容非常丰富，包括目录、凡例、定韵图、分声图、审音图、入声骑韵图、五音拼韵法、六十八字诀、音母二十字、声母八字、韵母四十字、声钤七百八十二音、音钤二百六十六声、儒林音字卮言和西法译正字母等内容。

定韵图是对韵母进行分类，具体情况如下：

1. 二合音：鸡佳该傀沟高胶娇。
2. 牙鼻音：粳麇经江宫庚吴。
3. 合唇音：金缄黚兼甘。

---

① 基金项目：本文为国家社科基金项目"近代等韵研究缀补"（15BYY103）和国家社科基金重大项目"汉语等韵学著作集成、数据库建设及系列专题研究（17ZDA302）"阶段性成果之一。
② 佛山市南海区西南部的九江镇是一个文明古镇，素有"儒林乡"的美誉。这里河流纵横、鱼塘密布、具有典型岭南水乡的特色，是广东省著名的侨乡。九江镇紧邻西樵、顺德、高明、鹤山、新会等市镇，地理条件优越，水路交通便利，自古以来就是商家云集之地，故有"小广州"之称。

4. 齿腭音：根干艰官间闩艰臻涓。

5. 喉正音：家迦饥歌孤。

6. 变音：茄礣靴睢居。

这种分类对于了解韵母的结构有一定的帮助，但分类采用的标准不一致，有的是从韵尾来区分的，有的是从元音的多少来区分的。

分声图是对声调进行分类，具体情况如下：

1. 高：（1）舒：一声；二成。（2）洪：三省；四盛。

2. 下：（1）促：七色；八食。（2）弱：五性；六锡。

另一三五七是清音，二四六八是浊音。

审音图是对声母进行分类，具体情况如下：

牙音			喉音		点腭			齿缝		舌头			卷舌		重唇			轻唇	
一	二	三	四	五	六	七	八	九	十	十一	十二	十三	十四	十五	十六	十七	十八	十九	二十
家	齣	岈	虾	鸦	渣	差	沙	瓜	夸	叮	他	嗱	蘿	吡	巴	葩	孖	花	洼

入声骑韵图是入声韵与阴、阳声韵相配，并对入声韵加注了罗马字音，具体情况如下：

家	粳	迦	间	饥	坚	歌	江	孤	宫	茄	麖	礣	经	靴	闩	睢	臻	居	涓
格	子		结		角	菊		屐		激		越		黜		蹶			
iak	iet		it		ok	uk		ek		ik		iot		uot		uet			
鸡	根	佳	艰	该	干	傀	官	沟	金	高	缄	胶	黚	娇	兼	甘	庚	姜	吴
吉		割		葛	适		急		甲		夹		刼		蛤	械		脚	权
et		at		ot	ut		ap		iap		ep		ip		op	ak		iok	uok

六十八字诀就是音母（声母）二十字，声母（声调）八字，韵母四十字。

声铃七百八十二音就是声韵配合表，即横列韵母四十字，纵列声母二十字，交叉处列小韵首字（主要是平声字）。

音铃二百六十六声就是每个韵母都列出八声，其中有些韵母在某个声调下没有字，故总共只有二百六十六声。

《儒林音字卮言》其实就是一篇有关音论的文章。

正文是韵书，每韵下再按八声分开列字，韵字下无释义。

（一）语音系统

吴氏在书中已经把音系都详细地罗列了出来，而且在"西法译正字母"对声母和韵母进行了罗马字注音（有关韵母在多处都有注音，但有时前后注音不一致），抄录于下：

1. 音母：家k、齣kh、岈g、虾h、鸦①元音、渣ch、差chh、沙s、瓜kw、夸kwh、叮t、他th、嗱n、蘿l、吡j、巴p、葩ph、孖m、花f、洼v。

2. 韵母：家a、粳āng、迦e、间ên、饥i、坚in、歌o、江ong、孤u、宫ung、茄ɐ、麖eng、礣ê、经

---

① 书中注："泰西以第五音为韵，故无母。"

ing、靴ö、冚ön、睢ů、臻ûn、居Ü、涓Ün、鸡ei、根en、佳ai、艰an、该oi、干on、傀ui、官un、沟au、金am、高ao、缄ām、胶eu、黔em、娇iu、兼im、甘om、庚ang、姜öng、吴ng。

格āk、孑êt、结it、角ok、菊uk、屐ek、激ik、越öt、黜ůt、蹶Üt、吉et、割at、葛ot、适ut、急ap、甲āp、夹ep、刼ip、蛤op、械ak、脚ök、權ngk①。

(二)音系性质

书中音系是以粤音作为基础的，作者在书中多有论述。如在凡例中说："收汉字用粤音，而折中于儒林乡音，以矫羊城'都刀'相混、'娱儒'不分之弊。"在《儒林音字卮言》中说："五岭以南，合唇成韵，八声克谐，自具古韵之元素。儒林音字之辑，为童子正其音读。"又在《儒林音字卮言》中说："声者，发口同音。而平上去入各分清浊，一气流转，厥有八声。以粤音考之，下上声多与下去同声，否则与上上同声。"但不是采用羊城（广州）音，书内"学习法"中说："羊城分韵无磯靴胶闸黔廮七韵，各属土音，却为官音外国音通用之韵也。"

书以儒林命名，作者是以自己的家乡话作为标准的，在《儒林音字卮言》中说："儒林乡为南海名区……其人经商游学，踏遍行省，足迹五洲。以一乡论，中州殆无其匹，而平原沃壤之灵秀，发为声音，合于韵府居多。如羊城分韵，都渡与刀道同收，虞豪不分，儒甚与娱岑齐声，平去易混。论粤音者，多以儒林为正。"

除了作者的家乡话以外，另有少数北音夹杂其中，书内凡例中说："一字数音，分见各部。或从北音俗音添入以补音。"

从今方音来看，也确实可证书中音系反映的是当时南海方音。下面把书中音系与今南海方音（桂城）进行比较：（今方音见《南海方音概述》）

（1）声母

音字	家k	鰤kh	岈g	虾h	鸦	渣ch	差chh	沙s	瓜kw	夸kwh
今音	句感共k	级权舅k^h	岸牙牛ŋ	天雨以h	案矮安ø	节船中ts	秋齐出ts^h	修手书s	军瓜跪kw	亏群葵k^{h}w

音字	哆t	他th	嗱n	藞l	吔j	巴p	葩ph	孖m	花f	洼v
今音	刀塘道t	太坦跳t^h	年南女n	连蓝路l	优严夜j	波部婆p	飘片抱p^h	麻门微m	飞禾换f	王花荣w

（2）韵母

音字	家a	饥i	孤u	居Ü	佳ai	鸡ei	茄ɐ②	迦e	磯ê	睢ů	靴ö③
今韵母	家花a	诗耳i	湖姑u	丝鱼y	街埋ai	灰米ɐi	爷车ɛa	飞寄ei	雨水øy	—	

音字	歌o		该oi	傀ui	胶eu	沟au	高ao	娇iu
今韵母	坐糯œ	错过ɔ	我个ɔi	爱菜oi	罪雷ui	交靠au	咬饱ɐu	州酒ɐu	高老ou	笑蕉iu

---

① 吴氏给"吴"韵也配了个入声韵，但字非常生僻。在正文中，入声韵也只收有这个生僻字。故这个入声韵应该是吴氏为凑数而添入的。
② 韵书正文中的注音为"ia"，有时跟前面的注音不一样。在书中"茄"韵与"迦"韵中的字大多相同。
③ 这韵只有少数几字，如"靴瘸"等，今桂城方音中没有收这韵的字。

音字	缄 ām	金 am	黚 em	甘 om	兼 im	艰 an	根 en	间 ên	闪 ön	臻 ǔn
今韵母	三参 am	金心 ɐm	斩咸 ɛm	敢暗 om	点闪 im	简难 an	温粉 ɐn	眼闲 ɛn	铲 œn	蠢顿 ɵn

音字	干 on	坚 in	官 un	涓 Ün	粳 āng	庚 ang	黁 eng	经 ing	姜 öng	江 ong
今韵母	安旱 on	天煎 in	搬换 un	园暖 yn	冷耕 aŋ	憎崩 ɐŋ	惊命 ɛŋ	京精 eŋ	长凉 œŋ	江浪 ɔŋ

音字	宫 ung	甲 āp	急 ap	夹 ep	蛤 op	刼 ip	割 at	吉 et	子 ɐt	黜 ǔt
今韵母	风种 oŋ	鸭杂 ap	入十 ɐp	夹 ɛp	鸽盒 op	接摄 ip	压札 at	毕密 ɐt	八 ɛt	律出 ɵt

音字	葛 ot	结 it	适 ut	蹶 Üt	格 āk	械 ak	屐 ek	激 ik	脚 ök	角 ok
今韵母	割渴 ot	跌热 it	阔活 ut	缺月 yt	百拍 ak	塞测 ɐk	踢石 ɛak	力食 ek	脚药 œk	角学 ɔk

音字	菊 uk	越 öt	榷 ngk	吴 ng	—					
今韵母	屋竹 ok			吾五 ŋ	唔 ṁ					

（3）声调

音字	上平	下平	上声	下去	上去	中入	上入	下入	
	一声	二成	三省	四盛	五性	六锡	七色	八食	
	刀	桃	倒	道	到	搨	急	杂	
今韵母	阴平	阳平	阴上	阳上	阳去	阴去	下阴入	上阴入	阳入
	夫	扶	苦	妇	父	富	法	福	服
	55（53）	42	35	13	22	33	33	55	22
九江	45	232	35	12	34	34	45	12	

从上面的比较可以看出，书中音系确实是当时南海一带的方音，但书中音系跟今南海方音略有差异[①]：

1. 书中有"靴 ö[œ]、越 öt[œt]、榷 ngk"，今南海方音（桂城）没有。
2. 今南海方音有唔 ṁ 音，书中音系缺。
3. 书中"茄 ɐ"韵和"迦 e"韵互为又读音，但今南海方音只有一读"ɛa"。
4. 书中"歌 o"韵在今南海方音中分化为三韵"œ、ɔ、ɔi"。
5. 书中"胶 eu"韵在今南海方音中分化为二韵"au、ɐu"。

二、《字音通晓》

《字音通晓》系广东南海罗崧骏芹生氏所撰，刊于光绪丙申岁（1896）。成书大约在1876年。罗氏在自序中说："年十七时，族人授以字韵，二十九调之，片刻疑其不足。因悟四十字韵。又闻世有隔壁敲语之说，因撰四十字母。分为四声，纪以数目。"另罗氏在凡例中说："是编之作原系少时所悟，且历

[①] 书中有些韵所收的韵字跟今南海方音也存在一些差别，本文不述。

数刻而成。二十年前，曾将此法训蒙，徒逞臆见，未及就正。尚冀高明惠而教之。"书中内容包括自序、凡例、切音法、切音捷法、字分四声十音、四十字母和字韵几个部分。该书音系反映的是粤方言音系，罗氏在凡例中说："是编字母字韵皆四十，悉以粤音切之。"用粤音的目的罗氏在凡例中也说得非常清楚："是编字母字韵不以正音读，而以粤音读者。以粤音能该正音，而正音不能该粤音也。且余粤人也，以粤人操粤音，即以粤人传粤人，较易入手。"

（一）声母

在"切字捷法"中，罗氏把"八十字韵"按发音部位归为八类（列表如下）。

舌捲		音牙		唇轻		音喉		音头齿		音唇重		音头舌		音牙大		
英然	零连	○○	肩闊	○湾	○○	鹰烟	轻牵	星仙	清千	精笺	明棉	娉偏	兵边	停年	厅天	丁颠	鲵研	倾乾	京坚	上平
迎然	零连	○○	肩闊	荣还	○○	鹰燕	庆延	成禅	情前	静贱	明棉	平便	並辨	宁年	停田	定殿	鲵研	擎乾	競健	下平

根据今广州音可以拟音为：兵［p］偏［pʰ］明［m］、分［f］湾［w］、丁［t］厅［tʰ］年［n］、零［l］、京［k］倾［kʰ］研［ŋ］、轻［h］鹰［j］、精［ts］清［tsʰ］星［s］、肩［kw］夸［kwʰ］、然［j］①。

罗氏声母系统最显著的就是精照组合流，罗氏在凡例中说："五方声韵皆不得其全，……即以吾粤省话论，凡下平皆读去声，如云读若晕，王读若旺是也。……是编四十字韵，有精清从心邪，无照穿床审禅，亦以吾粤无正齿音也。"另外罗氏列出了唇化声母，这是非常恰当的。

（二）韵母

在"四十字母"中，罗氏列出了："学习反切诀，皆从子母推。上则垂标位，下可摄其音。括来这凑韵，百看尽交明。吴靴合郑律，唔敢教闲参。"

罗氏对这四十个韵母作了解释，说："以上字母，皆用省话读。惟'子'字用乡音精举切，若省话则读若纸，与'其'字母复。'合'字用乡音合口读，若省话则读若洽，与'音'字母复②。'敢、教、闲、参'四字，皆用乡音开口读，若省话则'敢'读若锦，与'音'字母复；'教'读如字，与'交'字母复；'闲'读如字，与'反'字母复；'参'读如字，与'习'字母复。③……再上列字母，用佛镇话读最合。"

故根据罗氏的说明，实际韵母为：学［ɔk］习合［ɐp］反闲［an］切［it］诀［yt］，皆［ai］从［ʊŋ］母［u］推［œy］，上［œŋ］则［ɐk］垂［ui］标［iu］位［ɐi］，下［a］可［ɔ］摄［ip］其子［i］音敢参［ɐm］，括［ut］来［ɔi］这［ɛ］凑［ɐu］韵［ɐn］，百［ak］看［ɔn］尽［ɐm］交教［au］明［ɪŋ］，吴［ŋ］靴［œ］郑［ɛŋ］律［œt］，唔［m］。

罗氏韵母相对于今广州音来说，少了许多，应该是遗漏了。

---

① 此母与"鹰"母重复。
② 此处原书有误，"合"是入声字，与阳声韵"音"不可能复，在四十字母中，应该是与"习"字母复。
③ 理同"合"字说，在四十字母中，按今音"参"字没有重复的，但作者说有重复，因此最有可能就是与"敢"字复，与今广州音略有差异。

（三）声调

在"字分四声十音"中，罗氏列出了十个代表字"薰韫愠忽雲允韵滑鹘挖"。罗氏解释说："'薰'为上平，'雲'为下平，'韫'为上上，'允'为下上，'愠'为上去，'韵'为下去，'忽'为上入，'滑'为下入，又入声上入下入之中，復含'鹘、挖'二声，'鹘'又为上入，'挖'又为下入。共凑成十音是也。"

从上面可以看出，当时广州音有十个声调，下面把它与今广州音声调进行比较一下：

薰	雲	韫	允	愠	韵	忽	挖	滑	鹘
上平	下平	上上	下上	上去	下去	上入	上入$_2$	下入	下入$_2$
阴平	阳平	阴上	阳上	阴去	阳去	上阴入	下阴入	阳入	
55或53	21	35	13	33	22	5	33	22或2	32[①]

三、《传音快字》

张文龄的《传音快字》是光绪三十四年（1908）在广州刊刻的一本速记专书。张文龄，字伟卿，广东东莞人，是一位热衷于邮务的工作者。张氏的《传音快字》（初阶），包括"南音"和"北音"两卷，主要讲述快字的书写符号和拼音。每卷包括"分音"和"反切汇（类）编"两部分。其中"分音"部分主要讲述声母、韵母和声调；"反切汇编"讲述的是声韵调的配合，即韵图部分，以韵为单位，南音每韵纵列二十音母，横列六声，内中计有韵图六十二张。

（一）声母

张氏在"分音"中说："音者，系反切字二字之中第一字是也。如《康熙字典》所用以切劬字之其俱二反切字，其字即所谓音者也，广音共计有二十音母。"见下表。

广音音母	分口音法	呼唤法	每音附录同口法字三个	英文音母
悲	合唇	将唇合埋张口呼音出	巴帮般	B
披	合唇	将唇合埋喷音由唇出	拍滂碰	P
呼	缩唇	将唇收缩吹音由上唇出	花方风	F
乌	伸唇	将唇伸长呼音由两唇出	娃汪桓	W
微	唇鼻	将唇合埋用鼻力呼音出	妈杜矇	M
地	舌尖	将舌尖顶在齿中用下晗力呼音出	打当东	D
梯	舌尖	将舌尖顶在齿中喷音由齿出	他汤通	T
泥	舌鼻	将舌尖顶在齿中用鼻力呼音出	拿囊农	N
危	喉鼻	用鼻喉力呼音出	鸦昂瓮	NG
离	捲舌	将舌卷上顶在上齿脚收舌呼音出	鏪郎隆	L

[①] 阳入在当时广州话里可能也分两类，音值比较接近，就像台山方言一样，只是后来广州话里阳入合并，只有一个声调了。表中此调值为笔者所拟。

续表

广音音母	分口音法	呼唤法	每音附录同口法字三个	英文音母
衣	昂舌	将舌昂起顶在下齿呼音由舌面出	也殃翁	y
基	喉音	用喉力呼音出	家刚公	G
崎	喉音	用喉力喷音出	卡抗穹	K
希	喉音	吹丹田气由喉出	虾康空	H
知	顶腭	将舌顶在上腭呼音出	渣庄中	J
痴	顶腭	将舌顶在上腭喷音出	差疮冲	CH
诗	顶腭	将舌顶在上腭吹音出	沙爽崇	SH
兹	齿缝	将舌尖顶在上齿缝呼音由齿罅出	簪臧踪	TS
疵	齿缝	将舌尖顶在上齿缝喷音由齿罅出	参仓聪	TS'
思	齿缝	将舌尖顶在上齿缝吹音由齿罅出	洒桑鬆	S

张氏的这个声母系统跟今广州话基本一致。不同的主要有二：(1) 张氏的塞擦音多了一套"顶腭"塞擦音。这套塞擦音声母来源于古知庄章组字，跟来源于古精组字的"齿缝"音并存。(2) 张氏少了一套唇化的舌根音声母。下面把它与时代差不多的几种记录广州音的文献[①]进行对比。

快字	悲	披	呼	乌	微	地	梯	泥	危	离	衣	基	崎	希	知	痴	诗	兹	疵	思		
字谱	巴	扒	夫	哇	马	打	他	拿	我	劳	爷	哥	卡	虾	乍	查	沙	早	裁	思	瓜	夸
字音	兵	偏	分	湾	明	丁	厅	年	研	零	英	京	倾	轻				精	清	星	关	坤
今音	p	p^h	f	w	m	t	t^h	n	ŋ	l	j	k	k^h	h	tʃ	$tʃ^h$	ʃ	ts	ts^h	s	k^w	k^{wh}

《传音快字》和《拼音字谱》有一套舌叶音，但《字音通晓》中舌叶音归并于精组字，罗氏在"凡例"中说："是编四十字韵，有精清从心邪，无照穿床审禅，亦以吾粤无正齿音也。"从今广州话来看，这两组在音值上还是有一定的区别，但不对立。《传音快字》和《拼音字谱》辨音细，且都受北音的影响较大，故设立为两母。而《字音通晓》罗氏为医生，从粤人听感出发，则归为了一母。

《拼音字谱》和《字音通晓》设立了一套唇化的舌根音，而《传音快字》没有设立这套声母，但增加了"u"介音，增加了韵母的数量（见后韵母）。从今人的眼光来看，设立唇化声母是比较合理的。

（二）韵母

张氏在"分韵"中说："韵者，系反切字二字之中第二字是也。如《康熙字典》所用以切寒字之胡安二反切字，安字即所谓韵者也。……广音共计有平声韵四十二个，入声韵二十个，共韵六十二个。"张氏对韵母进一步作了分析，分析了韵中的主要元音（张氏叫韵母）和韵尾。张氏说："凡韵必有韵母。韵母者，韵之所以发响声之字母也。如'挖'字，系'胡'音'押'韵反切，'押'韵系'呀提'反切，'呀'字即韵母也。"[②] 韵中元音分为两类：单韵母和孖韵母[③]。韵尾主要有6个：唔然吾其皮提。并且，张氏把书中六十二个韵母与《分韵撮要》的分韵进行了对比。见下表。

[①] 一是1896年王炳耀撰的《拼音字谱》(1897年出版)。王炳耀，字煜初，广东虎门王屋人。二是《字音通晓》。
[②] 书中把声化韵叫做"哑韵"。张氏说："无韵母者谓之哑韵，系以音母作韵，不能与别音母反切成字或成声者。如'吾''唔'二韵是也。"
[③] 张氏说："单韵母者，独一韵母之谓也。孖韵母者，系连合别韵母成一韵母也。如'埃'韵系连合'苛唉二韵母而成者是也'。"

字韵总号数	广音字韵	该字韵之韵母	该字韵系用单韵母或孖韵母	该孖韵母系由某单韵母拼合而成者	该字韵系加某音母与该韵母拼合而成	该字韵即系《分韵字汇》某字韵	拉丁字母读音（其书后有与英语的读音进行比较的描述，国际音标是笔者所拟）
1	沙	呀	单韵母			家贾嫁	a
2	衫	呀	单韵母		唔	缄减鉴	am
3	凵	呀	单韵母		然	翻反泛	an
4	生	呀	单韵母		吾	烹棒硬	ang
5	测	呀	单韵母		其	入声额	ak
6	霎	呀	单韵母		皮	入声甲	ap
7	杀	呀	单韵母		提	入声发	at
8	知	衣	单韵母			几纪记　师史四	i
9	占	衣	单韵母		唔	兼检剑	im
10	甄	衣	单韵母		然	先藓线	in
11	贞	衣	单韵母		吾	英影应	ing
12	即	衣	单韵母		其	入声益	ik
13	接	衣	单韵母		皮	入声劫	ip
14	浙	衣	单韵母		提	入声屑	it
15	苛	呵	单韵母			科火货	o［ɔ］
16	看	呵	单韵母		然	干赶幹	on［ɔn］
17	康	呵	单韵母		吾	刚讲降	ong［ɔŋ］
18	壳	呵	单韵母		其	入声角	ok［ɔk］
19	渴	呵	单韵母		提	入声割	ot［ɔt］
20	奥	奥	单韵母			此韵《分韵字汇》误入孤古故	O［ʊ］
21	瓮	奥	单韵母		吾	东董冻	Ong［ʊŋ］
22	屋	奥	单韵母		其	入声笃	OK［ʊk］
23	深	急呀	单韵母		唔	金锦禁	um［ɐm］
24	身	急呀	单韵母		然	宾禀嫔	un［ɐn］
25	甥	急呀	单韵母		吾	登等凳	ung［ɐŋ］
26	侧	急呀	单韵母		其	入声德	uk［ɐk］
27	湿	急呀	单韵母		皮	入声急	up［ɐp］
28	虱	急呀	单韵母		提	入声毕	ut［ɐt］
29	夫	乌	单韵母			孤古故	u
30	欢	乌	单韵母		然	津赆进　官管贯	un
31	阔	乌	单韵母			入声卒　入声括	ut
32	於	於	单韵母			诸主著	Yu［y］
33	鸳	於	单韵母		然	鸳婉怨	Yun［yn］

– 148 –

续表

字韵总号数	广音字韵	该字韵之韵母	该字韵系用单韵或孖韵母	该孖韵母系由某单韵母拼合而成者	该字韵系加某音母与该韵母拼合而成	该字韵即系《分韵字汇》某字韵	拉丁字母读音（其书后有与英语的读音进行比较的描述，国际音标是笔者所拟）
34	乙	於	单韵母		提	入声乙	Yut〔yt〕
35	鸡	翳	单韵母			威伟畏	i〔ɐi〕
36	沟	区	单韵母			修叟秀	ow〔au〕
37	赊		单韵母			遮者蔗	a〔ɛ〕
38	郑		单韵母		吾	英影应	eng
39	蓆				其	《分韵字汇》误入 入声益	ek
40	靴		单韵母			《分韵字汇》遗漏此韵	er〔œ〕
41	皆		单韵母			皆解介	ai
42	居		单韵母			虽髓岁 魁贿海	ui〔œy〕
43	交		孖韵母	呀区		交绞教	ao〔au〕
44	灾	埃	孖韵母	阿埃		灾宰载	oi〔ɔi〕
45	蕉	腰	孖韵母	衣於		朝沼照	iu
46	张		孖韵母	衣靴	吾	张掌帐	eung〔œŋ〕
47	桌		孖韵母	衣靴	其	入声爵	euk〔œk〕
48	瓜		孖韵母	乌呀		家贾嫁	ua
49	关		孖韵母	乌呀	然	翻反泛	uan
50	括		孖韵母	乌呀	提	入声发	uat
51	扃		孖韵母	乌衣	吾	英影应	wing
52	隙		孖韵母	乌衣	其	入声益	wink
53	戈		孖韵母	乌阿		科火货	wo
54	光		孖韵母	乌阿	吾	刚讲降	wong
55	国		孖韵母	乌阿	其	入声角	wok
56	君		孖韵母	乌急口呀	然	宾禀殡	wun
57	肱		孖韵母	乌急口呀	吾	登等凳	wung
58	骨		孖韵母	乌急口呀	提	入声毕	wut
59	归		孖韵母	乌翳		威伟畏	wi
60	乖		孖韵母	乌埃		皆解介	wai
61	吴					吾五悟	ng
62	唔					《分韵字汇》无此韵	m

张氏的韵母有六十多个，这跟张氏处理合口介音有关。如果把合口介音处理为声母的唇化的话，张氏的韵母就只有49个（含两个声化韵）。

(三)声调

张氏在"分声"中说:"声者,系定字之高低韵者也。分声之法,系将字韵调分六声。曰上平、上上、上去、下平、下上、下去。则无所谓入声者也矣。入声字其韵既与平声字之韵差别,如笃字与东字之韵迥然不同,似不宜区泥古法,强牵之与平声字同调,作九声。惟南音只有入声而北音则无。北音读入声字则变作平上或去声矣。故调入声字之法,似应仍与平声字一体,亦分六声。然调之虽居然分有六声。惟只四声有字,其下平与下上则空有其声而无其字矣。"见下表。

声	平声字										入声字				注解
上平	赊	衣	诗	温	威	醮	腰	优	夫	阴	勋	鸳	厄	剥	急	入声字之上上声均系变声,如鹤字本有二声,鹤山之鹤字系下去声,白鹤之鹤字则变为上上声是也
上上	舍	依	屎	稳	毁	掩	妖	柚	虎	饮	粉	婉	鈪	鹤	膜	末	鸽
上去	舍	意	试	愠	畏	厌	要	幼	富	荫	训	怨	鈪	壳		抹	蛤
下平	蛇	儿	时	云	惟	盐	尧	由	扶	淫	焚	丸				
下上	社	耳	市	允	伟	染	扰	有	妇	袄	愤	远				
下去	射	二	是	运	位	验	耀	佑	父	赁	份	愿	额	学	莫	末

张氏把声调分为平入两类,即舒入两类。其声调与今广州话进行比较如下。

上平	下平	上上	下上	上去	下去	入(上平)	入(上上)	入(上去)	入(下去)
阴平	阳平	阴上	阳上	阴去	阳去	上阴入	阳入$_2$	下阴入	阳入
55或53	21	35	13	33	22	5	32	33	22或2

可见清末广州话里阳入声也分两类,只不过阳入$_2$声后来与阳入合并了。

四、《汉文快字全书》

《汉文快字全书》是广东人张才所著,中华民国六年岭南石印书局出版。此书是讲速写之术的。这种速记以记音方式来实现的。正如作者在"绪言"中所说:"须知此快字之用意,是以音为主,惟以音为主,故不论字义之如何,凡属同音则同写,不同音者则不同写。所谓以音写字者此也。"书中所用之音是粤音。"绪言"中所说:"此快字,现时系用粤音写出,以便粤省人士学习。"粤音之中,当然是广州音是权威,书中正是采用羊城音。

(一)音系简介

书中有哑音字种①二十三个,即二十三个声母:布铺到吐好灶醋知痴衣飞机其离微你五苏书归规娃师②。

书中分韵有三十六个(不计入声),是在《分韵撮要》三十三韵的基础上增加了三个韵。这三十六

---

① 张氏说:"何以谓之哑音字种?盖撤去其声响之处,而专取其唇齿舌喉之哑音而用之也。"
② 张氏在介绍哑音字种"师"时说:"此与苏字通用。"

个韵中有七个响音字种①（主要元音），即"丫②轲腰虚哀挨欧"。阳声韵尾有三个：微你五。入声韵尾有三个：布吐机。这阳声韵尾与入声韵尾刚好相配：微/布、你/吐、五/机。

在响音字种归韵法中，把三十六韵根据主要元音归入了类，见下表。

丫			轲			腰	虚	哀		挨		欧			
上位	中位	下位	上位	中位	下位			上位	下位	上位	下位	上位	下位		
缄翻家彭	遮郑	先几英兼	刚科干甘④	宾登金高	诸东孤津官	朝鸳	虽魁	张靴	栽	皆	威	交	修	师	吾

书中声调有九个。见下表。

上平	下平	上上	下上	上去	下去	上入	中入	下入
夫	扶	虎	妇	富	父	竹	捉	浊

在"汉字分韵表"中，横列三十六韵（平声），直列二十三母，即声韵调配合表。根据图中的列字，并参考现代广州方音，构拟其音系如下。

1. 声母

○ [ø]：丫罂暗安盎澳③ 　　布 [p]：布巴班饼崩标

铺 [pʰ]：铺攀彭披平婆　　到 [t]：到打丹钉登地

吐 [tʰ]：吐他贪听拖腾　　好 [h]：好坑兄看康蒿

灶 [ts]：赞井左租增尖　　醋 [tsʰ]：醋参请千层趋

知 [tʃ]：知斩遮征阻诸　　痴 [tʃʰ]：痴叉车缠称川

衣 [j]：衣也赢音英润　　飞 [f]：飞花科宽封夫

机 [k]：机家奸坚刚哥　　其 [kʰ]：其卡亢穷权茄

离 [l]：离冷连郎伦僚　　微 [m]：微棉毛文蒙苗

你 [n]：你难囊奴鸟女　　五 [ŋ]：五牙硬昂银危

苏 [s]：苏三腥桑新消　　书 [ʃ]：书山省深唇崇

归 [kʷ]：归瓜关戈均扃　　规 [kʰʷ]：规夸坤矿箍绘

娃 [w]：娃横荣窝宏碗

2. 韵母

家 [ɐ]：丫打叉花瓜娃　　缄 [am]：担贪缄衫南三　　翻 [an]：班丹餐翻奸颜

彭 [aŋ]：彭坑撑冷硬横　　遮 [ɛ]：爹邪遮茄些赊　　郑 [ɛŋ]：郑饼井请镜赢

几 [ei]：披地知衣非微　　兼 [im]：点添谦闪占阉　　先 [in]：鞭颠天千坚扇

英 [ɪŋ]：兵丁精征英明荣　　科 [ɔ]：波多拖初科疏　　甘 [ɐm]：暗墘甘

干 [ɔn]：安看干岸　　刚 [ɔŋ]：邦光汤创方桑　　高 [ou]：澳都租高毛奴

金 [ɐm]：堪侵沉音金心　　宾 [ɐn]：宾吞亲勤文坤　　登 [ɐŋ]：崩登莺争盟宏

孤 [u]：夫孤乌　　诸 [y]：诸处书於　　官 [un]：般潘官门碗

---

① 张氏说："何以谓之响音字种？盖取其声响之处而用之也。"

② 张氏在书中加按语"永公按：家他花沙瓜等字之必用，丫字者以其系同韵也，余仿此。"

③ 在前面介绍哑音时，此母没有出现。

津 [œn]：敦津润伦唇巡　　东 [oŋ]：东宗雍封蒙嵩　　招 [iu]：标刁招娇苗消

鸳 [yn]：端尊川权宣船　　虽 [œy]：堆虚追居女虽　　魁 [ui]：杯魁妹绘煨

靴 [œ]：靴锯　　　　　　张 [œŋ]：香张央良相伤　　栽 [ɔi]：哀开栽该来内

皆 [ai]：挨拜斋快皆乃　　威 [ɐi]：闭妻辉鸡米归　　交 [au]：包敲抄交熬哨

修 [ɐu]：欧斗秋周楼修　　师 [i]：兹雌师　　　　　　吾 [ŋ]：吾

（二）与今广州音的差异

1. 齿头音与正齿音存在差异。除了擦音合并外，即"师"与"苏"同用外，塞擦音还有对立的情况，即"灶、醋"与"知、痴"还有差别。

2. 甘韵与金韵正在合流之中。今广州话甘韵与金韵已经合流，虽然当时还正处于合流之中，口语中这两韵字读音已经没有区别，但读书音中还有差别。

3. 几韵字今广州音已经根据声母的不同，一分为二。即止摄开口三等的知章组字和影喻疑母字读 [i]，归入师韵，唇音字和舌音字读 [ei]。

参考文献

[1] 袁家骅.汉语方言概要[M].北京：文字改革出版社，1960.

[2] 薛凤生.论音变与音位结构的关系[J].语言研究，1982（2）.

[3] 李新魁.汉语等韵学[M].北京：中华书局，1983.

[4] 耿振生.明清等韵学通论[M].北京：语文出版社，1992.

[5] 王福堂，等.汉语方音字汇（第2版）[M].北京：语文出版社，2003.

[6] 鲁国尧.论"历史文献考证法"与"历史比较法"的结合[J].古汉语研究，2003（1）.

[7] 彭小川.粤语论稿[M].广州：暨南大学出版，2004.

《汉语语法：漳州话语言艺术》的音系与语法

——兼与近现代西班牙传教士闽方言汉语教材比较①

金 美

（国家语言资源监测与研究教育教材中心　福建厦门　361005）

【提　要】至迟成书于1620年的《汉语语法：漳州话语言艺术》（*Gramática china: arte de la lengua chio chiu*），是一部正待挖掘的西班牙传教士编纂的闽南方言语法教材，至今没有中译本，尚为手稿。本文力证它在以西班牙传教士为主的近现代西方传教士汉语教材中的独特价值：既是国际汉语教育领域现存教材属性最典型的最早教材，又是迄今为止最早的汉语语法教材，还是最早的偏口语的汉语方言教材之一。本文还对该教材的声韵调系统进行了初步整理，并根据其语法内容的重点，选取词的分类、"格"与"数"语法范畴和否定句式这三个论题，将它与同时代传教士的汉语语法教材进行了比较研究。

【关键词】《汉语语法：漳州话语言艺术》　教材　西班牙传教士　漳州话　音系语法

《汉语语法：漳州话语言艺术》（*Gramática china: arte de la lengua chio chiu*），下文简称《漳州》，书名又被译为：《汉语语法：漳州话语典》《漳州话语法》《中国语言文法》和《中文语法术》等，至今没有中译本，尚为手稿，现藏于英国国家图书馆和西班牙巴塞罗那大学图书馆等处。这是一部佚名的西班牙传教士编纂的福建漳州闽南方言汉语语法教材，一说作者是胡安·柯伯（Juan Cobo）教士②，教士"卒于1592—1593年间"③。本文依据教材第57页的时间标注"Bǎng lèg' sỳ chàp' pê' nĭ"（万历四十八年）、即1620年，确认此为该书的成书时间。德国汉学家韩可龙（Henning Klöter）进一步论证认为当在1620年后段或1621年前段。④根据本文作者2017年赴西班牙实地调研考察时从西班牙巴塞罗那大学图书馆所获手稿本的教材编排内容来看，该教材共9章，除了第一章简略讲述漳州方音的记音系统之外，其余8章都讲述语法，58页的语法内容在全书61页中占比95%。

一、《漳州》在近现代西方传教士汉语教材中的独特价值

《漳州》跟同时代其他各国传教士所编写的以注音和词目为主的官话教材不同，它的教材属性最强，它以西班牙传教士的传教和生活需要为出发点，选取漳州话日常生活口语语料，在注音、列词目的同时，持续不断地进行随文的语法阐释，它既是目前仅见的最早的汉语语法教材，又是国际汉语教育领域

---

① 【基金项目】国家社会科学基金项目"近现代西班牙传教士文献中闽台语言文化资料的发掘整理及其传播史研究"（项目编号：16BYY044）
② 姚小平：《现存最早的汉语语法著作——瓦罗著〈华语官话语法〉简介》，《中国语文》，2001年第5期，第475页。
③ （西）弗朗西斯科·瓦罗著，姚小平、马又清译：《华语官话语法》，北京：外语教学与研究出版社，2003年，第6页。
④ 韩可龙（Henning Klöter）：*The Language of the Sangleys: A Chinese Vernacular in Missionary Sources of the Seventeenth Century*, Holland.Leiden: Bril, 2011年，第8页。

现存教材属性最典型的最早教材，并且还是最早的偏口语的汉语方言教材之一。

本文所称的近现代西班牙传教士闽方言汉语教材，是指：从迄今所知的最早发现于16世纪、直至1949年中华人民共和国成立以前这段历史时期，由西班牙传教士编纂的、供西班牙人或相关人士学习或教授汉语言文化所编写的汉语教材。本文即围绕《漳州》，对16—17世纪（中国明末清初）以西班牙传教士为主的西方传教士闽方言汉语教材进行比较研究。

明清之际入华传教的欧洲天主教耶稣会、方济各会和道明会这三大主要修会中，道明会以西班牙传教士为主、传教活动范围主要在闽台和菲律宾一带东南亚地区，道明会（Dominicans/Dominican Order），拉丁名Ordo Dominicanorum，又译为"多明我会"，1215年由西班牙人道明·古斯曼（Domingo de Guzman，1170—1221）创建，"道明"又译为"多明我"。

意大利马西尼追踪研究了16—17世纪间罗马图书馆中道明会传教士在菲律宾和闽南一带编写的闽南语教材手稿本，①他说："最早与传教士接触的中国人是福建人""多明我会便创制了闽南话罗马字拼音方案""多明我会编写了至少16本有关汉语词汇的著作"，但在他随后列举的9种闽南方言辞书中，不含《漳州》。②

下面为《漳州》与16—17世纪最早的近代西方传教士汉语教材的比较图表（表中教材大部分为手稿），为简明计，先在表格前列出教材相关信息并作相应缩略，如：西（西班牙）、葡（葡萄牙）等，又简称的教材名，其后扩注全称译名，不同的中文译名，则写于斜线之后。

1.《韵编》（《华语韵编》/《中国语言词汇集》）：*Arte y vocabulario de la lenga china*（已佚），作者马丁·德·拉达（Martín de Rada，1533—1578），1575年（明万历三年）登陆厦门进入中国。

2.《葡汉》（《葡汉词典》）：*Dicionário português-chinês/Dicionrio Português-Chinês*（佚名，一说作者为罗明坚 Michele Ruggieri，1543—1607；利玛窦 Matteo Ricci，1552—1610）。

3.《对照》（《闽南话与西班牙卡斯蒂利亚语的对照字典》/《汉语—西班牙语词典》/《福建话字典》）：*Dictionarium sino-hispanicum*，作者佩德罗·契林诺（Pedro Chirino，1557—1635）。

4.《唐人》（《按A.B.C.字母排序的（菲律宾）唐人话字汇》/根据字母表排序的常来人语言的词汇）：*Bocabulario de lengua sangleya por las letraz de el A.B.C.*

5.《漳州》（《汉语语法：漳州话语言艺术》）：*Gramatica chino：arte de la lengua chio chiu*（佚名），一说作者是胡安·柯伯（Juan Cobo）教士。

6.《西儒》（《西儒耳目资》），原书为中文版，英文译名：*A Help to Western Scholars*。

7.《西华》（《西班牙—华语辞典》③/《西中词典》）：*Dicionario hispánico sinicum*。

8.《文法》（《中国文法》/《中国语文文法》/《汉语语法》）：*Grammatica sinica.* 为便于欧洲各国掌握汉语中文，作者原稿用拉丁文写成，文稿曾散发给欧洲各地教会。

9.《汉西》（《汉西词典》）：梵蒂冈图书馆藏书Borgia Chinese（中国库）N.503中第1部分的稿抄本（佚名），一说作者为黎玉范（Juan Bautista Morales或Jean-Baptiste Moralès，1597—1664），成书时间存疑。④

---

① 马西尼：《十七、十八世纪西方传教士编撰的汉语字典》，卓新平：《相遇与对话：明末清初中西文化交流学术研讨会论文集》，北京：宗教文化出版社，2003年，第334—347页。
② 马西尼：《罗马所藏1602年手稿本〈闽南话—西班牙语词典〉——中国与西方早期语言接触一例》，游汝杰、邹嘉彦：《语言接触论集》，上海：上海教育出版社，2004年，第211—234页。
③ 李毓中、陈宗仁：Dictionario hispánico sinicum（《西班牙语—汉语辞典》），新竹：台湾清华大学出版社，2017年。
④ 杨慧玲：《梵蒂冈图书馆明清中西文化交流史重要文献——对梵蒂冈图书馆藏稿抄本Borg.cin.503的初步研究》，《史学史研究》，2016年第2期，第97页（Luisa M. Patenicò）。

10.《拜客》(《拜客问答》/《释客问答》(Shikewenda)/《中国官员来访指南》(Instrumento de vsitante de los mandarines)：梵蒂冈图书馆藏书Borgia Chinese（中国库）N.503中第3部分稿抄本/法国国家图书馆/西班牙托莱多耶稣会档案馆藏本（1714年入馆）（佚名，一说作者为利玛窦），成书时间存疑。①

11.《官词》(《华语官话词典》)：*Vocabulario da lengua mandarina*，作者译名为"万济国"或"瓦罗"，成书于1670年

12.《官语》(《华语官话语法》)：*Arte de la lengua mandarina*，作者同上。成书于1682年，1703年在广州印刷出版，"汉字在再版时已被添加"②。

表1 《漳州》与近代西方传教士16—17世纪汉语教材比较表

	年代	作者	教材名	文字	汉语官话/方言	有/无语法
1	1575	拉达（西）	《韵编》	汉字/西班牙文	泉州闽南方言	无
2	1583—1588	佚名（葡）	《葡汉》	葡萄牙文/拉丁文/汉字	南方官话—夹杂少量闽粤方言③	无
3	1604	契林诺（西）	《对照》	汉字/西班牙文	闽南方言	有，少量
4	1617	佚名（西）	《唐人》	汉字/西班牙文	漳州、泉州混合闽南方言	无
5	1620	佚名（西）	《漳州》	汉字/西班牙文	漳州闽南方言口语	有，占94%
6	1626	金尼阁（法）	《西儒》	汉字/拉丁文	南京官话—含江淮官话、中原官话及南京方言④	无
7	1626—1642	佚名（西）	《西华》	汉字/西班牙文	漳州闽南方言	无
8	1652	卫匡国（意）	《文法》	拉丁文	官话	有，占77%
9	1656—1693（?）	佚名（西）	《汉西》	汉字/拉丁文/西班牙文	南京一带官话（?）	无
10	1656—1693	佚名（西）	《拜客》	汉字/拉丁文/西班牙文	京城官话口语、欧化汉语官话	无
11	1670	万济国（西）	《官词》	西班牙文/拉丁文	官话：书面语多，民间口语少	无
12	1682	万济国（西）	《官语》	西班牙文/拉丁文（再版添汉字）	南京一带官话：文言文，规范官话，日常口语	有，占69%

从上表可知，近代西方传教士16—17世纪早期汉语教材中，绝大部分是西班牙传教士编写的。而且，绝大部分是以汉字为词目、以西班牙语作为教材的讲述语言以及翻译或注释语言，并且用拉丁语为汉字注音或为无汉字的教材注音，少部分教材以葡萄牙语、意大利语和法语等西方语言文字来讲述和注译。上述几个西方国家的传教士都采用拉丁文为汉字注音，是由于西班牙、意大利、法国、葡萄牙等国的文字都源自古代拉丁文。卫匡国（Martinus Martini，1614—1661）的《中国文法》，成书比《漳州》晚了30多年，而万济国（Francisco Varo，1627—1687）的《华语官话语法》更是比《漳州》晚了60多年。而且这两部教材的原稿都全无一个汉字，《文法》用拉丁文注音、拉丁文释义，《官语》用西班牙文

---

① 杨慧玲：《梵蒂冈图书馆藏明清中西文化交流史重要文献——对梵蒂冈图书馆藏稿抄本Borg.cin.503的初步研究》，《史学史研究》，2016年第2期，第97—98页。

② 转引自陆商隐（Luisa Maria Paternicó）：《卫匡国〈中国语文文法〉对欧洲"中文钥匙"的影响》，《北京行政学院学报》，2013年第2期，第125页。脚注"①汉字在再版时已被添加：W.S.COBLIN, J.A.LEVI.Francisco Varo's Grammar of the Mandarin Language(1703)[M]. Amsterdam:John Benjamins, 2000."

③ 杨福绵、罗明坚、利玛窦：《〈葡汉词典〉所记录的明代官话》，《中国语言学报》，1995第5期。

④ 曾晓渝：《〈西儒耳目资〉音系基础非南京方言补证》，《语言科学》，2014年第4期，第426页。

书写、拉丁文注音,后者直到再版时才添加了汉字。没有汉字的汉语教材,是它们的共同缺陷。这一点《漳州》足显优势。因此,《漳州》一书具有多方面的价值,它在汉语教材属性上最为典型、成书时间也最早,又是最早的偏口语汉语方言教材之一,是近代西方传教士汉语教材中现存最早的语法教材。

二、《漳州》与西班牙传教士闽方言教材的语音系统

本项目组自2016年夏启动项目研究以来,在欧美、东南亚、港台和国内各地搜集、整理和翻译了一系列有关近现代西班牙传教士的闽台语言文化资料①。

本文梳理《漳州》与近现代西班牙传教士闽方言汉语教材后发现,它们对注音的编排都有基本相似的模式,这就是在词目分列的3竖栏里,一般把汉字置于中间栏,两侧的左右栏分别是汉语的拉丁字母字母注音和对应的西班牙语词条,这两栏位置不定,拉丁字母注音有时置于左栏,有时置于右栏。如下图《漳州》原手稿书影及拉丁文注音和汉字词目摹写:

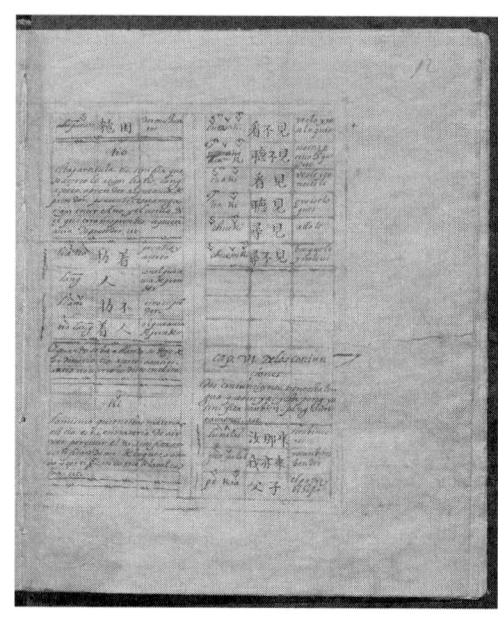

图1 《漳州》教材手稿第23页影页及本文摹本

上面教材影页中,除了汉字词条左列是拉丁字母字母注音、右列是对应的西班牙语词条外,还有4段夹杂在词条中的作者对这些词条语法、语义的相关讲述。这本教材成书的时代,中国书籍中的书写顺序仍旧是竖写、自上至下、从右到左,这一直沿用到20世纪初期。这本教材跟其他西班牙传教士教材一样,行文都是横写、从左到右。而且这本教材是以语法为主,教材中有不少短语和短句子,这也使得这种书写顺序对中国读者的影响非常有益,今人阅读和研究这本教材更为便利。

其他西方传教士汉语教材的页面布局与《漳州》相比,有同有异。不相同的有如《拜客问答》的两个版本。西班牙托莱多耶稣会档案馆藏本最左侧为逐字对译词,中间汉字,最右侧注音;梵蒂冈藏本汉字在最左栏,其次是注音,最右栏是西班牙句子翻译。②又如《葡汉词典》,左栏按字母顺序排列葡文词

---

① 以本文作者为项目负责人的本项目组成员及相关师生周敏康、洪思明(Sebesyén Hompot)、李澎谦、许锦晶、林志杰、梁琳、王琳、郑中礼、吴宇珂等,分别参与了本课题相关文献资料的搜集、整理及翻译工作。
② 杨慧林:《梵蒂冈图书馆藏明清中西文化交流史重要文献——对梵蒂冈图书馆藏稿抄本Borg.cin.503的初步研究》,《史学史研究》,2016年第2期,第97—98页。

目，偶或夹有拉丁语词；中间栏是拉丁字母注音；右栏是汉字释义。①

1. 声母的记音

《漳州》有15个声母，其中，辅音声母14个，零声母1个。本文整理的下表中分别用教材原稿中的拉丁字母和国际音标（因表格框小，故未加IPA符号"[ ]"）标注（零声母教材原稿未专作标注，下表中IPA标作"Ø"），并且，列举例字及其音节和页码如下：

表2 《漳州》声母表

	1	2	3	4	5	6	7	8	9	10	11	12	13	14	15
拉丁	p	p^c	b/m	t/d	t^c	l/n	ch	ch^c	x	s	k/c/qu	k^c/c^c	g/ng	h	
IPA	p	p^h	b/m	t	t^h	l/n	ts	ts^h	dz	s	k	k^h	g/ŋ	h	
例字	巴	打	帽	值	同	人	准	春	日	是	经	客	我	好	伊
音节	pá	pà^{lc}	bô	tĭ	tāng	lāng	chùn	chúnc	xĭt^l	sǐ	kéng	kê'c	guà	hò	î
页码	P12	P7	P10	P6	P4	P4	P2	P2	P13	P6	P12	P3	P5	P6	P5
例字			明	僚		二					甲	可			
音节			mē	diō		nó					câb	căc			
页码			P14	P4		P5					P4	P9			
音节											quéng				
例字											经				
页码											P13				

由上表可见，《漳州》中的送气音符号"c"标注在汉字的右上角，送气音符号为"□^{c}"；还有一个辅音声母"d"音，《漳州》中只用于diō sy̌（僚氏），不见于其他字词的拼写中，应是为"僚氏"（上帝）这类天主教文化外来词专门增加的拼音，故声母的音系中跟/t/归为一个音位。《漳州》中的记音，b/m大部分记为b，l/n绝大部分记为l，g/ng几乎都记为g。这3对声母，每一对均在《漳州》中共现，并呈互补关系，m、n、ng作为b、l、g的音位变体，并列于上面的声母表中。《漳州》中有个别地方声母的特殊注音、不形成系统性区别语义的独立音素，本文视为相关音素的音位变体而作归并处理。如"d"（归入[t]）和一些写成复辅音形式的音：第59页的fsoâ'"宿"（归入soâ'）等。

与《漳州》成书年代接近的早期西班牙的汉语闽方言教材中，前述1617年的《唐人》及1605年出版于马尼拉的《基督教教义》（*De doctrina christiana/ La doctrina cristiana*）中，送气音符号就采用"h"、鼻音符号就采用短线"¯"。前述成书年代跟《漳州》最近的《西华》，虽也用"c"表示送气符号，但放在音节的上方，与《漳州》放在右上角不同。

2. 韵母的记音

《漳州》这本早期的漳州方言教材以白读音为主，如"断"：tuĭ^n；也有一些训读音，如"谁"：chuî。它本身体量较小，虽然全书汉字都进行了注音，但总数只有数百个。而且，由于这是一本语法教材，不是以字词载录及释义作为编纂目的，而是以汉字写短语和句子作为语法讲解的例证，这样，教材就有大量的重现字，其注音兼有白读和文读，并且还有一些同音字。因此，本文在对其韵母记音进行分析、归纳韵母表之后，发现韵母数较少，一共只有67个。其中，舒声韵49个，入声韵18个。

从《漳州》韵母的音素组成数来看，包括11个单元音韵母（鼻化元音作为独立韵母）：ɑ[a]、ɑ^n

---

① 姚小平：《明末〈葡汉词典〉的汉字》，《中国语文》，2015年第2期，第181页。

[ã]、o[o]、oⁿ[õ]、e:[ɛ]、e[e]、eⁿ[ẽ]、i/y[i]、iⁿ/yⁿ[ĩ]、u[u]、uⁿ[ũ]；2个介音：i/y[i]、u[u]；9个韵尾：其中喉塞音入声韵尾/ʔ/用符号""、拉丁字母"r"或数字"4"来标记，清塞音入声韵尾是[p、t、k]，舒声韵尾分别是i/y[i]、u[u]、m[m]、n[n]和ng[ŋ]。本文整理了如下《漳州》舒声韵表和入声韵表，标注体例同上声母表，还统计了各栏合计数。

表3 《漳州》舒声韵表

合计	对照	阴声韵				阳声韵			鼻化韵			
(1)	拉丁	a:①	a	ai/ay	au	am	an	ang	aⁿ	angⁿ②	aiⁿ/yaⁿ	auⁿ
8	IPA	a	a	ai	au	am	an	aŋ	ã	ãŋ	ãi	ãu
	例字	查	亚	爱/爱	到	坎	按	共	担			
	音节	chá:	ā	ǎi/ǎy	câu	càmc	ǎn	câng	tân			
	页码	P12	P13	P27/P26	P9	P41	P17	P4	P50			
(2)	拉丁	o	oa	ou	om		oan	ong	oⁿ	oaⁿ		ouⁿ
6	IPA	o	oa	ou	om	○	oan	oŋ	õ	oã	○	õu
	例字	二	大	都			缎	皇	半			
	音节	nó	toâ	tóu			toân	hōng	poàn			
	页码	P5	P11	P8			P41	P11	P41			
(3)	拉丁	e:	e	ei/ey	ea	○	en	eng	eⁿ	engⁿⁿ	○	○
8	IPA	ɛ	e	ei	ea	○	en	eŋ	ẽ	ẽŋ	○	○
	例字	下	鞋	会/会	名		并	前	更	扛		
	音节	ě:	ē	ěi/ěy	meà		pēn	chēng	kén	kéngnn		
	页码	P9	P5	P25/P15	P52		P20	P12	P58	P3		
(4)	拉丁	i/y	○	iu	im	in/yn	ing	iⁿ		○	○	
5	IPA	i	○	iu	im	in	iŋ	ĩ		○	○	
	例字	伊		心	尽/因	茎	钱					
	音节	ý		sím	chǐn	kíng	chǐⁿ					
	页码	P5		P8	P9/P11	P45	P54					
(5)	拉丁	ia/ya	○	iau	iam/yam		iang/yang		iaⁿ	iauⁿ		
5	IPA	ia	○	iau	iam		iaŋ		iã③	iãu		
	例字	写/亦		焦	念		双		子			
	音节	sià/yǎ		chāu	liâm		siáng		kiǎⁿ			
	页码	P14/P23		P8	P12		P48		P3			
(6)	拉丁	io/yo	○	○	○		iong	ioⁿ/yoⁿ		○	○	
3	IPA	io	○	○	○		ioŋ	iõ		○	○	
	例字	障					众	张				

---

① 在教材开始的"发音模式"中，作者说明了有一种发音是"嘴巴比平时张开一些，最后标上两个点"，并举例："ké:家""kè:假""kê:架"。
② 本文舒声韵表和入声韵表中有音无字的栏目，是同时代的《西华》一书中所载录的韵母。
③ "子"即今"囝"，文读[kian³]/[kin³]、白读[kiã³]。

续表

合计	对照	阴声韵				阳声韵				鼻化韵		
	音节	chiô						chiǒng	tióⁿ			
	页码	P18						P5	P49			
(7)	拉丁				○	○	ieng			○	○	
0	IPA				○	○	ieŋ			○	○	
	例字											
	音节											
	页码											
(8)	拉丁	u	ui/uy	uia①	ium	un	uin	ung		ungⁿ	iuⁿ/yuⁿ	○
8	IPA	u	ui	uia	uim	un	uin	ung		ũŋ	uĩ	○
	例字	汝/你	谁	仔	锦	船	艮			糖	断	
	音节	lù/lù	chuî	guià	guim②	chūn	guîn			tūngᶜⁿⁿ	tuǐⁿ	
	页码	P5/ P11	P6	P10	P45	P2	P9			P45	P49	
(9)	拉丁	ua	uai/uay	○	uam	uan	○			uaⁿ	○	○
3	IPA	ua	uai	○	uam	uan	○			uã	○	○
	例字	我				阮				官		
	音节	guà				guàn				cuáⁿ		
	页码	P5				P5				P51		
(10)	拉丁	ue③	○	○						ueⁿ		
1	IPA	ue	○	○						uẽ		
	例字	個										
	音节	guè										
	页码	P4										
(11)	拉丁									m④		
1	IPA									m̩		
	例字									不		
	音节									m		
	页码									P19		
(12)	拉丁									n		
0	IPA									n̩		
	例字											
	音节											
	页码											

① "仔" 在原稿P10 "圭仔" "帽仔" "刀仔" 中注音为guià, P7 "打呱仔" 中注音为 nià。
② 锦, 原稿未标调号, 为guim。今漳州话单字调为 [kim3]。
③ "個" 在原稿中P4初现, 此后多次复现。而P15有同音词 "个", 后多次出现。
④ "不", 此处为自成音节, 后面入声韵表中, 另列同字不同音的 "不" (pûr')

续表

合计	对照	阴 声 韵				阳 声 韵				鼻 化 韵			
(13)	拉丁									ng			
1	IPA									ŋ̍			
	例字									丈			
	音节									tung①			
	页码									P60			
49	合计	2	9	4	5	4	7	6	8	2	2	0	

下表中是《漳州》中汉字注音所记录的入声韵p/b［p］、t/r［t］、g/c［k］、"l"/"r"/"4"［ʔ］，入声韵表体例同上舒声韵表。

表4 《漳州》入声韵表

	对照	喉塞音阴声-ʔ			喉塞音鼻化-ʔ			清塞音-p、-t、-k			
(1)	拉丁	a		au	×			a:b/a:p	ab/ap	ar/at	ac/ag
5	IPA	aʔ	○	auʔ	○	○	○	a:p	ap	at	ak
	例字	肉						鸽	甲/十	力	六/十六
	音节	bâˡ						câ:b	câb/ chàpˡ	làtˡ	làcˡ/chàpˡ làgˡ
	页码	P45						P51	P30/ P4	P24	P30/P30
(2)	拉丁	o		×	oⁿ						og
2	IPA	oʔ			õʔ						ok
	例字	作									鳄
	音节	chôˡ									gôgˡ
	页码	P9									P41
(3)	拉丁	e			eⁿ						eg
2	IPA	eʔ			ẽʔ						ek
	例字	八									一
	音节	pêˡ									chègˡ
	页码	P30									P6
(4)	拉丁	i/y			yⁿ				ip	it	ig
3	IPA	iʔ		○	ĭʔ				ip	it	ik
	例字	乜/舌							级	乞	
	音节	miˡ/chy4ˡ							kîpˡ	kîtˡᶜ	
	页码	P7/P3							P52	P4	
(5)	拉丁	ia/ya		iau					iap/yap	iar	iag/yag
2	IPA	iaʔ		iauʔ					iap	iat	iak
	例字	食							粒		
	音节	chiàˡ							liàpˡ		

---

① 《漳州》用不标声调的ung来为［ŋ］注音。因此，这里的"丈"注音"tung"，即为tng［tŋ］。

续表

	对照	喉塞音阴声-ʔ				喉塞音鼻化-ʔ			清塞音-p、-t、-k		
	页码	P17							P45		
(6)	拉丁	io/yo							iog		
1	IPA	ioʔ							iok		
	例字	石									
	音节	chiòˈ									
	页码	P9									
(7)	拉丁	ur							ur		
1	IPA	ut							ut/uʔ		
	例字	不							骨		
	音节	pûrˈ							cûrˈ		
	页码	P8							P3		
(8)	拉丁	ua							uɑr		
0	IPA	uaʔ							uat		
	例字										
	音节										
	页码										
(9)	拉丁	ue									
1	IPA	ueʔ									
	例字	月									
	音节	guèˈ									
	页码	P7									
18	合计	8	0	0	0	0	0	1	3	3	3

由上表可见，《漳州》中的鼻音符号"n"是标注在汉字的右上角，为"□ⁿ"，发送气的鼻音就同时用两个符号"□ᶜⁿ"，发更重的鼻音时则重叠使用鼻音符号"□ⁿⁿ"。因此，教材中的鼻化韵标注为"aⁿ"、eⁿ、iⁿ/yⁿ"等。教材中，作者还注意到了漳州"e［e］"和"e:［ɛ］"两音的不同，有区别语义的功能，因此在注音时就用不同的注音符号区别开来，作为两个独立的韵母。"e:［ɛ］"是漳州话特有的音，至今还有，而现在的厦门话和泉州话音系里都没有。但由于《漳州》里对有"e:［ɛ］"音的字的记音很少，故上表中未单独列出，而是附在"e［e］"栏中，计数时则与"e［e］"各自分开计数。《漳州》里在记音上的有些独特设计，在同时代的其他早期西班牙的汉语闽方言教材中目前很少见到。例如在《西华》中，对《漳州》中的"e［e］"和"e:［ɛ］"就没有进行标记区分，仅列为一个韵母"e［e］"。在与《漳州》时代相近的早期西班牙汉语闽方言教材中，一般都是把鼻音符号"~"标注在元音上方的位置如"ã"，跟《漳州》把鼻音符号标注在汉字的右上角如"aⁿ"不同。

总之，根据本文的上述统计，《漳州》有舒声韵49个、入声韵18个，两者合计漳州话的韵母共67个。

3. 声调的记音

与《漳州》同时代的早期西班牙的汉语闽方言教材中，对汉字的声调大都作了标注，但大都没有像《漳州》这样进行教材讲解式的声调描述说明。作者在《漳州》第一章讲述汉语漳州话的"发音模式"

时说"为了帮助理解这种语言的发音，我们将使用以下规则（规则来自于中文词典）。（1）/（2）—（3）\（4）∨（5）∧"，随后列举了对应的5个字例及其标音：chún尊、chūn船、chùn准、chǔn俊、chûn惇，说明了其书中所使用的这5种声调符号。接着，在他根据发音的"高或低；送气与否等"情况，分8类解说各种发音时又说"第四种发音带着急切仿佛从心脏发出，我们用小竖线标记"，这是他对入声调发音特征的描述和声调符号"∣"的规定，并且随后又列举了6个字例及其标音：cùrˈ滑、cûrˈ骨、cùrˡᶜ喔、cûrˡᶜ窟、chy 4ˈ舌和kêːˡᶜ客。这样，《漳州》标注入声字的声调符号就达到了6种。而且可以看到，其入声调号小竖线"∣"是标记在汉字的右上角"囗ˈ"，并可与送气音符号"囗ᶜ"同时标注为："囗ˡᶜ"。除了小竖线，有的还在音节末设计了韵尾的标注"r"或数字"4"（表示第四种发音）来记录喉塞音入声韵尾[ʔ]的字音，以此区别听感上跟清塞音入声韵尾[p、t、k]有明显差异的喉塞音入声韵尾[ʔ]。同时代的近似教材《西华》中，没有设计符号对喉塞音与非喉塞音进行标记区分，而且也没有对"e:[ε]"和"e[e]"的鼻化音与鼻化加喉塞音进行区分，如"eː" "eː ʔ"和"e" "eʔ"、"eː" "eː ʔ"和"e" "eʔ"这几对音。入声韵的标注《西华》与《漳州》不同，《西华》入声字的阴入和阳入用拉丁字母调号分开标记，分别标注为：阴入"ˇ"、阳入"ˊ"。

表5 《漳州》声调表

次序	声调名	调号	例字	音节	页码	参考调值[①]
1	阴平	ˊ	查	chá:	P12	44
2	阳平	ˉ	亚[②]	ā	P13	13
3	上声[③]	ˋ	早	chà	P59	53
4	阴去	ˇ	可	căc	P9	21
5	阳去	ˆ	谁	chuî	P6	22
6	入声[④]	∣	客	kêːˈ c	P2	阴入32/阳入121

三、《漳州》闽方言语法与同时期西方传教士教材的语法比较

过去，国内外学术界曾认为本文主要论述的这本教材《漳州》作为史载的最早的语法著作已经失传。姚小平曾说："一位叫胡安·柯伯（Juan Cobo）的教士，在1592—1593年间写了一本《汉语语法》（*Arte de la lengua china*），这是迄今发现记录在案的最早的汉语语法著作，可惜未能保存下来。以后几十年里，又有多位多明我会的教士写过一些类似的作品，也都先后散失，未见刊布。"[⑤]

对于16至17世纪的西方传教士来说，他们对汉语官话及方言的掌握都极其有限，又完全没有可资借鉴的汉语语法论著，因此对汉语官话语法的研究才刚刚起步，而对于汉语方言语法的研究，除了《漳州》一书，在相当长的时间内几乎处于空白状态。这一方面是因为当时西方传教士们对汉语语法的认识还处于起步阶段，没有很好地梳理清楚汉语语法，所以在那段历史时期所编的汉语教材中很少涉及语

[①] 这里参考调值采用《福建省志·方言志》中的数据。福建省地方志编纂委员会编：《福建省志·方言志》，北京：方志出版社，1998年，132—133页。
[②] 漳州话"亚"有阴平和阳平两调，此例字取用阳平调（"亚公"的"亚"）。
[③] 漳州话和厦门话的上声都不分阴阳，记为一个调类。此两地的阳去调（全浊声母、次浊声母白读）在泉州为阳上调。泉州上声分阴阳，其阴上与厦漳两地均为清声母、次浊声母文读。
[④] 作者没有区分阴入和阳入而统一用小竖线"∣"标注入声字："囗ˈ"，喉塞音韵尾有的无标注，有的用韵尾"r"或数字"4"标注其所言"第四种发音"。
[⑤] 姚小平：《现存最早的汉语语法著作——瓦罗著〈华语官话语法〉简介》，《中国语文》，2001年第5期，第475页。

法。另一方面是东西方语法客观上存在很大差异,语法教材的编纂者们对这种差异缺乏对比分析,在用西方语法(主要是拉丁语语法)来套用汉语进行语法阐释时,难免常显生搬硬套、多处不契合的问题。尤其是《漳州》这本最早的汉语语法教材,又是以漳州方言语法来成书,作者的写作难度和可能的错漏可想而知。由于西班牙、意大利、法国、葡萄牙等国的语言都源自拉丁语,因此,无论是《漳州》,还是它之后几十年面世的其他西方传教士汉语语法教材,如意大利卫匡国1652年的《中国文法》和西班牙万济国1682年的《华语官话语法》,这些教材都力图按照拉丁语的语法框架、使用拉丁语的语法术语来进行汉语语法阐释,套用和模仿拉丁语语法的痕迹很重,尽管他们力图反映汉语语法的实际状况,如《漳州》的语料取自漳州话的日常口语,但他们的很多阐释都与汉语语法的特点不符。因为前述的16—17世纪西方传教士存世汉语教材中,目前只有《漳州》《文法》《官语》是语法教材,其他书只在注音和词汇编纂时偶含少量短语或句子,如西班牙契林诺1604年的《对照》。所以,本文根据《漳州》一书的语法重点,选取词的分类、"格"与"数"语法范畴和否定句式这三个论题来对这三者进行比较分析(下列引号中为引用《漳州》的原文)。

1. 词的分类

16—17世纪的西方传教士划分汉语词类习惯采用古代拉丁语语法的八分法把词分为8类:名词、代词、动词、分词、介词、副词、叹词和连词,再根据汉语的语言事实,来进行词类范畴的调整、增减。拉丁语语法中,还把"介词、"副词""感叹词""连词"都归为"小品词",又叫"小词"。[①]

本文将《漳州》与《中国文法》《华语官话语法》两书的词类列入表格,比较它们之间在词类收录上的异同。收录了某类词用"√"标示、未收录某类词用"×"标示。

表6 《漳州》等三部语法教材的词类比较

	教材名	名词	代词	动词	介词	副词	感叹词	连词	名词级	数词	量词	助词	否定词	疑问词	形容词
1	《漳州》	√	√	√	√	√	×	√	×	√	√	√	√	×	√
2	《文法》	√变位	√附录	√变位	√	√	√	√	√原级、比较级、最高级	√	√数量词	×	×	×	×归名词
3	《官语》	√	√	√	√	√	√叹词	√	×	√	×	√	√	√	×归名词

由上表可见,三部教材在主要的词类收录上都考虑到了汉语特有的词类,尤其《漳州》收录了漳州方言特有的大量的数量词和数量短语。三部教材共同收录的汉语词类有7类:名词、代词、动词、介词、副词、连词、数词。形容词归入名词类中。《漳州》与后两部教材不同的是,它在章节目录上有些词类没有显现出词类名称,但是收录了这些词类或用一些其他的语法术语称名,比如:用"小品词"或"小词"(Particula)来称名表达语法意义的某些词,就像虚词一样宽泛,比如动态助词"着"。

2. "格"与"数"语法范畴

《漳州》《文法》《官语》三部教材均参照拉丁语的语法,引入了不少拉丁语常见的语法范畴来为他们书中的汉语官话语法和漳州方言语法进行阐释,尤其花费了大量篇幅、重点讲述了"格"(《文法》称为"位")和"数"的语法范畴。

拉丁语的语法范畴"格"(Case)功能很强,尤其《漳州》与《官语》两部教材都着力用这个语法

[①] James·B·Greenough, J·H·Allen著,顾枝鹰、杨志城等译注:《拉丁语语法新编》,上海:华东师范大学出版社,2017年,第155—177页。

范畴来阐释汉语语法,《文法》跟它们有所区别,只简述了"位"范畴,下面单独论之。拉丁语除了名词有5个变格法,形容词和数词也有变格法。"格"的分类细致,通常有6个"格":主格(nominativus),名词做主语、回答"谁""什么"时用;呼格(vocativus),用来招呼人或物,称呼"谁"时用;属格(genitivus)又称为所有格、的格,用来回答"谁的""什么的";与格(dativus),用来表示给予之义,回答"给谁""将什么东西给什么";受格(accusativus),又叫宾格,用来做动词的受词或与几个前置词连用,回答"把谁""把什么""往何处";夺格(ablativus)有"被""由""与""用""从""籍着"等意义或与几个前置词连用,或指点一个时间等,回答"被谁"。① 下面以拉丁语语法作为参照系,来对比《漳州》与《官语》两部语法教材对"格"范畴的标记及对其语法功能和意义的阐释。《漳州》的作者在教材中解说:漳州话是使用小词来作为格标记。

表7 《漳州》与《官语》"格"范畴标记及其语法功能和意义对比表

格范畴对比项		1	2	3	4	5	6
拉丁语法	范畴	主格	呼格	属格/所有格/的格	与格	受格/宾格/对格	夺格/离格
	功能意义	主语表语	对某人的称呼	领属关系	间接宾语	直接宾语	与前置词连用,表工具、手段
漳州	标记	无		后置小词:個	前置小词:乞	无	小词:"甲、共、同"
	功能意义	实施某动作者	交谈的对象		遭遇某事者		
官语	标记	无。例:我	小词:呀。例:呀我	小词:的、之。例:我的	小词:与。例:与我	无。例:我	小词:同、和(合)、共、与。例:同我
	功能意义	在所支配的动词前	仅在惊叹句中,口语少用	在所支配的名词前	动词表示给予	处于动词的后面	一般放在动词前,用"于"时置后

表7的"夺格/离格",在西班牙契林诺1604年的《对照》中,有一个短语与之对应,可资比较、考察。当然,契林诺的《对照》并非语法书,只是闽南话和西班牙语字音字义的对照字典。《对照》中汉字、闽南话拼音和释义是:

"人(lang)共(cang)我(goa)说(sue),我(goa)不(M~)知(chai)"

(一个人和我说话,但我不知道。)②

虽同为汉语语法书,但《文法》与《漳州》《官语》两部书上表中的内容大不相同,《文法》不讲名词的范畴、只讲"名词及其变位"。作者说:"由于位置的变化,同一个词可分别做名词、形容词和副词。"他举例说明同一个形容词"好",在"好人"中是形容词,被后置在"人的好"中,就变成了名词。又举例说明助词"的"位于名词之后、常构成单数和复数的所有格"人的好、人们的好"。并说如果"的"位于代词之后,就构成了这些代词的所属关系。例如"我的狗、你的狗、他的狗"。由《文法》的这些论述,我们可见其相关内容不仅简略,对汉语语法范畴的认识也存在不少的偏颇错漏。

在上表中,《漳州》列举了"属格"(所有格)的"個"和"与格"(间接宾语)的"乞"(kît¹⁰)的

---

① 谢大任:《拉丁语语法》,北京:商务印书馆,1959年,第24—30页。
② 韩可龙(Henning Klöter):《最早的福建话字典》,周振鹤:《中欧语言接触的先声:闽南语与卡斯蒂里亚语初接触》,上海:复旦大学出版社,2018年,第13页。

用例"人個、乞人；我個、乞我；阮個、乞阮"(P4—P5)。又举例："卖鱼個人、打艮個人、作石個人"(P9)这些"個",显然都是偏正短语里的结构助词"的"：人的、我的、我们的、卖鱼的人、打艮的人、作石的人。"的"是表达它前后的修饰语与被修饰语的偏正语法关系,而不是所谓"格"范畴的标记。而且,作者后面在解说被动句时,认为"guè 个"是被动表达所需要的小词。但实际上,"guè 个"跟上面的"guè 個",还有另一个"guè 箇"在汉字中是同音同义的异体字,"個""个""箇"三者互相之间可任意替代,而且把其中"的"去掉后照样能准确表达出偏正关系,可以说成"卖鱼人、打艮人、作石人"。作者不了解汉字的特性,而误把"的"固化为"格"范畴。可见,汉语的范畴都可视为共存于一个统一体里、相互包含,并不像拉丁语、印欧语的的范畴那样相互对立、分立。

"乞"(kît¹ᶜ),《漳州》把它当做"与格"(间接宾语)范畴的标记,并举了"提问"和"回答"的用例：

"提问：乞是誰? 回答：乞我。" ——释义：为了(这/是)谁? 为了我。
乞我佳己。   ——释义：为了我自己。

上例中两处"乞"都是介词"为了",可是作者却把它当做"与格"(间接宾语)标记。这在中西语法上都讲不通。"是"处于指示代词"这"向判断动词"是"的过渡阶段,《漳州》中两种词性都有用例。在后面论述被动句时作者又说"被动句的表达需要两个小词：kît¹ᶜ 乞、guè 个"。并举了第15页的例子：

"我打蕳仔。蕳仔乞我打。"

这里,作者认为"乞"是引进施动者("主动者")"我"的介词,这又与前面说它是与格(间接宾语)自相矛盾了。《漳州》里的例句,客观显示了"乞"兼有在被动句和非被动句中做介词的语法功能,这也是汉语范畴的"包含"特性,跟西方范畴"非此即彼"的对立特性不同。而且,介词"乞"也是由动词虚化而来。张美兰对近代汉语文本中的"吃(喫、乞)"进行了考释："《金瓶梅》《水浒传》中'吃(喫、乞)'表示被动的用法与其表吃食、遭受的动词用法关系密切,支持了被动标记'吃'来源于'遭受'义,'乞'是'吃'的借字的观点。"[①]

而且,任何语言的语法范畴都有系统性,相关的范畴往往呈现出对应性或对称性,但是在拉丁语法的"格"范畴中最主要的"主格"和"受格"(宾格),《漳州》的作者却没能在漳州话中找到它们对应的格标记。《漳州》教材中所举的例子,例如下面的主格"僚氏"和受格/宾格"人",都没有任何格范畴标记。而且汉语中有大量的无主句,尤其是口语对话中。如下例中,无主语,就谈不上需要用主格范畴标记了。《漳州》用例：

僚氏惜人。   (释义：上帝爱人。)
食饭亚(ā)未? 未食饭。(释义：吃饭了没有? 没吃饭。)

朱德熙认为印欧语里句子必须有主语是结构上的要求,即使实际上无所指,形式上也还得有一个主语,如：It's raining(下雨了)里的it。汉语不受这种限制。有没有主语都是独立而且完备的句子。五四运动以前的书面语(包括文言和白话)直到现代口语都是如此。但五四运动以后受"欧化"句法的影响,其中的一个重要体现,就是要求句子在形式上有主语的趋势。[②]因此,可以说从近代传教士语法书,就开始了对汉语语法的影响。

除了"格",《漳州》作者对于漳州话语法范畴中的单复数,也通过举例来论述说明："表示'我''你''他'的复数代词与他们的单数形式不同,通过在单数形式上加上'n'来表达。"[③]本文将

---

① 张美兰、战浩：《从〈金瓶梅〉崇祯本对词话本的改订看被动标记"吃(乞)"的来源》,《阅江学刊》,2018年第4期,第23页。
② 朱德熙：《句子和主语——印欧语影响现代书面汉语和汉语句法分析的一个实例》,《世界汉语教学》,1987年第1期,第33页。
③ 佚名：《汉语语法：漳州话语言艺术》(手稿),1620年,第5页。

作者对第一、二、三人称单复数的注音和例词归纳整理后加释义列表如下：

表8 《漳州》第一、二、三人称代词单复数对照表

单复数	"单数singu"			"复数plural"		
音/形/义	注音	汉字	释义	注音	汉字	释义
第一人称	guà	我	我	guàn	阮	我们
第二人称	lù	汝	你	lǔn	恁	你们
第三人称	ý	伊	他/她/它	ýn	因	他们/她们/它们

实际上，在包括漳州话在内的闽南话中，guàn（我们）是guà（我）与lāng（人）的合音，lǔn（你们）是lù（你）与lāng（人）的合音，ýn（他们/她们/它们）是ý（他/她/它）与lāng（人）的合音。

3. 否定句式

《漳州》所使用的否定词有"莫""未""袂""不""无"等，如原稿中下列否定短语和否定句：莫打薗仔（"小词'莫'表示禁止"）、我袂写字、我都不识来（我一点都不认识他）、不相惜（不相爱）、不来、我袂去、无人来、扐(liǎ')不着人、寻不见、不可打人、无钱、无理等。

此外，作者还注意到了否定词用在句末表疑问的一类特殊否定句——简略形式的选择问句，是选择关系复句的紧缩句式，且大多有其所言的"问答模式"，其所使用的否定词有"未""袂""不""无"等。如下：

①食饭亚未？未食饭。—VO+亚+未？未+VO。
②汝会去亚袂？袂做得 —NP+VP+亚+袂？袂+VP。
③只事会做得亚袂？会做得。会。—NP+VP+亚+袂？VP+得。VP。
④汝念经了亚未？念经了（liàu）。了胖（liàu là）。—NP+VP+了+亚+未？VO+了。了+胖。
⑤汝信亚不信？—NP+VP+亚+不+VP？
⑥汝爱食饭亚不？爱食饭。爱—NP+VP+亚+不？VO。VP。
⑦汝有钱亚无？无 —NP+VP+亚+无？无。
⑧你有打伊亚无？—NP+VP+亚+无？

上面第⑧例是至今在闽粤方言中都仍普遍使用的特殊用法："有"表动作行为已经完成。作者还随文阐释："'有'与其他小词或者时间词结合表示过去完成"。以上8例，都有一个置于否定词前的选择连词"亚"，它的语法功能相当于古汉语中的"抑"，意为"抑或""或者"，是选择关系复句中的关联词语。现代闽南话中常用"抑"表"还"之义。我们应注意的是，"了"的语义并未完全虚化，有时做动词用，是动词兼动态助词。所以才有第④例中的两个答语中的一个"了胖（liàu là）"，这个"了"是动词"了结""完成"，"胖（là）"才是句末语气词。《漳州》中第13页另有一句"我念经了胖"，同理。另，第⑧例中主语"你"的注音与"汝"（lù）相同。

从上述简略形式选择问句的否定句，可以看到汉语简略、灵活的句式特征。吕叔湘就曾说："移位""省略""动补结构的多义性"三个方面，"反映出汉语的句法既灵活又节约的特点。"[①] 而漳州话已经虚化的"了"（liàu）仍保留着动词的语法功能，说明了实际上实词包含了虚词。汉语的虚词都是由动词虚化而来这个词类演变事实，也证明了这一点。因此，汉语的实词和虚词的关系是包含关系，实词包含了虚词，而不是印欧语那样实词与虚词呈对立关系。这也就是沈家煊所说的中西方范畴观的差异，他

---

① 吕叔湘：《汉语句法的灵活性》，《中国语文》，1986年第1期，第1页。

说"着眼于'分立'和'包含'的区别能更好地说明中西方在语言上的差异：西方的语言（指印欧语）及对语言的研究以范畴的分立为常态，中国的语言（指汉语）及对语言的研究以范畴的包含为常态"。①

跟西方语法手段重形态不同，汉语语法更重语序、语境等，通过在意念中补出相应的省略义（言外之义）来理解上下文或前后语，从而使得语句具有语言形式简略而寓意丰富的特点，而无需印欧语法那样严格的词类划分和复杂多样的语法范畴和句式。

参考文献

［1］佚名.汉语语法：漳州话语言艺术（Gramática china：arte de la lengua chio chiu）.1620.（手稿，原稿现藏于英国国家图书馆和西班牙巴塞罗那大学图书馆等处。）

［2］张屏生.《西华辞典》中的闽南话音系及其相关问题［M］//甘于恩主编.南方语言学（第15辑），广州：世界图书出版广东有限公司，2019：68—86.

［3］李滟谦.《中国语法：漳州话的语言艺术》研究［D］.厦门大学硕士学位论文，2019.

［4］周振鹤.中欧语言接触的先声：闽南语与卡斯蒂里亚语初接触［M］.上海：复旦大学出版社，2018.

［5］李毓中，陈宗仁.Dictionario hispánico sinicum（西班牙语—华语辞典）［M］.新竹：台湾清华大学出版社，2017.

［6］洪思明（Sebesyén Hompot）.东西方视域的鼓浪屿公共租界语言文化交流研究［D］.厦门大学硕士学位论文，2017.

［7］吴蕙仪.17、18世纪之交欧洲在华传教士汉语知识的传承与流变——基于梵蒂冈图书馆一份手稿的个案探讨［J］.国际汉学，2017（4）.

［8］杨慧玲.梵蒂冈图书馆藏明清中西文化交流史重要文献——对梵蒂冈图书馆藏稿抄本Borg.cin.503的初步研究［J］.史学史研究，2016（2）.

［9］姚小平.明末《葡汉词典》的汉字［J］.中国语文，2015（2）：180—188，192.

［10］郑海娟.明末耶稣会稀见文献《拜客问答》初探［J］.北京社会科学，2015（8）.

［11］陆商隐（Luisa Maria Paternicó）.卫匡国《中国语文文法》对欧洲"中文钥匙"的影响［J］.北京行政学院学报，2013（2）：124—128.

［12］张西平，杨慧玲.近代西方汉语研究论集［C］.北京：商务印书馆，2013.

［13］张嘉星.欧洲人汉语辞书编纂始于闽南语辞书说［J］.福州大学学报（哲学社会科学版），2013（3）.

［14］韩可龙（Henning Klöter）.The Language of the Sangleys：A Chinese Vernacular in Missionary Sources of the Seventeenth Century［M］.Holland.Leiden：Bril，2011：8.

［15］［意］卫匡国著，［意］白佐良、白桦译.中国文法［M］.上海：华东师范大学出版社，2011.

［16］董海樱.16世纪至19世纪初西人汉语研究［M］.北京：商务印书馆，2011.

［17］张嘉星.传教士与闽南方言辞书［J］.文献，2006（1）.

［18］游汝杰，邹嘉彦主编.语言接触论集［C］.上海：上海教育出版社，2004.

［19］［西］弗朗西斯科·瓦罗著，姚小平、马又清译.华语官话语法［M］.北京：外语教学与研究出版社，2003.

［20］福建省地方志编纂委员会.福建省志·方言志［M］.北京：方志出版社，1998.

---

① 沈家煊：《从语言看中西方的范畴观》，《中国社会科学》，2017年第7期，第132—133页。

[21] 厦门大学中国语言文学研究所汉语方言研究室.普通话闽南方言词典[M].福建：福建人民出版社,1982.

[22] 金尼阁.西儒耳目资（上、中、下）[M].北京：文字改革出版社,1957.

[23] 罗常培.耶稣会士在音韵学上的贡献[A]//历史语言研究所集刊（第一本，第三分卷）[C].1930.

颜师古《汉书注》古今字注释方式探析

何玉兰

(罗定职业技术学院　广东罗定　527200)

【提　要】 颜师古《汉书注》对古今字的记载真实地反映了唐代古今字的情况，以及训诂大师对古今字的认识，对今天探讨古今字有极大借鉴意义。颜师古《汉书注》对古今字的注释，可以将其归纳为三个类别：一是直接说明两字的古今字关系，他采用"某，古某字"的注释方式；二是用今字释古字表明两字之间关系，他采用"某与某同""某即某字""某亦某字"注释方式；三是用标明异文和假借字的方式说明两字间的联系，他采用"某，或作某""某，本作某""某读曰某""某，读与某同"注释方式。

本文将颜师古对《汉书》古今字注释情况进行梳理，旨在充实古今字研究的空间，为研究汉唐间的古今字获取第一手可信材料，为以后的古今字研究提供例证和理论参考，为后人学习和理解《汉书》提供帮助，为挖掘和弘扬优秀传统文化做所能及的贡献。

【关键词】 颜师古《汉书注》　古今字　注释方式

一

东汉班固（32—92）等所著《汉书》包括十二纪、八表、十志、七十列传，凡一百篇，后人析为一百二十卷。主要记载了汉高帝刘邦元年（前206）至王莽地皇四年（23）共230年封建帝王的兴亡史。

《汉书》是断代史的开山之作，其史料丰富翔实，具有极高的史料价值和文学价值，值得后人深入研究。书中多用古字，是一部难读的书，后人看《汉书》，需依靠注释。据统计，从东汉后期开始到隋代以前，给《汉书》作注的有20多家，后来陆续有人在前人的基础上给《汉书》作注。颜师古《汉书注》汇集了隋代以前23家的注释，纠谬补缺，清除了一些文字音义上的障碍，也纠正了原书流传中发生的讹误，尤其对《汉书》中古今字的注释，比较详尽地说明了唐代今字与汉代古字之间的关系，为后人阅读《汉书》扫除了文字上的障碍，为研究汉唐间的古今字提供了第一手材料。

本文将颜师古对《汉书》古今字注释情况进行梳理，旨在充实古今字研究的空间，并为以后的古今字研究提供例证和理论参考，为后人学习和理解《汉书》提供帮助，为挖掘和弘扬优秀传统文化做所能及的贡献。

---

① 班固撰、颜师古注：《汉书》，北京：中华书局，1962年。

二

所谓"古今字",是汉字发展过程中所产生的同词异字现象,即在表达同一词义,因时代不同而出现的形体不同的汉字,其中产生时代较早的称为古字,产生时代较晚的称为今字,合称为"古今字"。

研究古今字,可以帮助人们减少或扫除阅读上的困难,而且,古今文字在表达同一意义上的变化,能够反映汉字在不同历史阶段演变发展的特点和规律,这对研究文字形音义的变化有很大的帮助。

本文运用穷尽法,对颜师古《汉书注》中与古今字有关的注释进行了归纳整理,发现颜师古对《汉书注》古今字的注释,主要采用"某,古某字""某与某同""某亦某字""某即某字""某,或作某""某,本作某""某读曰某""某,读与某同"等8种方式。可以将它们归纳为三个类别:一是直接说明两字的古今字关系,如"某,古某字"等;二是用今字释古字表明两字之间关系,如"某与某同""某即某字""某亦某字"等;三是用标明异体和假借字的方式说明两字间的联系,如"某,或作某""某,本作某""某读曰某""某,读与某同"等。下面分类赘述。

(一)用"某,古某字"直接说明古今字

颜师古《汉书注》用"某,古某字"直接说明古今字,先在注中摘引正文中的古字,然后说明它的今字,这是一种典型的古今字标注方式。《汉书注》中,使用该标注方式注释的有176字,占《汉书注》古今字总数的近22%。限于篇幅,仅举两例,下同。例如:

①中木零落,抵冬降霜。(《汉书·礼乐志》第1056页)

师古曰:"'中',古'草'字。"

按:中,两读,即chè、cǎo。读chè时,意思是"草木初生";读cǎo时,为"草"的古字。《荀子·富国》:"刺中殖谷,多粪肥田,是农夫众庶之事也。"唐代杨倞注:"中,古草字。"

②言感物造耑,材知深美,可与图事,故可以为列大夫也。(《汉书·艺文志》第1755页)

师古曰:"'耑',古'端'字。"

按:依《汉典》,"造耑",即"造端",意思是"开始"。《汉语大词典》:"'耑','端'的古字。表示'物体的顶端'。"《周礼·考工记·磬氏》:"已上则摩其旁,已下则摩其耑。"唐代陆德明释文:"耑,本或作'端'。"清代孙诒让正义:"耑、端,古今字。"

(二)用今字解释古字表明两字之间关系

颜师古《汉书注》中常有用唐代今字解释汉代古字的地方,他不是采用"某,古某字"格式,而是用"古某字与今某字同"的方式加以说明。具体采用方式有:"某与某同""某亦某字""某即某字"。

1. 某与某同

在古注中,"某与某同"是一种音、形、义结合的注释方式,也包括对古今字的注释。颜师古《汉书注》使用该注释方式的有161字,占《汉书注》古今字总数的20%。例如:

①媮合苟从,未肯极言,朕甚闵焉。(《汉书·元帝纪》第284页)

师古曰:"媮与'偷'同。"

按:媮,两读,即yú、tōu。读tōu时,意思与"偷"同,媮合即偷合。《说文·女部》:"媮,巧黠

也。"《王力古汉语字典》:"偷,不厚道。引申为苟且,怠惰。"《说文》不收"偷"。表明在许慎时代,"婾"通行。到了唐代,"婾""偷"异体,"偷"较"婾"通行,在表示"不厚道,苟且"的意义上,"婾""偷"构成古今字关系。

②饰以金银琱文,穷极百工之巧。(《汉书·王莽传》第4162页)

师古曰:"'琱'与'雕'同。"

按:《说文·玉部》:"琱,治玉也。"《说文·彡部》:"彫,琢文也。"王力《同源字典》:"彫、琱实同一词。琱是后起的形声字。""雕",本义是大型猛禽。段玉裁《说文解字注》:"凡琱琢之成文曰彫,故字从彡。今则彫、雕行而琱废矣。"在表示"刻画""装饰"的意义上,"琱""雕"构成古今字关系。

2. 某亦某字

在古注中,一般使用"某亦某字"等表述方式来说明两字之间的异体字关系。异体字在不同时代中的应用也能够构成古今字。颜师古《汉书注》使用该注释方式的有27字,占《汉书注》古今字总数的3%。例如:

①至于孝武,以诸侯王畺土过制,或替差失轨,而子弟为匹夫。(《汉书·王子侯表》第427页)

师古曰:"'畺'亦'疆'字也。"

按:《说文·畕部》:"畺,界也。从畕;三,其界画也。畺或从彊、土。"显然"疆""畺"在许慎时代是异体关系。到了唐代,"疆"较"畺"通行。《王力古汉语字典》:畺,"疆"的古体,疆界。在表示"边界"的意义上,"畺"、"疆"构成古今字关系。

②于是信孰视,俛出胯下。(《汉书·韩彭英卢吴传》第1861—1862页)

师古曰:"'俛'亦'俯'字。"

按:俛,两读,即fǔ、miǎn。音fǔ时,意思是低头。例如,西汉贾谊《过秦论》"百越之君,俛首系颈,委命下吏"中的"俛"。《说文·页部》:"頫,低头也。从页,逃省。頫或从人、免。"由此可知,"俛""頫"二字在许慎时代是共时的异体字。由此可以确定,"俛""俯"亦为古今字关系。

有意思的是,在《汉书·陈胜项籍传》第1823页中:"百粤之君頫首系颈,委命下吏。"师古曰:頫古俯字。由此也可证,"俛""頫"均为"俯"的古字。

3. 某即某字

在古注中,"某即某字"是用今字来训释古字的术语。颜师古《汉书注》使用该注释方式的有26字,占《汉书注》古今字总数的3%。例如:

①后临众病免,五府复举汤,汤数醉酗羌人。(《汉书·赵充国辛庆忌传》第2993页)

师古曰:"'酗'即'酌'字也。"

按:《说文》未收"酗"。"酗"从酉从凶,表示酒醉行凶,醉而发怒。《说文·酉部》:"酌,醉营也。从酉句声。"《汉语大词典》:"酌营:酒醉狂乱。晋代葛洪《抱朴子·疾谬》:'酒客酌营,不知限齐。'"在唐代,"酗""酌"异体,在表示"醉酒"的意义上,"酌""酗"构成古今字关系。

②临坻注壑,瀺灂霣坠,沉沉隐隐,砰磅訇磕。(《汉书·司马相如传》第2548页)

师古曰:"'霣'即'陨'字。"

按:《说文》:霣,雨,从雨员声。雨从天而落,可引申为降落、落下、坠落等意义。《说文》:陨,从高下,即落下、坠落、降落等意义。《汉典》:霣,古通"陨",落,落下。例如,《公羊传·庄公七年》:"夜中星霣如雨。"《左传·庄公七年》:"夜中星陨如雨。"可以推知,在表示"坠落"的意义上,"霣"是"陨"的古字。

（三）用标明异文和假借字的方式说明两字间的联系

古书中的古今字，有些也是异体字、假借字。刘志成《汉字学》提到，经学家所讲的古今字，是以义为中心的训诂术语，侧重于时代差异，还包括部分通假字和后起异体字。裘锡圭《文字学概要》也提到，古今字可以是一字异体，也可以是各种通用字。颜师古《汉书注》有标明版本异文和假借字的，这其中有不少是古今字。

1. 版本异文中的古今字

所谓版本异文是指相同典籍在不同版本中的不同文字，一般指用字的不同，其中包括古今字、异体字、通假字等。颜师古遇此，则会在标记版本异文的同时，用这个术语来说明古今字。

（1）某，或作某

古注中，"某，或作某"是说明版本异文的术语。《汉书注》中，使用该注释方式的有81字，占《汉书注》古今字总数的10%。例如：

①嵎夷既略，惟、甾其道。（《汉书·地理志》第1526页）

师古曰："'甾'字或作'淄'，古今通用也。"

按：甾，两读，即zāi、zī。音zī时，两个意义，一指古代盛酒浆的陶器；一是水名，后写作"淄"。《书·禹贡》："嵎夷既略，潍、淄其道。"淄，水名。即今山东省的淄河。《说文》未收"淄"。《王力古汉语字典》："甾"通"淄"，水名，"甾""淄"通用。可见，在表示水名的意义时，"甾""淄"构成古今字关系。

②登车不式，遭丧不服，振旅抚师，以征不服。（《汉书·李广苏建传》第2442页）

师古引服虔曰："'式'字或作'轼'。"

按：《说文》：式，法也。即准则，法度，指言行所依据的原则，引申出"效法""示范，作为榜样""规格，标准"等意义。"轼"的本义是"古代设在车箱前供立乘者凭扶的横木"，有"示范，榜样"的意思。"轼"为"式"的后起字，承担了"式"的一项引申义。《说文》收"轼"，说明在汉代"式""轼"就有了分工，只是有些好古者仍用本源字。"式""轼"构成古今字关系。

（2）某，本作某

古注中一般使用"某，本作某"等表述方式来说明两字之间存在的版本异文关系，这种说明版本异文关系的用字，同时也表明两字之间音同音近的关系，其中就包含古今字。《汉书注》使用该注释方式的有22字。占《汉书注》古今字总数的3%。如：

①武因问客："陛下得武书，意何如？"曰："瞠也。"（《汉书·外戚传》第3991页）

师古曰："'瞠'字本作'瞠'，其音同耳。"

按：依《汉典》："瞠"，古同"瞠"。《中华大字典》："'瞠'，同'瞠'"《汉语大词典》："'瞠'，亦作'瞠'，瞠眼直视貌。"由此推知，"瞠""瞠"这对异体字亦为古今字关系。

②陵怒，谢病免，杜门竟不朝请，十年而薨。（《汉书·张陈王周传》第2047页）

师古曰："杜，塞也，闭塞其门也。'杜'字本作'攻'。"

按：《说文·攴部》："攻，闭也。读若杜。"段玉裁《说文解字注》："杜门字当作此，杜行而攻废矣。"《说文·木部》："杜，甘棠也。"古籍都将"杜"假借为"攻"。在表示闭门的意义上，"攻""杜"构成古今字关系。

2.破释假借字中的古今字

许慎《说文解字·叙》：假借者，本无其字，依声托事。意思是借用已有的同音字，来表示语言中新出现的某个字，是以不造新字来表达新义的用字法。例如，"莫"的本义是日落、黄昏，后借它表示否定意义的"莫"，表示否定意义的"莫"就是假借字。"莫"被借走后，人们就采用形声造字法另造"暮"字表示"日落、黄昏"的意义。《论语·先进》：莫春者，春服既成。注："莫"通"暮"。在表示"昏暮"意义上，"莫"是"暮"的古字。颜师古《汉书注》也存在既是假借字的古今字。遇到这种情况，颜师古常用"某读曰某""某，读与某同"的方式来注释。

（1）某读曰某

"读曰"出现于古书注释中，它的作用在于表示古今字和文字的通假关系。颜师古《汉书注》大量存在"某读曰某"这种注释形式。经过整理，《汉书注》使用该注释方式的有202字，占《汉书注》古今字总数的25%。例如：

①是汉王齐戒设坛场，拜信为大将军，问以计策。(《汉书·高帝纪》第30页)

师古曰："'齐'读曰'斋'。"

按：此处的"齐"是"齊"的简化字，"斋"是"齋"的简化字。从古代文献和田野考古资料看，"齐"在殷商时期已出现，而"斋"到春秋战国时期才出现。《说文·齐部》："齐齊，禾麦吐穗上平也。象形。"，其本义就是"整齐，平齐"。在春秋以前，"齐"承担"斋""挤""济""剂""脐"等字的意义。《说文·示部》："斋，戒，洁也。"段玉裁《说文解字注》：七日戒，三日斋。可以推知，"于是汉王齐戒设坛场"中的"齐戒"即"斋戒"，在"斋戒"的意义上，"齐""斋"构成古今字关系。

②夫仁人在上，为下所卬，犹子弟之卫父兄，若手足之扞头目，何可当也？(《汉书·刑法志》第1085页)

师古曰："'卬'读曰'仰'。"

按：依《汉典》，卬，两读，即áng、yǎng。音áng时，通"昂"，抬起，抬高。音yǎng时，是"仰"的古字，向上。《说文解字》："卬，望，欲有所庶及也。"段玉裁《说文解字注》：仰，举也，与卬音同义近，古卬仰多互用。《诗经》："高山卬止。"清代徐灏《说文解字注笺》："卬，古仰字。"综上，在表示"抬头"的意义上，"卬""仰"为古今字关系。

（2）某，读与某同

从汉儒开始，训诂术语"某，读与某同"就是一种形音义结合的注音方式。在文字训诂方面，常用"读与某同"对经文、古注、征引文献中的字词直接加以训释，不仅注音，还可表示古今用字的不同，"读若、读与某同"有"标明古今字"的作用。《汉书注》使用该注释方式的有104字，占《汉书注》古今字总数的近13%。例如：

①适戍之众，不亢于九国之师。(《汉书·陈胜项籍传》第1825页)

师古曰："'亢'，读与'抗'同。"

按：依《王力古汉语字典》，"亢"两读，一读"gāng"，意为"颈，喉咙"；二读"kàng"。读"kàng"时，意为"抵御"，后多作"抗"。《汉典》：抗，形声。从手，亢声。本义：抵抗，抵御。《左传·宣公十三年》："我则为政，而亢大国之讨，将以谁任？"杜预注："亢，御也。"由此，在表示"抵御"的意义上，"亢"为"抗"的古字。

②稷者，百谷之王，所以奉宗庙，共粢盛，人所食以生活也。(《汉书·郊祀志》第1269页)

师古曰："'共'读与'供'同。"

按：《说文·共部》："共，同也。从廿、廾。"从"𠔏"的字形看，双手相拱，有"供给"的意思。《左传·僖公四年·齐桓公伐楚》"王祭不共，无以缩酒，……敢不供给"中的"共"后来写作"供"。段玉裁《说文解字注》："共、供，古今字。"

三

值得注意的是，《汉书注》采用以上的注释方式中，有一些字并不能当古今字看待。例如：

①蒙乡侯<u>逯</u>普。(《汉书·外戚恩泽侯表》第718页)

师古曰："'逯'字或作'逮'。"

②夫身中大创十余，适有万<u>金</u>良药，故得无死。(《汉书·窦田灌韩传》第2382页)

师古曰："'金'字或作'全'。"

③是无属之臣，执进退之<u>分</u>。(《汉书·杜周传》第2677页)

师古曰："'分'字或作'介'。"

④<u>延</u>和二年，以子敬声有罪，下狱死。(《汉书·景武昭宣元成功臣表》第637页)

师古曰："'延'亦'征'字也。"

⑤<u>陈王</u>、项梁皆败，不如更遣长者<u>扶</u>义而西，告谕秦父兄。(《汉书·高帝纪》第16页)

师古曰："'扶'字或作'杖'。"

以上各例前后两字有一个共同的特点，就是形近。在汉代，经文盛行，很多的经学家也是小学家，他们在抄写经文时，十分尊重经文的原貌，哪怕是字形讹误也不弃。到了颜师古校注《汉书》，采用经文存旧、注文正读的校注办法，在他的注文中，修正了原来经文中的讹误字形。所以，它们不属于古今字类型，颜师古在注释中也有说明，例如：

①前时<u>南海王</u>反，陛下先臣使将军<u>间忌</u>将兵击之，以其军降，处之<u>上淦</u>。"(《汉书·严朱吾丘主父徐严终王贾传》第2779页)

师古曰："淮南王传作简忌，此本作间，转写字误省耳。"

③诚见君面有瘢，美玉可以灭瘢，欲献其璆耳。(《汉书·王莽传》第4043页)

师古曰："璆字本作璘，从王麄声，后转写者讹也。"

四

以上是对颜师古《汉书注》古今字注释方式的探讨。因为颜师古《汉书注》对古今字的注释是随文注释，所以我们想真正利用好古注中所涉及的古今字，一定要重视其注释体例，并进行全面认真的分析，否则我们就有可能错过眼前的宝贵材料。

本文采用穷尽法，对颜师古《汉书注》涉及的古今字进行了比较全面的梳理和分析，希望能给予同行学习和研究上的帮助。梳理过程中难免挂一漏万，更希望得到同行指正，使颜师古《汉书注》的研究更加完美，以期《汉书》这部断代史的巨作，能让当今年轻人易读易懂、阅读悦读，让我们优秀的传统文化得以更好地弘扬和传承。

参考文献

[1] 班固撰,颜师古注.汉书[M]//中华书局编辑部.《汉书》出版说明.北京:中华书局,1962:1;9.

[2] 班固撰,颜师古注.汉书[M]//颜师古.汉书叙例.北京:中华书局,1962:2.

[3] 王力.同源字典[Z].北京:商务印书馆,1982:21.

[4] 刘志成.汉字学[M].成都:天地出版社,2001:194.

[5] 裘锡圭.文字学概要[M].北京:商务印书馆,1988:270.

[6] 王力.王力古汉语词典[Z].北京:中华书局,2000.

[7] 许慎.说文解字[Z].北京:中华书局,1963.

[8] 汉典[Z/OL].https://www.zdic.net.

《蜀语》方言词词外理据研究

傅湘云

（中共广东省直属机关工作委员会　广东广州　510031）

【提　要】词的构词理据探求的是词的形式和意义之间的关系，可分为词内理解和词外理据。《蜀语》所录方言词的词外理据可以分为五个部分：摹声理据、特征理据、替代理据、功能理据和文化理据。通过对词外理据的探究，可以探寻蕴含在词形外表下的文化因素。

【关键词】《蜀语》四川方言词汇　构词理据　地域文化

探求事物的得名之由，即探讨词的理据，是词源研究中的一项重要内容。蒋绍愚《古汉语词汇纲要》曾强调追溯语源的重要性。他指出追溯语源还包括探求词的"内部形式"和"词的理据"，即词的形式和意义之间存在的某种内在联系。张永言《关于词的"内部形式"》说："每一种客观事物或现象都具有多方面的特征或标志，比如一定的形状、颜色、声音、气味等，但人们在给它命名的时候却只能选择其中的某一种特征或标志作为根据，而这种选择在一定程度上又是任意的。"因此，通过对词的理据的探讨，不仅可以帮助我们弄清事物得名的理由和依据，同时还能系统地认识词的形式和意义之间的关系，探索词汇发展和词义演变的客观规律。

早在先秦时代中国古人就已经对语言文字的理据产生了思考。在前人研究的基础上，当代不少学者对理据进行研究探索。对于构词理据的分类，李国南提出了三种类型：拟声理据、语义理据和逻辑理据。张志毅将构词理据分为自然型、习惯型和自然兼习惯型。王艾录、司富珍、严辰松等都把理据分为词内理据和词外理据：词内理据又叫语文理据，它主要是从语词的内部形式入手，包括形态、语音、语义等；词外理据又叫文化理据，是一种反应语言符号同外部世界的联系的理据。许光烈的分类更为具体，提出了摹声、语源、特征、替代、典故、简缩和禁忌型七种。笔者认为，理据先分词内、词外理据，词外理据再进行细分，逻辑清晰，有利研究。

《蜀语》是明末清初时期李实撰写的记录四川方言词汇的一部方言辞书。全书收录词条563条，以蜀地的方言口语居多，内容涵盖了自然地理、民俗历史、人文社会等多个方面。《蜀语》始创以专书记录一地方言的新形式，较完整地记载了明末清初时期四川地区的方言词汇系统，是研究明清时期四川方言的重要语料。《蜀语》虽然不是一部有意为之的词源探讨著作，但也从不同的角度涉及到了方言词的理据。这对于我们了解方言词深层的文化内涵大有裨益。

本文结合前人研究及《蜀语》词汇的具体情况，以《蜀语》词条的释文为线索，从摹声理据、特征理据、替代理据、功能理据和文化理据五个方面对《蜀语》所录方言词的理据进行研究。

---

① 【基金项目】国家社科基金重大项目"汉语词源学理论建设与应用研究"（批准号17ZDA298）

一、摹声理据

通过摹拟事物发出的声音来给事物命名。汉语里有许多常见的象声词如：轰隆、隆隆（雷鸣声），咚咚（敲门声），喵喵（猫咪叫声），噼啪（放鞭炮声），哗啦啦、淅沥沥（雨声）……这些词通过将语音和物音直接对应起来描述声音，其构词理据都是摹拟事物发出的声响。正如杨树达《高等国文法》中曾指出的："即足而鸣者呼之曰雀，错错而鸣者呼之曰鹊，亚亚者谓之鸦，岸岸者谓之雁，他如猫、鸭、蟋蟀、秦吉了之类，皆以其物自身所发之声为其物之名。"《蜀语》中有许多词的构词理据都属于摹声理据，例如：

【硁砰】物相击声曰硁砰○硁音蹎，从冰。如从水为砅，古本《论语》为"深则砅"砅字。《说文》："履石渡水曰砅。"砰音烹。

按，"硁砰"摹拟的是物体相互撞击、碾压、摩擦等发出的声音，还可以AABB式构词作"硁硁砰砰"。如唐韩愈、孟郊《城南联句》："驰门填偏仄，競墅辗硁砰。"硁，象声词，形容水激岩石声。《广韵·蒸韵》："硁，水击山岩声。"不仅如此，很多含有"硁"语素的象声词也有"撞击"义，例如"硁碣""硁㵎""硁訇""硁崩""硁磅"等。"硁"亦可重言作"硁硁"，形容水流冲击石礐产生的声响。砰也是象声词，形容重物落地或撞击的巨大声响，含"碰撞""撞击"义，如"砰磅""砰磕""砰砰""砰訇""砰湃""砰砰""砰砰訇訇"等。

由此，"硁砰"或"硁硁砰砰"可摹拟物体相互摩擦、撞击的声响。并且，因拟声之字大多为摹其声而假他字而用之，故以上所举的"硁砰""硁碣""硁㵎""砰磅""砰磕"等词都为一义的衍生，一词的分化。

【啾啾】低声曰啾啾○啾，千遥切，音锹。乐府："啾啾跄跄入西园。"《篇海》："啾啾，小声。"

按，《汉语大词典》释"啾啾"为"象声词"，如《离骚》："扬云霓之晻蔼兮，鸣玉鸾之啾啾。"《说文·口部》："啾，小儿声也。""啾"，象声词，本指小儿声，也用于摹拟鸟兽虫的鸣叫声，如《楚辞·九歌》："雷填填兮雨冥冥，猿啾啾兮狖夜鸣。"由此，"啾啾"可摹拟一切细碎杂乱的声音。又"啾啾"，音转为"啾唧"为AB式拟声词，可重叠为"啾啾唧唧""唧唧啾啾"，构成AABB式。"啾啾唧唧""唧唧啾啾"常见于明清小说，如明代李渔《闲情偶寄》："咱家一路辛苦，正要睡觉，不知那个官人啾啾唧唧，一夜哭到天明，不免到里面去看来。"AABB式象声词使得原声重复，更能表现出错杂纷繁、细碎低小的声音。

二、特征理据

任何一种事物或者现象往往都会具有多方面的特征或标志，人们在给它们命名时，或是以其形状，或是依其颜色，或是凭其性质。例如，剑的别名"轻吕""径路""长铗"，就是分别以重量、形制、长度来命名的。通常人们只会选择事物的某一个特征或标志作为命名的依据，这种选择往往是具有任意性的，而选取的不同的特征恰恰就赋予了事物名称不同的理据。《蜀语》中很大一部分词的构词理据都属特征理据，下分六个方面展开讨论。

其一，外形。

【夋】【俢】阔口曰夋○夋，昌者切，车上声。庄子：夋门而入。//开张曰俢○俢音查。

按，奓、侈，皆张大之貌。奓，《玉篇·大部》："奓，下大也。"《广韵·麻韵》："奓，张也。"《晋书·文苑传·成公绥》："何阴阳之难测，伟二仪之奓阔。"蜀方言称口阔为"奓"。清张慎仪《蜀方言》卷上："阔口曰奓。"侈，同"奓"，张开。《龙龛手鉴·人部》："侈，张也。"《正字通·人部》："侈，俗奓字。"二者皆是从张开、张大的样子来解释词条的得名之由的。

李国英《小篆形声字研究》指出："源义素即派生词的构词理据，它是在源词分化出派生词的过程中由源词带给派生词的一种'传承信息'。"《说文·多部》："多，重也。从重夕。夕者，相绎也，故为多。重夕为多，重日为迭。""多"本义"重叠"，重叠需要一定量的积累，占据一定的体积，故引申为"大"义。"多"含有"大"之义素，由"多"声孳乳出一系列形声字，例如：哆，《说文·口部》："哆，张口也。"侈，《集韵·纸韵》："侈，大也。"痑，《汉书·司马相如传》："攒罗列聚丛以茏茸兮，衍曼流烂痑以陆离。"颜师古注引张揖曰："痑，众貌。"庱，《说文·广部》："庱，广也。"炵，《说文·火部》："炵，盛火也。"袳，《说文·衣部》："袳，衣张也。"夥，《说文》："夥，有大度也。"从多得声的形声字含有"大"之义素。"大"就是由"多"分化出"奓""侈""哆"等词时由"多"带给这些词的源义素。

又如，《蜀语》："平原曰坝。"从地形的平坦来解释了"坝"的得名之由。《蜀语》："山顶雾曰山戴帽。"云雾笼罩在山顶时，雾气缭绕，就像给山戴了一顶帽子一样，故得名。

其二，状态。

【牵牛】与小儿戏捉其鼻曰牵牛○《左传》："鲍子曰：女忘君之为孺子牛而折其齿乎！而背之也。"

按，捉着小儿的鼻子就像牵着牛鼻子一样，这两种状态之间存在一定的相似性，因此得名"牵牛"。又如，《蜀语》"鼻塞曰窒""皮裂曰皱""目不见物曰瞽"分别解释了"窒"是根据感冒时鼻腔不通气的状态，"皱"是依据皮肤粗糙或皲裂的状态，"瞽"是依照视觉模糊不清的状态而得名的。

其三，气味。

【膛丑】物臭曰膛丑○膛音滂；丑，抽去声，在纽字韵。

按，"膛丑"即"膛臭"，义为很臭。蜀方言往往会在形容词前加修饰语，起到强调的作用。如：形容"香"说"喷香"，描述"硬"讲"梆硬"，突显"红"用"绯红"，强调"黑"曰"黢黑"。今四川方言口语中，仍谓很臭为"膛臭"。

其四，味道。

【酖】酒醋味薄曰酖○酖音谈，叙南音。

按，《集韵·谈韵》："酖，酒、醋薄也。"民国二十四年修《云阳县志·方言上》："酒薄曰酖。"故"酖"以其味道而得名。

其五，颜色。

【彰】一色不杂曰彰○彰音谆。

按，《篇海内编·人事类·行部》："彰，真也；正也；不杂也。"不杂一色，故得名。

又如，《蜀语》："凡颜色鲜明曰翠。"也解释了"翠"是因颜色鲜明而得名的。

其六，性质。

【没錬锗】谓人不慧曰没錬锗○錬从东，音东，与从柬，音练不同。锗，音队，同。錬锗，车辖也。扬子《方言》："赵魏之间谓之錬锗。"车无辖则冈冈然无所之，人之懵懵亦如之也。

按，"没錬錆"意为糊涂、无用。"錬錆"也作"链鏪"，即包裹在车毂上的铁套子。《方言》卷九："辖、轵，链鏪也。关之东西曰辖，南楚曰轵，赵、魏之间曰链鏪。"钱绎笺疏："辖之言管也，以铁为管，约毂外两端，以金冒之曰辖。"车无錬錆则不能行，故"没錬錆"比喻人胡涂无用。今四川方言也用"没中对"来形容人不聪慧、糊涂无用。如李劼人《大波》第四部第二章中就有"咋个这样没中对哟"之语。

又如，《蜀语》："性傲曰戆。"四川方言谓性情耿直，不计较得失而近于愚蠢曰"戆"。今有"性子直戆戆""戆德性"的说法。

三、替代理据

替代理据指抓住事物的突出特征，并用此特征来替代事物本身。例如，用以泛指富贵人家的"朱门"，因旧时王侯贵族的府第都使用红漆大门而得名；作为妇女代称的"巾帼"，因其本是古代妇女的头巾和发饰而得名；用来指称故乡的"桑梓"，因古时人们喜爱在住宅周围种植桑树和梓树而得名。此均是选取事物的显著特征来直接替代该事物，属替代理据。

从广义上讲，替代理据应归入特征理据，因为它也是依据事物的特征来给事物命名的。但深入分析便可见二者的不同：特征理据是靠事物的特征的帮助来指称事物，而替代理据则是直接以事物的突出特点来代替事物；特征理据是基于客观事物的具体特征进行如实的描述，而替代理据则是通过夸张修饰等手法给事物命名。例如："青瓜"指的是一种颜色呈青绿色的瓜，而前文所提到的"朱门"指的则不是红色的门。前者的构词理据属于特征理据，而后者则是替代理据。因此，论文将替代理据作为一种独立的理据类型来进行分析与论述。《蜀语》中涉及到替代理据的用例有：

【饦炉】【炉食】油糖饼谓之饦炉，亦谓之炉食〇因炉盆所热，非锅熟故。

按，饦，饼也。《方言》第十三："饼谓之饦。"此词条释文中的"因炉盆所热，非锅熟故"指的是油糖饼是用炉子而非锅烤制而成的。"用炉子烤"是其显著特征，故取此特征替代"油糖饼"，得名"饦炉"或"炉食"。亦有"炉饼""炉食饽饽"的说法，如清沈自南《艺林汇考·饮食》卷三："今人呼煮面为汤饼，唐人呼馒头为笼饼，岂非水瀹而食者皆可呼汤饼，笼蒸而食者皆可呼笼饼。市井有鹭胡饼者，不晓名之所谓，得非熟于炉而食者，呼为炉饼宜矣。"

【他子】凡驴、骡所负物曰他子〇他音惰。扬子《方言》："骡、驴、驼、骆载物谓之负他。"

按，《集韵》："驮，唐佐切，畜负物也，或作他。"因牲口负物都是驮在背上的，故用"他子"或"驮子"代指牲口所驮的货物。例如清《施案奇闻》第六十二回："施孝下马上前扶侍贤臣下了驼轿，让进正房坐下，施安等外面照看。骡夫抬下驮子、驼轿，喂上牲口。"

四、功能理据

事物的外在特征通常是最直观而又显而易见的，在特征以外，事物往往会具有内在的功用性。功能理据就是指给事物命名时以其功用为依据。例如："衣柜""书柜""鞋柜""酒柜"分别以语素"衣""书""鞋""酒"标明了事物的功能。《蜀语》中也有一些词以其功能为命名依据，如：

【酒箔】【茶箔】【榼箔】盛酒器谓之酒箔，盛茶器谓之茶箔〇箔，从竹，以竹为之。扬子《方言》有"榼箔"。

按，"梧落"即盛杯的竹笼。《方言》卷五："梧落，陈、楚、宋、魏之间谓之梧落，又谓之豆筥，自关东西谓之梧落。"郭璞注："盛梧器笼也。"梧、梧，同"杯"。"酒落"指的就是盛放酒杯的竹笼，"茶落"指盛放茶杯的竹笼。其功能的不同在于盛放不同类型的杯子，因此得名。

【箅】甑底篾笆曰箅〇箅音闭。《世说新语》："陈元方、季方窃听父太丘与客语，炊忘著箅，饭落釜中成糜。太丘令二子俱说，更相夺易，言无遗失。太丘曰：'如此糜自可，何必饭也。'"箅，《说文》："蔽也，所以蔽甑底，从竹，畀声。"俗用箄，非。箄，筵箄，竹器也，音悲。

按，"箅"即蒸锅中的竹屉，是一种用来蒸制食物或起到间隔作用的炊具，故得名。

又如，《蜀语》："便溺器曰圊桶。""江中取鱼栏曰鱼栫。""舀水器曰戽斗。""切草刀曰鐁刀。"分别以其盛放排泄物、阻挡鱼类以便捕捉、取水灌田、切草的功能而得名。

五、文化理据

文化理据是一种反映语言符号同外部世界的联系的理据，属系统外部的理据。对于任何一种源远流长的语言来说，有些词义从词理上无法解释，即它不遵循词义的逻辑规律，只能从文化背景上去寻找其生成和发展的因由。例如，四川方言称"猪舌"为"赚头"、"猪利"或者"招财"等。这是因为旧时商人忌讳"舌"字——"舌"谐音"折本"的"折"。所以人们反其道而行之，改用"赚""利""招财"。探讨词的文化理据，不仅可以帮助我们了解蕴涵在词形外表下的原始理据，还可以反映出一种语言、一个地区的文化心理。故本文将从文史和民俗两个方面去探索《蜀语》词汇的构词理据。

其一，文史理据。

文史理据主要是从文史背景出发，探讨其对词义的生成以及发展变化所起的作用。《蜀语》中也有一些词的构词理据属于文史理据，例如：

【前世五代】有所怨叹则曰前世五代〇五胡乱华，杀戮迁徙，人命不保，故云。

按，西晋时期，五胡乱华，在胡人残暴统治之下，蜀地人民长期陷于战火之中，民不聊生。因而人们纷纷发出"前世五代"的哀叹。后来词义扩大，凡有所怨叹皆可曰"前世五代"。

《蜀语》中也有记载旧时家门口或街衢巷口常立一小石碑或石雕武士像，上刻"石敢当"三字，民间以为可禁压不详。于家门街巷之中立"石敢当"以驱邪之风始盛于唐代。又如，《蜀语》："凡官府坐船曰马船。"马船也叫马快船，据《大明会典》记载，是明代初期用于运输或水战的官船。至清初仍沿用旧名。

其二，民俗理据。

俗话说，"十里不同风，百里不同俗"。民俗是一个民族、地区传承性的生活文化，它在一定程度上推动着语言的变化与发展。随着社会历史的变迁，一些民俗在生活中消失了，但却通过方言词语保留了下来。因此，我们可以通过方言词语，来探寻其隐含的该地区特有的风气和习俗。

（1）禁忌习俗

"天下方俗，各有所讳"，不同的民族、地区都有其各自所禁忌、避讳的习俗。人们在日常生活中，对于那些禁忌的词语，往往会选择用其他委婉的词来替代，有意地进行回避，由此便产生了禁忌习俗理据。《蜀语》中这类词主要分为两种：避俗就雅类和避凶就吉类。例如：

【出恭】便旋曰出恭〇《会典》监规：每班给与出恭入敬牌一面。

按，出恭是上厕所的雅称。从元代起，科举考场中设有"出恭""入敬"牌，以防士子擅离座位。士子入厕前需先领此牌，因此称入厕为出恭，并谓大便为出大恭，小便为出小恭。如《今古奇观》："李万将昨日往毛厕出恭，走慢了一步，到冯主事家起先如此如此，以后这般这般，备细说了。"

【过世】人死曰过世○钱财曰使不过世；饮食曰吃不过世。《晋书·苻登传》："姚苌立苻坚神主，请曰：'陛下虽过世为神，岂假手苻登图臣，忘前征时言耶。'"

按，死亡是人们最忌讳提及的，据统计，汉语中因禁忌"死"而产生的代用词语竟有200多个。自周代开始，就已经出现了很多与死亡相关的代用词，且有尊卑之分。据《礼记·曲礼下》记载："天子死曰崩，诸侯曰薨，大夫曰卒，士曰不禄。"此外，还有"殇""殁""殒""逝""夭折""羽化"等等。现代汉语中，也用"过世""去世""百年""溘然长逝""老了""长眠"等词来替代"死亡"。同时，与其相关的词语也需要避免提及。如用"太平间"替代"停尸房"，"长生板""千年木""寿木"指代棺材，"寿衣"指称死者的衣服等。

（2）称谓习俗

【山巴土獠】谓人村曰山巴土獠○獠音老。巴州以西，旧獠人所居，故云。

按，"山巴土獠"即今"乡巴佬"。《汉语大词典》释"乡巴佬"为"乡下佬"。"乡巴佬"是对乡下人的蔑称，也可以引申为没见过世面的城里人。"獠"即僚，中国古族名，以"獠"为语素的词还有"獠奴""獠蛮""獠子"等，皆是詈词，是对少数民族的侮称。鲜于煌《四川方言词"乡壩佬"考释》也说明了獠人从南北朝以来就长期居住在四川一带的乡坝、乡巴之中，因此相沿成俗就称他们为"乡巴獠"（"乡巴佬"）。

《蜀语》："谓子曰崽。"蜀方言称儿子、小孩子或幼小的动物为"崽"。再如，《蜀语》中"嫂与弟妇曰先后""呼父曰大大"分别是对"妯娌""父亲"的称呼。

（3）婚姻习俗

【餪房】【餪女】婚先日而宴曰餪房○餪音暖。//女嫁三日送食曰餪女○

按，餪，《广雅·释言》："餪，馈也。"王念孙疏证："餪者，温存之义。"《汉语大词典》释"餪女"为：旧时女儿嫁后三日，母家馈送食品或办酒宴祝贺。"餪"也指设宴于喜庆事前。黄侃《蕲春语》："今乡俗凡食于事前，谓之餪。生日前夕之宴，曰餪生；婚期前夕之宴，曰餪房。""餪房"即是在婚期前准备的宴席。

《蜀语》："女许字曰女。""女"是由古代女子订婚后还需要命"字"的习俗而得名。

（4）饮食习俗

【馓】油煎粔籹曰馓○馓、糁、糤、饊同，音伞。干宝《周礼》注曰："祭用麟麨，在晋呼为环饼，又曰寒具，今曰馓子。"苏文忠诗曰："纤手搓来玉数寻，碧油轻蘸嫩黄深。夜来春睡浓于酒，压匾佳人缠臂金。"

按，《广韵·旱韵》："糤，同馓。"馓，即馓子，是一种油炸食品，原材料为面和糯粉，细如面条，形如栅状。《本草纲目》中也有相关记录："寒具，即今馓子也，以糯粉和面，入少盐，牵索纽捻成环钏之形，油煎食之。"

《蜀语》中也有记载"头脑酒"是一种由肉加上别的食材配制而成的酒；"不落荚"是一种由糯米或白面混合蔬菜调制成糊，摊卷在苇叶或桐子叶上，再蒸煮而成的食品。

【蒸奘】蒸食物曰蒸奘○奘音壮。

按，《字汇·火部》："烝，火皃，熏蒸也。今炊粉餈，谓之烝糕。""烝"即是"蒸"，"蒸烝"也就是一种利用水蒸气的热力来烹饪食物的方法。

又如，《蜀语》："熬曰煎。""煎"即把东西放入水里煮，使所含的成分进入水中。《蜀语》："渍藏肉菜曰腌。""以盐渍物曰滥。""腌"和"滥"都是用盐、醋或糖等调味品来浸渍食物的食材制作方式。

（5）信仰习俗

【坛神】坛神○名主坛罗公，黑面，手持斧吹角。设像于室西北隅，去地尺许。岁莫则割牲延巫歌舞赛之。考《炎徼纪闻》曰："罗罗，本卢鹿而讹为罗罗。有二种，居水西十二营、宁谷、马场、漕溪者，为黑罗罗，曰乌蛮；居慕役者，为白罗罗，曰白蛮。罗俗尚鬼，故曰罗鬼。今市井及田舍祀之，缙绅家否。杜子美诗曰：'家家养乌鬼。'即此也。养读去声。注杜诗者，以乌鬼为鸬鹚，或云猪，皆非。

按，坛神，据黄尚军《四川民俗与四川方言》，一说为蜀地人们供奉的一位神灵，或是姜子牙，或是李老君，供以消灾辟邪；一说坛神为邪神，因其危害家畜，为保平安而请巫师"祭（靖）坛"。傅崇矩《成都通览》中也有相关记载："城乡民家多设坛场，所书之辞为千千军马，万万神军等字。谓不可稍有犯触，犯者祸立至。年终必庆贺一次，亲族及近邻均送炮烛。"

又如，《蜀语》："男巫曰端公。"端公即男巫的别称，人有疾病，不信医药，喜跳端公。

（6）岁时习俗

【别岁】岁莫以盒酒相遗曰别岁○苏东坡有《别岁诗》。

按，蜀地年末时人们相互馈赠酒食的风俗习惯，即为"别岁"。《蜀典》中也有相关记载："蜀之风俗，晚岁酒食相邀为'别岁'。"时至今日，蜀地依旧有此风俗。

又如，《蜀语》："八月为汎月，九月为朽月。""汎"有"烂熟""软烂"之义，"朽"即"腐烂"之义。"汎月""朽月"皆因巴蜀地区秋季阴雨连绵、雨水多且潮湿而得名。

（7）交际习俗

【恭谂】贺人曰恭谂○谂音审，韵书云："念也。"

按，"恭谂"即"向人敬贺"。谂，思念。《诗·小雅·四牡》："岂不怀归，是用作歌，将母来谂。"毛传："谂，念也。"前人书札中习用伏念、伏谂，也用恭念、恭谂等字。清《遵义府志》卷二十也有相关记载："贺人曰恭谂，音审。"

又如，《蜀语》："作揖曰唱喏。"唱喏是古代的一种交际礼俗，因男子叉手行礼同时出声致敬而得名。再如，《蜀语》："凡初赠工匠曰利市。"根据开工、节日或喜庆之时主人所给的喜钱而命名。

六、结语

本文运用语言与文化研究相结合的方法，选取《蜀语》所录方言词作为研究对象，从摹声理据、特征理据、替代理据、功能理据、文化理据五个方面对《蜀语》方言词的词外理据进行考察和梳理，侧重探其深层的文化民俗内涵、蜀地特有的风俗，以期能为方言词词源研究提供一定的实例。

参考文献

[1] 汉语大字典编辑委员会.汉语大字典（第二版）[Z].成都、武汉：四川辞书出版社、崇文书局,2010.
[2] 李荣主编.现代汉语方言大词典[Z].南京：江苏教育出版社,2002.

[3] 罗竹风.汉语大词典[Z].上海：汉语大词典出版社,1992.
[4] 王文虎,张一舟,周家筠.四川方言词典[Z].成都：四川人民出版社,1986.
[5] 许宝华,宫田一郎.汉语方言大词典[Z].北京：中华书局,1999.
[6] 宗福邦,陈世铙,萧海波.故训汇纂[Z].北京：商务印书馆,2003.
[7] 崔荣昌.四川方言与巴蜀文化[M].成都：四川大学出版社,1996.
[8] 黄仁寿,刘家和.《蜀语》校注[M].成都：巴蜀书社,1990.
[9] 黄尚军.四川方言与民俗[M].成都：四川人民出版社,2002.
[10] 蒋宗福.四川方言词源[M].成都：巴蜀书社,2014.
[11] 李海霞.汉语动物命名考释[M].成都：巴蜀书社,2005.
[12] 谭宏姣.古汉语植物命名研究[M].北京：中国社会科学出版社,2008.
[13] 王艾录.汉语理据词典[M].北京：华龄出版社,2006.
[14] 王艾录,司富珍.语言理据研究[M].北京：中国社会科学出版社,2002.
[15] 殷寄明.中国语源学史[M].长春：吉林人民出版社,2002.
[16] 曾昭聪.魏晋南北朝隋唐五代词源研究史略[M].北京：语文出版社,2010.
[17] 曾昭聪.形声字声符示源功能述论[M].合肥：黄山书社,2002.
[18] 唐七元.试论现代汉语方言词语的理据[J].湖南工程学院学报（社会科学版）,2007(2).
[19] 许光烈.汉语词的理据及其基本类型[J].内蒙古民族师院学报,1994(1).
[20] 严辰松.语言理据探究[J].解放军外国语学院学报,2000(6).
[21] 张永言.关于词的"内部形式"[J].语言研究,1981(0).
[22] 张志毅.词的理据[J].语言教学与研究,1990(3).
[23] 张文君.成都话词语研究[D].四川师范大学硕士学位论文,2009.

秦观词用韵考

杨咏雅

（华南师范大学文学院　广东广州　510006）

【提　要】 宋词的用韵是古汉语语音发展史的重要一手数据。秦观词现存约84首，可以归纳总结出24个韵部，与王力先生考证出的宋代韵部音系基本吻合。以下针对84首秦词的用韵情况归纳出秦观作词的用韵特点，其浅略研究有助于系统地考察宋词的用韵特点和宋代音系的发展情况。

【关键词】 秦观　词　韵部

秦观（1049—1100），初字太虚，后改字少游，别号淮海居士、邗沟处士，学者习称淮海先生，扬州高邮（今江苏）人。《宋史》列传第二百三记载："少豪隽，慷慨溢于文词……见苏轼于徐，为赋黄楼，轼以为有屈、宋才。又介其诗于王安石，安石亦谓清新似鲍、谢。"其词敏感纤弱，"专主极致"（李清照《词论》），"得花间、尊前遗韵，却能自得清新"（刘熙载《词概》），"闲雅有情思，洒边花下，一往而深，而怨悱不乱，悄悄乎得小雅之遗"（冯煦《宋六十一家词选例言》），历来评价颇高，被推为婉约词之正宗。本文拟对秦观词用韵进行粗略归纳研究，分析其填词用韵特点，以对北宋词人用韵有更深入的了解。

秦观著有《淮海居士长短句》三卷，由于《淮海词》并非其生前亲自编订，故有所散佚。其传本有明毛晋汲古阁刊本《宋六十名家词》、宋黄升《花庵词选·唐宋诸贤绝妙词选》等，本文底本主要依据中华书局1965年版《全宋词》，韵书根据台湾学生书局1978年版《词林韵藻》，并参考2017年版《巨宋广韵》，词谱参考2008年版《钦定词谱》，同时借助王力先生的《汉语语音史》对秦观词的用韵进行考证、归纳与分析。

学界目前对秦观词用韵特点的研究甚少，本文通过对《全宋词》中秦观84首词韵脚字的分析和考证，归纳出24个韵部。其中阳声韵12部，包括东钟部、江阳部、寒山部、元仙部、覃咸部、庚生部、闻魂部、严盐部、蒸登部、真群部、京青部、侵寻部；阴声韵9部，包括鱼模部、歌戈部、麻蛇部、豪包部、皆来部、灰堆部、萧肴部、尤侯部、只齐部；入声韵3部，包括质职部、麦德部、物没部。

以下对各个韵部作详细分析，韵脚字右下角的数字是该字出现的次数，未标明数字则表示只出现了1次，各韵部按所押次数的多少排序。

一、秦观词的阳声韵部

（一）阳声韵部

1. 寒山部

（1）换韵：断$_3$畔$_2$伴$_2$幔乱半；（2）寒韵：寒$_2$干干阑残；（3）产韵：限$_4$划眼；（4）桓韵：拚团端；（5）删韵：斑鬟关；（6）翰韵：岸$_3$汉；（7）山韵：山间；（8）旱韵：满散；（9）谏韵：惯雁；（10）缓韵：管$_2$；（11）暖韵：暖。

寒山部共押12次，只押寒山部的有《丑奴儿（夜来酒醒清无梦）》《河传（恨眉醉眼）》2首，寒桓山、产旱缓换谏各相押1次；混押寒山部的有《满庭芳（北苑研膏）》《调笑令（采莲）》《调笑令（灼灼）》《满庭芳（雅燕飞觞）》《如梦令（楼外残阳红满）》《调笑令（烟中怨）》《木兰花（秋容老尽芙蓉院）》《虞美人（行行信马横塘畔）》《菩萨蛮（虫声泣露惊秋枕）》《虞美人（碧桃天上栽和露）》10首，翰换相押3次，寒山删、换产、桓删寒、旱产换、暖谏、寒换、产缓各相押1次。

2. 元仙部

（1）仙韵：连钱涎圆连泉缘；（2）先韵：贤$_2$眠$_2$烟边莲；（3）狝韵：卷$_2$茧$_2$展浅；（4）线韵：恋$_2$院变面；（5）霰韵：见$_3$燕$_2$徧；（6）阮韵：远$_4$晚；（7）元韵：源轩；（8）愿韵：怨$_4$。

元仙部共押12次，只押元仙部的有《调笑令（盼盼）》《浣溪沙（霜缟同心翠黛连）》2首，霰愿线阮、先仙各相押1次；混押元仙部的有《满庭芳（北苑研膏）》《调笑令（采莲）》《调笑令（灼灼）》《满庭芳（雅燕飞觞）》《如梦令（楼外残阳红满）》《调笑令（烟中怨）》《木兰花（秋容老尽芙蓉院）》《虞美人（高城望断尘如雾）》《菩萨蛮（虫声泣露惊秋枕）》《减字木兰花（天涯旧恨）》10首，先韵、狝韵、阮韵各独用1次，先元、狝线、霰阮、元先仙、狝愿线、弥阮线愿、线霰愿狝各相押1次。

3. 东钟部

（1）东韵：中$_5$风$_3$东$_2$忽$_2$鸿$_2$空$_2$红翁篷通穷雄宫；（2）钟韵：逢$_3$钟$_2$容松封从龙重（传容切）；（3）送韵：梦$_2$凤$_2$送洞弄；（4）用韵：重$_3$（储用切）共$_2$；（5）肿韵：拥种（主勇切）；（6）董韵：动$_2$；（7）冬韵：松。

东钟部共押7次，只押东钟部的有《调笑令（莺莺）》《江城子（南来飞燕北归鸿）》《临江仙（髻子偎人娇不整）》《阮郎归（宫腰袅袅翠鬟松）》《桃源忆故人（玉楼深锁薄情种）》《望海潮（星分牛斗）》6首，其中东钟相押2次，送用董、东钟用、东钟冬、送用董肿各相押1次；混押东钟部的有《虞美人（行行信马横塘畔）》1首，为东韵独用。

4. 江阳部

（1）阳韵：肠$_4$长$_3$香$_3$阳$_2$墙乡妨王妆湘凉裳量；（2）唐韵：忙$_2$唐光浪茫；（3）养韵：想赏往桨；（4）漾韵：唱上帐向。

江阳部共押7次，只押江阳部的有《鼓笛慢（乱花丛里曾携手）》《画堂春（东风吹柳日初长）》《南柯子（霭霭迷春态）》《沁园春（宿霭迷空）》4首，其中阳韵独用1次，养漾相押1次，阳唐相押2次；混押江阳部的有《菩萨蛮（虫声泣露惊秋枕）》《虞美人（碧桃天上栽和露）》《减字木兰花（天涯旧恨）》3首，阳韵独用3次。

5. 京青部

（1）青韵：星$_3$醒$_2$经泠青零汀形萍听亭婷；（2）清韵：情$_4$清$_2$晴$_2$城声缨盈瀛。

京青部共押6次，只押京青部的有《临江仙（千里潇湘挼蓝浦）》《满庭芳（红蓼花繁）》2首，皆为青清相押；混押京青部的有《满庭芳（晓色云开）》《南歌子（玉漏迢迢尽）》《八六子（倚危亭）》《南乡子（妙手写徽真）》4首，清韵独用2次，清青相押2次。

6. 真群部

（1）真韵：人$_2$辛真颦尘苹邻身；（2）文（喉牙）韵：云$_2$纷分闻裙；（3）谆韵：唇$_2$匀；（4）吻韵：粉揾；（5）问韵：问$_2$。

真群部共押6次，混押真群部的有《南乡子（妙手写徽真）》《满庭芳（山抹微云）》《南歌子（香墨弯弯画）》《点绛唇（月转乌啼）》《木兰花慢（过秦淮旷望）》《减字木兰花（天涯旧恨）》6首，文韵、问韵各独用1次，谆真、谆文、吻问、真文各相押1次。

7. 闻魂部

（1）魂韵：门$_3$村$_2$魂$_2$昏$_3$尊存；（2）恩韵：闷褪寸；（3）恨韵：恨$_2$；（4）痕韵：痕。

闻魂部共押5次，混押闻魂部的有《满庭芳（山抹微云）》《南歌子（香墨弯弯画）》《点绛唇（月转乌啼）》《木兰花慢（过秦淮旷望）》《减字木兰花（天涯旧恨）》5首，魂韵独用2次，恨韵独用1次，魂痕、恨恩各相押1次。

8. 庚生部

（1）庚韵：惊$_2$英平生；（2）耕韵：筝横行明。

庚生部共押3次，混押庚生部的有《满庭芳（晓色云开）》《南歌子（玉漏迢迢尽）》《八六子（倚危亭）》3首，庚韵独用2次，耕庚相押1次。

9. 严盐部

琰韵：掩脸敛。

严盐部共押3次，混押严盐部的有《调笑令（烟中怨）》《木兰花（秋容老尽芙蓉院）》《减字木兰花（天涯旧恨）》3首，皆为琰韵独用。

10. 侵寻部

（1）寝韵：枕锦；（2）侵韵：林。

侵寻部共押2次，混押侵寻部的有《木兰花慢（过秦淮旷望）》《菩萨蛮（虫声泣露惊秋枕）》2首，侵韵、寝韵各独用1次。

11. 覃咸部

勘韵：暗。

覃咸部共押1次，混押覃咸部的有《菩萨蛮（虫声泣露惊秋枕）》1首，为勘韵独用。

12. 蒸登部

蒸韵：凝。

蒸登部共押1次，混押蒸登部的有《八六子（倚危亭）》1首，为蒸韵独用。

（二）阳声韵部之间的通押

1. 元仙、寒山通押5次。《调笑令（采莲）》：岸浅伴面怨远断；《调笑令（灼灼）》：断卷燕见变限怨；《满庭芳（雅燕飞觞）》：贤团泉圆鬟莲阑轩连；《如梦令（楼外残阳红满）》：满半限断远；《满庭芳（北苑研膏）》：关烟边斑贤山源残。

2. 闻魂、真群通押3次。《满庭芳（山抹微云）》：门尊纷村魂分存痕昏；《南歌子（香墨弯弯画）》：

匀裙唇门云昏；《点绛唇（月转乌啼）》：恨闷褪寸问揾粉。

3. 元仙、寒山、严盐通押2次。《调笑令（烟中怨）》：恋岸汉伴掩剪怨；《木兰花（秋容老尽芙蓉院）》：院剪卷雁暖脸。

4. 庚生、京青通押2次。《满庭芳（晓色云开）》：晴英平筝情缨瀛惊城；《南歌子（玉漏迢迢尽）》：横醒明盈行星。

5. 侵寻、覃咸、寒山、江阳、元仙通押1次。《菩萨蛮（虫声泣露惊秋枕）》：枕锦凉长幔暗眠 寒。

6. 闻魂、真群、侵寻通押1次。《木兰花慢（过秦淮旷望）》：尘林云人村门闻苹魂昏。

7. 庚生、京青、蒸登通押1次。《八六子（倚危亭）》：生惊亭婷情晴声凝。

8. 真群、京青通押1次。《南乡子（妙手写徽真）》：真唇邻身辛颦情人。

二、秦观词的阴声韵部

（一）阴声韵部

1. 鱼模部

（1）暮韵：路$_7$暮$_5$素$_2$顾$_2$慕误露度渡做（作，宗祚切）；（2）语韵：语$_3$许$_2$绪$_2$女侣阻；（3）遇韵：数$_4$住$_2$付遇驻聚雾惧；（4）御韵：处$_{12}$去$_8$絮$_3$箸；（5）麌韵：雨$_4$主$_3$舞$_2$宇；（6）虞韵：无$_2$于污蹰隅珠；（7）鱼韵：初$_2$书除虚余；（8）姥韵：苦$_4$否古户肚；（9）模韵：孤$_2$铺徂。

鱼模部共押18次，只押鱼模部的有《点绛唇（醉漾轻舟）》《调笑令（乐昌公主）》《调笑令（离魂记）》《调笑令（王昭君）》《调笑令（无双）》《蝶恋花（晓日窥轩双燕语）》《鹊桥仙（纤云弄巧）》《阮郎归（湘天风雨破寒初）》《阮郎归（潇湘门外水平铺）》《踏莎行（雾失楼台）》《夜游宫（何事东君又去）》《一落索（杨花终日空飞舞）》《如梦令（池上春归何处）》《河传（乱花飞絮）》14首，鱼虞模相押2次，暮姥麌虞御遇、麌姥御遇暮、姥语遇御暮、语麌御遇暮、遇御暮麌、姥语御暮、御姥语麌、麌御暮遇、遇麌暮语、暮遇御、暮麌御、遇暮各相押1次；混押鱼模部的有《品令（掉又惧）》《虞美人（高城望断尘如雾）》《虞美人（行行信马横塘畔）》《虞美人（碧桃天上栽和露）》4首，遇韵独用1次，御遇、御暮、暮遇各相押1次。

2. 尤侯部

（1）尤韵：愁$_7$舟$_5$秋$_4$流$_4$休$_4$洲$_3$州$_3$留$_3$悠$_2$柔$_2$收$_2$稠$_2$游$_2$眸犹羞忧；（2）宥韵：瘦$_5$旧$_3$袖$_2$僽$_2$绣兽咒又骤就氉皱就；（3）有韵：柳$_3$首$_3$有$_2$酒$_2$久守丑手；（4）侯韵：头$_6$楼$_6$钩$_2$句$_2$（勾）；（5）候韵：后$_3$候$_2$透$_2$奏豆；（6）厚韵：斗$_2$口；（7）幽韵：幽。

尤侯部共押15次，只押尤侯部的有《风流子（东风吹碧草）》《浣溪沙（漠漠轻寒上小楼）》《梦扬州（晚云收）》《青门饮（风起云间）》《如梦令（门外鸦啼杨柳）》《如梦令（幽梦匆匆破后）》《水龙吟（小楼连远横空）》《望海潮（秦峯苍翠）》《长相思（铁瓮城高）》《江城子（西城杨柳弄春柔）》《满园花（一向沉吟久）》11首，尤侯相押5次，有宥候相押3次，尤侯幽、有厚宥候、有厚宥候侯各相押1次；混押尤侯部的有《御街行（银镯生花如红豆）》《虞美人（高城望断尘如雾）》《虞美人（行行信马横塘畔）》《减字木兰花（天涯旧恨）》4首，尤侯相押2次，候宥有、候尤各相押1次。

3. 只齐部

（1）只韵：知$_5$枝$_3$垂$_3$池吹离随儿差移；（2）之韵：期$_4$时$_2$思$_2$持疑飔丝滋词；（3）齐韵：啼$_2$携$_2$黄闺篦堤；（4）微韵：飞$_4$归晖霏衣依；（5）脂韵：谁师咨眉迟；（6）至韵：醉最寐；（7）止韵：止起

(8) 志韵：意吏；（9）旨韵：水；（10）霁韵：闭；（11）祭韵：缀；（12）纸韵：被（反彼切）；（13）泰（合口）韵：会$_2$。

只齐部共押9次，只押只齐部的有《调笑令（崔徽）》《画堂春（落红铺径水平池）》《江城子（枣花金钏约柔荑）》《如梦令（遥夜沉沉如水）》《阮郎归（褪花新绿渐团枝）》《望海潮（奴如飞絮）》《一丛花（年时今夜见师师）》《醉桃源（碧天如水月如眉）》8首，只齐微之相押2次，至止祭志泰、旨止霁至纸、微只之齐脂、微脂只之、之只脂、只微齐各相押1次；混押只齐部的有《千秋岁（水边沙外）》1首，独用泰（合口）韵。

4. 皆来部

（1）哈韵：来$_3$开$_3$猜$_2$台苔裁开；（2）泰（开口）韵：带盖外（五泰切）；（3）皆韵：挨阶怀；（4）海韵：在改海；（5）佳韵：鞋。

皆来部共押5次，只押皆来部的有《浣溪沙（香靥凝羞一笑开）》1首，为哈皆佳相押；混押皆来部的有《千秋岁（水边沙外）》《满庭芳（碧水惊秋）》《南歌子（愁鬓香云坠）》《虞美人（碧桃天上栽和露）》4首，海泰、皆哈各相押1次，哈韵独用2次。

5. 灰堆部

（1）灰韵：回$_3$灰徊催；（2）队韵：退碎对。

灰堆部共押4次，混押灰堆部的有《千秋岁（水边沙外）》《满庭芳（碧水惊秋）》《南歌子（愁鬓香云坠）》《虞美人（碧桃天上栽和露）》4首，队韵独用1次，灰韵独用3次。

6. 萧肴部

（1）小韵：少（始绍切）$_2$小$_2$悄；（2）筱韵：晓窅了；（3）笑韵：笑妙。

萧肴部共押3次，只押萧肴部的有《添春色（唤起一声人悄）》1首，为筱小笑相押；混押萧肴部的有《迎春乐（菖蒲叶叶知多少）》《御街行（银镯生花如红豆）》2首，筱小笑相押1次，筱韵独用1次。

7. 麻蛇部

（1）麻韵：花$_2$家$_2$华沙车加笳嗟斜鸦霞牙斜；（2）佳韵：涯。

麻蛇部共押2次，只押麻蛇部的有《浣溪沙（锦帐重重卷暮霞）》《望海潮（梅英疏淡）》2首，麻韵独用1次，佳麻相押1次。

8. 歌戈部

（1）歌韵：何罗多；（2）戈韵：波；（3）果韵：么。

歌戈部共押1次，只押歌戈部的有《浣溪沙（脚上鞋儿四寸罗）》1首，歌戈果相押。

9. 豪包部

（1）皓韵：老抱；（2）号韵：暴。

豪包部共押1次，混押豪包部的有《迎春乐（菖蒲叶叶知多少）》1首，号皓相押。

（二）阴声韵部之间的通押

（1）灰堆、皆来通押2次。《满庭芳（碧水惊秋）》：阶徊催来怀猜开回苔；《南歌子（愁鬓香云坠）》：裁开猜灰回来。

（2）灰堆、皆来、只齐通押1次。《千秋岁（水边沙外）》：外退碎带对会盖在改海。

（3）尤侯、萧肴通押1次。《御街行（银镯生花如红豆）》：豆有手就透晓酒旧瘦僝。

（4）豪包、萧肴通押1次。《迎春乐（菖蒲叶叶知多少）》：少妙了小暴老抱。

三、秦观词的入声韵部

（一）入声韵部

1. 质职部

（1）职韵：色₃息₂力翼识饰忆织极域测；（2）昔韵：惜₂迹赤石；（3）锡韵：踢觅吃；（4）质韵：日一咭。

质职部共押5次，混押职质部的有《促拍满路花（露颗添花色）》《好事近（春路雨添花）》《品令（幸自得）》《品令（掉又惧）》《雨中花（指点虚无征路）》5首，职韵独用1次，质职昔锡相押2次，昔锡职、昔职各相押1次。

2. 麦德部

（1）陌韵：百₂碧₂白格泽隙；（2）德韵：得₃北。

麦德部共押5次，混押麦德部的有《促拍满路花（露颗添花色）》《好事近（春路雨添花）》《品令（幸自得）》《雨中花（指点虚无征路）》《品令（掉又惧）》5首，德韵独用1次，陌韵独用2次，德陌相押2次。

3. 物没部

物韵：不。

物没部共押1次，混押物没部的有《品令（幸自得）》1首，物韵独用。

（二）入声韵部之间的通押

（1）质职、麦德通押3次。《促拍满路花（露颗添花色）》：色隙力翼迹觅白泽饰息忆得；《好事近（春路雨添花）》：色百碧北；《雨中花（指点虚无征路）》：石色息极域测白碧。

（2）质职、麦德、物没通押1次。《品令（幸自得）》：得吃日不织惜得。

四、阳声、阴声、入声韵部之间的通押

（一）阳声韵与阴声韵的通押

（1）尤侯、江阳、真群、闻魂、严盐、元仙通押1次。《减字木兰花（天涯旧恨）》：恨问肠香敛展楼愁。

（2）鱼模、寒山、灰堆、皆来、江阳通押1次。《虞美人（碧桃天上栽和露）》：露数回开限管妨肠。

（3）尤侯、鱼模、寒山、东钟通押1次。《虞美人（行行信马横塘畔）》：畔岸中风处顾愁头。

（4）尤侯、鱼模、元仙通押1次。《虞美人（高城望断尘如雾）》：雾处头舟见远楼流。

（二）阴声韵与入声韵的通押

鱼模、质职、麦德通押1次。《品令（掉又惧）》：惧格一踢咭惜识赤。

五、秦观词用韵特点

（一）阳声韵部

（1）秦词所押阳声韵部次数最多，共65次，依次是：寒山部、元仙部各12次，东钟部、江阳部各7次，京青部、真群部各6次，闻魂部5次，庚生部、严盐部各3次，侵寻部2次，覃咸、蒸登部各1次。寒山、元仙部所押次数最多，分别约占阳声韵部的18%，覃咸、蒸登部所押次数最少，分别约占阳声韵部的1.5%。

（2）阳声韵部之间的通押共16次。寒山、元仙部通押次数最多，其次是闻魂、真群部，分别是8次和4次。寒山、元仙部的通押在宋词中很常见，主要是因为这几部字韵腹和韵尾相同，而诗歌的押韵，一般只要求韵腹和韵尾相同，所以这几部可以通押。[①]寒山、元仙部的通押也印证了宋代一部分"阮""元""愿"韵（轻唇音）并入寒桓成为寒山部，喉牙音字并入元仙部；晚唐五代时期的一部分"文""吻""问"韵（轻唇音）并入痕魂部成文闻魂部，喉牙音字并入真文部成为真群部。庚生、京青的通押说明庚青部发生了变化：二等字独立出来成为庚生部；三四等字分成京青部。[②]

（二）阴声韵部

（1）秦词所押阴声韵部共58次，依次是：鱼模部18次，尤侯部15次，只齐部9次，皆来部5次，灰堆部4次，萧肴部3次，麻蛇部2次，歌戈部、豪包部各1次。鱼模、尤侯部所押次数最多，分别约占阴声韵部的31%和26%，歌戈部、豪包部所押次数最少，分别约占阴声韵部的1.7%。秦词中所押韵脚次数最多的字为鱼模部的"处"，一共押了12次，其次为"去"，共押了8次。

（2）阴声韵部之间的通押共5次。灰堆、皆来部通押次数最多，达到了3次。豪包、萧肴的通押则表明了宋代肴韵分化为二：唇音字并入豪韵，合成豪包部；喉牙舌齿字并入萧宵，合成萧肴部。哈韵与佳、皆韵的相押表明宋代哈韵与佳皆韵已合并成为皆来部，[③]但秦词中灰堆、皆来的通押有可能表明在秦词中灰哈部仍未分化。

（三）入声韵部

秦词所押入声韵部共11次，依次是：质职部、麦德部各5次，物没部1次。入声韵部之间的通押共4次。质职、麦德部的通押占到了100%，两部之间的通押也印证了职陌部在宋代的分化：一二等字独立出来成为麦德部，三四等字并入质职部。[④]

阴声韵与入声韵的通押为鱼模、质职、麦德通押1次，阴入通押反映了宋金时代北方话的入声处在削弱消变的过程中，入声韵尾比较微弱，因此偶尔与主元音相同的阴声字相押，又或许是词在歌唱的过

---

① 王催霞：《周邦彦词用韵考》，《现代语文》，2016年第9期，第34—35页。
② 王力：《汉语语音史》，北京：中国社会科学出版社，1985年，第304页。
③ 王力：《汉语语音史》，北京：中国社会科学出版社，1985年，第304页。
④ 王力：《汉语语音史》，北京：中国社会科学出版社，1985年，第303页。

程中声音的延长和悠扬可能使某些入声字的唯闭音韵尾减弱，故可与主元音相同或相近的阴声字叶韵。①

（四）平上去入四声相押

秦词统计出来的84首词的韵脚中，押平声韵41次，上声韵3次，去声韵4次，入声韵4次，上去相押26次，平上去相押3次，平上、平去、去入各相押1次。秦观词押平声韵最多，其次是上去相押，印证了"平声字相押、入声字相押、上去声相押是宋词押韵的一般规律"，也反映了其中一些全浊上声字与去声字相押的"浊上归去"的变化。②

总的来说，宋代的韵部从晚唐五代的四十部减少到三十二部，少了八部，主要是纯二等韵转入一等韵或三四等韵，例如江并于阳，肴并于萧豪，佳皆并于咍，删山并于寒桓等，这也是一种发展规律。③词人的具体作品与王力先生考察的宋代韵部音系大致相同，但也有一些差异，这正是反映了语音随着时代的变化而变化，也说明了语音和地域方言有关。而《词林韵藻》是在清人戈载《词林正韵》的基础上进行修改增删的，与《广韵》也会有所出入，因此无法诠释和反映所有词人用韵的特点，只能是一个大致的概括和归纳，词人也有自己的用韵习惯和方言特征，基本上以自己的口语为准。④

通过对《全宋词》中秦观84首词的粗略研究，归纳出秦词24个韵部，基本符合王力先生考证的宋代韵部音系特点，也反映了当时的语音变化和词人的用韵特点，为我们深入研究宋代特别是北宋语音提供了宝贵的材料。

参考文献

[1] 唐圭璋.全宋词[M].北京：中华书局，1965.

[2] 刘尊明.秦观集[M].南京：凤凰出版社，2007.

[3] 王力.汉语语音史[M].北京：中国社会科学出版社，1985.

[4] 唐作藩.音韵学教程[M].北京：北京大学出版社，1987.

[5] 王熙元，陈满铭，陈弘治.词林韵藻[M].台北：台湾学生书局，1978.

[6] 陈彭年.巨宋广韵[M].上海：上海古籍出版社，2017.

[7] 王奕清，等编撰；孙通海，王景桐校点.钦定词谱[M].北京：学苑出版社，2008.

[8] 鲁国尧.宋词阴入通叶现象的考察[A]//中国音韵学研究会.音韵学研究（第二辑）[C].北京：中华书局，1986：140—147.

[9] 王催霞.周邦彦词用韵考[J].现代语文，2016(9)：34—35.

[10] 齐程花.晏殊词用韵考[J].华中师范大学研究生学报，2013(6)：97—100.

[11] 李洁.陆游词用韵考[J].保定学院院报，2012(5)：81—84.

[12] 魏慧斌，程邦雄.词韵"上去通押"与"浊上变去"[J].古汉语研究，2005(4)：15—18.

[13] 刘晓南.宋代文士用韵与宋代通语方言[J].古汉语研究，2001(1)：25—31.

---

① 鲁国尧：《宋词阴入通叶现象的考察》，载自中国音韵学研究会：《音韵学研究》（第二辑），北京：中华书局，1986年，第140—147页。
② 魏慧斌、程邦雄：《词韵"上去通押"与"浊上变去"》，《古汉语研究》，2005年第4期，第15—18页。
③ 王力：《汉语语音史》，北京：中国社会科学出版社，1985年，第304页。
④ 刘晓南：《宋代文士用韵与宋代通语方言》，《古汉语研究》，2001年第1期，第25—31页。

《诗经》"中+名词"结构浅析

张星星

（河南大学文学院　河南开封　475001）

【提　要】 本文通过对《诗经》"中+名词"这一结构的统计与分析，旨在阐述"中+名词"结构不是传统意义上的语序倒置，即"倒言"问题；"中+名词"与"名词+中"是两种不同的语序，具有不同的语义值。

【关键词】 "中+名词" "名词+中"　语序　语义

在汉语研究的初级阶段，有一个流传颇广且对汉语伤害极大的观点：汉语是缺乏形态变化的语言。目前，尚有学者持这一观点，"缺乏"二字似乎是带有"应该有而实际上没有"的意义，这是用印欧语的特点来和汉语作比较，也是对汉语的偏见和误解，其中似乎隐含着这一含义：汉语是一种尚不发达的语言，期待着汉语能在语言演变的过程中发展出像屈折语那样有丰富的形态变化。从语言类型学度看，人类语言的语法手段是非常丰富的，但没有任何类型的手段可以用来衡量一种语言的发达程度。每种语言都有自己的标记方式，这在很大程度上这是由句子的基本语序决定的，并受语言发展过程中其他相关因素的影响和制约。

现代汉语的语法特点之一是：语序是重要的语法手段。而现代汉语语法是对古代汉语语法的继承和发展，其关系不言而喻。本文旨在通过对《诗经》"中+名词"结构的统计与分析，阐述在古代汉语中不同的语序表达不同的语义值这一观点。

一、绪论

（一）选题缘由

传统意义上，古代许多学者把《诗经》的"中+名词"结构解释为"倒言"这一语序倒置问题。例如毛传："中谷，谷中也。"孔颖达《诗经正义》："中谷，谷中。倒其言者，古人之语皆然，诗文多此类也。"明代何楷《诗经世本古义卷五》有云："中谷，谷中，倒其言者，古人语多有之，如螽斯。"从语法层面看，将"中谷"释义为"谷中"，即把修饰语后置作为句子成分移位的一种方式。

而清代马瑞辰认为这一结构里的"中"是语助词，其在《毛诗传笺通释》这样谈道："施于中谷"，犹言施于谷也。"中逵、中林、中心有违、瞻彼中原、泥中"，"中亦皆语词。……汔可小康、小心翼翼"。古人以"小"为语词，犹以"大"与"中"为语词也。①

---

① 马瑞辰：《毛诗传笺通释》，北京：中华书局，1989年。

另外，还有很多学者认为这种"中+名词"的结构是原始汉藏语言语法特点的遗留。邢公畹认为"此种用法是一种原始语法现象的残留，反映了原始汉藏语系修饰语置于中心语之后这样一种语序"。[①]俞敏认为"原始汉语跟藏语都保留汉藏母语的特点：止词在前，动字在后；中心词在前，修饰词在后。方位词'中'字置于名词之前的现象，是不是'中心词在前，修饰词在后'这种原始汉语特点的遗迹呢？"[②]

（二）本文的研究

1. 研究对象

本文的观点是《诗经》"中+名词"这一结构不是语序问题即"倒言"，也不认为"中"是作为语助词或虚词出现在这一结构形式里，因为如果仅是语序倒置问题，"中+名词"结构与"名词+中"在语义上应该是一致的，但通过对《诗经》中这两种结构的统计与分析，笔者发现："中+名词"与"名词+中"这两种语序有不同的语义特征，在句子的语义层面上它们分别表达不同的语义值。

2. 研究方法

定量与定性相结合。本文以《诗集传》[③]中的《诗经》篇目为语料来源，穷尽性地调查、统计"中+名词"与"名词+中"这两种结构在《诗经》中出现的具体形式，并分析其各自所呈现的语义区别性特征。

二、《诗经》"中+名词"结构浅析

（一）用例统计

通过对《诗经》"中+名词"这一结构的统计，我们发现以下这些具体的用例，如下表所示：

表1 《诗经》的"中+名词"结构统计

语料来源	"中+名词"结构
《诗经》	中谷、中河、中冓、中军、中唐、中乡、中国、中逵、中阿、中沚、中陵、中泽、中林、中原、中田、中垢、中心

（二）《诗经》"中+名词"结构语义特征分析

上文穷尽性地例举了《诗经》"中+名词"这一结构的具体表现形式，通过分析上述语料，笔者发现：《诗经》"中+名词"的语义特征是［+中间区域，−边缘，+深处］，需要着重强调的是它们在语义上都不表示泛指概念。另外，这一结构里的名词都是相对有定的、有边界的。举例分析如下：

《周南·葛覃》："葛之覃兮，施于中谷，维叶萋萋。黄鸟于飞，集于灌木，其鸣喈喈。""中谷"在语义上表达的是在谷之中央、谷之深处。而"谷中"在语义上表达的是泛指概念，即在"谷"这一有界的区域里，也包括相对于"中谷"的边缘区域。两者在语义上是不能等同的。

---

① 邢公畹：《语言论集》，上海：商务印书馆，1983年。
② 俞敏：《倒句探源》，《语言研究》，1981年第1期。
③ 朱熹集撰，赵长征点校：《诗集传》，北京：中华书局，2018年。

《鄘风·柏舟》:"泛彼柏舟,在彼中河。髧彼两髦,实维我仪。""中河"指河之中央。而"河中"泛指在"河"这一有定的区域里,即也包括除河之中央的其他部分。

《鄘风·墙有茨》:"墙有茨,不可扫也。中冓之言,不可道也。""中冓"指内室的深处或者隐秘处,在语义上不表示内室的其他边缘区域这一概念。

《郑风·清人》:"清人在轴,驷介陶陶。左旋右抽,中军作好。"古代兵制有上军、中军、下军,而中军之将为主帅,主帅是一个军队的核心,在语义上与"军中"这一泛指概念不同。

《陈风·防有鹊巢》:"中唐有甓,邛有旨鷊。谁侜予美?心焉惕惕。"《汉语大字典》(影印版)第682页:唐,乃古代朝堂前或宗庙门内的大路。"中唐"指大路的中间这一主要的区域,在语义上不等于泛指义"唐中"。

《小雅·采芑》:"薄言采芑,于彼新田,于此中乡。""中乡"即乡之中间区域,而不是"乡中"的其他边缘地区,两者的语义是不同的。

《大雅·民劳》:"亦劳止,汔可小康。惠此中国,以绥四方。"国,都也,"中国"即都城的中心,与"四方"相对。"中国"与"国中"在语义概念上是不同的。这一用例很能说明问题。

以下不再一一举例说明其各自的语义特点,将《诗经》"中+名词"这一结构的其他具体形式例举如下。

(1) 肃肃兔罝,施于中逵。赳赳武夫,公侯好仇。肃肃兔罝,施于中林。赳赳武夫,公侯腹心。(《国风·周南·兔罝》)

(2) 菁菁者莪,在彼中阿。既见君子,乐且有仪。菁菁者莪,在彼中沚。既见君子,我心则喜。菁菁者莪,在彼中陵。既见君子,锡我百朋。(《小雅·菁菁者莪》)

(3) 鸿雁于飞,集于中泽。(《小雅·鸿雁》)

(4) 鴥彼飞隼,率彼中陵。民之讹言,宁莫之惩?(《小雅·沔水》)

(5) 瞻彼中林,侯薪侯蒸。(《小雅·正月》)

(6) 中原有菽,庶民采之。(《小雅·小宛》)

(7) 中田有庐,疆埸有瓜。(《小雅·信南山》)

(8) 内奰于中国,覃及鬼方。(《大雅·荡》)

(9) 维彼不顺,征以中垢。(《大雅·桑柔》)

除此之外,《诗经》中多次出现"中心"这一结构形式,具体用例如下所示(同一篇目出现多次"中心"只例举一个用例)。

(10) 终风且暴,顾我则笑,谑浪笑敖,中心是悼。(《邶风·终风》)

(11) 行道迟迟,中心有违。不远伊迩,薄送我畿。(《邶风·谷风》)

(12) 二子乘舟,泛泛其景。愿言思子,中心养养!(《邶风·二子乘舟》)

(13) 彼黍离离,彼稷之苗。行迈靡靡,中心摇摇。(《王风·黍离》)

(14) 彼君子兮,噬肯适我?中心好之,曷饮食之?(《唐风·有杕之杜》)

(15) 有美一人,硕大且卷。寤寐无为,中心悁悁。(《陈风·泽陂》)

(16) 羔裘如膏,日出有曜。岂不尔思?中心是悼。(《桧风·羔裘》)

(17) 匪风发兮,匪车偈兮。顾瞻周道,中心怛兮。(《桧风·匪风》)

(18) 彤弓弨兮,受言藏之。我有嘉宾,中心贶之。(《小雅·彤弓》)

(19) 心乎爱矣,遐不谓矣?中心藏之,何日忘之!(《小雅·隰桑》)

笔者认为,"中心"这一结构形式强调的是"心"这一抽象事物的最深处,若倒置为"心中",其在语义上也表示泛指概念,两者所表达的语义范畴是不同的。另外,在现代汉语中,"中心"与"心中"所表达的语义范畴也是截然不同的,《诗经》"中心"这一结构大概与现代汉语中的"衷心"这一词在语义范畴上是一致的。

(三)其他先秦文献"中+名词"结构用例

在其他先秦文献中我们也发现了"中+名词"这一结构的用法,举例如下:

(20) 既袭,宵为燎于中庭。力不足者,中道而废。(《仪礼》)
(21) 一蛇羞之,桥死於中野。(《吕氏春秋·季冬纪第十二》)
(22) 周昨来,有中道而呼者,周顾视车辙中,有鲋鱼焉。(《庄子·外物》)
(23) 与其妾讪其良人而相泣于中庭。(《孟子·离娄下》)
(24) 行不中道,立不中门。(《礼记·曲礼上》)

笔者发现,"中+名词"这一结构在先秦文献中是一种较为常见的结构形式,而《诗经》一书中出现的尤为多,但需要指出的是,上述例子的"中+名词"与"名词+中"这两种结构形式在语义上所涵盖的范围也是不同的。如:上述例(24)里的"中道",孔颖达疏:"男女各路,路各有中也。"郑玄注:"道有左右。"由此可见,"中+名词"所表达的概念是中间区域也即非边缘地区。

"中+名词"结构似乎与"动词'中'+名词"这一结构形式有关,动词"中"的含义是"到了中间",如《礼记·曲礼上》曰:"为人子者,居不主奥,坐不中席,行不中道,立不中门。"句子里的"中"都是这一意义。

随着语言的发展,"中+名词"所表达的中心区域、非边缘和深处这些意义在语义范畴中逐渐消失了,"中+名词"结构也逐渐与"名词+中"结构的语义混同了。笔者在中古、近古时期的文献中也发现了"中+名词"结构的用例,但都与"名词+中"的语义一样,表示泛指意义。举例如下:

(25) 中道还兄门。(《玉台新咏·古诗为焦仲卿妻作》)
(26) 而中道崩殂。(《出师表》)
(27) 若中道而归。(《后汉书·列女传》)
(28) (李绅)镇宣武,有士人遇于中道,不避,乃为前驺所拘。(《唐语林·补遗二》)
(29) 窗前谁种芭蕉树,阴满中庭。阴满中庭。叶叶心心,舒卷有余情。(《添字丑奴儿·窗前谁种芭蕉树》)
(30) 香港市上来一妇,年三十馀;携一女,仅九龄,流离中道,菜色可怜。(《三借庐笔谈·寻夫》)

一种语言组织信息的原则常常会支配该语言各种类型的组织结构,而且组织信息的原则通常只在句子层面发生作用。类型学上的一个相关特征:凡是采用VO语序的语言,说明它们是采用了"中心语+修饰语"的组织方式。"中+名词"这一结构在《诗经》以后的时代使用很少,其原因很大程度上是由于这一结构受到汉语语言类型上的制约。另外,语言结构要素的演变是密切相关的,语音系统的发展和演变促使了词汇双音化倾向的出现。以上用例里的"中+名词"结构在很大程度上有了双音节词汇化的倾向,到了现代汉语时期,"中+名词"结构已经变成了双音节复合词,如"中流""中途"等。

三、《诗经》"名词+中"结构语义分析

（一）用例统计

通过对《诗经》"名词+中"这一结构的统计，我们发现以下这些具体的用例，如下表所示：

表2 《诗经》"名词+中"结构统计表

语料来源	"名词+中"结构
《诗经》	泥中、方中、桑中、水中

（二）《诗经》"名词+中"结构语义特征分析

以下语料里的"名词+中"我们很难将其当作是语序倒置问题即"倒言"，其在语义上都表示泛指概念：

（31）式微，式微，胡不归？微君之躬，胡为乎泥中！（《邶风·式微》）

（32）简兮简兮，方将万舞。日之方中，在前上处。（《邶风·简兮》）

（33）期我乎桑中，要我乎上宫，送我乎淇之上矣。（《鄘风·桑中》）

（34）定之方中，作与楚宫。（《鄘风·定之方中》）

（35）溯洄从之，道阻且长。溯游从之，宛在水中央。溯洄从之，道阻且跻。溯游从之，宛在水中坻。溯洄从之，道阻且右。溯游从之，宛在水中沚。（《秦风·蒹葭》）

需要强调指出的是，例（35）中的"水中央、水中坻、水中沚"在结构层次上应该分析为水中/央、水中/坻、水中/沚。上述例子中的"桑中、泥中、方中、水中"在语序上均不可倒置，从语义这一层面看，它们表达的都是某一动作或行为发生在名词所包含的这一区域里，在语义上都是泛指的，不专指中间区域或深处，也指其他边缘地区，与"中+名词"所表达的语义概念不同。

四、结语

语法是具有很大的稳固性的。数千年来，即有史以来，汉语语法是变化不大的；它靠着几千年维持下来的某些语法特点和以后发展出来的一些特点，以自别于其他的语言。词序的固定是汉语语法稳定性的最突出的一种表现。[1]

通过以上分析笔者发现："中+名词"结构在语义上并不等同于"名词+中"。语序是汉语最重要的语言表达手段之一，汉语语序的真正含义是：别的语言用形态变化或语法标记表示的语法意义，汉语则是用语序这一语法手段。即不同的语序具有不同的表达功能，不同的语序或语法结构对应不同的语义结构，两者之间存在着严格的一对一的投射关系，不存在不同的语序表达完全相同的语义值这一情况，也不存在绝对相同的语义值用不同的语法结构来表示。由此可见，《诗经》"中+名词"这一结构的语序倒置与否表达的是不同的语义值，"中+名词"结构所强调的是非边缘、中心区域，而"名词+中"结构表示的是泛指概念。

---

[1] 王力：《汉语史稿中册》，北京：中华书局，1980年。

参考文献

[1] 马瑞辰.毛诗传笺通释［M］.北京：中华书局，1989.

[2] 邢公畹.语言论集［M］.上海：商务印书馆，1983.

[3] 俞敏.倒句探源［J］.语言研究，1981（1）.

[4] 朱熹集撰，赵长征点校.诗集传［M］.北京：中华书局，2018.

[5] 王力.汉语史稿（中册）［M］.北京：中华书局，1980.

八十年来的汉字谐声与古音学述评及研究方法探索①

董国华

（广东海洋大学文学与新闻传播学院　广东湛江　524088）

【提　要】 古音学是汉语音韵学的重要组成部分，研究对象是周秦两汉时期的上古语音系统。主要依据《诗经》《楚辞》等韵文材料和《说文》的谐声偏旁，并参照古书中的异文、通假和声训等资料。谐声是汉语中非常重要的语言现象，与汉语音韵研究尤其是上古音研究是密不可分的。谐声研究是谐声字、谐声系统和谐声理论的本体研究。谐声与古音研究既是利用谐声材料梳理、构拟古代汉语语音系统的研究，又是谐声与古音史的研究，可简称为"谐声古音学"。八十年来（1930—2010）关于此领域的研究，学界撰著刊表了许多有分量的专著和有发见的文章。我们挑选其中最具代表性的研究成果，进行简介、梳理和评价，以明辨谐声古音学源流和历史演进轨迹，希冀贡献"推明、改善、扶微"的微末之力。

【关键词】 汉字谐声　古音学　谐声古音学　述评　研究方法　探索

一、八十年来的古音学研究概观

任何一种科学的研究原则上都包括三部分：本体论、认识论和方法论。古音学研究也不例外，既是对上古汉语音韵的研究，又是对古音学史的研究。早在20世纪二三十年代，对中国传统古音学进行探索的就有张世禄的《中国古音学》（1930）、《中国音韵学史》（1938）和王力的《中国音韵学》（1936）。对古音学家的研究有董同龢在《清华周刊》（1934年第2期）上发表的《段玉裁的古音学》。另外，赵元任翻译了高本汉的《中日汉字分析字典》，取名为《高本汉的谐声说》，刊登于《国学论丛》（1927年第1卷），这是现代音韵学第一篇探讨谐声理论的文献。

自20世纪80年代起，古音学史的研究进入了一个崭新的历史时期。这一时期的古音学史研究有两大类，一是语言学史著作；一是音韵学通论著作。前者主要有王力《中国语言学史》（1981）与《清代古音学》（1992）、濮之珍《中国语言学史》（1987）、何九盈《中国古代语言学史》（1995）和李开《汉语语言研究史》（1993），等等。其中王力《清代古音学》一书，对自顾炎武至黄侃共16位古音学家的成就做了述评，是关于清代古音学最全面的研究。后者主要有赵振铎《音韵学纲要》（1990）和李葆嘉《当代中国音韵学》（1998）。这两部书均对上古声母的研究情况有详细介绍，较有特色的是关注了除钱大昕、章炳麟和曾运乾之外的其他学者②。

关于宋代古音学家的研究，主要集中在吴棫身上。周祖谟《吴棫的古韵学》③一文对吴棫的古音研究

---

① 本文得到广东海洋大学科研启动经费项目（清代以来的谐声古韵史研究，R18003）的资助。
② 如赵书述及邹汉勋和当代周祖谟、李荣等；李书述及毛奇龄、徐用锡、钱坫、李元、夏燮、邹汉勋等。
③ 周祖谟：《问学集》，北京：中华书局，1960年，第213—217页。

做了简要的评述。李思敬《论吴棫在古音学史上的光辉地位》（1983）一文认为"举全面发明古音学研究方法之功而归之于吴棫是毫不过分的。"① 而赖江基《吴棫所分古韵考》（1986）及《吴棫的古音观》（1989）提出了大相径庭的看法，认为吴棫"无论是处理材料的观点和方法，还是所分的古韵和所定字的古音都是不科学的。"② 近几年来，张民权在吴棫的古音学研究上成果显著，出版了《宋代古音学与吴棫〈诗补音〉研究》（2005）一书，其中关于吴棫及《诗补音》的研究，辑佚、发掘了许多重要材料，考证了吴棫为安徽怀宁人，对宋代古音学及语音史、方言史的研究大有裨益③。此外，对朱熹"叶音说"的研究，较有特色的是陈鸿儒《〈诗集传〉叶音与朱熹古韵》（2000）一文根据"叶音"情况，考证出朱熹古韵十三部接近江永十三部，优于顾炎武十部，并在《〈诗集传〉叶音辩》（2000）一文中提出"朱熹心里不但有古音、古韵的概念，而且认识到古今语音的不同。""朱熹的叶音就是朱熹心目中的古音"④ 的观点。

关于明代古音学的研究，刘青松《明代古音学论要》（1998）系统地考察了明代陈第、杨慎、赵宧光、徐光启、方以智、杨贞一、王夫之等学者的古音学思想、研究方法及成果，对明代古音学作了全面系统的述评。学界对陈第的研究最多，除音韵学通论性著作外，一些专篇文章对陈第古音学作了深入研究。李恕豪《陈第古音研究探索》（1985）对陈第的古音学思想、研究方法以及古声调观作了系统述评。邵荣芬先生《陈第对古韵的分部和构拟音值的假定》（1988，上、下）归纳出陈第心目中的古韵分部，对陈第的古音研究的成绩与不足作了很好的评述。王耀东《陈第考证古音之方法》（2009）归纳陈第《毛诗古音考》中考证古音的方法七类，详加叙述和分析。

关于清代古音学家的研究，主要集中在顾炎武、江永、戴震、段玉裁等少数几个著名学者身上。张民权《顾炎武古音学考论》（1997）对顾炎武的古音学思想、成就及局限做了全面系统又细致深入的评述，并在他的新著《清代前期古音学研究》（2002，上下册）一书第二编"清代古音学的开创与古本音理论的建立"中作了更为详尽的研究，更有许多重要的发现。关于段玉裁的研究最多，全面研究主要有：钱曾怡《段玉裁研究古音的贡献》（1985）、李恕豪《论段玉裁的古音研究》（1987）、李文《段玉裁古音研究考论》（1997）等。其中李文论述最为全面且深入，创见颇多。另外，朱承平《段玉裁的古声类观》（1986）收集整理散见于《说文解字注》中的材料，探讨段氏关于古声类的研究，认为"段氏在古声类的研究上是颇有创见的，并非'多于古韵之功深，而于声少所发明'。"⑤ 关于江永，有李行杰《江永音韵学思想初探》一文，指出了江氏较顾氏进步在于："（1）进步的语音史观和较先进的方法；（2）用等韵分析古音又证以诗韵；（3）用方音说古音。"⑥ 关于戴震，李开先生进行了全面系统的研究，发表了一系列论文，并撰写了《戴震语文学研究》一书，其中用较大篇幅述评了戴震的古音学成就。

关于现代古音学的研究，重要的著作主要有何九盈的《中国现代语言学史》（1995）和杨剑桥的《汉语现代音韵学》（1996）。何书系统论述了高本汉、李方桂、陆志韦、董同龢等学者关于上古声韵系统的构拟，并且对20世纪二三十年代古音学史上两次大辩论进行详细的评述。杨书检讨了于省吾、史存直、黄绮等学者对清儒古韵分部的质疑，肯定了清儒古韵分部的成就。在对现代古音学家的研究中，关

---

① 李思敬：《论吴棫在古音学史上的光辉地位》，《天津师大学报》，1983年第2期。
② 赖江基：《吴棫的古音观》，《暨南大学学报》，1989年第2期。
③ 具体研究情况，可参看张民权的两篇文章《吴棫〈诗补音〉研究报告》和《宋代学者吴棫里贯及仕履辩证》，出自《音韵训诂与文献研究——张民权自选集》，北京：北京广播学院出版社，2004年，第50—74页。
④ 陈鸿儒：《〈诗集传〉叶音辩》，《古汉语研究》，2000年第2期。
⑤ 朱承平：《段玉裁的古声观》，《中南民族学院学报》，1986年第3期。
⑥ 李行杰：《江永音韵学思想初探》，《青岛师专学报》，1984年第1期。

于高本汉及其著作的研究较多，不遑赘举①。陈新雄《曾运乾之古音学》（2000）较有特色，他认为曾氏古韵分部承于黄侃，并且"声母方面，虽喻三古归匣、喻四古归定为其独见，实亦由于古声十九纽而来。"② 另有杨先明、宋亚云的《评李方桂先生的上古声母系统研究》（2010）。

综上所述，学界关于古音学史的研究，尤其近三十年以来，做出了很大成绩，刊表了许多有分量的专著和有发见的文章，其中对清代古音学的研究和关于历代古音学大家的研究最为充分，成果卓著；而对于其他时代古音学的研究还做得不够，关于"古音学小家"的研究还很薄弱，一些述评仍是"老生常谈"，对某些历史结论的辩证还很欠缺。从这个层面上说，刘青松《明代古音学论要》（1998）和张民权《清代前期古音学研究》（2002），将关注目光投向易被忽视和未曾触及的细微和晦暗之处，其钩沉辑佚、发明掘见之功值得称赞和效法。

正如谐声与古音研究步履于上古音研究一样，谐声与古音学研究，也是古音学研究的箕裘之绍，承于古音学研究之后逐步发展。然而，对于某一学科及其历史的研究的深入程度，是与该学科自身发展阶段、理论水平和成熟程度密切相关的。谐声研究关涉到上古音音系性质、古文字造字、构形及演变、通假与谐声原则等方方面面的问题，学科交叉之处往往是研究最薄弱的地方。长期以来，谐声与古音研究，仅仅在上古韵部的划分和声母的参证方面取得了共识，在音值拟定、声类划分和声调研究等方面所做的还很不够，尤其在上古声母研究中还存在很多很多问题和争议。所以到目前为止，学界关于谐声与古音学研究的论著并不易见，对历代古音学家的谐声思想，以及用谐声材料研究古音的理论及方法等方面的研究还很空缺，尤其是还没有一本专门研究谐声与古音学史的通论性著作。

二、汉字谐声古音学的研究概况及其评价

关于汉字谐声与古音研究的文章主要有（仅介绍重要的，有代表性的，以年代先后排序，下同）：赵诚《上古谐声和音系》通过对商周甲骨文中一些假借字的考查，论证了古代的谐声字与谐声关系并非产生于同一个音系，并认为某些不同音系之间的假借、谐声大多数可以通用，少数的不通用的正好反映不同音系的特点。③ 冯蒸《论汉语上古声母研究中的考古派与审音派——兼论运用谐声系统研究上古声母特别是复声母的几个问题》一文详细介绍了审音派如何建立谐声系统中的声母规则及如何运用审音法解释和解决特殊谐声问题，对比补正考古派公认的七项声母考据成果④，肯定了谐声字及审音法在上古声母研究中的价值。刘钊《谈古文字资料在古汉语研究中的重要性》谈到古文字可以揭示形声字的声旁或纠正对形声字偏旁的错误分析并可为古韵分部提供证据。⑤ 张亚蓉《谐声字在上古音研究中的价值》认为："谐声字所反映的音韵关系的主流应当是相同或相近的关系，那些异常的谐声关系未必不是古音的曲折反映，……谐声关系完全可以当作内部语音基本一致的语音史料来使用。"⑥ 曹祝兵《二十一世纪以来利用出土文献研究上古音的新进展》从声类与声母、韵类与韵母、声韵调综合研究和上古方音研究四个大类分别介绍了何九盈、李开、董琨、汪启明、陈鸿等22位学者的文章，总结了10年来学界利用出土文

---

① 曹强：《高本汉〈中国音韵学研究〉研究综述》，《甘肃高师学报》，2009年第4期。
② 陈新雄：《曾运乾的古音学》，《中国语文》，2000年第5期。
③ 赵诚：《上古谐声和音系》，《古汉语研究》，1996年第1期。
④ 七项成果即古无轻唇音、古无舌上音、照二（庄组）归精、照三（章组）归端、娘日归泥、喻三归匣和喻四归定。冯蒸《论汉语上古声母研究中的考古派与审音派——兼论运用谐声系统研究上古声母特别是复声母的几个问题》，《汉字文化》，1998年第2期。
⑤ 刘钊：《谈古文字资料在古汉语研究中的重要性》，《古汉语研究》，2005年第3期。
⑥ 张亚蓉：《谐声字在上古音研究中的价值》，《西北民族大学学报》（哲学社会科学版），2008年第1期。

献资料研究上古音的成果、创新和不足。①

关于谐声与古音研究的硕、博学位论文主要有：马旺生《谐声研究刍议》（复旦大学硕士论文，2003）在把《说文解字》中所有的谐声字注出中古音的基础上，在前人利用谐声来研究上古音的背景下，精选出具有代表性语音差异的谐声组，分声母、韵母两部分列出，声母方面按主谐字的唇、舌、齿、牙、喉音的顺序列出，韵母方面则按主谐字在《诗》韵中的分部排列。贺福凌《上古音谐声研究：谐声谱、谐声理论和古韵再分部的讨论》（南京大学博士论文，2004年）简要回顾了上古音和谐声研究的历史，搜罗比较了众多谐声谱，提出依据谐声进行古韵再分部，提倡暂时放弃对系统性的追求，加强上古音和谐声字的地域和历史层次研究，并以考证单字音的方式验证研究结果。陈鸿《战国文字谐声系统与古音研究》（福建师范大学博士论文，2005）对《战国文字编》所收的见于《说文解字》的谐声字进行研究。对谐声进行新的定义。采用"离析参照系"的方法，以周秦语音推战国语音，还运用概率统计法中的几遇数公式来排除偶然性。在分析研究谐声现象的基础上进行语音梳理，对于研究战国语音具有较大的实践性意义。叶玉英《古文字构形与上古音研究》（厦门大学博士论文，2006）将语音和文字以时空为线索结合起来进行历史和动态的探索。文中"中古精母字来源之古文学证据"专题，利用古文字资料证明了大多数中古精母字在上古的多种来源；"秦音中以母与喉牙音之关系考"专题认为，作为华夏共同语的基础方言的秦音中以母与影母的关系特别密切这一特点可能源自商代语音。张亚蓉的《<说文解字>的谐声关系与上古音研究》（苏州大学博士论文，2008）以《说文解字》中的谐声字为主要材料，分析原始谐声系列，并分析每个系列的谐声字的中古音韵地位，用概率公式计算各声类、韵类、调类发生谐声关系的几率，并以此推断它们间的疏密关系，探讨上古汉语的声韵调系统。张新艳《<说文>谐声源流研究》（华中科技大学博士论文，2009）以大徐本《说文解字》为研究对象，建立谐声系统电子数据库，制作谐声信息查询软件，从谐声字形体演变、声符来源、历史积累和同一谐声系列各谐声字之间的亲疏关系等方面综合探索《说文解字》谐声系统的动态变化。

利用谐声关系对上古声母及上古复辅音声母相关问题进行探讨的硕、博学位论文主要有：柏文结《对照系声母源流的再认识》（广西大学硕士论文，1997）；王珊珊《古汉语复辅音声母研究》（北京大学博士论文，2003）；张亚蓉《〈说文解字〉谐声字的音韵关系及上古声母的讨论》（苏州大学硕士论文，2005）；庞光华《论汉语上古音无复辅音声母》（北京大学博士论文，2005）；李建强《来母字及相关声母字的上古音研究》（北京大学博士论文2006）等等。可以看到，由于研究目的、方法和材料自身的特点，学界古音学家对谐声材料的关注与认识程度也低于对韵脚材料的关注和认识程度，对谐声字的充分利用相对晚于对押韵字的充分利用。学界目前还没有一本专门研究谐声与古音学史的通论性著作。

三、"谐声古音学"研究方法的探索与思考

上古音研究最主要的材料简言之即《诗经》用韵和《说文》谐声，由于研究目的、方法和材料自身特点的限制，一直以来，古音学家对谐声材料的关注与认识程度低于对韵脚材料的关注和认识程度，对谐声字的利用相对晚于对押韵字的充分利用。汉字谐声系统具有共时和历时的异质性，谐声系列的层次和结构及其所反映的语音系统极其复杂，谐声字间的音韵关系虽然以"相谐"为主流特征，但是还有相当数量的谐声关系从代表中古音的《切韵》音系看并不"相谐"，尤其是声母相差较大。所以很长时间以来，学界采用上古谐声材料中反映的谐声关系来进行的上古音研究，仅仅在上古韵部的划分和声母的

---

① 曹祝兵：《二十一世纪以来利用出土文献研究上古音的新进展》，《敦煌学辑刊》，2011年第1期。

参证方面取得了共识，在音值拟定、声类划分和声调研究上所做的还很不够，尤其在上古声母研究中还存有很多很多问题和争议。

对上古语音的正确认识必须建立在对谐声的正确认识的基础之上，应该重视并充分利用谐声材料，发挥它在上古音研究中的价值。同时，我们对谐声字所出现的一些不平衡的特殊现象应给予充分的重视。因为不仅谐声字所反应的主流现象是有规律可寻的，而且这些规律以及例外都是可以得到合理解释的。谐声字所反映的音韵关系的主流应当是相同或相近的关系，那些异常的谐声关系未必不是古音的曲折反映。在研究中，注意汉字在表音上的局限性以及由此带来的各种因素，诸如误读、俗读和训读等；注意汉语声韵调互相影响而使它们在发音部位与发音方法可能造成的各种复杂变化类型，补正前人关于谐声认识的错误和不足之处，等等。我们的研究就会因此走得更远。基于这样的情况，归纳总结历代学者采用谐声材料研究古音的成果，梳理谐声与古音学研究的历史演进，评介各家谐声与古音学思想、理论和方法之优劣及得失等，都具有很大的价值。

上古音的研究，有助于更好地了解汉语语音史的源头与流变，解释历史文献中各种复杂难解的语音、文字、词汇和语法现象，还有助于进一步了解现代汉语普通话和方言中的一些特殊音变。因此，上古汉语音系的研究对于汉语史、汉语音韵学、汉语方言学、文字学、训诂学有着非常重要的意义，对汉语词汇学和语法学等学科也有很大的帮助。清人皮锡瑞《经学历史》云："凡学不考其源流，莫能通古今之变，不别其得失，无以获从入之途。"[①] 国学大师黄侃《量守庐论学札记》云："治学之道，发见一，推明二，改善三，钩沉四，扶微五，暗合六。"我们蒐集众说，考辨源流，衡较是非，评议得失，希冀通过本文的研究，起到"扶微、改善、推明"的微末之力，明辨谐声与古音学的源流和历史演进、并为汉语音韵学、文字学、汉语语音史等学科，总结和探索新的研究视角和发展方向。

参考文献

[1] 王力.清代古音学[M].北京：中华书局，1992.
[2] 张世禄.中国古音学[M].北京：商务印书馆，1930.
[3] 裘锡圭.文字学概要[M].北京：商务印书馆，2010.
[4] 张民权.清代前期古音学研究[M].北京：北京广播学院出版社，2002.
[5] 张其昀."说文学"源流考略[M].贵阳：贵州人民出版社，1998.
[6] 董同龢.上古音韵表稿[M].台北：中央研究院历史语言所，1967.
[7] 陆志韦.古音说略[M].哈佛燕京学社，1947.
[8] 李方桂.上古音研究[M].北京：商务印书馆，1980.
[9] 郑张尚芳.上古音系[M].上海：上海教育出版社，2003.

---

① （清）皮锡瑞：《经学历史》，北京：中华书局，2004年，第1页。

▶ 语言应用研究 ◀

粤语水平测试的应用需求暨纲要及等级标准制定研究

彭咏梅[1]　甘于恩[2]

(1.佛山科学技术学院文学院　广东佛山　528225；
2.暨南大学汉语方言研究中心　广东广州　510632)

【提　要】粤语是汉语七大方言之一，使用人口众多，在港澳和海外影响广泛，又是粤剧的基础方言，蕴含着极为丰富的文化内涵。在粤港澳的传媒中，粤语影视、广播有着广泛的受众。粤语书面语发达，是汉语方言中唯一可以使用文字传播的方言。因此，粤语的教学和规范化历来受到重视。

有鉴于此，我们拟定了《粤语水平测试大纲》，阐述了粤语水平测试的意义和目的，解释了测试的性质和方式，交待了测试的内容与范围，规定了试卷编制和评分办法，并附有样卷；研制了《粤语水平测试等级标准》，共分三级6等；制定了《粤语水平测试规程》。

【关键词】粤语水平　测试　等级标准　纲要

粤语是汉语七大方言之一，使用人口众多，在港澳和海外影响广泛，又是粤剧的基础方言，蕴含着极为丰富的文化内涵。在粤港澳的传媒中，粤语影视、广播有着广泛的受众。粤语书面语发达，是汉语方言中唯一可以全方位使用文字传播的方言。因此，粤语的教学和规范化历来受到重视。

广东是中国内地经济最为活跃的省份，对内和对外交流频密，粤语的学习和培训需求非常旺盛。不但在就业方面，诸多企业、部门需要粤语人才，而且在许多窗口行业，对粤语的使用和需求也日见增长，粤方言作为一种语言资源，其开发和利用的潜力巨大。

有鉴于此，我们参考了美国和香港的粤语水平测试经验，拟定了《粤语水平测试大纲》，阐述了粤语水平测试的意义和目的，解释了测试的性质和方式，交待了测试的内容与范围，规定了试卷编制和评分办法，并附有样卷；与此同时研制了《粤语水平测试等级标准》，共分三级6等；制定了《粤语水平测试规程》，使测试工作按章办事，有规可循。

一、粤语水平测试大纲

（一）粤语水平测试的目的和意义

粤方言（又称粤语、白话、广州话、广府话），是以广州话为代表的汉语七大方言之一，不仅通行于广东、广西东南部、港澳地区等,还通行于南洋、澳洲、美洲等华人、华侨社区,使用人口7000多万,是我国的强势方言。随着社会、经济、文化的发展,中外交流、南北交流日益频繁,广州话成了在广东、港澳地区生活、学习、工作、经商的人们及出国人士热切希望掌握的汉语方言之一。

为了提高教学成效与普及粤语知识,暨南大学汉语方言研究中心与佛山科学技术学院合作制定本大纲。

(二)测试的名称、性质、方式

本测试定名为"粤语水平测试"。粤语水平测试不是粤语系统知识的考试,不是文化水平的考核,也不是口才的评估,是应试人运用粤语所达到的标准程度的检测和评定。粤语水平测试测查应试人的粤语规范程度、熟练程度,认定其粤语水平等级,属于标准参照性考试。本大纲规定测试的内容、范围、题型及评分系统。粤语水平测试以口试的方式进行。

(三)测试内容和范围

粤语水平测试的内容包括粤语语音、词汇和语法。

粤语水平测试的范围是由香港中文大学编写,可参见商务印书馆出版的《粤语速成初级教材》《粤语速成中级教材》《粤语速成高级教材》。

为了便于操作和突出口头检测的特点,测试一律采用口试。采取有文字凭借和没有文字凭借两种方式进行。有文字凭借的部分要包括适量的语音、词汇、语法的检测项,各类题目要有明确的目的和要求。要选取编制较好的试卷进行信度、区别度和难度分析,通过分析的试卷可以在测试机构内作为标准试卷推广使用,并逐步建立测试题库。

(四)试卷编制和评分办法

试卷包括五个部分。

1. 读单音节字词(120个音节)

目的:考察应试人声母、韵母、声调的发音。

要求:120个音节里,每个声母出现一般不少于4次,容易混淆的酌量增加1—2次,每个韵母的出现一般不少于2次。字音声母或韵母相同的要隔开排列,避免相邻的音节出现双声或叠韵的情况。

评分:此项成绩占总分的12%,即12分。读错一个字的声母、韵母或声调扣0.1分。一个字允许读两遍,即应试人第一次读音有口误时可以改读,按第二次读音评判。

限时:3分钟。

2. 读多音节词语(80个音节)

目的:除考察应试人声母、韵母和声调的发音外,还要考察变调、文白异读等的发音情况。

要求:80个音节声母、韵母的出现次数大体与单音节字词相同。此外,变调不少于4次,文白异读不少于4次,词语的排列要避免同一测试项的集中出现。

评分:此项成绩占总分的20%,即20分。读错一个音节的声母、韵母或声调扣0.2分。

限时:3分钟。

1.和2.两项测试，其中有一项或两项分别失分在10%的，即1.题失分1.2分，或2.题失分2分即判定应试人的粤语水平不能进入一级。

3. 诗文朗读（从《测试大纲》指定教材诗文朗读材料中任选）

目的：考察应试人用粤语朗读书面材料的水平，重点考察声母、韵母、声调读音标准程度，连读音变，语调（语气）等项目。

计分：此项成绩占总分的10%，即10分。对每篇诗文做累积计算，每次语音错误扣0.2分，漏读一个字扣0.2分，不同程度地存在方言语调一次性扣分（问题突出扣3分；比较明显，扣2分；略有反映，扣1分。停顿、断句不当每次扣1分；语速过快或过慢一次性扣2分。

限时：2分钟。

说明：朗读材料各篇的字数略有出入，为了做到评分标准一致，测试中对应试人选读材料的前20个字的失误做累积计算，但语调、语速的考察应贯穿全篇。

4. 选择测试

目的：重点考察应试人员全面掌握粤语词汇、语法的程度。

要求：选列粤语和普通话在词汇、语法表达方式上不一致的说法，由应试人选择那种说法是粤语的表达。

计分：此项成绩占总分的18%，即18分。

在口头回答时，属于答案部分的词语读音有错误时，每次扣0.5分；如回答错误已全扣该小题分，就不再扣语音失误分。

限时：3分钟。

5. 说话

目的：考察应试人在没有文字凭借的情况下，说粤语的能力和所能达到的规范程度。以应试人单向说话为主，主试人提示或引导应试人说考生自己熟悉的话题。说4分钟，说满4分钟主试人应请应试人停止。

评分：此项成绩占总分的40%，即40分。评分规则如下。

(1)语音面貌占25分。计分档次如下：

一档25分，语音标准。

二档20分，语音失误在10次以下，有方音影响不明显。

三档17分，语音失误在10次以下，但方音影响比较明显；或方音影响不明显，但语音失误大致在10—15次之间。

四档15分，语音失误在10—15次之间，方音影响比较明显。

五档12分，语音失误超过15次，方音影响明显。

六档10分，语音失误多，方音影响重。

语音面貌确定为二档（或二档以下）即使总积分在95以上，也不能入一级甲等；语音面貌确定为五档的，即使总积分在85分以上，也不能入二级甲等；有以上情况的，都应在等内降等评定。

(2)词汇语法规范程度占10分。计分档次如下：

一档10分，词汇、语法合乎粤语使用习惯。

二档7分，偶有词汇或语法不符合粤语使用习惯。

三档4分，词汇、语法屡有不符合粤语使用习惯。

(3) 自然流畅程度占5分。计分档次如下：

一档5分，自然流畅。

二档4分，基本流畅，口语化较差。

三档3分，语速不当，话语不连贯。

（五）样卷

1. 粤语水平测试试卷出题范围

(1) 单音节字词和多音节词语都从《测试大纲》指定教材中选编。

(2) 诗文朗读材料从《测试大纲》指定教材诗文朗读材料中确定。

(3) 选择题从日常生活中选列粤语和普通话在词汇、语法表达方式上不一致的说法进行考查。

(4) 说话题的内容从考生熟悉的领域范畴展开。

2. 样卷（不是标准卷，未经信度、区别度、难度分析）

（1）读单音节字词（12分）

牌	责	勤	单	纳	爸	津	辣	金	茅
收	恰	骨	翻	胆	撑	恒	割	泥	牛
不	官	摩	跃	都	干	囊	困	作	箍
杯	墨	穷	活	谷	代	之	腰	谦	宁
英	劫	雀	逼	猪	端	月	锯	些	春
娘	律	跌	车	死	嚼	饼	劈	堆	希
于	卷	雪	靴	锐	妻	疆	术	卓	遮
微	啄	名	冤	书	碌	梳	奔	添	年
鹏	让	集	黑	快	中	林	签	闭	回
发	朋	口	火	接	吉	咬	蓝	埋	策
泥	执	急	山	更	腰	帘	督	撇	烹
阔	林	三	冷	湿	劫	书	靓	梳	翁

（2）读多音节词语（20分）

波士	家姐	轻称	阔落	雪靴	鱼翅	搞笑	奶糖
手瓜	外母	朝早	脚骨	睇楼	犀利	百足	鬼怪
水皮	茶壶	追悔	纯品	三稔	烟铲	偏门	眼冤
抢镜	猪扒	凉爽	生性	阿黄	等你	入闸	接洽
铁笔	得戚	出血	淡定	割席	抗菌	看押	好彩

（3）诗文朗读（10分）

有啲中小学老师真係冇得弹，教书改薄搞活动不特止，知道学生屋企有问题，仲做埋和事佬。我隔离屋个细路，真係百厌到晕，周不时听到佢老窦好恶嘅喝佢，搞到时时家嘈屋闭，好彩佢个老师时时嚟探佢，关心吓佢哋咋。你估中小学老师真係得闲有嘢做嘅笋工咩？冇爱心做唔倒嘅，中小学教师理应係后生仔女嘅良师益友，而唔係教书机器。

（4）选择（18分）

1）从每组词中选出粤语的词语（4分）

① 冰箸　冰棒　雪条　冰棍儿　② 苍蝇　乌蝇　胡蝇　蚨蝇

③吹牛　吹大炮　车大炮　　④银纸　纸票　钞票　铜钿

2）正确搭配下面的量词和名词（6分）

窦　　部　　对　　餐　　头　　脱

家　西装　筷子　饭　车　雀仔

（例如：一条……涌）

3）指出每组中符合粤语的说法（8分）

①畀本书我。/给我一本书。/把本书我。

②别客气，你走头先。/唔使客气，你走先。/别客气，你先走。

③他比我高。/他比我过高。/他高过我。

④你吃咗饭未？/你有吃过饭没有？/你吃饭了吗？

（5）说话（40分）

由主试人提示或引导应试人述说考生自己熟悉的话题，时间为4分钟。

二、粤语水平测试等级标准

1. 一级

甲等：朗读和自由交谈时，语音标准，词汇、语法符合粤语使用习惯，语调自然，表达流畅。测试总失分率在5%以内。

乙等　朗读和自由交谈时，语音标准，词汇、语法符合粤语使用习惯，语调自然，表达流畅。偶然有字音、字调失误。测试总失分率在10%以内。

2. 二级

甲等：朗读和自由交谈时，声韵调发音基本标准，语调自然，表达流畅。少数难点音偶尔出现失误。词汇、语法极少不符合粤语使用习惯。测试总失分率在15%以内。

乙等：朗读和自由交谈时，个别调值不准，声韵母发音有失误。难点音较多，失误较多。语调稍不自然。使用粤方言词、方言语法不够地道。测试总失分率在20%以内。

3. 三级

甲等：朗读和自由交谈时，声韵调发音失误较多，难点音超出常见范围。语调较不自然。使用粤方言词、方言语法不地道。测试者失分率在30%以内。

乙等：朗读和自由交谈时，声韵调发音失误较多，难点音众多。语调不自然。使用粤方言词、方言语法失误多。测试中听其谈话有听不懂情况。测试总失分率在40%以内。

三、粤语水平测试规程

1. 报名

（1）应试人持有效身份证在粤语培训及测试中心报名并按规定缴交测试费。

（2）应试人填写报名表，并缴交本人近期小一寸彩色证件照。

（3）粤语培训及测试中心负责安排测试的时间和地点。

2. 考场

（1）粤语培训及测试中心负责安排考场，指定考场负责人和测试业务负责人，配备测试所需的性能良好的录音设备和其他用品。

（2）考场设候测室、备测室、测试室，环境要整洁肃静，标志要清晰明显。

候测室为应试人集中报到、等候之用。

备测室为应试人按试题要求准备测试之用。同一室可根据具体情况安排一个或多个测试组。

测试室为现场测试之用。每室安排一个测试组。每组配备测试员2人，工作人员1人。

（3）考场须严格分离已测人员和候测、备测人员。

3. 试卷

（1）试卷由粤语培训及测试中心提供。

（2）试卷由专人负责，各环节经手人均应签名。

（3）试卷限于当天当场（上午或下午）使用。同一考场同一时间的不同测试组可使用相同试卷。上、下午使用不同试卷。

（4）每场测试按实际需要封装试卷。测试前30分钟向测试员分发试卷。

（5）每场测试结束，要当即清点回收试卷，统一封存，不得泄露遗失。

4. 测试

（1）测试严格按《粤语水平测试大纲》规定执行。一个测试组每天工作量不得超过20人。

（2）考场测试员和工作人员须佩带印有姓名、编号和本人照片的胸卡，认真履职。

（3）应试人持准考证和有效身份证按时到指定考场报到备测，备测时间应不少于10分钟。

（4）进行测试时，测试室只允许1名应试人在场。

（5）测试员对应试人身份核对无误后，引导应试人进入测试程序。

（6）测试各项目应紧凑进行，不得无故中断。

（7）测试全程录音。包括：应试人姓名、考号、试卷编号以及全部测试内容。不能缺头少尾。录音应声音清晰，音量适中、便于复查。

（8）测试录音要贴上标签，写明考场、测试日期、组别、应试人姓名、考号、试卷编号以及录音人签名等内容。录音内容应与标签相符。

（9）测试结束，考场负责人填写测试情况记录。

5. 评分

（1）测试员严格按《粤语水平测试大纲》有关规定评分，如实填写测试评分表和成绩单并签署全名。

（2）评分记录须使用黑色或蓝色墨水的钢笔或签字笔，填写成绩、等级正确无误。

（3）同组测试员对同一应试人的成绩评定出现等级差异时，由测试组长主持复议确定。

6. 复审

（1）每场测试由经验丰富的测试员组成复审小组，负责抽查复审该场测试成绩。

（2）复审录音应作复听记录，复审完毕要填写复审意见，意见须具体、规范，并由复审者签名。须妥善保存复审记录。

（3）应试人测试的成绩，须经现场测试员评分、复审小组抽查复审认定后由测试机构公布。

7. 证书

由粤语培训及测试中心向测试成绩达到粤语等级的应试人发放测试等级证书。

8. 存档

（1）测试资料必须由粤语培训及测试中心统一存档。包括应试人档案和测试工作档案。

（2）应试人档案包括：测试报名表、试题、测试录音、测试员评分记录、复审记录、成绩单等。

（3）测试工作档案包括：测试的场次、地点、日期、组别、对象、人数、成绩、证书编号以及考场负责人、测试员、工作人员、测试情况记录等。

综上所述，《粤语水平测试大纲》是编写粤语培训教材和拟制测试试题的依据，是实施测试、评定等级的依据；《粤语水平测试等级标准》是确定应试人粤语水平等级的依据；而《粤语水平测试规程》则确保测试工作在制度化、规范化、科学化的轨道上健康发展。粤语水平测试主要以口试方式进行，了解应试人使用粤语的规范程度、熟练程度，并认定其粤语水平等级，属于标准参照性考试的一种。测试机构根据应试人的测试成绩确定其粤语水平等级，由相关语言文字工作部门颁发相应的粤语水平测试等级证书。粤语水平测试无疑是粤语教学工作走向制度化、规范化、科学化的一项重要举措，它在我国语言资源的保护与利用方面具有开先河的意义，值得大胆尝试和深入探讨。

参考文献

[1] 吴伟平. 粤语速成初级教材［M］. 香港：商务印书馆，2014.

[2] 吴伟平. 粤语速成中级教材［M］. 香港：商务印书馆，2014.

[3] 吴伟平. 粤语速成高级教材［M］. 香港：商务印书馆，2014.

[4] 粤音水平测试［EB］. http://wenku.baidu.com/view/bbb589030740be1e650e9ab3.html.

来宾普通话卷舌元音的实验研究

邓宏丽[1] 陈 梅[2] 罗荣昌[3] 党雯凤[4]

（1.暨南大学文学院中文系 广东广州 510632/广西科技师范学院文化与传播学院 广西来宾 546199；2.3.4.广西科技师范学院文化与传播学院 广西来宾 546199）

【提 要】本文采用精确度、清晰度和语音实验研究来宾普通话卷舌元音的特点。根据距离标准普通话卷舌元音的远近依次分为A、B、C等，对比A、B、C等与标准普通话的卷舌元音和来宾话"儿系列字"读音的差异，归纳A、B、C等的特点及相关规律。实验发现：（1）学生的普通话水平与卷舌元音的等级不存在显著相关性；（2）总的来说，来宾普通话的卷舌元音随着等级的提高，舌位越靠近标准普通话，反之越接近来宾话；（3）来宾普通话的卷舌元音等级越高，F3下降幅度越大，越接近标准普通话的斜率；（4）来宾普通话B等卷舌元音中出现了两种发音态势，主要区别为F3是否下降。

【关键词】卷舌元音 声学元音三维图 共振峰模式 斜率

一、引言

（一）卷舌元音[ɚ]的性质

普通话的卷舌元音来源于中古音的日母止摄开三等韵，黄伯荣、廖旭东在现代汉语中认为它是"发音时，口形略开（开口度比[ɛ]略小），舌位居中，舌头稍后缩，唇形不圆，在发[ə]的同时，舌尖向硬腭卷起。"普通话中一个特殊元音，周殿福、吴宗济曾谈到卷舌元音具有复合元音性质，李思敬、徐云杨分别认为卷舌元音实际上包含着两个元音[ə]和[ʅ]，其发音时从[ə]向[ʅ]的过渡。于珏、李爱军认为"二"的主要元音不是[ə]，而是[ɐ]。虽然学者们在卷舌元音具体音值上存在一定的分歧，但基本上都认同卷舌元音具有复合元音性质。

（二）来宾话的[ɚ]性质

来宾位居广西壮族自治区中部，地处东经108°24′—110°28′，北纬23°16′—24°29′之间。来宾语言丰富，有普通话、来宾话、客家话、湘语、壮语和瑶语。来宾话是来宾的代表方言，"来宾的兴宾区、合

---

① 项目基金：广西高校中青年教师基础能力提升项目"来宾普通话中介音研究"（2017GKSYJGZ03）；广西科技师范学院科研基金重点项目"来宾普通话语音语料库建设研究"（GXKS2018ZD008）；广西科技师范学院教学改革工程重点项目"普通话与教师口语课程微课资源开发与应用的研究与实践"（2017GKSYJGZ02）

山县、象州县、武宣县、忻城县说来宾话的人口分别为96.67%、97.5%、97.52%、83.3%、75.71%。"[1]

来宾话的日母止摄开三等字"儿、耳、二"的韵母为[ə]，蓝夏（2014）考察了忻城话（来宾话）一级元音格局，发现[ə]的V_1值为51.6，V_2值为38。根据石锋、时秀娟（2007）提出的V值与舌位前后高低的关系，可以判定[ə]为后、中元音。石锋（2002）认为中元音[ə]具有游移性，有明显的动程。通过语图发现来宾话的[ə]也具有一定的动程，但不太明显。如图1、2所示。

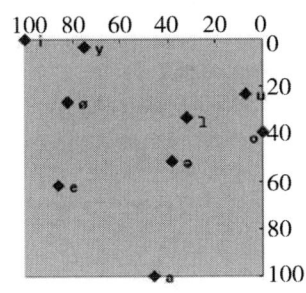

图1 忻城一级元音声学元音V值图[2]

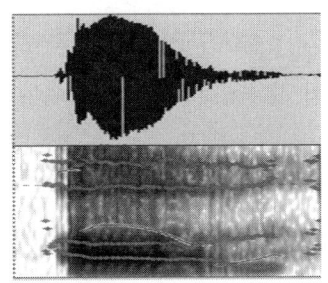

图2 来宾话"耳"的语图

（三）来宾普通话卷舌元音

来宾普通话（以下简称为来普）卷舌元音是指讲来宾话的来宾人在学习普通话时产生的中介语的卷舌元音。据笔者文献调查，来宾话的语音系统中无卷舌元音，在普通话教学过程中，发现来宾官话区学生普通话卷舌元音存在一些共性，主要元音的位置偏高，或者偏后，卷舌色彩弱等问题。因此，文章以母语为来宾话的学生为研究对象，通过对卷舌元音"儿、耳、二"的声学测量及分析，考察来宾官话区学生普通话卷舌元音的发音特点和声学特性。

二、实验语料和方法

（一）实验对象

母语为来宾话，年龄在18—21岁之间的来宾人，男7人，女28人，普通平为轻、中、重三个等级，4位标准普通话（以下简称"标普"）发音人，普通话水平均为一级乙等。考虑到尽可能减少其他方言或者语言的影响，发音人要求只会讲来宾话和普通话。

（二）实验语料

利用斐风软件进行录音，录音时使用了Sound BlasterX-FiSurround5.1Pro声卡和麦克风，来普卷舌元音"儿"的样本数为18*3=54，11*2=22，7*1=7，合计83个；"耳"的样本数为21*3=63，12*2=24，1*3=3，合计90个；"二"的样本数为23*3=69，7*2=14，6*1=6，合计89个；总计262个。标准普通话的为4*3*3=36个。来宾话"儿"的样本数为27*3=81，1*2=2，5*1=5合计88个，"耳"的样本数为29*3=87，3*2=6，3*1=3合计96个，"二"的样本数为26*3=78，6*2=12，2*1=2合计92，总计276个。

---

[1] 《广西语言文字使用问题调查与研究》，广西：广西教育出版社，2005年。
[2] 蓝夏：《新城方言音系及其邻近方言调查研究》，四川师范大学硕士学位论文，2014年，第23页。

全部共计574个样本数。

（三）实验方法

1. 精确度实验

"精确度感知实验为了寻找发音人在发音时所产生的全部错误，无论巨细，只要是与目的音存在差异，都记录下来。"[①]我们邀请国家和省级普通话测试员各一名，进行审听记录。

2. 清晰度实验

"清晰度感知实验为了鉴定发音人所发出的中介音与目的音之间的差距大小。"[②]实验根据与标普的距离大小进行打分，分值0—10之间，越接近标普，分数越高，我们邀请国家和省级普通话测试员各一名，进行审听评分。测试员每听一个音，并进行打分，然后我们取每个音的平均值。

3. 语音实验

利用Praat语音分析软件和张明辉编写的批量标注并生成逆滤波的脚本，以及熊子瑜编写的自动生成各类声学参数文件的脚本，对录音样本卷舌元音进行标注，并批量提取前3个共振峰F1、F2、F3起始值、中间值和终点值，根据共振峰数据，绘制共振峰模式图，通过$Bark=7\ln((f/650)+((f/650)*2+1)^{(1/2)})$公式将共振峰值转换成Bark值，从而减少人际差异，便于不同方言区不同人之间的比较，便于不同方言区不同人之间的比较。如王萍、贝先明、石锋的论文中所提及的，我们以B1、B2和B3—B2分为x、y、z轴绘制元音的三维空间分布图。通过Matlab软件绘制了卷舌元音三维空间图，为了分析的清楚和方便，我们将三维立体图拆解成二维平面图，分别为（B1/B2平面）、（B1/B1—B2平面）。

三、实验结果

（一）精确度和清晰度实验结果分析

综合精确度实验和清晰度的实验结果，我们将来普的卷舌元音分为A、B、C等，A等为7.75—10分（包括7.75、10分），在听感上较为自然，卷舌动程较为明显，元音位置基本准确；B等为5—7.75分，（包括5分），听感上不太自然，卷舌动程不明显，元音偏后；C等为0—5分（包括0分），听感不自然，无卷舌动作。

（二）发音人的普通话水平与来宾普通话卷舌元音之间的关系

据表1发现，轻度口音：A等级中，"儿""耳""二"分别为25.71%、20%、25.71%，B等级中，"儿""耳""二"分别为2.86%、8.57%、2.86%，C等级为0，中度口音：A等级中，"儿""耳""二"分别为2.86%、2.86%、5.71%，B等级中，"儿""耳""二"分别为31.43%、25.71%、22.86%，C等级中14.29%、17.14%、20%，重度口音：A等级为0，B等级中，"儿""耳""二"均为2.86%，C等级中均为20%。可见来普的轻度口音以A等为主，中度以B等为主，重度以C等为主，但轻度口音有B等，中度有A等、C等，重度有B等，说明母语为来宾话学生的普通话水平与卷舌元音的等级并非一一对应

[①] 朱川：《外国学生汉语语音学习对策》，北京：语文出版社，1997年，第244页。
[②] 朱川：《外国学生汉语语音学习对策》，北京：语文出版社，1997年，第248页。

的关系。笔者通过SPSS软件利用斯皮尔曼系数对口音轻重与卷舌元音等级的相关性进行了分析，结果显示来普口音的轻重与"儿""耳""二"等级的相关系数均为0，P值均为1，均大于0.05，说明来普的口音轻重与卷舌元音的等级不存在显著的相关关系。这可能是卷舌元音在普通话测试中和常用字中所占的比例引起的，笔者曾对《普通话水平测试大纲》中2套样卷的声韵调的比例进行了分析，卷舌元音在单音节和双音节中只出现了1次，占韵母比例的1%，位于最低的位置，在3500个的常用汉字中只出现了8次，占0.228%，可见卷舌元音的比例在样卷的单音节、双音节和3500个常用汉字的比例中都非常小，虽然如此，但卷舌元音发音不好，也会引起误解，如很多学生把"二"读成"饿"。

表1　口音级别和卷舌元音等级的人数及人数占比一览表

例字	口音	A	B	C
儿	轻	25.71%（9）	2.86%（1）	
	中	2.86%（1）	31.43%（11）	14.29%（5）
	重		2.86%（1）	20.00%（7）
耳	轻	20.00%（7）	8.57%（3）	
	中	2.86%（1）	25.71%（10）	17.14%（6）
	重		2.86%（1）	20.00%（7）
二	轻	25.71%（9）	2.86%（1）	
	中	5.71%（2）	22.86%（8）	20.00%（7）
	重		2.86%（1）	20.00%（7）

注：（括号里为具体的人数）

（三）卷舌元音三维图分析

1. 标普与来宾话比较

从图3—14可知，来宾话的"儿系列字"的坐标点整体比标普高而后，从表2可知，标普与来宾话的女性"儿"和"二"相比，B1和B2的起始值和终点值大小均为S>L，"耳"只有B1的终点值S<L，B1起始值、B2的起始值和终点值大小均为S>L，男性"儿"和"耳"相比，B1起始值和B2终点值均为S>L，B1终点值和B2起始值为均S<L，"二"只有B2的起始值为S<L，B1起始值和终点值、以及B2的终点值大小均为S>L。因此，在高低维上，女性来普"儿"和"二"的舌位比来宾话低，在前后维上，比来宾话前，标普"耳"的起始舌位比来宾话低，终点比来宾话低，在前后维上，舌位均比来宾话前；标普男性"儿"和"耳"的起始舌位比来宾话低，终点时比来宾话高，在前后维上，起始舌位比来宾话后，终点时比来宾话前，"二"舌位比来宾话低，起始舌位比来宾话后，终点时比来宾话前。

"因[ɚ]是一个卷舌元音，不是单元音，因为它的F3是急剧变化下降，迅速向F2靠拢，使得F3—F2的值变小，同时F1和F2也有一定程度的变化，并不很稳定，有别于一般的单元音，这是卷舌元音的声学特征。"[①]因此，卷舌程度越高，动程就越大，F3—F2的起始值到终点值变化就越大。标普B3—B2起始值均大于B3—B2的终点值，来宾话的B3—B2起始值均小于或者等于B3—B2的终点值，标普B3—B2的终点值减起始值的绝对值（以下简称绝对值）大于来宾话，说明标普的F3在向F2靠拢，来宾话的F3未向F2靠拢，标普的动程大于来宾话。

---

① 贝先明：《基于声学实验的穗、港、澳三地普通话语音习得研究》（待出版）。

表2 等级Bark值一览表

例字	性别	等级	起始 B1	终点 B1	起始 B2	终点 B2	起始 B3—B2	终点 B3—B2	绝对值 B3—B2
儿	女	S	3.932	3.010	4.645	4.978	1.653	0.377	1.277
		A	3.662	2.771	4.501	4.792	1.612	0.698	0.914
		B	3.417	3.012	4.513	4.615	1.493	1.017	0.475
		C	3.061	2.962	4.331	4.384	1.724	1.764	0.040
		L	3.432	2.961	4.494	4.420	1.883	1.941	0.058
	男	S	3.578	2.616	4.096	4.616	1.912	0.318	1.594
		A	3.365	2.463	4.104	4.328	1.772	0.919	0.853
		C	3.149	2.861	4.435	4.191	1.571	1.807	0.236
		L	3.095	2.862	4.283	4.042	1.788	2.031	0.243
耳	女	S	4.060	2.747	4.700	5.039	1.567	0.408	1.158
		A	3.717	3.141	4.541	4.744	1.580	0.719	0.862
		B	3.566	3.132	4.544	4.660	1.426	1.011	0.415
		C	3.249	3.034	4.414	4.298	1.729	1.945	0.216
		L	3.417	2.929	4.529	4.401	1.850	1.940	0.090
	男	S	3.567	2.755	4.044	4.582	2.025	0.339	1.685
		A	3.365	2.794	4.232	4.457	1.714	0.969	0.746
		C	2.798	2.719	4.146	4.045	1.898	2.043	0.145
		L	3.011	2.841	4.234	4.230	1.869	1.873	0.003
二	女	S	4.074	3.513	4.683	4.840	1.565	0.513	1.052
		A	3.752	3.154	4.565	4.678	1.618	0.835	0.783
		B	3.624	3.285	4.518	4.589	1.449	1.162	0.287
		C	3.286	3.045	4.384	4.460	1.819	1.754	0.066
		L	3.434	3.192	4.450	4.316	1.904	2.172	0.268
	男	S	3.430	3.188	4.069	4.392	1.746	0.631	1.114
		A	3.400	2.980	4.221	4.320	1.700	1.031	0.669
		C	2.946	2.819	4.237	4.124	1.892	2.026	0.134
		L	3.071	2.763	4.243	4.059	1.898	2.110	0.212

注：图例中S表示标准普通话，L表示来宾话，A、B、C为来宾普通话等级，绝对值表示F3—F2终点值减F3—F2起始值的绝对值。下同，不再赘述。

2."儿"的三维图分析

从图3、图5可知，总的来说，来普的"儿"3个等级的坐标点比标普高而后，等级越高越靠近标普，越低越靠近来宾话，从表2可知，与标普和来宾话相比，女性来普"儿"的B1起始值大小为S>A>L>B>C，终点值为B>S>C>L>A，B2的起始值为S>B>A>L>C，终点值为S>A>B>L>C；男性B1起始值S>A>C>L，终点值为L>C>S>A，B2起始值为C>L>A>S，终点值为S>A>C>L。因此，在高低维上，随着等级越高，女性起始舌位越低，终点舌位规律性不强，在前后维上，起始舌位规律性不强，终点舌位随着等级越高，越靠前；随着等级越高，男性起始舌位越低，终点规律性不强，在前后维上，等级越高，起始舌位越后，终点时舌位越前。为了进一步分析等级之间的差异显著程度，我们对F1、F2的起始值和终点值的原始数据进行了单因素方差（以下简称方差）分析，为了保证数据样本量的大小，在单因素方差分析时，并未分性别进行分析。经统计分析发现，等级之间的F1起始值在0.05的显著性水平存在着显著性差异F=14.93，p=0.00，随着等级升高，呈递增趋势，我们使用LSD进行了时候检验还发现，"S与A"和"B与L"差异不显著，p>0.05，但其他等级之间差异显著，与标普和来宾话的差异也显著，p<0.05；F1终点值和F2起始值差异不显著，F分别为1.60、0.77，p分比为1.75、0.54；F2终点值差异显著F=18.69，p=0，随着等级升高，呈递增趋势，事后检验发现，"S与A"和"C与L"差异不显著，p>0.05，但其他各项之间差异显著，与标普和来宾话的差异也显著，p<0.05。说明来普的A等的舌位与标普最为接近，均无显著性差异，其他各项之间的差异主要在F1起始和F2终点处。

从图4、图6和表2可知，女性B3—B2的起始值L>C>S>A>B，终点值为L>C>B>A>S，绝对值为S>A>B>L>C，男性B3—B2的起始值S>L>A>C，终点值为L>C>A>S，绝对值为S>A>L>C。因此B3—B2的起始值规律性不强，随着等级越高，终点值越低，绝对值越高，说明等级越高，F3在越向F2靠拢，

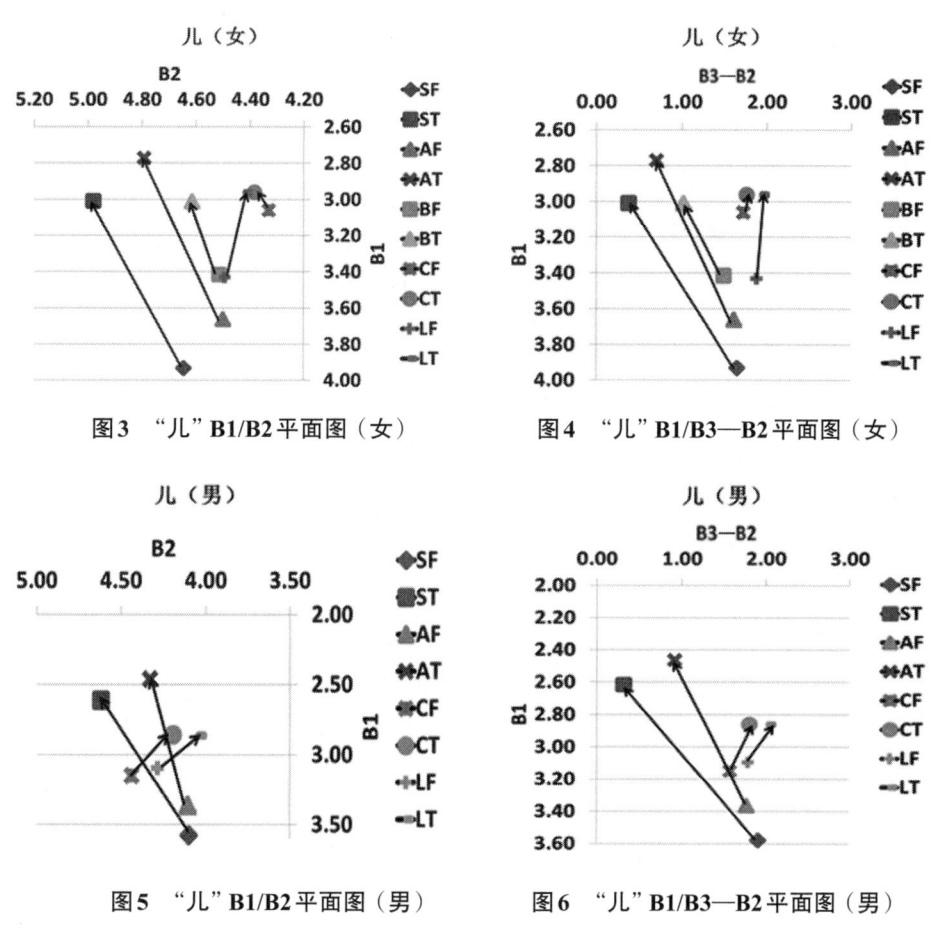

图3 "儿"B1/B2平面图（女）　　图4 "儿"B1/B3—B2平面图（女）

图5 "儿"B1/B2平面图（男）　　图6 "儿"B1/B3—B2平面图（男）

卷舌程度越大，动程越大。方差分析发现，F3—F2的起始值、终点值和绝对值差异均显著，F分别为11.77、90.99、52.428，p均为0.00，其中F3—F2随着等级越高，呈递减趋势，事后检验发现，F3—F2的起始值的差异主要是L与标普和来普之间的差异，其他各项之间差异不显著，各项之间终点值和绝对值差异均显著，p<0.05。因此各项之间的差异主要在F3—F2的终点值和绝对值上。

3. "耳"的三维图分析

从图7和图9可知，整体上看，来普的"耳"3个等级的坐标点比标普高而后，等级越高越靠近标普，越低越靠近来宾话，从表2可知，与标普和来宾话相比，女性来普"耳"的B1起始值大小为S>A>B>L>C，终点值为A>B>C>L>S，B2的起始值为S>B>A>L>C，终点值为S>A>B>L>C；男性的B1起始值为S>A>L>C，终点值为L>A>S>C，B2起始值为L>A>C>S，终点值为S>A>L>C。因此，在高低维上，随着等级越高，起始舌位越低，终点舌位规律性不强，在前后维上，起始舌位规律性不强，随着等级升高，舌位越前。方差分析发现，F1和F2的起始值、终点值和绝对值差异均显著，F分别为28.15、4.63、3.99、25.97，p值分别为0、0.001、0.004、0，其中F1的起始值和F2终点值随着等级升高，呈递增趋势。事后检验发现，F1起始值"S与A"和"A与B"差异不显著，p>0.05，其他等级之间差异显著，A、B和S、C、L之间终点值的差异显著，规律性不强，C等级与各项的F2起始值的差异显著性，S、A和B两两之间差异不显著，其他各项之间差异显著。说明来普A等和B等的舌位与标普最为接近，其次B等，其他等级之间的差异主要在F1起始和F2终点处。

从图8、图10和表2可知，女性B3—B2的起始值大小为L>C>A>S>B，终点值为C>L>B>A>S，绝对值为S>A>B>C>L；男性B3—B2的起始值大小为S>C>L>A，终点值为C>L>A>S，绝对值为S>A>C>L。因此B3—B2的起始值规律性不强，随着等级越高，终点值越低，绝对值越高，说明等级越高，F3在越向F2靠拢，卷舌程度越大，动程越大。方差分析发现，F3—F2的起始值、终点值，以及绝对值差异均

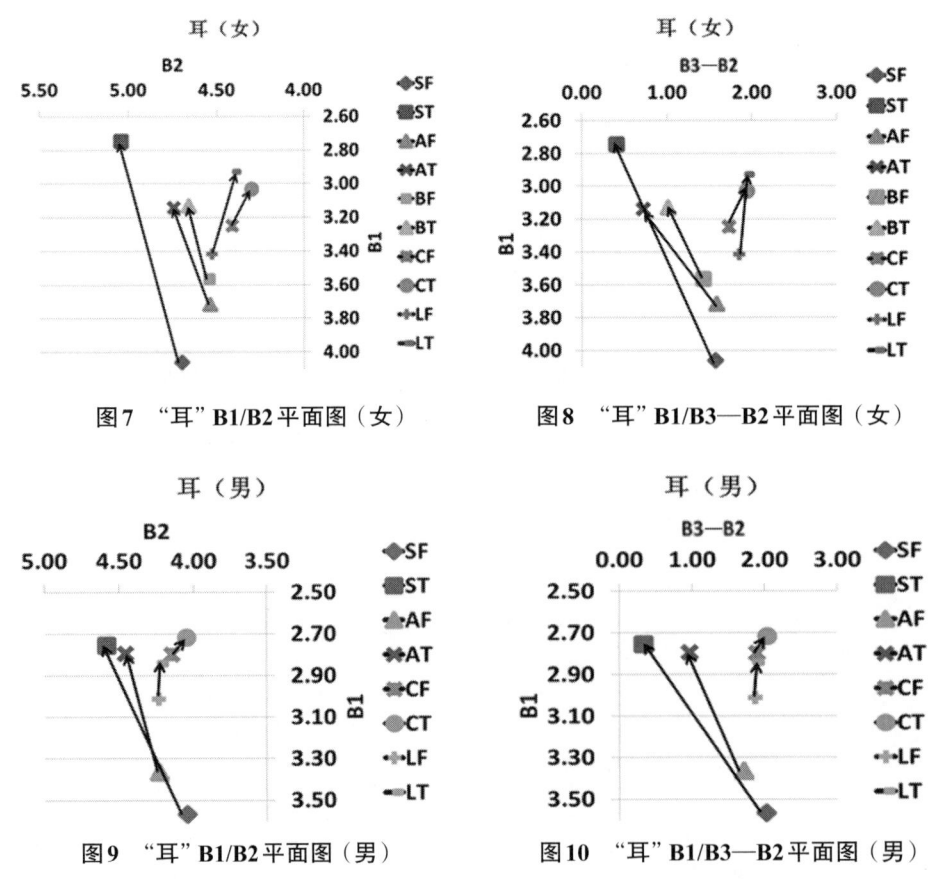

图7 "耳"B1/B2平面图（女） 　　图8 "耳"B1/B3—B2平面图（女）

图9 "耳"B1/B2平面图（男） 　　图10 "耳"B1/B3—B2平面图（男）

显著，F分别为19.7、77.44、71.42，p值均为0，其中终点值随着等级提高而递减，绝对值随着等级提高而递增，事后检验发现，S与A、C、L的F3—F2起始值差异不显著，A和C差异不显著，其他等级之间差异显著，终点值等级之间差异均显著，绝对值只有C与L差异不显著，其他两两之间差异均显著。因此等级之间的差异主要在F3—F2的终点值和绝对值上。

4. "二"的三维图分析

从图11、图13可知，整体上看，来普的"二"3个等级的坐标点比标普高而后，等级越高越靠近标普，越低越靠近来宾话，从表2可知，与标普和来宾话相比，女性来普的B1起始值大小S>A>B>L>C，终点值为S>B>L>A>C，B2起始值为S>A>B>L>C，终点值为：S>A>B>C>L；男性B1的起始值为S>A>L>C，终点值为S>A>C>L，B2起始值为L>C>A>S，终点值为S>A>C>L。因此，在高低维上，等级越高，女性起始舌位越低，终点舌位规律性不强，在前后维上，等级越高，舌位越前；男性在高低维上，等级越高，舌位越低，在前后维上，等级越高，起始舌位越后，终点舌位越前。方差分析发现，F1和F2的起始值和终点值差异均显著，F分别为26.92、5.70、4.26、25.53，F2起始值的p值为0.003，其他点的p值均为0，其中F1起始值和F2终点值随着等级提高而递增。事后检验发现，S、A和B两两之间F1起始值差异不显著，其他各项之间差异显著，S与B、A与B、S和L之间的F1终点值差异不显著，其他各项之间差异显著，L与A、B之间、C与A、B之间的F2起始值差异显著，其他各项差异不显著，L与C，S、A和B两两之间F2终点值差异不显著，其他各项差异均显著。整体上来说A和B等的舌位接近标普，差异不显著，与C等和来宾话差异显著。

从图12、图14和表2可知，女性B3—B2的起始值大小为L>C>A>S>B，终点值为L>C>B>A>S，绝对值为S>A>B>L>C；男性的起始值为L>C>S>A，终点值为L>C>A>S，绝对值为S>A>L>C。因此B3—B2的起始值规律性不强，随着等级越高，终点值越低，绝对值越高，说明等级越高，F3在越向F2靠拢，

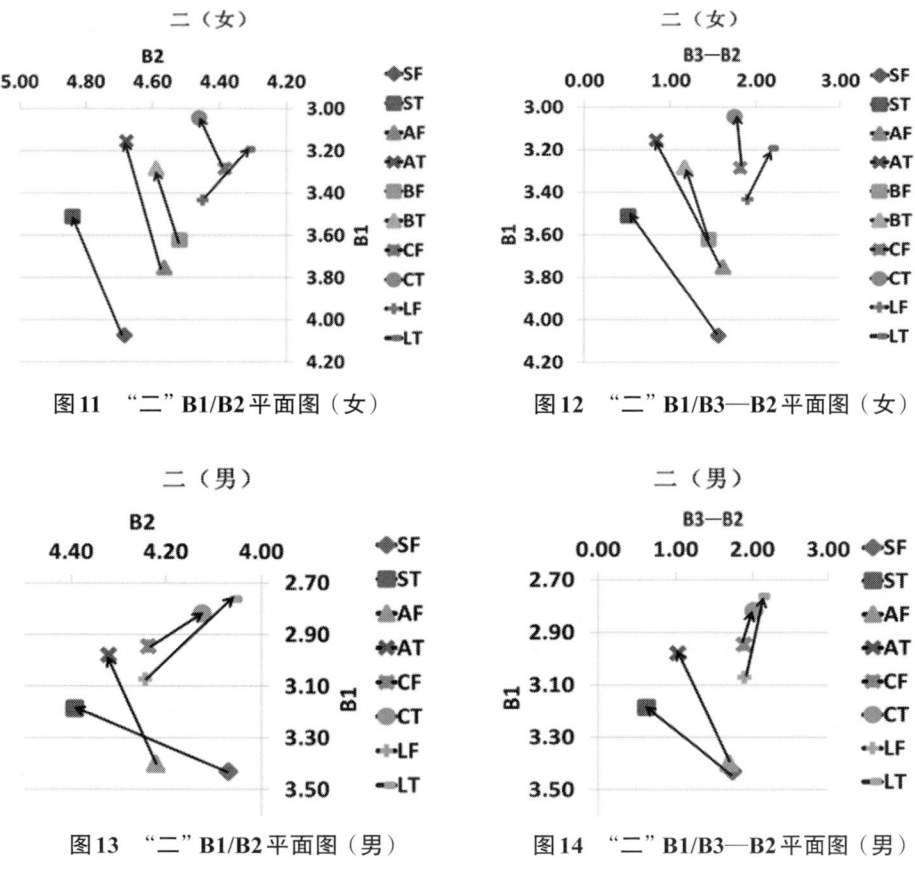

图11 "二" B1/B2平面图（女）　　图12 "二" B1/B3—B2平面图（女）

图13 "二" B1/B2平面图（男）　　图14 "二" B1/B3—B2平面图（男）

卷舌程度越大，动程越大。方差分析发现，F1和F2的起始值、终点值和绝对值差异均显著，F分别为18.92、184.01、120.49，p值均为0，其中终点值随着等级提高而递减，绝对值随着等级提高而递增；事后检验发现，S与A、B的起始值差异不显著，p>0.05，其他各项之间差异显著，各项之间的终点值和绝对值差异均显著。

（四）卷舌元音共振峰模式分析

据图15—29可知，标普与来宾话的"儿"、"耳"和"二"的F1和F2曲线走向差异不大，但F3曲线走向差异显著，标普的F3呈下降趋势，但来宾话的F3呈微升趋势。来普A等的共振峰模式与标普最为接近，其次B等，最后C等，每个等级之间变化最大的是F3，因为卷舌元音最大的特点是F3降低，不断向F2靠拢，因此F3的斜率能够反映不同等级之间差异程度，本文运用斜率公式$k=(y_2-y_1)/(x_2-x_1)$计算F3前半段和后半段斜率，其中k为斜率，y_2和y_1表示y轴上直线两端的数值，x_2和x_1表示x轴上直线两端的数值，F3前半段的y_2为F3的中间值，y_1为F3的起始值，x_2为中间值的时间点，x_1为起始值的时间点，后半段的y_2为F3终点值，y_1为F3中间值，x_2、终点值的时间点，x_1为中间值的时间点，我们将前半段斜率定为k_1，后半段斜率定为k_2，所以F3的k_1=（F3中间值—F3起始值）/（中间值的时间点—起始值的时间点），k_2=（F3终点值—F3中间值）/（终点值的时间点—中间值的时间点）。

表3 等级斜率一览表

例字	等级	k_1		k_2	
		女	男	女	男
儿	S	-4.34	-2.53	-1.55	-2.04
	A	-2.44	-0.72	-1.11	-3.35
	B	-1.87		-0.53	
	C	-0.13	-0.20	0.85	0.14
	L	0.15	-0.03	-0.29	0.05
耳	S	-3.03	-2.07	-0.36	-1.80
	A	-2.97	-1.92	-1.33	-1.37
	B	-1.31		-0.47	
	C	0.32	0.23	0.38	0.16
	L	0.25	0.37	-0.58	-0.40
二	S	-2.91	-1.53	-4.69	-3.03
	A	-2.46	-2.12	-2.58	-2.94
	B	-1.13		-0.41	
	C	0.28	0.42	-0.21	-0.19
	L	0.46	0.16	0.59	0.07

1."儿"共振峰模式分析

据表3所知，除女性L的"儿"k_1为正值和C的k_2为正值，其他各项均为负值，k_1绝对值大小为S>A>B>L>C，k_2为S>A>C>B>L；男性k_1和k_2均为负值，绝对值大小分别为S>A>C>L，A>S>C>L。说明女性L的前半段和C的后半段为上升，k_1随着等级越高，下降幅度越大，女性k_2的规律性不强，男性k_2整体上来说等级越高，k_2下降幅度越大。为了进一步分析各等级的差异程度，我们对斜率也进行了单因素的方差分析，经分析发现，k_1和k_2差异显著，F分别为29.78、9.33，p值均为0。事后检验发现，A与S、B，C与L的k_1差异不显著（p>0.05），其他各项之间差异显著（p<0.05），A与S、B，B与L的k_2差异不显著（p>0.05），其他各项之间差异显著（p<0.05）。因此，A与S的F3下降幅度最接近，其次是B，C与L较为接近。

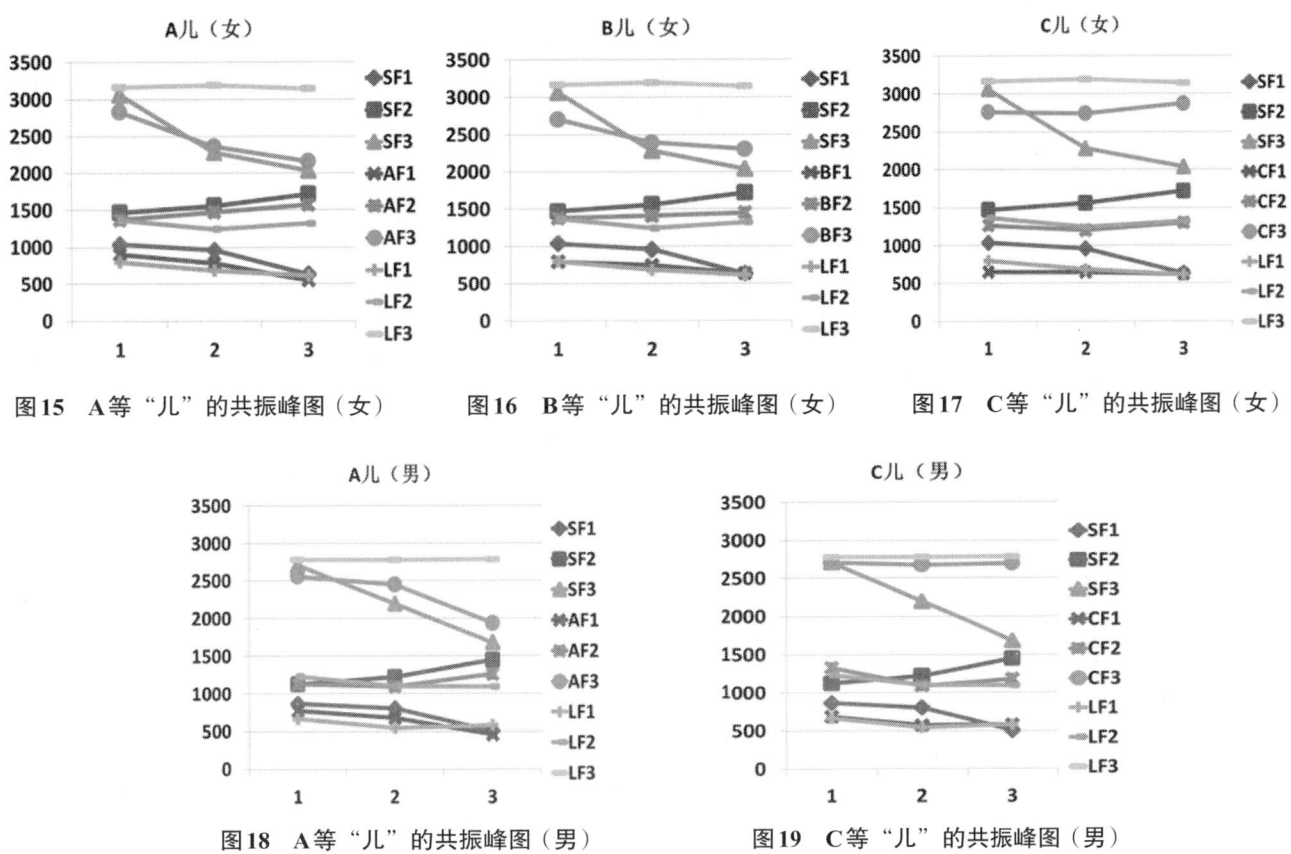

图15　A等"儿"的共振峰图（女）　　图16　B等"儿"的共振峰图（女）　　图17　C等"儿"的共振峰图（女）

图18　A等"儿"的共振峰图（男）　　图19　C等"儿"的共振峰图（男）

2. "耳"共振峰模式分析

据表3所知，女性的"耳"k_1均为负值，绝对值大小为S>A>B>C>L，C的k_2为正值，大小为A>L>B>C>S，男性L和C的k_1，以及C的k_2均为正值，其他为负值，k_1和k_2绝对值大小分别为S>A>C>L，S>A>L>C。说明女性前半段都下降，等级越高，下降幅度越大，除C等外，后半段都下降，规律性不强，男性C等F3上升，L前半段上升，其他等级的前半段和后半段均下降，等级越高，k_1和k_2的下降幅度越大，C等未下降，反而上升。方差分析发现，k_1和k_2差异显著，F分别为34.6、3.85，p值分别为0、0.05。事后检验发现，S与A，C与L的k_1差异均不显著（p>0.05），其他各项之间差异显著（p<0.05），A与其他各项的k_2差异显著（p<0.05），其他各项之间差异不显著（p>0.05）。因此"耳"斜率的差异主要在前半段。

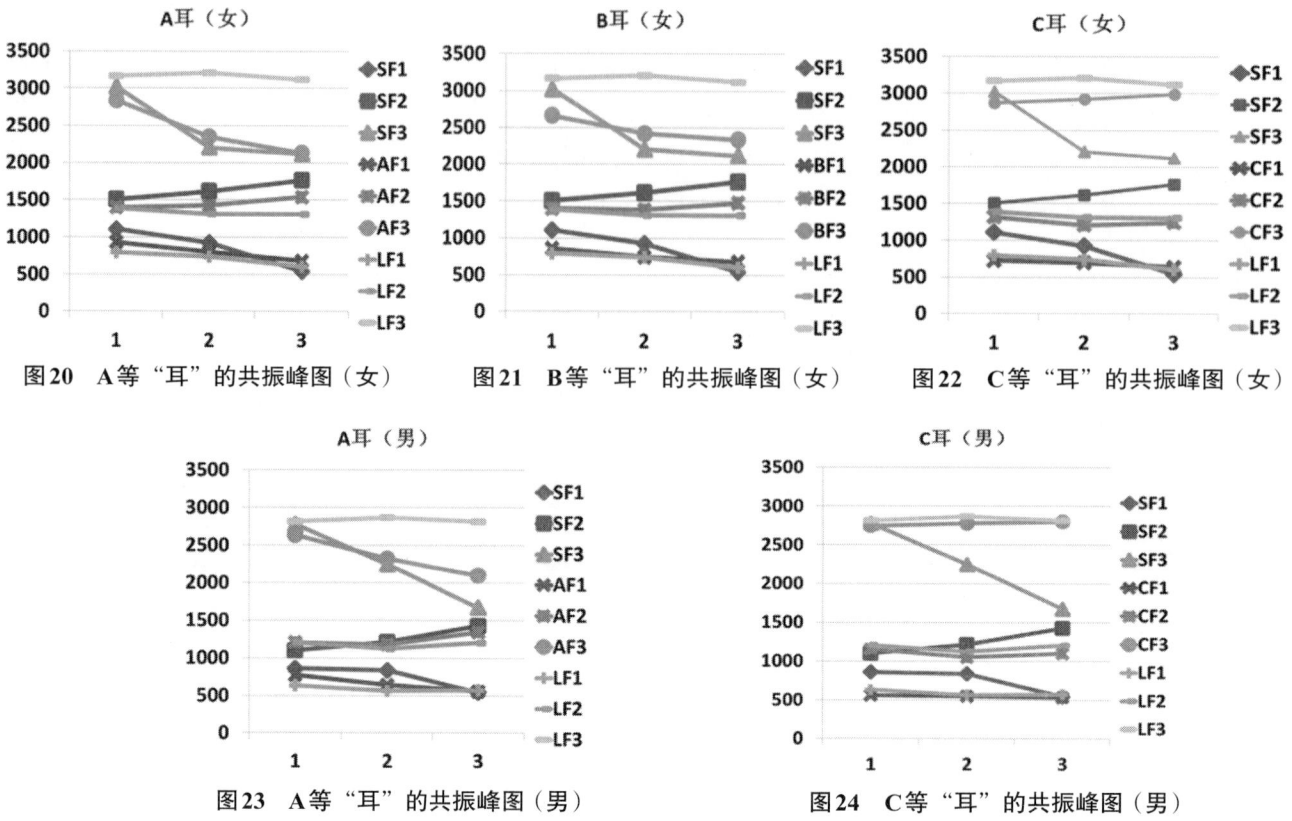

图20　A等"耳"的共振峰图（女）　　图21　B等"耳"的共振峰图（女）　　图22　C等"耳"的共振峰图（女）

图23　A等"耳"的共振峰图（男）　　图24　C等"耳"的共振峰图（男）

3. "二"共振峰模式分析

据表3所知，女性C的"二"的k_1和L的k_2为负值，绝对值大小分别为S＞A＞B＞L＞C，S＞A＞B＞C＞L，男性k_1均为负值，L的k_2为正值，其他均为负值，k_1和k_2大小分别为A＞S＞C＞L，S＞A＞C＞L。说明女性的F3整体下降，等级越高，下降幅度越大，男性的L的后半段上升，等级越高，下降幅度也越大。方差分析发现，k_1和k_2差异显著，F分别为41.03、64.84，p值都为0。事后检验发现，S与A，C与L的k_1差异不显著（p＞0.05），其他各项之间差异显著（p＜0.05），B与C的k_2差异不显著（p＞0.05），其他各项之间差异显著（p＜0.05）。因此"二"的k_1和k_2差异基本上显著，S与A、C与L的k_1较为接近。

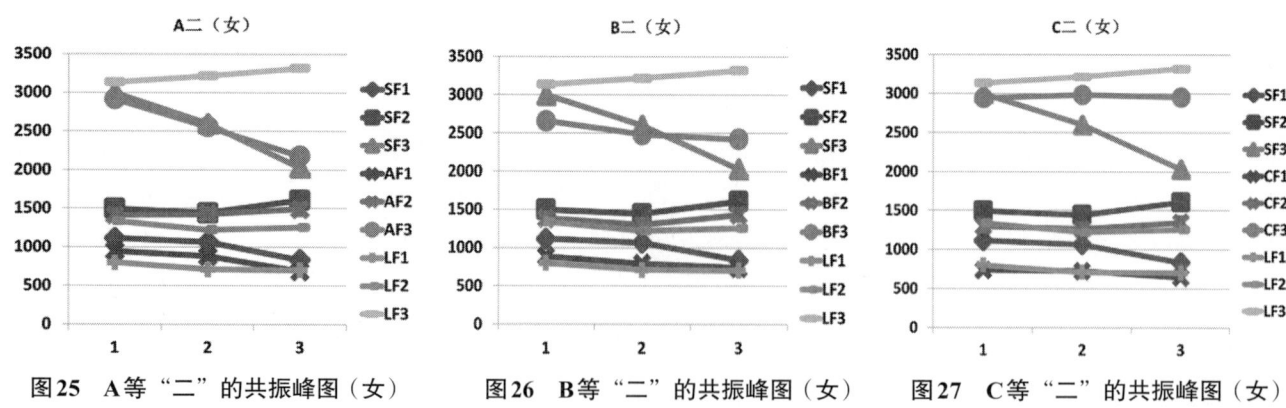

图25　A等"二"的共振峰图（女）　　图26　B等"二"的共振峰图（女）　　图27　C等"二"的共振峰图（女）

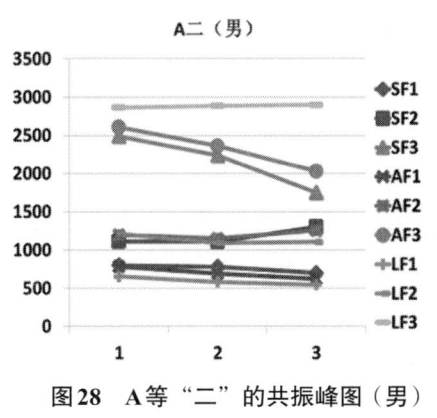
图28 A等"二"的共振峰图(男)

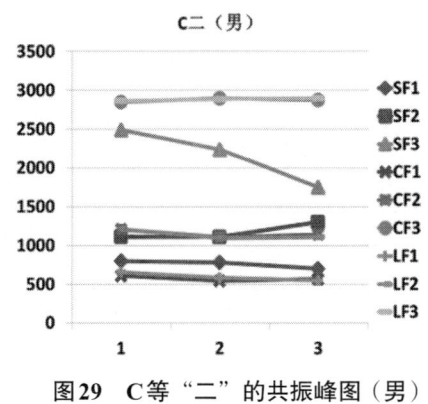
图29 C等"二"的共振峰图(男)

(五)来普B和C等卷舌元音两种发音态势的声学分析

孙国华在分析15位男性的普通话"儿"的元音共振峰模式，发现有2种模式，第1种模式为F1降，F2升，F3降，第2种模式F1降，F2升，F3平。他认为第一种是发音人是先声带颤动，而后完成卷舌动作，第二种是发音人在声带颤动前即开始卷舌了。笔者在实验过程也发现来普"儿系列字"中的B等中也有这两种发音态势，但是在第二种发音态势中F3还出现微升的趋势，我们将第一种列为B_1，第二种为B_2，B_1和B_2的主要区别在于F3是否下降。同时我们发现C等也有2种发音态势，第一种为C_2，读音接近/ɤ/，发音态势也较为接近，第二种为C_1，发音人在声带颤动前即开始卷舌了，C_1与B_2相比，C_1元音位置更高，听感与标普更远点。

表4 B、C等级Bark值一览表

例字	性别	等级	起始 B1	终点 B1	起始 B2	终点 B2	起始 B3—B2	终点 B3—B2	绝对值 B3—B2
儿	女	B_1	3.426	2.868	4.549	4.702	1.588	0.910	0.678
		B_2	3.399	3.294	4.434	4.418	1.265	1.257	0.008
		C_1	3.256	3.014	4.364	4.445	1.657	1.592	0.065
		C_2	1.864	2.709	4.170	4.075	2.037	2.534	0.498
	男	C_1	3.159	2.871	4.390	4.214	1.649	1.773	0.124
		C_2	3.084	2.796	4.711	4.035	1.070	2.033	0.963
耳	女	C_1	3.031	3.045	4.389	4.244	1.655	2.053	0.398
		C_2	3.504	3.019	4.446	4.366	1.820	1.807	0.014
	男	C_1	2.805	2.599	4.139	4.224	1.972	1.788	0.184
		C_2	2.796	2.757	4.148	3.983	1.873	2.131	0.257
二	女	B_1	3.643	3.243	4.550	4.716	1.509	1.045	0.464
		B_2	3.588	3.355	4.461	4.350	1.337	1.382	0.045
		C_1	3.237	3.061	4.341	4.322	2.016	2.070	0.053
		C_2	3.372	3.015	4.463	4.694	1.435	1.157	0.278

表5　B、C等级斜率一览表

例字	等级	k_1		k_2	
		女	男	女	男
儿	B_1	-2.38		-0.81	
	B_2	-0.42		0.22	
	C_1	-0.22	-0.56	0.34	0.16
	C_2	0.46	2.13	3.47	0.02
耳	C_1	-0.02	-1.01	-0.69	0.16
	C_2	0.58	0.62	1.08	0.16
二	B_1	-1.36		-0.70	
	B_2	-0.64		0.14	
	C_1	0.68		-0.37	
	C_2	-0.38		0.05	

1. B和C等"儿"的元音声学分析

从图30—36和表4、5可知，B_1和B_2相比，B_1、B_2和B3—B2的起始值，以及绝对值均为B1>B2，终点值均为B_2>B_1；斜率相比，k_1和k_2的绝对值均为B_1>B_2，且B_2的k_2为正值说明在起始舌位B_1更前更低，而在终点舌位时更后更高，B_1比B_2的卷舌程度更高，下降幅度更大，B_2的后半段不下降，反而上升。我们也对B_1和B_2进行了方差分析，发现B_1和B_2的绝对值差异显著（$p<0.05$），k_1斜率存在显著性差异（$p<0.05$）。

从图30—36和表4、5可知，女性C_1和C_2相比，B3—B2起始值和终点值，以及绝对值均为C_2>C_1，男性的B1、B2的起值和终点值，以及B3—B2起始值均为C_1>C_2，B3—B2终点值和绝对值为C_2>C_1；斜率相比，女性k_1和k_2的绝对值均为C_2>C_1，男性的k_1为C_2>C_1，k_2为C_1>C_2，但是男女只有C_1的k_1为负值。说明C_1的舌位比C_2更低更前，C_1前半段下降，后半段上升，C_2前半段和后半段都上升。方差分析发现，C_1和C_2在F1起始处和F3—F2的终点处差异显著（$p<0.05$），绝对值和前半段的斜率的差异显著（$p<0.05$）。

B_2和C_1都为发音人在声带颤动前即开始卷舌了，但两者有差别，两者比相比，B1的起值和终点值，B2的起始值均为B_2>C_1，B2的终点值、B3—B2起始值和终点值，以及绝对值均为C_1>B_2；斜率相比，k_1绝对值为B_2>C_1，k_2绝对值为C_1>B_2，但C_1的k_2为正值。总的来看，B_2的舌位比C_2更低更前，B_2的F3下降，C_1前半段微降，后半段上升。方差分析发现，两者的F1终点值，F3—F2起始值和终点值，以及绝对值差异显著（$p<0.05$）。

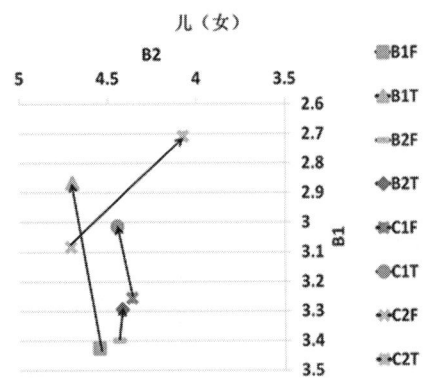 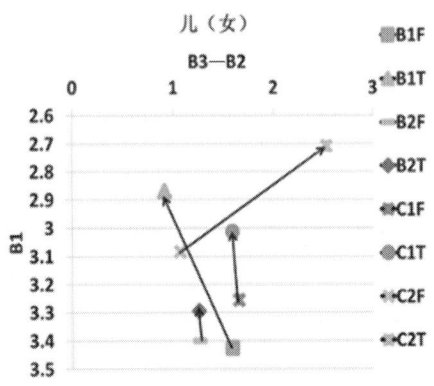

图30　B1、B2、C1、C2等"儿"B1/B2平面图（女）　　图31　B1、B2、C1、C2等"儿"B1/B3—B2平面图（女）

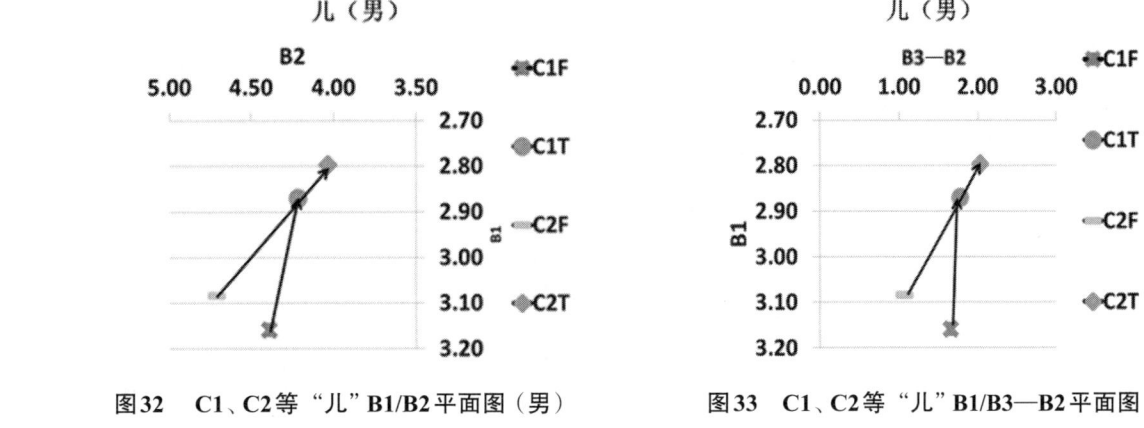

图32 C1、C2等"儿"B1/B2平面图（男）　　图33 C1、C2等"儿"B1/B3—B2平面图（男）

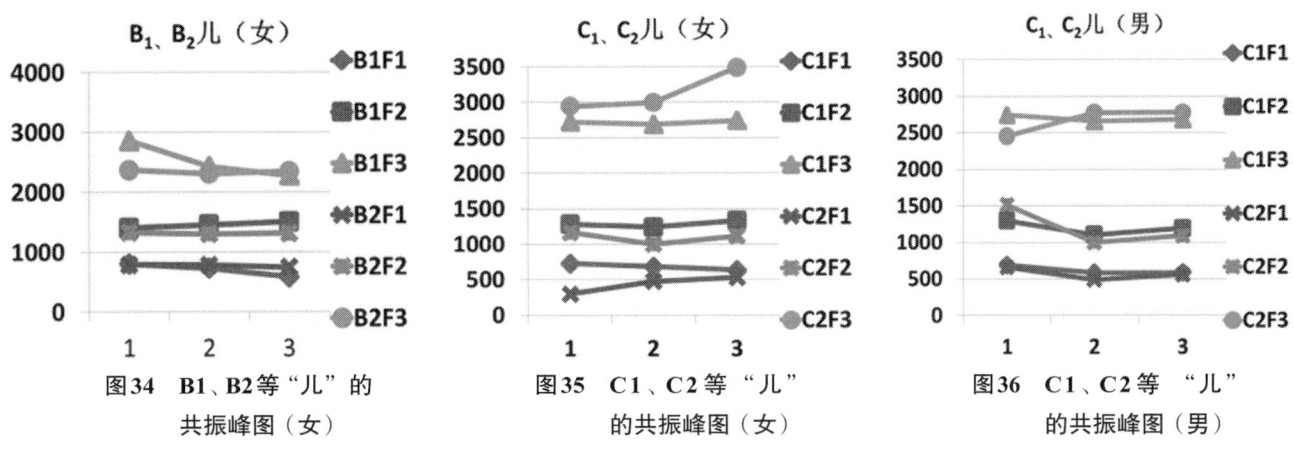

图34 B1、B2等"儿"的共振峰图（女）　　图35 C1、C2等"儿"的共振峰图（女）　　图36 C1、C2等"儿"的共振峰图（男）

注：（因图例中的数字无法显示下标，因此图例中的B1、B2、C1、C2分别表示B_1、B_2、C_1、C_2，下同，不再赘述）

2. C等"耳"的元音声学分析

从图37—42和表4、5可知，C_1和C_2相比，女性的B1起始值和终点值均为$C_1>C_2$，B3—B2起始值和终点值，以及绝对值为$C_2>C_1$，男性的B1的起始值和终点值，B2的终点值，以及B3—B2的起始值均为$C_1>C_2$，其他均为$C_2>C_1$；斜率相比，女性的k_1和k_2的绝对值均为$C_2>C_1$，但C_2的斜率均为正值，C_1的k_1虽为负值，但幅度只有0.01，几乎持平，男性k的绝对值$C_1>C_2$，k_2为$C_1=C_2$，只有C_1的k_1为负值，下降幅度达到了1.01，但后半段上升。总的来说，C_1比C_2舌位更低更前，C_2上升，女性C_1前半段持平，男性下降，后半段均上升。方差分析发现，两者的F1起始值和F2的终点值，以及绝对值差异显著。

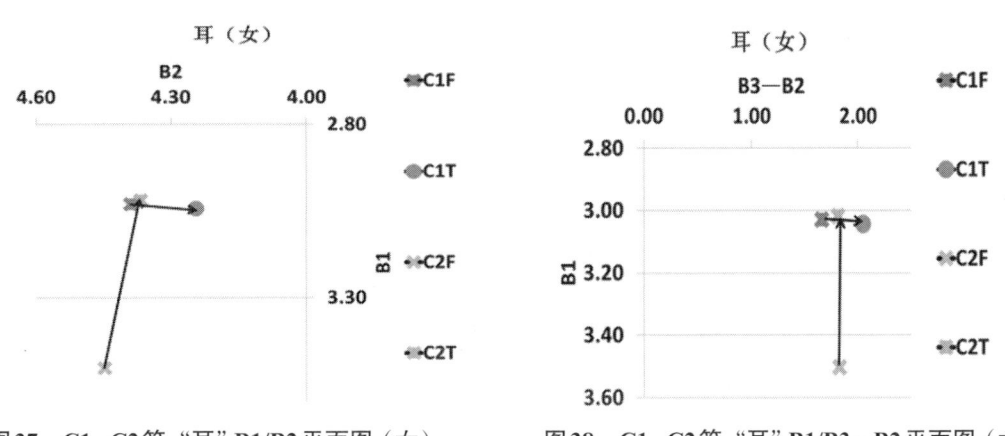

图37 C1、C2等"耳"B1/B2平面图（女）　　图38 C1、C2等"耳"B1/B3—B2平面图（女）

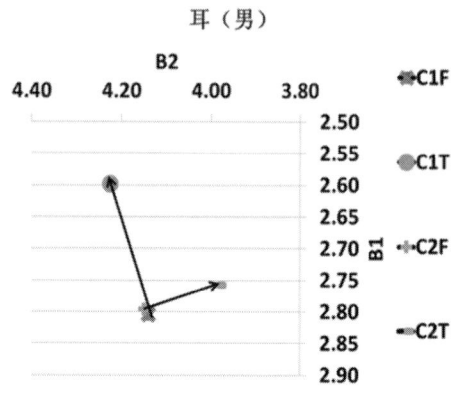
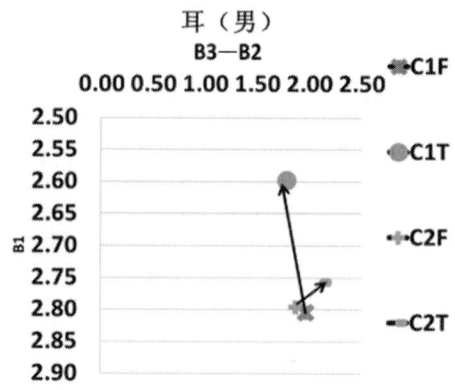

图39　C1、C2等"耳"B1/B2平面图（男）　　图40　C1、C2等"耳"B1/B3—B2平面图（男）

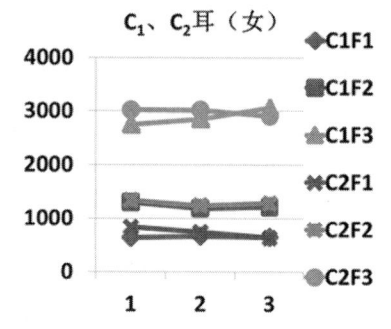
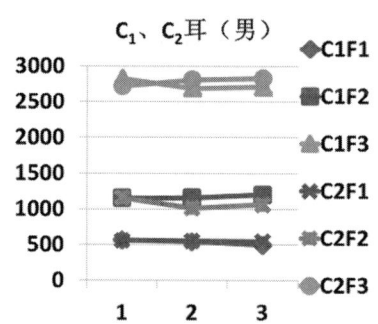

图41　C1、C2等"耳"的共振峰图（女）　　图42　C1、C2等"耳"的共振峰图（男）

3. B和C等"二"的元音声学分析

从图43—46和表4、5可知，B_1和B_2相比，除了B1和B3—B2的终点值为$B_2>B_1$，其他均为$B_1>B_2$；斜率相比，k_1和k_2的绝对值均为$B_1>B_2$，但B_2的k_2为正值。总的来说，B_1的舌位比B_2更低更前，B_1整体下降，B_2前半段下降，后半段上升。方差分析发现，两者在B2终点、B3—B2的起点、绝对值，以及k_1存在显著性差异（p<0.05）。

从图43—46和表4、5可知，C_1和C_2相比，B1的终点值、B2的起值和终点值，以及绝对值均为$C_2>C_1$，其他均为$C_1>C_2$；斜率相比，k_1和k_2的绝对值均为$C_1>C_2$；但C_1的k_1和C_2的k_2为正值。总的来说，C_2比C_1舌位更前更低，C_1前半段上升，后半段微降，幅度较小，C_2反之，前半段下降幅度也较小。方差分析发现，两者的差异主要在B3—B2的起始值和终点值。

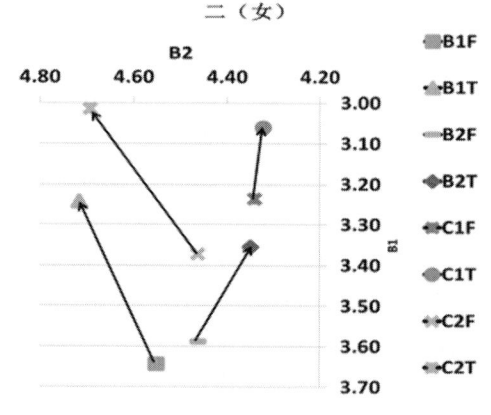
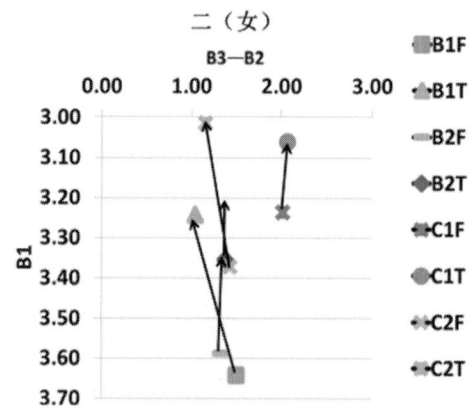

图43　B1、B2、C1、C2等"二"B1/B2平面图（女）　　图44　B1、B2、C1、C2等"二"B1/B3—B2平面图（女）

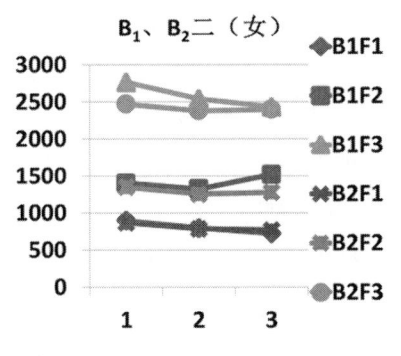 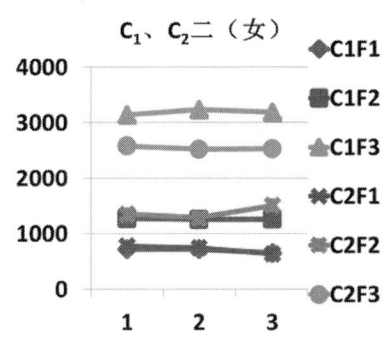

图45　B1、B2等"二"的共振峰图（女）　　图46　C1、C2等"二"的共振峰图（女）

B_2和C_1相比，B3—B2起始值和终点值均为$B_2>C_1$，B3—B2起始值和终点值，以及绝对值为$C_1>B_2$斜率相比，k_1为$B_2>C_1$，k_2为$C_1>B_2$，B_2的k_2和C_1的k_1均为正值。说明B_2的舌位比C_1更低更前，B_2前半段下降，后半段上升，C_2反之，后半段下降幅度较小。方差分析发现，B_2和C_1差异显著性在F1的起始和终点，以及B3—B2的终点，k_1的差异也显著。

（六）小结

（1）母语为来宾话的学生的普通话水平与卷舌元音等级不存在显著的相关性。

（2）总的来说，来普的卷舌元音的舌位比标普高而后，等级越高越接近标普，等级越低越接近来宾话，"儿系列字"的在F1的起始点和F2的终点显著差异，A等与标普差异最小，其次是B等，C等接近来宾话。

（3）整体上看，等级越高，来普的F3就越向F2靠近，下降幅度也越大，卷舌程度也越高，A等斜率与S差异小，C等还出现上升的情况，F3—F2的终点和绝对值，以及k_1和k_2差异显著。

（4）来普的"儿系列字"B和C等各出现两种发音态势，但A等未出现，说明等级低，发音越不稳定，差异更大。"儿"和"二"的B等出现两种发音态势，B_1是发音人是先声带颤动，而后完成卷舌动作，B_2是发音人在声带颤动前即开始卷舌了。B_1和B_2的主要区别是：B_1的F3下降，B_2的F3未下降，绝对值和k_1差异显著。"儿""耳""二"的C等也出现两种发音态势，C_1是发音人在声带颤动前即开始卷舌了，不过元音比B_2更低，C_2读音接近/ɤ/，发音态势也较为接近，"儿"和"耳"的C_1和C_2的主要区别是：C_1比C_2舌位更前更低，F1起始值和绝对值差异显著。"二"的C_1和C_2的主要区别是：C_2比C_1舌位更前更低，F3—F2的起始和终点差异显著。"儿"和"二"的B_2和C_1主要区别是：B_2比C_1舌位更低，起始舌位更前，F1起始和终点，以及F3—F2终点差异显著。

四、讨论

于珏、李爱军发现上海普通话的卷舌元音受上海话"儿系列字"[ȵi]读音的影响，随着口音越重，F1的值会越来越低，舌位越高，F2的值越来越大，舌位越前。本文发现来宾普通话卷舌元音受来宾话"儿系列字"[ə]影响，整体上随着发音质量的越差，F1的值会越来越低，舌位越高，F2的值越来越小，舌位越后。因不同方言的影响，上海普通话卷舌元音与来宾普通话卷舌元音在舌位高低上具有共同性，在舌位前后上具有差异性，具有鲜明的地域色彩。其他方言与普通话产生中介卷舌元音具有何种不同特征或者共同的特征，需要进一步研究。

同时我们发现卷舌元音的发音态势存在两种，第一种是发音人是先声带颤动，而后完成卷舌动作，第二种是发音人在声带颤动前即开始卷舌了。两种的主要区别第一种F3下降，第二种F3持平，或者微升。F3下降是卷舌元音的主要特点，但卷舌元音主要元音的舌位准确也非常重要，B等的第二种发音态势，元音位置基本准确，虽然F3未下降，影响了发音的质量，但未影响意义的交流。笔者最近在分析越南和泰国学生普通话卷舌元音时，发现第二种发音态势普遍存在。因此，我们想第二种发音态势在其他的方言或者语言背景下也普遍存在，是否具有共同的特征，这都有待进一步研究。

参考文献

[1] 黄伯荣，廖旭东.现代汉语（上）(增订六版)[M].北京：高等教育出版社，2017：48.

[2] 蓝夏.新城方言音系及其邻近方言调查研究[D].四川师范大学硕士学位论文，2014：21—23.

[3] 石锋，时秀娟.语音样品的选取和实验数据的研究[J].语言科学，2007(2).

[4] 石锋.北京话的元音格局[J].南开语言学刊，2002(00).

[5] 朱川.外国学生汉语语音学习对策[M]，北京：语文出版社，1997：244—248.

[6] 王萍，贝先明，石锋.元音的三维空间[J].当代语言学，2010，12(3)：241—251；286.

[7] 孙国华.普通话卷舌元音的声学模式及感知[J].应用声学，1994(4)：25—29.

[8] 于珏，李爱军，王霞.上海普通话与普通话卷舌元音的声学特征对比研究[J].当代语言学，2008(3).

目的论视角下店名广告语语音转喻的翻译研究

郑 伟

(江苏师范大学外国语学院　江苏徐州　221116)

【提　要】广告语最直接的目的是宣传推介自身产品，赢得消费者关注，从而促进产品销售。店名广告语作为一种商业宣传语，是商业活动中商家进行促销获得利润的最直接的方式和途径之一。随着中外交流的加深及旅游业的发展，越来越多的国外游客到中国旅游，促进了餐饮业、服务业等的发展。语音转喻作为一种认知方式，在广告语，尤其是店面广告语中的应用越来越广泛，产生的经济价值和社会效果也越来越凸显。鉴于汉语复杂性，广告语的翻译成为了一大难点。本文将从目的论的视角出发，探讨语音转喻在广告语翻译中的情况，以期总结归纳出合适的翻译方法，为此类翻译提供借鉴和参考。

【关键词】目的论　语音转喻　店名广告语　翻译

一、引言

汉语是一种内涵丰富、博大精深的语言，商业活动中使用的汉语广告语不仅要彰显自身产品或服务的特色，还要足够新奇以赢得关注。刘兢、冯琳指出广告语首先具有信息传递功能，其本质是推销产品的服务或理念，树立品牌信誉，促进消费者意识到产品的存在，了解产品的功能，并产生积极心理倾向。随着社会生活的不断丰富、社会语言的日益变迁，广告语在社会环境中不断彰显活力，呈现出新奇灵动、形式多样、文化内涵深厚等特点。由于汉语语义的复杂性及功能的多样性，广告语的翻译一直是翻译中的一大难点。

语音转喻是转喻的一种。首先，它作为一种语言修辞手段，在广告语中得到了广泛的使用；其次，作为一种思维方式，它也显示出广告语文化的深厚。语音隐喻的使用令广告语更引人入胜，吸引消费者，促进消费；但其深厚多样的文化内涵也增加了翻译难度。本文将针对店面广告语中的语音转喻现象，根据其形式和功能的不同进行归类，分析每类语音转喻的特点，在目的论指导下尝试探索出恰当的翻译方法或策略，充分实现广告语的信息、宣传和经济功能。

二、目的论理论理据

目的论（The Skopos Theory）兴起于20世纪80年代，是由德国功能学派的汉斯·弗米尔（Hans J. Vermeer）借助行为学理论提出的，是功能学派的主要理论之一，现已发展成为指导翻译实践的重要理论。杰里米·芒迪所著的《翻译学导论——理论与实践》（*Introducing Translation Studies—Theories*

---

① 本文系"2019年江苏省研究生科研实践创新项目"阶段性成果之一，项目编号SJCX19_0930。

and Applications）一书中对该理论进行了阐释。目的论提出了翻译时必须遵循的三原则，即目的性原则（purpose rule）、连贯性原则（coherence rule）以及忠实原则（fidelity rule）。费米尔认为，翻译中的最高法则应该是"目的性原则"。也就是说，翻译的目的不同，翻译时所采取的策略、方法也不同。换言之，翻译的目的决定了翻译的策略和方法。连贯性原则主要是指译文"必须跟译文接受者的处境具有连贯性"。而忠实原则是指译文和原文之间具有连贯性，即译者接受的原文的信息，译者对这一信息的阐释及为译文接受者编码的信息三者之间保持忠实性。

鉴于广告语的主要目的在于进行信息的传递、文化的传播及呼吁功能的实现，强调应通过一定的修辞手段和语言形式创造一种具有表现力和呼吁功能的表达，实现一定的经济价值。店面广告语应该具有简洁明了、重点突出、号召力强、适应需求等特点，从而能够准确向消费者展示自身产品或服务的特色，迅速吸引注意力，说服消费者进行消费，产生一定的经济价值。用目的论作为理论指导，紧紧围绕广告语的信息传递目的，将为探究店名广告语中的语音转喻翻译实践提供理论支撑。

三、转喻及语音转喻概述

在传统修辞格研究中，谭业升认为转喻被看作一种发生在语言层面的修辞格。张辉，卢卫中曾在《认知转喻》一书中提到转喻的定义最早出现在未知作者的《修辞和解释》一书："转喻是一个修辞格，它从临近和联系紧密的事物中获得语言形式，通过这一语言形式我们能理解不被该词语命名的事物"。从这一定义可以看出转喻最初被看作一种修辞格。之后，随着研究的深入，转喻同隐喻一样，同样被看作是修辞、思维和认知方式的统一。二者在本质上有一定的相似性，但由于隐喻涉及两个域之间的思维转换，其认知领域和思维空间相对灵活，对其研究也相对较多；而转喻是一个域的内部认知和思维活动，其研究相对局限，故而对转喻的研究一直依托于隐喻研究。

语音转喻作为一种特殊的语言现象和思维方式，学界尚未对其形成统一的定义，王娜、林奇辉结合转喻的基本特点，将语音转喻定义为：语音转喻即语言的词素和音素方面的部分代替整体或整体代替部分的认知过程，其建构条件应是两个象征单位或概念域之间存在语音相似性。通过这一定义可知，语音转喻仅是在语音方面存在相似性，但在语音表达的内容或意义上是否存在相似性是不确定的。事实上，仅有极少数的语音转喻可以在本体和目标体之间存在相关性，大多数语音转喻不存在语义上的联系，这也成为语音转喻翻译的难点之一。

四、目的论指导下店名广告语中的语音转喻及其翻译

店名是突出店面特色和服务类型最直接有效的方式。随着社会的不断发展、文化生活的不断丰富，彰显服务特色的店名形式日益多样；且随着语音隐喻的应用，其内涵寓意愈发深刻。因此，形式简洁、内涵丰富的店名广告语翻译成为翻译中的难点。张辉、卢卫中曾提出针对转喻的翻译方法可采用"对应喻体翻译""目的语特有喻体翻译""源语喻体+喻标""源语喻体+注解/按语""源语喻体的舍弃"5种有效的方法进行转喻的翻译，成为研究转喻翻译的开端与尝试。

针对社会生活中真实存在的不同店名，本文将尝试按其形式和功能将其分别归为突出地方特色类店名、彰显产品服务类店名、蕴含历史典故类店名及借鉴名人效应类店名。在此基础上，根据不同类型的店名特征，在目的论指导下探讨出适合各类型店名翻译的基本方法，以期为今后的店名广告语中的语音隐喻翻译提供些许借鉴或参考。

（一）突出地方特色类店名

突出地方特色类店名即店名广告语借助语音转喻的特效，在店名中直接彰显出自身经营店面的地方特色。中国共有34个省级行政区，包括23个省、5个自治区、4个直辖市、2个特别行政区。每个行政区域都有一个简称，这个简称既能够鲜明体现每个区域的地方特色，也是每个中国人熟知的，如京（北京）、冀（河北）、川/蜀（四川）、港（香港）等。因此，商家为了突出自身地方特色，会在店名中加以凸显，如"非我莫蜀"（重庆火锅）、"蜀衣无二"（销售丝绸衣物）。这里，"非我莫蜀"、"蜀衣无二"分别是"非我莫属"和"数一无二"的语音转喻。其中，以"非我莫蜀"为例，该语音转喻中转喻本体是"属"，转喻的目标体是"蜀"，二者之间存在语音上的一致性。

通过这样的表达，熟悉中国文化的人可以理解其中的含义，比如"蜀衣无二"这个店名可以看出该店经营的是利用四川当地原料生产的某种衣物，但是对于国外消费者，由于缺乏对中国行政区划的认识和了解，因此很难理解其中的深意。在目的论的参照下，为了更好实现店名广告的实际宣传功能，这里在翻译时可以借鉴"Made in China"这种表达，将"蜀衣无二"仿照翻译为"Fine Clothes, Made in Silk City of Sichuan"；将"非我莫蜀"翻译为"Hot-pot, a Native Food from Sichuan"。这样的翻译既突出了店面的产品服务类型，同时保留了凸显地方特色的信息，可以更好实现信息功能。

（二）彰显产品服务类店名

彰显产品服务类店名最显著的特征就是店名中包含了产品或服务类型，这样的店名以一种最直接的方式提供给消费者最基本的需求信息，如"鸭寨夫人""小蹄大做""粥道服务"。这里，"鸭寨夫人""小蹄大做""粥道服务"分别与"压寨夫人""小题大做""周到服务"形成语音转喻，重点突出了自身的产品或服务类型，这对中国消费者是容易理解且易快速吸引消费者注意的。

语音转喻的本体"压寨夫人""小题大做"和"周到服务"，作为中国特色的四字成语，其本身还带有一定的历史文化色彩，比如"压寨夫人"：过去女人也是衡量财产和势力的标准，在盛行占山为王的时代，土匪基本上是男人，为首的大王如果没有夫人，说明其财力和势力差，手下的人心不稳，所以把大王夫人称为压寨夫人。有了压寨夫人，人员更团结，山寨就巩固了。从这个历史典故中可以看出"压"的含义是"平复、镇压"，但作为语音转喻后的"鸭"则指的是商家的销售产品是"烤鸭"。

一方面，由于语音转喻的本体和目标体之间发生了内容上的变化，且强调的是对目标体的理解，这就要求在翻译时应特意关注对转喻中目标体的翻译。另一方面，尽管目的论同时强调翻译的三原则，但鉴于店名广告语这种特殊的、以信息功能为主的类型，目的性原则应该是翻译中应该遵守的最基本的原则。因此，在翻译"鸭寨夫人"这个店名时，必须重点翻译该语音转喻中的目标体信息，尽量兼顾其本体含义即可，即可将其翻译为"First-class Roast Duck"，既用"roast duck"突出了商品信息，同时"first-class"强调了其价值和地位。

（三）蕴含历史典故类店名

中国的语言文化博大精深，内涵深刻，且常蕴含历史典故，这就给翻译带来了巨大的挑战，店名的翻译更是如此。店名中引用带有历史典故的表达，一方面可以用最简洁的表达彰显自身优势，读来朗朗上口，吸引消费者注意力；另一方面，历史典故的应用还为自身增添了几分历史韵味和内涵，间接加强了宣传效果。但是由于历史典故蕴含的信息量大，情感态度表达内涵不一，这就要求在翻译时应多加以关注。

蕴含历史典故类店名，如一家快递的店名："曹操送货：说曹操，曹操到"，这里涉及到的语音转喻主要是"曹操"一词，蕴含的历史典故是"说曹操，曹操到"这一相传曹操及时救驾汉献帝刘协之说，现在的含义是"正在谈论某人，某人正好出现，强调时间之及时，速度之快"。这里，店名运用该历史典故的主要目的是强调自身服务之高效便捷、速度之快。关于"说曹操，曹操到"这一历史典故，现在的权威翻译译作"speak/talk of the devil"，然而，在店名中是否可以直接应用该表达呢？这里必须考虑到源语喻体中蕴含的情感态度的定位。鉴于曹操属于比较负面的历史人物，故翻译中用了"devil"一词，但在该店名翻译中，语音转喻的目标体和源语本体所要表达的态度情感是截然不同的，其原本的目的是强调自身服务的方便快捷，是一种积极肯定的态度，如若将其照搬翻译为"speak/talk of the devil"，国外消费者定无法理解"devil"的含义，反而会阻碍该广告语原有的宣传推广功能。

在目的论的目的和忠实性原则指导下，笔者认为该店名广告语的翻译必须关注其信息和宣传目的，做到忠实于源语意图，因此可以尝试将其翻译为"Our Flying Express, Your Top Choice"，这样的翻译尽管丢失了源语的历史文化信息，但关照了源语的目的和功能，凸显了自身服务类型，并且运用"our"和"your"这样的字眼拉近了与消费者间的关系，避免了"speak/talk of the devil"这样的表达对其造成的误导。

（四）借鉴名人效应类店名

名人效应，是名人所达成的引人注意、强化事物、扩大影响的效应。名人效应相当于一种品牌效应，已经渗透在生活中的方方面面，对社会生产和生活产生了深远影响，比如名人代言广告能够刺激消费。同样的，借鉴名人效应类的店名广告也能产生一种意外的宣传效果。"瓷禧太后""糖太宗""锅富城""留得华"等店名广告语跨越时空、饱含风华，既蕴含了一丝幽默，又不乏对信息的传达。这里提到的"瓷禧太后""糖太宗""锅富城"语音转喻目标体分别对应"慈禧太后""唐太宗""郭富城"的语音转喻本体。在这样一种语音转喻中，诸如"慈禧太后""唐太宗""郭富城"这样原先指代历史或社会名人的词，经过语音转喻认知思维后将其转换为了突出产品或服务类型的"瓷禧太后""糖太宗""锅富城"，即分别提供的产品是瓷器、糖和火锅。通过这样一种表达，国内消费者可迅速抓取到商家提供的产品或服务类型，借助名人效应，还能吸引其注意；但对于国外消费者来说，要理解这种名人效应店名广告语的实际宣传效果是非常困难的，因此，这也成为翻译的一大难点。

在翻译此类名人效应类的店名广告时，单纯按照源语表面含义翻译是没有实际效果的，因此还需要脱离源语的语言外壳，从目的论的基本目的性原则出发，关注源语文本的信息和宣传目的，在保留店名广告语基本要素信息的基础上，选择性地将语音转喻本体信息进行翻译即可，无需讲求源语文本的完全直译，如翻译"糖太宗"时，可尝试将其翻译为"The Legend of Sugar"。这样的翻译既突出了自身产品类型，同时用"the legend"强调了产品经久历史带来的价值，迎合了该语音转喻的本体"唐太宗"作为一代英明皇帝内含的意义，实现了店名广告语既需要信息传递又需要产品价值彰显的功能。

四、结语

语音转喻作为一种特殊的语言和思维方式,在日常社会生活中作用越来越普遍。针对店名广告语中存在的语音转喻现象,本文按形式特点和实际功能将其分为突出地方特色类店名、彰显产品服务类店名、蕴含历史典故类店名及借鉴名人效应类店名,并在目的论理论指导下,根据每类的特点尝试探索出适合每类的翻译方法,为今后店名广告语中的语音转喻翻译提供参考。

参考文献

[1] Munday, J. *Introducing Translation Studies: Theories and Applications*, second edition[M]. New York: Routledge, 2007.

[2] Nord, C. *Translating as a Purposeful Activity: Functionalist Approaches Explained*[M]. Manchester: St. Jerome Publishing, 1997.

[3] 刘兢,冯琳.基于言语行为理论的广告翻译策略研究[J].西北大学学报,2017,43(4).

[4] 谭业升.转喻的图式——例示与翻译的认知路径[J].外语教学与研究,2010(6).

[5] 王娜,林奇辉.汉法网络语言的语音转喻、转喻建构机制分析[J].西安电子科技大学学报,2018(3).

[6] 张辉,卢卫中.认知转喻[M].上海:上海外语教育出版社,2010.

> 方言与文学

从方言剧本《抓壮丁》看四川方言疑问句

周 炜

(深圳大学人文学院 广东深圳 518061)

【提 要】 三幕讽刺喜剧《抓壮丁》作为一部广受喜爱的抗战文艺作品，经多次演出后于1963年由八一制片厂改编制作为同名电影搬上荧幕，是首部以四川方言演绎的喜剧作品。剧中方言对人物形象的塑造发挥了不容小觑的作用，也成为研究当时地方方言的珍贵语料。本文从疑问标记入手，对《抓壮丁》中的疑问句进行系统的归纳与分析，从中窥探四川方言疑问句的特点。

【关键词】 疑问句 《抓壮丁》 四川方言

汉语疑问句主要通过上扬语调、疑问代词、疑问语气词等来传达疑问信息。从标记上看，可分为无标记疑问句和有标记疑问句两大类。仅仅通过上扬语调而不使用疑问代词、疑问语气词的疑问句被称为无标记疑问句，而兼有语调与疑问代词或语气词的疑问句被定义为有标记疑问句。

传统的分类方法将疑问句分为特指问、是非问、选择问、正反问四类。吕叔湘先生认为选择问与正反问是由是非问派生而来。朱德熙、黄正德先生则主张正反问属于选择问的一个分支。范继淹先生主张将疑问句分为特指问和选择问两类，选择问又细分为特指选择问和是非选择问。

本文仍采取传统的分类方法，将疑问句分为四类。选取《抓壮丁》中的有标记形式的疑问句进行分类研究。由于《抓壮丁》中未出现选择问，因此本文暂且只讨论剧本中的正反问、是非问与特指问三类疑问句。

一、正反问

《抓壮丁》中出现的正反问句句式有两种：VP-Neg-VP 和 VP-Neg。黄正德先生将正反问看做一类特殊的选择问，将选择问的完整形式"A还是B"中第二个可选择项B替换为第一个选项A的否定形式Neg-A，形成"A还是Neg-A"，再删除连词"还是"，形成"A-Neg-A"这一形式的问句。

（一）VP-Neg-VP

1. V-Neg-V

四川方言V-Neg-V这一形式的正反问由谓词与否定语素Neg构成，这一结构中否定语素Neg有两类:"不"和"没(有)"。"没有"只能用于对过去发生过的事件进行提问,而"不"则没有这种限制。《抓壮丁》使用的V-Neg-V式共9例。

要拉你当壮丁你怕不怕?
干不干?
会不会有人反对?

若为形容词,则否定语素只能用"不",不能用"没"。

王大爷拉你入个伙,好不好?
你看好不好?
你看这生意轻巧不轻巧?

这一类V-Neg-V正反问意图在于询问听话人的意见,可以加上副词或语气词,句末语气词不承载疑问信息,只是赋予疑问句不耐烦的意味,如:

这个家务你还管不管的哟?
你走不走的呀?

带上语气词"哟"有了一种嘲讽、急迫、催促、无可奈何的色彩,责备意味为更浓。

2. V-Neg-VO

V-Neg-VO前省式正反问分为两种情况,若V为单音节,则否定语素前后谓词均保留完整形式,否定语素后的及物动词带宾语。若为双音节动词或形容词,否定语素前正问部分的动词或形容词只保留首个音节,否定语素后的动词或形容词保留完整形式,并带宾语。

四川方言选择V-Neg-VO这一后前省式的正反问句形式,《抓壮丁》中共出现3例:

你到底给不给钱的哟?
舍不得,还过不过节的呀?
你晓不晓得种庄稼的小伙子都跑到山上去当土匪了?

剧本中没有VO-Neg-V后省式正反问的例子,在日常交际中也几乎没有运用。邵敬敏先生认为虽"承前省比蒙后省更符合人们的心理习惯",但客观现实却是"VO-Neg-V逐渐被V-Neg-VO所代替"(邵敬敏2010),他将原因归结为"焦点集中原则"、"语义顺指原则"及"格式类推原则"。而根据黄正德先生的看法,两类正反问的省略式在词汇完整性和介词悬空原则上都有一定的区别。由承前省而形成的后省式VO-Neg-V,否定语素后的V必须是一个完整的词,如:他爱不爱运动? *他喜欢蔬菜不喜? 后者不能成立。而黄正德认为,由蒙后省而形成的前省式V-Neg-VO,否定语素前的V"可以是不足一个词或者零语类",如:他怀不怀念校园生活? 由此我们可以看出,V-Neg-VO比VO-Neg-V在词汇选择方面范围更为广泛,不局限于单音节词。而在介词悬空方面,二者的适用范围也有所差异,后省式不能允许介词悬空:*张三往浙江走不往?(张三会不会去浙江/路过浙江?) 而前省式允许,张三往不往浙江走? 因此在介词的使用方面,前省式更为灵活机变。综上,前省式V-Neg-VO使用时受到的限制比后省式VO-Neg-V小,更适合语言的经济原则,因此在语言使用中比前省式的V-Neg-VO更具优势,逐渐取代后省式,占据绝对地位。

3. 是不是+VP/NP

这一类正反问在《抓壮丁》中共出现8次,其中"是不是+NP" 2例,"是不是+VP" 6例:

是不是老蒋啊?
是不是你说的那个总发财哟?
你那小箱箱的钥匙是不是在你房圈里的枕头底下?
你是不是又要我潘驼背一个月给你出五百块钱呢?
是不是又要找我抓壮丁呀?
是不是你又要海袍哥加入哥老会呀?
是不是姜国富在大路上落气了呀?
刚才是不是你在叫唤?

邵敬敏、朱彦认为,由"是不是"构成的正反问句带有一定的语义倾向,并非完全中立。"是不是+NP"可以表达中立的态度,根据上下文,也可以带有肯定或否定的倾向,因此这一类是不是正反问中和了各种可能出现的情况,"跟其他正反问句的语义倾向是一致的,即无明显倾向。"不同,"是不是+VP"则有明显的肯定倾向。可以看出,上述例子均不是强疑问句,说话人不是持中立的询问的态度,而是内心已有了一定的偏向,偏向肯定回答"是",发出问题只是向听话人寻求印证。

此外还有"是不是"单独出现在句末,构成附加疑问句,在《抓壮丁》中共5例。

反正你也办不出,是不是?
一共是四千一个五,是不是?
要让我兑挪两千块,是不是?
钱,是不是?
我的事是不是?

当"是不是"位于句末时,说话人更加明显地持有自己的观点态度或推测,只是向听话者寻求确认与认同,甚至是质问,语义偏向肯定,疑问的程度比出现在句首或句中时要稍低一些。

(二) VP-Neg

这一类型的正反问曾在我国历史上占据主导地位,在四川方言中,这一格式同V-Neg-VO一起,构成正反问的主流形态。整部剧本共10处使用动词短语与否定语素结合形成的VP-Neg问句,其中否定语素只有"不"和"没有"两类:

1. VP+不

此类正反问共出现四次,只能对既存事物或规律进行提问,而不能够用于询问将来的、未发生的事情。

你都两个月没给我送利钱来了,你晓得不?
李老栓,晓得不?
这是国民党,你晓得不?
这张纸那么值钱呀,靠得住不?

转换为普通话可以理解为"你知道吗?""靠得住吗?"。

2. VP+没有

不同于"VP+不","VP+没有"可以用于未然态,此类正反问在剧本中共7例,相较于东北、山东等地使用的"VP+没",四川方言更偏向于使用双音节的"没有"作为否定语素。

把王保长他们请来,把借约换一下就是了,听到没有?
我出操场没有?
我给你们寄的信,收到没有?
猫儿喂了没有呀?
看到没有呀?

上述例子可以看到否定语素"没有"后接语气词"呀"。在四川方言中,否定语素"不"和"没有"后面均可附接一个语气词,如"喃"(看得到不喃?听到没有喃?),"啊"(说过没有啊?),"哇"(要得不哇?),"嘛"(巴适不嘛?),"哦"(吃的不哦?)等。同普通话一样,这些位于否定语素后的语气词并非必要成分,这与赣方言等VP+Neg结构后必须加上语气词不同。

此外,在四川方言中,VP-Neg可以出现在嵌套句当中,如:我不晓得他喜欢不。他到了没有没得影响。而用普通话只能表述为:我不晓得他喜欢不喜欢/我不晓得他喜不喜欢;他到了没有没有影响。嵌套句只能使用VP-Neg-VP的否定形式,VP-Neg不能出现在嵌套句当中。

二、是非问

是非问由陈述句加上疑问语气词与上升语调构成,疑问信息由疑问语气词与上升语调共同承担,要求听话者对说话人的提问给出一个肯定或否定的答复,非此即彼。在方言剧本《抓壮丁》中,是非问的语气词标记主要有"么""吗""吧""哪""啊""咯"6种。

(一)以"么"为标记的是非问

王树瑛的著作中提及学界普遍认为作为语气词的"么"源于反复问句VP-Neg句末的否定词"无",其语义经历了一个虚化的过程,唐代虚化为句末语气词,语音上也有所转变。楚燕芳认为到晚唐五代出现了"磨、摩、麼(么)"三种形体,宋代以后一般写作"麼",至晚从南宋起,"么"就可用于疑问句中。

从《抓壮丁》中以"么"为标记的是非问中可以看出,此类是非问说话人仍企图从听话人身上得到一个肯定或否定的答复,如:

你怕"算坛子"么?(你怕说话不算数吗?)
你今天喝了早酒么?

同时也可以用来询问以征求听话人的意见,如:还放黄么?
上述例子均可转换为正反问:

你怕不怕"算坛子"?

你今天喝没喝早酒？

还放不放黄？或还放黄不？

转换为正反问后不带语气词。较之正反问，文本中以是非问的形式进行提问，传递出说话人的主观情感更为强烈，可兼具质与疑，而正反问对听话人的质疑程度较弱。

（二）以"吗"为标记的是非问

楚燕芳的著作中提出，王力先生认为"吗"是由"么"演变而来，大致在元朝出现，到清朝数量有所增加，直至新中国成立后才逐渐开始取代"么"，其用法与"么"接近，同以"么"为标记的是非问一样，以"吗"为标记的是非问的说话者仍企图从听话人身上得到一个肯定或否定的答复，疑问的程度比较高，其疑问程度与说话人的主观态度有一定的关联。《抓壮丁》中共17例。

是那个征属吗？

手气好吗？

这是你老二吗？

经得住吗？说话人内心的疑问程度较高，有担心的意味

你给我送利钱来了吗？ 同样是有疑而问，但说话人偏向想要得到听话人肯定的回复，以验证自己的推测。

同以"么"为标记的是非问一样，以"吗"为标记的是非问也可转换为正反问的形式：

是不是那个征属？

手气好不好？

这是不是你老二？

经不经得住？/经得住不？

你是不是给我送钱来了？

（三）以"吧"为标记的是非问

以"吧"为标记的是非问句，说话人的态度并非完全中立，对给定的命题已经有了自己的看法，但还没有十足的把握，仍处于一种半信半疑、揣测的阶段，希望得到听话人对自己看法的确认与支持，也可用来委婉地提出建议、征求意见，如：那办过节货该去得了吧？在一些语境中，说话人的把握比较大，提问并没有期待听话者的回答：是他们叫唤吧？这类句子信多于疑。

以上两例也可转换为正反问：

那办过年货是不是该去得了？

是不是他们叫唤？

（四）以"啊"为标记的是非问及其变读

学界对是非问句中的语气词"啊"是否为疑问语气词仍存在争议，即对"啊"在是非问中是否具有疑问功能、是否承载疑问信息持有不同的看法。《抓壮丁》中："我给你拿啊？不要利啊？"均为下降的陈述语调，因此我们在这里将"啊"看作承载并传递问句疑问信息的标记，视为一个疑问语气词。"啊"在是非问句末往往表达了说话人的惊讶，情况有些出乎意料，说话人产生了揣测，需要向听话人求证。"不要利啊？"说话人对不用交利息有些吃惊，故提出问题，以求得对方的印证。

句末语气词"啊"常受到前一音节末尾语素读音的影响而产生语流音变，变读为"哪""呀"，如：

你是发了疯哪？
当我就把你没办法哪？
那么几天天儿还要利呀？
你还要唱呀？
鬼赶起来了呀？
烟瘾还没发呀？

此外，还有一些出现频率较低的标记形式，如"哨"（大哥还是要回来哨？）"嘛"（你没有打伤他哪里嘛？）。这些标记虽在剧本中出现次数不多，但在现在四川方言中却是比较常见的，如"嘛"是四川方言疑问句中使用频率较高的一个语气词，它主要用于寻求交际对象的确认或征求其意见，迫切希望得到答复。

以上各类是非问都可以转换为正反问，其形式主要有三种：VP-Neg-VP，VP-Neg以及在原句基础上添加"是不是"，同时删除语气词。转换为何种形式的是非问主要取决于原句中的谓词性成分，而非语气词。

以"么""吗"为标记的是非问若转换为"是不是"形的正反问，则增添了质问的意味，如"你是不是怕'算坛子'？"有时也有迫切得到对方肯定的意味，如："你是不是给我送钱来了？"以"吧"为标记的是非问添加"是不是"转换为正反问后，并没有增加质问的意味，仍是向交际对象提出委婉建议。上述以"啊"及其音变形式为标记的是非问则只能删除语气词，添加"是不是"才可以转换为正反问。

三、特指问

特指问的疑问程度是四类疑问句中最高的，其疑问信息主要通过疑问代词与语气词传递。本文将《抓壮丁》中出现的特指问分为以疑问代词为标记、兼有疑问代词与语气词二者的特指问句以及仅凭借语气词传递疑问信息的省略式三类。

（一）以疑问代词为标记的特指问

不同于是非问句主要依靠句末语气词传递疑问信息，特指问句更偏向于借助疑问代词来表达说话者的疑问，疑问代词是信息焦点。这一类疑问句无论在普通话还是四川话中所占比例都是四者之中最高的，根据使用的疑问代词及表义功能，可将其细分为问人物事物、地点处所、时间、方式状态、原因、数量等几类。由于一个疑问代词可以有多种表义功能，不同疑问代词也可以表达相同的语义，因此本文按照以下形式进行分类阐述。

1. 疑问代词"多"系作标记的特指问句

"多"系字作标记的特指问句主要包括：多少、多大，共5例。

（1）疑问标记"多少"

以"多少"作标记的特指问句共4例，疑问标记可位于句中、句末，问数量。

你那肉割成多少钱一斤？
那你说这回你出多少？（那你说这词你出多少？）
你到底出多少钱？（你究竟要出多少钱？）
你到底舍得出多少钱？

（2）疑问标记"多大"

以"多大"作标记的特指问句共1例："打多大？"位于句末作宾语，表程度，但日常生活中更多使用"好大"来对物体大小进行提问。

2. 疑问代词"哪"系作标记的特指问句

《抓壮丁》中出现的"哪"系字作标记的特指问包括"哪"及其复合形式"哪个""哪一个""哪里""哪儿"，共16例。

（1）疑问标记"哪个"

以"哪个"作标记的特指问句共2例，在句中作主语，位于句首，问人物。

哪个来讲种菜？
哪个王麻子？

（2）疑问标记"哪一个"

疑问代词"哪"加上数量短语"一个"形成的"哪一个"作标记的特指问句共2例，作句首主语，问人物或事物，现多省略为"哪个"。

哪一个？
哪一个得了你一千块？

（3）疑问标记"哪""哪儿""哪里"

以"哪""哪里"作标记的特指问句共7例，位于句、句末，作宾语、状语，表地点、方位。

你到哪去？
你看到他跑到哪儿去了？
问你儿子到哪儿去了？
你这老东西是哪里出的？
这一千块钱又是哪里来的？

3. 疑问代词"什么"系作标记的特指问句。

以"什么"作标记的特指问句共7例，"什么"位于句首、句中、句末，作主语、宾语、状语。表示原因、人物事物，有时疑问的程度较低。

什么过分?
什么,什么狠心?
什么罪状!
什么?
钱不钱算什么?
背时鬼!你哭什么?

4. 疑问代词"谁"系作标记的特指问句

以"谁"作标记的特指问句共1例,位于句首,作主语。

谁是栓老爷娘子?

5. 疑问代词"啥"系作标记的特指问句

"啥"相当于普通话中的"什么",是四川方言中使用频率比较高的一类疑问代词,可以同其他成分组合形成"啥子""为啥子"等复合疑问代词,询问人物事物、时间地点、原因、状态等,使用范围广泛。《抓壮丁》中"啥"系字作标记主要有:啥、啥子、为啥子,共13例。

(1)疑问标记"啥"

以"啥"作标记的特指问句共7例,用于对事物、时间的提问。

不是当壮丁那你老人家还有啥好事?
你啥时候回来的?
蒋中正是搞啥纲的?
幺妹拿它干啥用?
纠到我闹干啥?
他,啥事?
等我啥事?

(2)疑问标记"啥子"

以"啥子"作标记的特指问句共6例,问原因、事物,或单独成句表示出乎意料,四川方言不常使用"啥",更偏向于使用"啥子"。

啥子?
啥子?要出钱!
这是干啥子?
你两口子又在吵啥子?
潘驼背,你跑啥子?
算啥子?

6. 疑问代词"怎么"系作标记的特指问句

以"怎么"作标记的特指问句共2例,位于句首,作状语,表方式、原因。

怎么搞法?
怎么搞起的?

同"啥子"一样,"咋个"也是一个方言色彩较浓郁的词语,相当于普通话中的"怎么",冯春田认为"咋"是"怎么"的合音,而"咋""咋个"出现在四川方言疑问句中的频率远远高于"怎么"。在《抓壮丁》中,以"咋个"为标记的特指问句共2例,有时带有说话人强烈的主观情绪,如对听话人的责备,这时"咋个"常常重读。

那你说这回该咋个办?
就是不给,你敢把老子咋个?

(二)兼有疑问代词与语气词

兼有疑问代词与语气词的特指问句,疑问信息仍然由疑问代词承担,语气词不传递疑问信息,是一种羡余信息,仅有缓和语气或传递说话者的主观情绪的作用。《抓壮丁》中此类情况仅两例,疑问代词"怎么"与"多久"分别与"呀"搭配:

怎么死的呀?
算算日子,你们过期多久了呀?

(三)仅有语气词的省略式

省略式特指问省略了疑问代词或疑问数词,若再省略了语气词,则只能理解为是非问句而非特指问句。因此,这一省略形式的特指问句必须用疑问语气词来承载疑问信息,《抓壮丁》中共14例,分别以"呢""哩""咧"作为承载疑问信息的疑问语气词。

1. 呢
在兼有疑问代词与语气词的特指问中,"呢"作为羡余成分不承载疑问信息(呢$_2$),但在省略了疑问代词的省略式中,"呢"是传递疑问信息的疑问语气词(呢$_1$)。

我家老二呢?
钱呢?
爷爷呢?

2. 哩
江蓝生先生认为呢$_1$是由"尔"演变而来,到金元演变为"那""哩""呢",元明时期发展为"哩""呢",到清代"哩"也被"呢"取代。在《抓壮丁》中只出现了一次:"你二哥哩?"

3. 咧
叶露的著作中提及,在重庆作家罗广斌所著小说《红岩》中共用语气词"咧"34处,为现当代作家小说作品中用例最多者,且在疑问句中使用最为普遍,可见"咧"作为语气词在方言中西南官话中使用的频率之高。

你屋里养起那十几个烟灰咧?
你儿子咧?
你妈咧?

你爹咧？

那你妈咧？

钱咧？

信咧？

信咧？钱咧？

那，那，你本钱咧？

四、结语

四川方言隶属于西南官话，官话内部差异较小，且主要体现在语音方面，但仍有必要探讨其内部的语法差异。本文以四川方言剧本《抓壮丁》为语料，将剧本中出现的疑问句分为是非问、正反问及特指问三类，并根据其格式或疑问标记进行进一步的细分，探讨了具有方言特色的疑问标记及其功能。同时，通过横向比较，我们可以发现四川方言疑问句与普通话的区别主要体现在：

（1）四川方言有更为丰富的语气词（嘛、哟、哩、咧）与疑问代词（啥子、咋个），"啥"系疑问代词尤为丰富。

（2）四川方言更常使用V-Neg-VO与VP-Neg形式的正反问，而没有普通话中的VO-Neg-V；且VP-Neg可位于嵌套句中，其后也可接语气词。

（3）倾向使用双音节词。如特指问疑问标记使用双音节"啥子"的频率远远高于单音节的"啥"。再如VP-Neg形式的正反问，对未然态提问时否定语素更偏向使用双音节词"没有"。

从历时发展来看，现代四川方言疑问句与剧本中的疑问句大体上没有改变，但相较于剧本中的疑问句，现代四川方言是非问的疑问标记与特指问的疑问打次使用频率有些许改变。是非问中以"么"为标记的在现代实际交际中使用较少，"哪"这一"啊"的变读形式使用频率也不高。特指问部分，剧本中以疑问代词"多"系作标记的特指问句现在使用较少，"多少"现多说成"好多"，"多大"称为"好大"，如"你到底出好多钱？这个蛋糕有好大？"此外，对事物与人的提问一般不用"什么"和"谁"，而用"啥子"和"哪个"，提问处所一般不使用"哪里"而用"哪儿"。

参考文献

[1] 邵敬敏.汉语方言疑问范畴比较研究[M].广州：暨南大学出版社，2010.

[2] [美]C. T. James Huang, Y. H. Audrey Li, Yafei Li著，张和友译.汉语句法学[M].北京：世界图书出版公司，2013.

[3] 王树瑛.《朱子语类》问句系统研究[M].北京：社会科学文献出版社，2012.

[4] 刘坚.近代汉语虚词研究[M].北京：语文出版社，1992.

[5] 楚艳芳.语气词"无"的来源及发展[J].浙江传媒学院学报，2015，22（6）.

[6] 翟燕.明清语气词"么"的发展演变及特点[J].齐鲁学刊，2012（6）.

[7] 王英宪.谈是非疑问句句末的语气词"啊"和"吧"[J].国际汉语学报，2018（2）.

[8] 陆俭明.关于现代汉语里的疑问语气词[J].中国语文，1984（1—6）.

[9] 叶露.现代汉语语气词"咧"的研究[D].广西师范大学硕士学位论文，2015.

▶ 动态 ◀

《汉语方言学大词典》《东南亚华人社区汉语方言概要》获教育部嘉奖

  据教育部社科司及相关网站报道，由广东教育出版社出版的《汉语方言学大词典》（2017年第一版，主编詹伯慧、张振兴，副主编甘于恩、乔全生，责任编辑黄倩、唐娓娓、周伟励）在第八届高等院校科学研究优秀成果评选中荣获著作一等奖，陈晓锦所撰《东南亚华人社区汉语方言概要》荣获著作二等奖。

  语言学领域共有82项入选，汉语方言研究中心的成果占有2项，比率居暨南大学之首。其中《汉语方言学大词典》是暨南大学首次在此项目中取得的一等奖，可喜可贺！

（燕　辉）

《南方语言学》(第十五辑) 目录

2019年7月

特 稿
鸿篇巨著，助力汉语方言学科的蓬勃发展——《汉语方言学大词典》编纂后记……张振兴（1）

南方汉语方言研究
中山粤语下方话……高 然（9）
大埔光德（九社）方言音系——客家方言包围下闽南方言代际语音特点变异研究……李 菲（18）

语言资源
广州市增城区语言资源概况……王晓珊（40）
闽东宁德市的语言资源……尤慧君（47）

语音学研究
广州话的提顿词——兼论与其同源句末语气词声学特征区别……林奕高（55）
《西华辞典》中的闽南话音系及其相关问题……张屏生（68）

词汇学研究学
广东客方言亲属称谓"姐""姊"探析……陈燕辉（87）

语法学与方言语法
山东沂水方言的重叠……赵 敏（94）
广东海丰鹅埠占米话疑问句探析……吴 芳（103）

海外汉语方言研究
马来西亚泗里街省华人语言生活状况调查报告……许婉虹 尤慧君（110）
雷州话在东南亚的传播……陈李茂 甘于恩（119）

汉语史研究

传教士文献反映的中山粤语两世纪的语音变迁……………………………………罗言发（122）

近代汉语作品方言成分考察需要注意的两个问题…………………………………汤传扬（129）

《安邱土语志》所录方言词构词理据研究……………………………………………邓　筱（137）

语言应用研究

娱乐辩论语体风格解析——以《奇葩说》为研究蓝本………………………………刘丽宁（146）

从语言学视域看语音识别………………………………………李　妍　崔东伟　赵天魁（159）

岭南文化

试论诗词吟诵在粤剧、粤曲表演中的效用……………………………………………谢伟国（166）

博士论文撮要

廉江、电白粤闽客方言接触的语音计量研究…………………………………………秦绿叶（173）

动　态

第二十三届国际粤方言研讨会在暨南大学举行………………………………………甘　子（175）

资　料

《南方语言学》（第十四辑）目录………………………………………………………姜迎春（178）

（晓　珊）